读史观天下·廿五史解读

明史解读

華齡出版社

责任编辑 张三杰 孟淑贤

图书在版编目(CIP)数据

明史解读/白玉林,曾志华,张新科主编。-北京:华龄出版社,2006.12

(读史观天下:廿五史解读)

ISBN 7-80178-420-0

Ⅰ.明… Ⅱ.①白…②曾…③张… Ⅲ.中国-古代史-明代-纪传体-通俗读物 Ⅳ.K248.042

中国版本图书馆 CIP 数据核字(2006)第 144159 号

书　　名: 明史解读

本册主编: 赵望秦

撰 搞 人: 赵望秦 潘晓玲 李艳梅 孙亚萍 刘宾红 张焕玲 李明霞 付晓剑

出版发行: 华龄出版社

印　　刷: 北京市兆成印刷有限责任公司

版　　次: 2006 年 12 月第 1 版　2006 年 12 月第 1 次印刷

开　　本: 660×960　1/16　印张: 26

字　　数: 402 千字

定　　价: 36.00 元

地　　址: 北京西城区鼓楼西大街 41 号　邮编: 100009

电　　话: 84044445 (发行部)　传真: 84039173

前　言

中国的历史记载从先秦时代萌芽、发展，此后历代不绝，犹如一条长河，奔流不息。中国是世界上最早用文字记载历史的国家，“唐虞三代，《诗》、《书》所及，世有史官，以司典籍”[①]。从殷商时期的甲骨文到周代的金文，历史记录逐渐发展。西周共和（前841）开始，我国历史有了明确的纪年。春秋以后，不仅周王朝有史官史书，各诸侯国也有自己的史官史书。《春秋》、《左传》、《国语》等历史著作相继问世。《春秋》一字褒贬，寓意深刻，对后来的史书产生了深远影响。《史记》的出现，无论从史学意识、史学目的、史学编纂，还是史学规模、史学语言等，都是对先秦史学的一次系统总结，同时又开辟了史学的新道路，是中国史学史上的一次革命。而后来的史学，基本都是沿着司马迁开创的史学道路继续前进，所谓“二十四史”、“二十五史”，就是以《史记》为代表的纪传体形式的不断发展。正如黑格尔所说：“中国历史作家的层出不穷，继续不断，实在是任何民族所比不上的。”[②]

“历史是现实的一面镜子”，阅读史书，以史为鉴，可以鉴往知来。司马迁曾指出历史的“自镜”作用：“居今之世，志古之道，所以自镜也。”[③]唐太宗李世民更是重视历史著作的认识作用，曾提出著名的“三镜”说法：“以铜为镜，可以正衣冠；以古为鉴，可以知兴替；以人为鉴，可以明得失。”[④]生活在当代的人们，不可能割断与历史的联系。在认识历史的同时，提高自己认识社会的能力。从自己民族的早期经典中寻找可依靠的东西，不断校正前进的方向，故而史籍中记载的先民的生活智慧、精神信仰、价值原则就是中华民族走向未来的宝贵的精神财富和凭借。

历史具有劝善惩恶的榜样作用，同时也是一个民族精神的集中体现。唐代史学理论家刘知几在《史通·史官建置篇》论述历史的作用时说：“史官不绝，竹帛长存。则其人已亡，杳成空寂。而其事如在，皎同星汉。用使后之学者，坐披囊箧，而神交万古，不出户庭，而穷览千载，见贤而思齐，见不贤而内自省。”史书中记载了大量的历史人物，他们所体现出的人性的善恶、美丑，无疑成为后人的警示牌。“富贵不能淫，贫贱不能移，威武不能屈”是我们民族人性的精华所在。这是一种根植于现实人生社会、却又超越一般生命意义的道义精神。

历史具有重要的人生教育价值。李大钊说：“吾人浏览史乘，读到英雄豪杰为国家为民族舍身效命以为牺牲的地方，亦能认识出来这一班所谓英雄所谓豪杰的人物，并非有与常人有何殊异，只是他们感觉到这社会的要求敏锐些，想要满足这社会的要求的情绪热烈些，所以挺身而起为社会献身，在历史上留下了可歌可泣的悲剧、壮剧。我们后世读史者不觉对之感奋兴起，自然而然的发生一种敬仰心，引起‘有为者亦若是’的情绪，愿为社会先驱的决心亦于是乎油然而起了。”[⑤]历史如同一部百科全书，教人如何处世、如何做人，一个具有丰厚历史知识的人，才有可能成为一名真正的智者。

阅读史书，是传承中华民族优秀文化的重要途径。特别是我国当前正处于大变革、大转型时期，同时又受到全球化浪潮的冲击，继承优秀文化传统的意义更显深远而重大。我们要从史籍中汲取精华，建设和谐社会。“修己以敬”，实现个人身心和谐；“亲亲”，实现家庭和谐；“仁者爱人”，实现群体和谐；“天下为公”，实现社会和谐；“不违农时，……斧斤以时入山林，数罟不入洿池”，实现人与自然的和谐。

阅读史书，我们还可以清楚地看到，社会历史是不断发展变化的，尽管有时出现曲折乃至于暂时的分裂，但它的总趋势是朝着统一的方向前进；尽管有时有外敌入侵，但志士仁人不屈不挠，保家卫国。经历了许多磨难的中华民族始终屹立在世界的东方。

中国的史书浩如烟海，有正史、杂史、野史等，有编年体、国别体、纪传体、纪事本末体等。如何去读史书？我们认为首先读正史，从纪传体入手。它们是中国历史记载的主体和主流，可以从整体上认识中国历史发展的基本线索和脉络，认识古今之变的基本规律。第二，读史要善于发现问题，思考问题，并且解决问题，从而达到思想的觉醒和提高、精神的陶冶和升华。孔子曰：“学而不思则罔，思而不学则殆。”第三，读史要有史学意识。我们应把它们放到中国史学发展的历史长河中去认识，以历史的眼光去挖掘历史典籍的思想意义，去认识历史典籍的作用和价值。第四，读史要有现代意识。历史已经过去，成为一种传统，但它并没有凝固，而是一个继续流淌着的跨时间的文化流程，对今天和未来发生重要作用。读史就是要立足现实，审视历史，继承优秀的传统，以史为鉴，为今天的现实服务，把握好历史传统与现实社会的关联。开卷有益，我们都能从丰富的历史典籍中得到教益，得到启迪。

本丛书首先从“二十五史”入手，因为它们是中国历史著作的代表，也是中华民族文明进程的直接记录。本书以历史事实为依据，采用答问的形式，从典籍中提炼出有代表性、有价值的问题，并用原典中所载内容进行了简明扼要的回答，以期达到“原汤化原食”的目的，赋予死的冷冰冰的资料以活的热乎乎的生命。其内容涉及政治、经济、文化、社会生活各个方面；在语言上，采用明了易读的白话文，既避免了一般史书的枯燥，又无随意发挥“戏说”之嫌。真实的故事、精彩的解读将把你带进中华历史的悠悠长河，让你感受朝代交替的残酷无情，领略帝王将相的雄才大略，惊叹古代文化的灿烂不息，使你了解中国历史的大略，深刻体会读史的乐趣。

坐观千年风云之变幻，笑谈古今世事之沉浮！

编　者

2006 年 5 月

---

①《后汉书·班彪传》

② 黑格尔：《历史哲学》中译本 161 页，三联书店 1956 年

③《李大钊史学论集》第 247 页，河北人民出版社 1984 年版

④《史记·高祖功臣侯者年表》

⑤《旧唐书·魏征传》

《明史》简介

《明史》共三百三十二卷，其中本纪二十四卷，志七十五卷，表十三卷，列传二百二十卷。它是清乾隆年间“钦定”二十四史的最后一部，也是我国历史上官修史书中纂修时间最长的一部。如果从清顺治二年(1645)开设明史馆起，到乾隆四年(1739)正式由史官向皇帝进呈，前后长达九十四年。如从康熙十八年(1679)正式组织班子编写起至呈稿止，为时也有整整六十年之久。

《明史》编纂所以前后费时如此之久，主要原因是当时政治上的不稳定。顺治年间，虽已开馆，但当时清朝与南明残余势力的战争尚未终止，战乱时期，史料缺乏，“实录”不全，献书者极少。另一方面，此时负责编史的大臣主要是洪承畴、范文程和冯铨。洪、范二人为明朝降臣，对万历以后明、清关系如何处理，颇感棘手，迟迟不敢下笔；冯铨更是明朝臭名昭著的阉党余孽，其言行多为士大夫所不齿。因此当时修史得不到士人的支持。延至康熙年间，又出现了吴三桂等三藩之乱，再一次迁延时日。真正动手修史，是康熙十八年以后的事。此时修《明史》者，可谓人才济济，有当时著名学者兼文学家朱彝尊、尤侗、毛奇龄等人，出力最多的则是万斯同。万斯同为明末清初著名思想家黄宗羲的得意弟子，是一位出色的史学家，博通诸史，熟于明朝掌故，对自洪武至天启的“实录”，皆能暗诵，了如指掌。他先后编写和审定两种明史稿，各有三百和四百多卷。因此可以说，《明史》的初稿，在万斯同时代已基本完成。万斯同死后，先后三次任明史总编的王鸿绪对万氏的明史稿进行改编，于康熙末年和雍正初年两次向皇帝进呈，这便是王氏《明史稿》本。王氏此举曾被指责为剽窃行为。到雍正元年(1723)至乾隆四年(1739)，清政府又第三次组织人员修改明史稿，最后形成定稿的《明史》。因为此次修书总裁为张廷玉，所以现在通行的《明史》题为张廷玉等撰。

经过三次修改完善，费时几十年，《明史》的确有较多的长处。首先，它体例严谨,叙事清晰,文字简明,编排得当,被认为是宋、金以来最完善的一部史著。其次,史料较为丰富,当时可资的第一手史料除一套完整的明朝各帝“实录”而外,尚有邸报、方志、文集和大量私家史乘。第三,叙述事件有时也能持论公允,秉笔直书,如对袁崇焕被清太宗设反间计杀害一事,以及熊廷弼功罪问题的记载,都很有参考价值。第四,体例上有新的创造,如在列传中专列了“阉党”、“流贼”和“土司”三目。尤其是《土司传》专写西南少数民族的情况,保存了大量的珍贵资料,现今国内少数民族的历史,大半可以追溯到明朝初年。此外,《明史》其他部分篇章,也为后人保存了不少可贵的史料,如《刑法志》中对明代特务机构厂卫的叙述等,都有助于后人对这段历史的考察研究。

《明史》也有明显的缺点。首先,它的思想存在较大的局限性。其次,由于清朝实行严厉的文禁政策,《明史》作者常常不得不使用曲笔,尤其是对清朝的兴起和南明的事迹,记事偏于笼统晦昧,有的地方甚至歪曲捏造。

目　录

1. 明太祖朱元璋是否当过和尚?

朱元璋（1328～1398），史称明太祖，是明朝的开国皇帝，在中国开国皇帝里面出身最为卑微。

元文宗天历元年（1328）九月十八日，朱元璋出生在濠州钟离（今安徽凤阳东北）的一个佃农家庭。他出生时，其父母年龄相加有八十八岁，故取名为重八。他小时候曾读过几个月的私塾，后因没钱交学费，只好退学给人家放牛，吃尽了苦头。

元顺帝至正四年（1344），淮河流域灾害频发，旱灾、蝗灾、瘟疫接踵而至。朱元璋的家里也遭受了灭顶之灾，他的父母和长兄在几天之内相继去世。家中买不起棺材和坟地，幸亏邻居刘继祖给了他们一块坟地，他和二哥才得以草草埋葬亲人。家里的日子实在过不下去，二哥就外出逃荒，孤苦无依的他只好到附近的皇觉寺当了小和尚，以图有粥糊口。但不久，灾情越来越重，寺中也没有了余粮，寺庙中的和尚也不得不外出讨吃就食。朱元璋入寺后不到几个月，就被打发出去，做了游方和尚。

朱元璋当了差不多四年的游方和尚，至正八年（1348）才又回到皇觉寺。四年间，他走过不少地方：向南，到合肥（今安徽合肥）；转而向西，进河南，到固始（今河南固始），光州（今河南潢川），息州（今河南息县），罗山（今河南罗山），信阳（今河南信阳）；又转而向北，到汝州（今河南临汝），陈州（今河南太康）；最后，转而向东，到鹿邑（今河南鹿邑），亳州（今安徽亳县），颍州（今河南阜阳）——回钟离皇觉寺。云游的几年间，居无定所，风餐露宿，靠化缘度日，其实和讨饭也差不多。经过几年云游的磨砺，朱元璋的视野大为开阔，人生阅历大为丰富，但同时也养成了他猜忌多疑、刚愎残忍的性格。

2. 朱元璋是怎样兴兵起家的?

朱元璋所处的元代末年，政治黑暗腐败，阶级矛盾和民族矛盾空前尖锐，各地起义风起云涌。元顺帝至正十二年（1352），郭子兴等人率众起义，攻占了濠州（今安徽凤阳）。元朝派兵镇压，朱元璋栖身的皇觉寺被乱兵烧毁，在友人的邀请下，他投奔到郭子兴的队伍里。

在红巾军里，朱元璋先是充为步卒，由于勇武过人，很快就被提拔为亲兵九夫长，成为郭子兴的亲信，并娶其养女马氏为妻，发挥了越来越大的作用。至正十三年（1353），他回家乡募兵，招集了七百多人，郭子兴就让他带领这批兵，并提升其为镇抚。但他不满足于“为人调用”的处境，决心发展自己的队伍。十四年，他带领徐达、汤和等二十四人到定远（今安徽定远），不久就招编了张家堡驴牌寨民兵三千人，又收编了横涧山缪大亨的义兵二万余人，并用了近十天的时间加以整顿和训练，形成一支基本队伍。

朱元璋组建队伍后，就率军南下，攻占了滁州（今安徽滁州）。至正十五年（1355）又攻下和州（今安徽和县）。进入和州后，郭子兴称滁阳王，命他总制诸将。朱元璋严肃军纪，禁止杀掳掠夺，因而更得民心。同年三月，郭子兴病死，朱元璋成了这支义军的首领。这时，刘福通在亳州立韩山童之子韩林儿为帝，称小明王，建立“大宋”政权，年号龙凤。朱元璋不愿受制于人，但自己势孤力单，只得暂时接收龙凤政权的领导，使用龙凤纪年，但“事皆不禀其节制”。

至正十五年（1355）五月，在廖永安、俞通海的带领下，结寨巢湖的水军千余艘投靠了朱元璋，朱元璋拥有了一支强大的水军。常遇春、邓愈也归附了朱元璋。十六年，朱元璋亲率水陆诸将南下，攻破集庆（今南京），改集庆为应天府，并在应天置江南行中书省，建立起较完整的统治机构，作为发展基地。

但这时的朱元璋，局面小，兵力弱，四面受敌，形势不利。他便及时利用元军主力和小明王作战的机会，向南面和东南的元军主力发动进攻，并取得胜利。打下徽州（今安徽歙县）后，他采纳了老儒朱升的献策：“高筑墙，广积粮，缓称王”。又把军事进攻的矛头指向土地肥沃而盛产粮食、丝绸的浙江一带，将孤立的元军据点依次拔掉。随后，又对东南采取守势，对东北和西面取攻势，在军事上赢得有利局面。然后，战鄱阳，取东吴，南征北伐，奠定了统一全国的基础。

至正二十八年（1368），在军事上取得节节胜利的大好形势下，朱元璋于应天府（今江苏南京）登上皇帝的宝座，国号大明，年号洪武，以应天为京城。

3. 郭子兴与朱元璋有什么亲密的关系？

郭子兴（？～1355），定远（今安徽定远）人，元末江淮地区红巾军首领。元顺帝至正十二年（1352），他与孙德崖等五人率众起义，自称节制元帅，攻占濠州（今安徽凤阳）。此间，朱元璋投奔他。

郭子兴与一同起义的孙德崖等四人关系素来不和，处处受到排挤。朱元璋多次劝郭子兴要提防，但他都没有放在心上。至正十二年秋，彭大、赵均用因徐州（今江苏徐州）失守，逃奔濠州。彭大为人有谋略，郭子兴与其关系密切而鄙视赵均用。孙德崖等人就趁机在赵均用面前诽谤郭子兴，赵均用非常恼怒，捉住郭子兴并幽禁在孙德崖家里。朱元璋得知后，急忙禀告了彭大，一起赶往孙家，救出了郭子兴。后来元军包围濠州，他们才暂时放下旧怨，共同守城。

濠州解围后，朱元璋被郭子兴提升为镇抚而一跃成为带兵官，郭子兴与孙德崖等人仍然不和。为了自谋发展，朱元璋于至正十四年（1354）率二十四人南略定远，很快就收编了两万多人。他将这支队伍训练和整顿后，率领南下攻克了滁州（今安徽滁州）。在此期间，彭大死去，赵均用更加专断凶狠，处心积虑地想除掉郭子兴。朱元璋得知后，急忙派人劝说赵均用，为其分析利害，又贿赂他身边的人，才使郭子兴免遭毒手。八月，郭子兴到滁州和朱元璋会合，他见朱元璋已经拥有三万人的武装，而且号令严明，军容整肃，十分高兴，就升他为总管。

至正十五年（1355），朱元璋攻下和州（今安徽和州）后，郭子兴称滁阳王，命朱元璋总制诸将。这年三月，郭子兴病死，宋政权任命朱元璋为这支军队的左副元帅，不久又提升为大元帅。至此，郭子兴亲手缔造的这支起义军，全部归朱元璋指挥。

此后，朱元璋逐渐在群雄争霸中脱颖而出，定江南，克中原，一步步迈向皇帝的宝座，但始终没有忘记郭子兴。明太祖洪武三年（1370），他追封郭子兴为滁阳王，并诏令建立宗庙，用一猪一羊的中牢之礼祭祀。十六年，又亲自书写郭子兴的事迹，令太常丞张来仪刻在碑上。

4. 刘福通为反元事业做出了什么贡献？

刘福通（？～1366），颍州（今安徽阜阳）人，元末北方红巾军领导人。元顺帝至正十一年（1351）五月初，他和韩山童聚众三千人于颍州，准备起义。事败，韩山童被捕后被杀，其妻杨氏、子林儿逃奔武安（今江苏徐州境内）。刘福通率众冲出重围，于五月初三攻占颍州，大起义正式爆发。部众以红巾为号，烧香奉弥勒佛，故称红巾军、红军或香军。刘福通起兵仅四五个月，就击溃了元廷派遣的大军，占领了中原大片城镇，掀起了元末农民大起义的序幕，徐州芝麻李，蕲黄徐寿辉，湘汉布王三、孟海马，濠州郭子兴等纷纷起义响应。

由于元朝军队和地主武装的镇压，起义曾一度转入低潮，后来因元朝廷内部倾轧，农民战争的形势发生急遽变化。刘福通利用高邮战役后的有利形势，再次掀起大规模的反元武装斗争。至正十五年（1355）二月，刘福通将韩林儿迎至亳州（今安徽亳县），立其为帝，号“小明王”，改元龙凤，建国大宋。刘福通自任丞相，加封太保，成为宋政权的实际领导人、北方红巾军的总指挥。

在此后的几年时间里，刘福通风驰电掣，几乎把元朝推翻。从至正十六年（1356）九月开始，刘福通派遣军队分路出击，形成三路北伐的壮观局面。刘福通自己两次攻打汴梁（今河南开封），于十八年五月据其为都，迎韩林儿居之。分遣毛贵攻下山东全省，由山东北进，于十八年三月直逼大都（今北京）附近的柳林（今北京通州西南）。毛贵虽然终于失败，但山东形势甚好。中路军刘福通的另一部将关先生由河南而山西，由山西而绥远、察哈尔，在至正十八年十月，毁掉了元朝的上都（在今内蒙古正蓝旗东闪电河北岸），其后又东扫辽阳，进入了高丽的王都。此外，西路军李武、崔德二人，也在元朝的陕西、甘肃、宁夏如入无人之境。但刘福通的错误，也正在于此。力量分散了，一事无成。结果，元军于十九年八月抢回汴梁，刘福通带韩林儿退守安丰（今安徽寿县），但宋政权遭到严重破坏，兵力丧失大半，已构不成对元朝的威胁。此后，刘福通竭忠尽智，撑持着宋政权。二十三年二月，张士诚乘安丰空虚之机，遣吕珍进攻安丰，围困很久。韩林儿急向朱元璋求救，朱元璋亲自带兵来救，到达之时，刘福通已阵亡。

5. 韩林儿已经称帝为什么却被害死？

韩林儿（？～1366），栾城（今河北栾城）人，韩山童之子。元顺帝至正十五年（1355）二月，被刘福通立为皇帝，号“小明王”。但韩林儿年轻，没有什么军事指挥能力和经验，宋政权建立后，韩林儿只拥有虚名，事情都由刘福通决定。作为皇帝，韩林儿只负责下达诏书，建立中央和地方军政机构，任命各级官员。

后来汴梁被攻破，韩林儿逃奔安丰（今安徽寿县）。他名义上仍是宋政权的皇帝，曾多次下诏加封朱元璋官职。朱元璋此时已有二心，有取而代之之意，但实力不够，为了收拢人心，直至至正二十六年（1366），一直以龙凤年号号令军中。

安丰被围，朱元璋率兵击溃吕珍，救出韩林儿，但没有将其接到应天府，而是将其安置到滁州（今安徽滁州）。韩林儿册封朱元璋为“吴国公”。至正二十四年（1364）正月，朱元璋取得鄱阳湖大捷后，即吴王位。这时，宋政权已名存实亡，韩林儿是被朱元璋所“挟”的天子，但朱元璋仍奉之为正朔。二十六年十二月，朱元璋在平定南方割据势力取得节节胜利之际，命廖永忠自滁州迎韩林儿至应天，船至瓜步（今江苏六合南）时，将其溺死。朱元璋把次年称为“吴元年”，不再用“龙凤”纪元。

元末，韩林儿的宋政权占据中原，纵兵攻城略地，横行江淮十多年，挡住了元军南攻的势头，朱元璋才得以休养生息，逐步壮大。但是当朱元璋的力量足够强大，韩林儿已无利用价值时，就被朱元璋除掉了。

6. 徐寿辉是怎样被残杀的?

徐寿辉（？～1360），又名真一，罗田（今属湖北）人。长得体态雄伟，以贩布为业，被当时的白莲教教主彭莹玉看中，拥立为主。元顺帝至正十一年（1351）八月，与彭莹玉、邹普胜等人于蕲州（今湖北蕲春）组织起义。十月，又被拥立为帝，国号天完，建都蕲（qí）水（今湖北浠水）。

天完政权发展非常迅速，然而由于发展过快，流寇式作战严重，所占城池大多得而复失，逐渐被元军和地主武装击败。至正十三年（1353）底，蕲水失陷，徐寿辉等避入黄梅山（在今湖北黄梅县境内）及沔阳湖中。十四年，天完政权兵势复振，迁都到汉阳（今湖北武汉）。但徐寿辉处处受丞相倪文俊的挟制，虚有帝名。十七年九月，倪文俊图谋杀害徐寿辉，事情败露，逃奔到黄州（今湖北黄冈）陈友谅处。不久，陈友谅杀掉了倪文俊，天完政权的军政大权从此落入陈友谅手中。

至正十八年（1358）夏，陈友谅攻下龙兴（今江西南昌），徐寿辉想迁都于此，陈友谅不答应。第二年十二月，徐寿辉仍想迁都，就从汉阳引兵出发，路经陈友谅的驻地江州（今江西九江）时，陈友谅先伏兵城外，在假装出迎时，把徐寿辉的部属全杀光了。陈友谅即以江州为都城，挟持徐寿辉，自称汉王，大权独揽。二十年闰五月，他在挟持徐寿辉攻取朱元璋所占据的太平（今安徽当涂）后，愈发骄横，不可一世。破城次日，他派人在采石（在今安徽马鞍山西南）的舟中以铁挝击杀徐寿辉，然后迫不及待地以采石五通庙为行殿，将庙中神像颠倒置于门外，冒着倾盆大雨，草草地在江岸举行礼仪，自称皇帝，国号大汉，改元大义，天完政权便灭亡了。

徐寿辉作为起义领袖，能力和威望都不相职，但毕竟是天完政权的主要创始人，功不可灭。他待人宽厚，能团结各部，因而在他死后，其他将领大多不服陈友谅。

7. 陈友谅在元末割据于何地?

陈友谅（1320～1363）是元末红巾军大起义中“大汉”政权的创立者。他原本是沔阳（今属湖北）的渔家子弟，姓谢，其祖父入赘陈家，因而改为陈姓。他小时候读过书，曾经做过县衙的小吏。徐寿辉起兵后，他前往投奔，给徐寿辉的将领倪文俊做下属。他跟从倪文俊攻城夺池有功，逐渐升至领兵元帅，驻军于黄州（今湖北黄冈）。

元顺帝至正十七年（1357）九月，天完政权内部发生分裂，倪文俊图谋杀害徐寿辉没有成功，逃奔黄州。陈友谅乘机杀掉他，兼并了他的部队，自称宣慰使，不久又自称平章政事，从此握有天完政权的军政大权。

当时，元军主力被刘福通领导的北方红巾军所牵制，无力南顾，陈友谅抓住时机在南方扩张地盘。十八年，他攻下安庆（今安徽安庆），打通了长江从四川到安徽的通道。接着，进兵攻下龙兴（今江西南昌）、瑞州（今属江西），又分兵攻下邵武（今福建邵武）、吉安（今江西吉安）。而后亲自带兵攻入抚州（今江西临川），又攻占建昌（今属江西）、赣州（今属江西）、汀州（今属福建）、信州（今属江西）、衢州（今属浙江）等地。当时，在长江地区，陈友谅的兵力最强大，这使他的威望大增，也使他的权力欲望越来越强烈。为了篡夺天完政权，陈友谅首先铲除了骁勇善战的赵普胜，然后于二十年闰五月残忍地杀害了徐寿辉，在采石（在今安徽马鞍山西南）五通庙即皇帝位，国号“大汉”，改元大义。“大汉”政权势力较为强大，雄踞于江西、湖广等地。

8. 张士诚实力雄厚为什么最终不免失败?

张士诚（1321～1367），小名九四，泰州白驹场（今属江苏东台）人，是元末“大周”政权的建立者。他和三个弟弟都以驾船贩卖私盐为业，因经常受富豪人家的侮辱，不胜其愤，便在元顺帝至正十三年（1353）正月带领几个弟弟和李伯升等十八人起义，吸引了大批的盐丁和贫苦农民，队伍很快扩大到万余人，先后攻下泰州（今江苏泰州）、兴化（今江苏兴化）、高邮（今江苏高邮）等地。当攻下高邮后，张士诚就自称诚王，国号“大周”，年号天祐。

张士诚占据高邮等地，严重影响江南的财富和粮食通过运河输送大都（今北京），等于掐断了元朝的财源，因而成为元朝廷的心腹大患。至正十四年（1354）九月，右丞相脱脱会集大军出征讨伐，多次打败张士诚，包围了高邮。在高邮即将攻破时，元顺帝听信谗言，解除了脱脱的兵权，百万元军一时溃散，张士诚也不战而胜。高邮之役后，元朝主力丧失大半，张士诚势力大增。十六年，他率军南下，攻占了江南的平江（今江苏苏州）、湖州（今浙江湖州）、常州（今江苏常州）等财富集中之地，并改平江为隆平府，建都于此。十七年，张士诚虽投降元朝廷，被封为太尉，但仍割据一方，于二十三年自立为吴王。其全盛时期所占据的地方，南到绍兴（今浙江绍兴），北过徐州（今江苏徐州），到达济宁（今山东济宁）的金沟，西至汝（今河南汝州）、颍（今安徽阜阳）、濠（今安徽凤阳）、泗（今安徽泗县），东边靠近大海，方圆二千余里，军队数十万。

张士诚统治的地方，物产丰富，既盛产粮食鱼盐，又有蚕桑之利，在当时的割据政权中实力最为雄厚。但他目光短浅，无远大抱负，不但没有利用吴地人口众多、百姓富足的有利条件，反而奢侈放纵，懒于过问政事。将领们也傲慢起来，不听从命令，每当有战事，就假托生病，索要到官爵田地府宅后才出兵。到了军中，整天歌舞娱乐，不把军务放在心上，即使大败而归，张士诚也不问罪，一概赦免。大周政权就这样在泛日泛夜的嬉游玩乐中被朱元璋消灭，张士诚也落得个上吊自杀的下场。

9. 方国珍在元末割据于何地?

方国珍（1319～1374），名珍，字国珍，又字谷珍，台州黄岩（今浙江黄岩）人，是元末割据浙东的武装首领。

方国珍兄弟五人都是以当佃农和贩私盐为生。元顺帝至正八年（1348），黄岩人蔡乱头起兵反元。而方国珍的仇家陈氏趁机诬告他与蔡乱头勾通，在官府的追捕下，他杀掉仇家，与兄弟们逃入海中，十几天内就聚集了数千人。他们劫夺官府的海运漕粮，屡屡打败元军和乡兵，威胁到元朝在东南沿海的统治。元朝廷下令江浙行省发兵征讨，而方国珍在俘虏了江浙行省参政朵儿只班后，向朝廷上表请降。不久，再次反叛，又在活捉江浙行省左丞孛罗帖木儿后接受了朝廷的招安。元末农民起义爆发后，方国珍也脱离元朝廷，占据浙江东南一带。十三年，他派人至京城贿赂权贵，在接受了朝廷的徽州路治中的官职之后，仍然横行海上。十六年，朝廷又授予他海道漕运万户的官职。十七年，升任江浙行省参政，奉命讨伐张士诚，并在昆山（今江苏昆山）打败张士诚的军队。

张士诚降元后，方国珍罢兵，以台（今属浙江）、温（今浙江温州）、庆元（今浙江宁波）三府为根据地，与朱元璋、张士诚、陈友谅等割据江南数省。

10. 明玉珍建立的大夏政权是怎样覆灭的?

明玉珍（1331～1366），随州（今湖北随县）人，元末农民起义军领袖，大夏政权的创建者。本姓旻，后因信奉明教而改姓“明”。在元末红巾军大起义中纠集千余人结寨自保，元顺帝至正十二年（1352）投归徐寿辉，任统兵元帅。十七年，奉徐寿辉命攻打四川，后被任命为四川行省参政。陈友谅杀害徐寿辉后，明玉珍即与陈友谅决裂。二十一年攻下成都，自立为陇蜀王，尽有川蜀之地，接着又进一步南征北讨，东进西击。二十三年，在重庆称帝，国号大夏，年号天统。初期制定的战略是“北出汉中，东下荆、楚”。后出兵不利，遂采取保境自守之策。二十六年，明玉珍病故，病危时告谕臣下说：“西蜀险要坚固，如果能齐心协力，辅佐即位的太子，就可以自守。不然，以后的事就不是我能够预知的了。”

明玉珍死后，年仅十岁的太子明升即位，改元开熙，其母彭氏被尊为皇太后，主持国政。大臣多为明玉珍旧将，恃功自傲，互相猜忌争斗，不肯相互忍让。万胜、张文炳等宿将均死于自相残杀。大权旁落大臣之手，国势衰微不振。东线的朱元璋则日益兴盛，占领了南方的大部分土地，又北上中原，攻克元大都。洪武二年（1369）冬，朱元璋派人招降，明升不从。第二年，朱元璋借道征讨云南，明升没有同意。四年正月，朱元璋命汤和、廖永忠等率舟师由东路，傅友德等率步骑由北路取蜀。明升听信大臣，以为依恃天险可以自保。但明军一路攻城略地，势不可挡。明升走投无路，反绑双手，口衔玉璧，用车子拉着棺材，和母亲彭氏及一应官员到军门投降。至此，明玉珍建立的大夏政权灭亡。

11. 陈友定是怎样一个人？

陈友定（？～1368），一名有定，字国安，福清（今福建福清）人。少年时父母双亡，孤苦贫困．流落到汀州府清流县（今福建清流），为富人帮佣。为人沉着勇敢，喜游侠，乡人畏服。元顺帝至正十二年（1352 年），汀州府判蔡安募集兵士镇压农民起义，陈友定应募并受到蔡的赏识，被授予黄土寨巡检的职务。因平乱有功，升清流县尹。此后又累获战功，升任福建省参政。二十四年，打败方国珍部，元廷置分省于延平（今福建南平），以陈友定为福建行省平章，他从此拥有了福建八郡的地盘。

陈友定出身农家，起于行伍，目不识丁。拥有八郡后，他多次招纳知名文士至其幕下。但他专权跋扈，滥施刑赏，动辄就以皇上的名义杀戮放逐部下。漳州守将罗良对此不满，写信责备他，他竟然派兵杀了罗良，陈瑞孙、孔楷等人也因抗拒他而被杀，陈友定因此声震八闽。但他对元朝廷却始终忠心耿耿，每年遣海舶运几十万石粮食抵大都，虽得抵达者仅十之三四，仍备受元顺帝嘉奖。

朱元璋平定婺州（今浙江金华）后，与陈友定辖境相接，双方战争不断。明洪武元年（1368），朱元璋派军分三路讨伐陈友定。汤和率大军围延平，致书劝降，陈友定杀掉来使，用他的血掺酒中与诸将盟誓，决心死守孤城。但他又怀疑部下不忠，因而人心涣散。不久，延平城被攻破，陈友定见大势已去，与诸将诀别后，整理衣帽向元廷所在的北方行再拜礼，然后服毒自杀。明军用担架抬友定出城，遇大雨，因药量不足，陈友定被雨淋复苏，解往南京。朱元璋责备他，陈友定高声说："国破家亡，不过一死而已，还有什么话好说？"与其子陈海一起被杀。

12. 为了巩固江南政权，朱元璋推行了什么有利于发展的政策？

朱元璋占据应天（今江苏南京）后，东有张士诚，西有陈友谅，二者均对他虎视眈眈。朱元璋在两强夹缝中得以立足并日益强大，与他采取正确的发展政策是分不开的。

朱元璋非常注意延揽人才并加以重用，曾特意为刘基等人在应天建了一所礼贤馆。这些文人向朱元璋提出各种建议，帮助制定正确的战略方针：

首先，这些文人帮助朱元璋选择金陵为根据地。在冯国用、李善长和陶安的建议下，朱元璋攻占金陵（今江苏南京）作为根据地。金陵北阻长江，南挹吴会（吴、会稽两郡故地），的确是向外发展的理想地区。

其次，他们向朱元璋提供斗争策略。攻克徽州（今属安徽）后，朱元璋问计于老儒朱升，朱升根据当时的客观形势，向他提出了“高筑墙，广积粮，缓称王”的斗争策略。高筑墙，是要他巩固自己的管辖地区；广积粮，是要他准备好长期作战的物质条件；缓称王，是要他求实效而不要图虚名，不使自己成为众矢之的。

再次，他们还帮助朱元璋整顿军队纪律。投奔朱元璋的文人们还提出“勿嗜杀人”“勿贪子女玉帛”。由于朱元璋的军队纪律严格，因此所到之处都受到百姓的拥护。

此外，朱元璋在军事上采取先陈后张（即先对付稍弱的陈友谅，再集中兵力消灭实力雄厚的张士诚）的方针；在政治上，始终与“小明王”的宋政权保持一致，利用宋政权作屏障来发展自己的势力；在经济上，鼓励农民开荒，大力开展屯田，轻徭薄税以促进贸易的发展。所有这些政策都使得朱元璋的政权更加稳固并逐步发展壮大，为统一天下创造了有利条件。

13. 明朝是如何平定山西、陕西的？

明朝建国之初，中原、江南和闽广等地虽已归明政府管辖，但四川仍由明升的夏政权统治，云南为元朝的残余势力梁王控制，东北有纳哈出屯驻，山西、陕西、甘肃等地也被一批地主武装割据，元顺帝虽已从大都（今北京）退至上都（在今内蒙古正蓝旗东闪电河北岸），但还保持着完整的政府机构，具有一定的军事力量。面对这种形势，朱元璋建国后的首要任务，就是继续完成统一大业。

徐达在攻克元大都后，就率师西征山西和陕西。元顺帝逃向上都时，命令驻扎在山西的扩廓帖木儿率兵出雁门关，由保安州（今河北涿鹿）经居庸关去攻打北平（今北京）。徐达得知后，并不回救北平，而是乘扩廓帖木儿率师远出的机会，迅速进军攻打其老巢太原（今山西太原）。已经率兵到保安州的扩廓帖木儿听说后，立即回救太原，半路上遭到徐达所率明军的夜袭。扩廓大败，仅带领着十八名亲随骑兵逃到大同（今山西大同），后又逃到甘肃。

洪武二年（1369）二月，徐达派副将军常遇春、冯胜过黄河攻打陕西。三月，徐达亲自率军攻占奉元路（今陕西西安），后来明朝改奉元为西安府。常遇春、冯胜等又率大军自西安（今陕西西安）进攻凤翔（今陕西凤翔），李思齐率部下十余万人向西逃奔临洮（今甘肃临洮）。冯胜跟踪追击，李思齐投降，明朝设立临洮卫。同时，徐达也率军进抵巩昌（今甘肃陇西）。

至此，山西、陕西地区大部分平定，明政府于洪武二年四月置陕西、山西两行省，以中书参政汪广洋为陕西参政，御史中丞杨宪为山西参政。

14. 明朝是如何攻占四川的?

北方形势稳定后，明朝就着手消灭盘踞在四川的夏政权。那时，明玉珍已死，其子明升继位。洪武四年（1371），朱元璋派兵分南北两路向四川进军。南路由汤和、周德兴、廖永忠率领京城的卫戍部队和荆、湘地区的水军，由长江瞿塘峡进军攻打重庆（今重庆）；北路由傅友德、顾时、何文辉率领河南、陕西的军队，由陕、甘一带进攻成都（今四川成都）。

面对大军压境，夏政权的君臣们惊惶失措，有的主战，有的主降。太尉吴友仁认为蜀地“襟山带江”，有天险可恃，可以自保，不如对外交好而对内做好战备。明升听从了他的意见，就一方面和朱元璋通使修好，一方面派莫仁寿用铁索横截瞿塘峡口以阻明军，后来又不断增兵，扼守瞿塘峡。

汤和率领的南路军到达夔州（今重庆奉节）后，多次进攻瞿塘，都被夏兵阻击而失利，只得退守归州（今湖北秭归）。傅友德率领的北路军则进展顺利，连破阶州（今甘肃武都）、文州（今甘肃文县）、绵州（今四川绵阳）等地。为了鼓励南路军士气，瓦解夏军斗志，他们在数千块木牌上写上明军攻克阶州、文州、绵州等地的日期后投到江中，木牌顺流而下，守重庆的夏军看到之后，果然斗志懈怠。汤和率领的南路军，在大溪口屯兵三月，不能前进。朱元璋督促其进军，廖永忠挑选了数百精兵，抬着小舟翻山越关，到达夏军的上游，再乘船顺流而下。明军上下夹击，攻入夔州，突破了瞿塘天险。然后，汤和率骑兵，廖永忠率水军，继续进军，相约于重庆会面。六月十八日，廖永忠率领的水军抵达铜锣峡（在今重庆和涪陵之间）。明升十分害怕，右丞相刘仁劝他逃奔成都，明升的母亲彭氏说："眼下形势已经这样，即使去了成都，也不过是延长早晚之间的性命而已，有什么用呢？不如早点投降。"六月二十二日，汤和到重庆，接受了明升的投降。七月初十，傅友德率军包围成都，守将戴寿听说明升已投降，就率领下属也归顺了。

此后，汤和、傅友德率领的两路明军势如破竹，顺利攻下了其他州县，平定了四川。

15. 明太祖是怎样攻克大都的？

明太祖朱元璋的统一战争，是以扫平群雄开始，以北伐中原、攻下元大都（今北京）结束的。

元顺帝至正二十五年（1365）至二十七年，太祖先后消灭了陈友谅、张士诚、方国珍、陈友定等割据政权。除了四川明玉珍的夏政权和广东的何真两个小割据势力以外，南方的大片土地全在太祖的掌握之中。二十七年十月，太祖命徐达、常遇春率领二十五万大军，由淮河流域进入河北，开始了夺取中原的北伐。

对于北伐的进军路线和战略部署，太祖作了谨慎全面的筹划，最后确定了稳扎稳打、逐步推进的战略："先取山东，撤彼屏蔽，移兵两河，破其籓篱，拔潼关而守之，扼其户槛。……然后进兵，元都势孤援绝，不战自克。"以后的北伐战争基本上就是按照这一方案实行的。

第二年二月，北伐军平定了山东，接着分兵两路，水路并进，夺取河南，先后攻克归德（今河南商丘）、陈州（今河南淮阳）、许州（今河南许昌）、汴梁（今河南开封）等地。四月，元朝梁王阿鲁温投降，河南平定。冯国胜等人又率军攻克陕州（今河南陕县）、潼关（今陕西潼关），阻断了驻扎在关陇地区的元朝大将李思齐、张思道等人与元朝廷的联系。至此，元大都已失去了屏障和外援，陷入弧形的包围之中。五月，太祖亲自到汴梁督战，部署进攻大都的战役。闰七月，徐达、常遇春从汴梁率军北上，攻克临清（今山东临清），不久又攻克德州（今山东德州）。二十七日，攻克通州（今北京通州），迫近大都。元顺帝闻报大惊，在夜里带领后妃太子仓皇逃往上都（在今内蒙古正蓝旗东闪电河北岸）。八月二日，北伐大军攻克大都，元朝在中原的统治宣告结束。

16. 《大明律》是什么时候颁布的？

太祖朱元璋即位后，为维护清正廉洁的朝廷形象，决心约束官员，整顿吏治，这就要求有法律上的保证。

早在吴元年（1367），左丞相李善长就在太祖的授意下开始了法律的制定，至年底，以唐律为蓝本的法律条文初步编成，共计令一百四十五条，律二百八十五条。朱元璋担心普通百姓不能理解，就命大理卿周桢等人将所定律令中凡是与民间事务有关的条文，都分类编辑成册，解释其意义，颁发给各地官府，称为《律令直解》。

后来，太祖觉得这套法律的制定不够完善，就下令继续修订。至洪武六年（1373）夏天，刊行《律令宪纲》，颁发给各布政使司。这年的闰十一月，太祖又命刑部尚书刘惟谦详细制定《大明律》。刘惟谦每上奏一篇，太祖就叫人张贴在两边走廊，亲自加以裁夺。七年二月修订成功后，颁行天下。《大明律》的篇目条文完全以唐律为准，共计六百零六条，分为三十卷。

从吴元年到洪武六年，经过前后七年的反复修订，基本上完成了明律的制定。后来在实施过程中对一些律条又有增损，因此，洪武二十二年（1389），刑部又奏请更订了一次，把增加的条文按类附入《大明律》重新编排，直到三十年才正式颁布。

《大明律》共三十卷，四百六十条，分吏、户、礼、兵、刑、工六部，虽以唐律为蓝本，但简于唐律而严于宋律。《大明律》被太祖视为维护明王朝长治久安的法宝，所以在《祖训》中命令后代子孙“一字不可改易”。

17. 《大诰》三编是什么文献？

《大诰》三编是指太祖洪武年间颁行的解释《大明律》的法律文

献，包括《大诰》、《大诰续编》、《大诰三编》。

《大明律》的法律规定尽管十分详细，但毕竟不可能将复杂的社会生活囊括无遗。为了解决这个矛盾，太祖下令汇集官吏与百姓的“犯罪”事例来解释律条，称为《大诰》。洪武十八年（1385），朝廷正式颁行《大诰》，其中的条目共有十条：包揽他人赋税以代纳渔利，经中人交付钱财以暂保安稳，将田粮诡寄别处瞒税，遍读经书而不懂事物，将田地分派到他人名下或荒弃田地，凭执法之便干坏事，伪造通行证偷盗军需，黥面刺字的囚徒潜逃在外，官吏长途押解罪犯受贿宽纵囚犯，天下士大夫不为人君效劳。罪行严重的要抄家没收财产。第二年又颁行《大诰续编》、《三编》。太祖要求“一切官民诸色人等，户户有此一本”，并规定如果家里原有《大诰》的，一旦犯罪，即可减一等判刑，没有的就要加一等判刑。还将《大诰》三编颁发到全国各级学校作为教材，令老师给学生讲授，以期让人们从小就知道遵守法律。教授三年之后，老师就可以率领学生到礼部去背诵，朝廷视其背诵内容的多少来加以赏赐。三十年，天下诵读《大诰》的师生到京城朝见的多达十几万人，太祖都赐给了钱物。

18. 明太祖是怎样整顿吏治的？

太祖在建立明王朝之后，为了避免出现元末时期贪官污吏横行的局面，采取了种种措施来整顿吏治。

太祖详细地制定出考核的办法，无论朝官地方官员，根据官职高低，分别规定了考核的时间和内容，并由吏部进行综合考核，考核的结果分为称职、平常和不称职三种，对不称职的官员予以罢免，约束极为严格。

此外，太祖还用严刑峻法对贪官污吏进行惩治。官吏因枉法而贪赃的，一概发往北方边地充军。贪污钱财六十两以上的，就斩首示众，还要剥皮后塞上草。太祖把府、州、县衙门左面的土地庙作为剥人皮的处所，叫做“皮场庙”。贪官被押到这里，被剥下人皮，塞上稻草。在官府的办公座两旁，各悬挂一个填满草的人皮袋，使官吏触目惊心，有所警惕。此外还有挑筋、剁指、刖足、断手、刑膑、钩肠、去势等酷刑。就连官吏因公事乘坐官家的牲口、车船，携带私人物品超过规定重量的，也要处刑。

太祖执法非常严厉，驸马都尉欧阳伦是马皇后亲生女儿安庆公主的丈夫，因为贩运私茶触犯刑律，即被太祖赐死。开国功臣汤和的姑夫席某隐瞒了在常州的田产以逃避交税。朱元璋说：“席某仗着汤和的权力，不畏惧法律，所以才敢这样。”常遇春拼命为他求情，太祖都不听，还是把席某杀了。对违法乱纪、贪污受贿的官吏，除去平常的零星打击，还进行了几次大规模的清洗，典型的就是洪武十五年（1382）的空印案和十八年的郭桓案。

太祖以严厉手段整顿吏治，的确起到了一些作用，比起元末的情况大为改变，但在整顿过程中又不免出现滥杀现象。

19. 胡蓝之狱是怎么回事？

太祖在天下基本稳定之后，对文臣武将们的猜忌越来越强。为使子孙能够坐稳皇帝的宝座，他大肆屠戮那些曾为他南征北战、出生入死的功臣大将。其中，影响最大的就是“胡蓝之狱”。

明初，在官僚之中形成各种政治派别，文武之间以及淮西集团与浙东集团之间互相倾轧排挤，都在太祖面前不断地攻击对方。这种官僚集团之间的互相攻击，正好为太祖所利用。胡惟庸（？～1380）在当时任左丞相，擅权专制，很多事不上奏就径自处理，太祖对此极为不满。洪武十三年（1380），他以“擅权植党”的罪名杀了胡惟庸，同时被杀的还有陈宁、涂节等数人。后来又给胡惟庸加上“通倭”、“通虏”和“谋反”的罪名，使案情不断地牵连扩大。事隔十年，又兴大狱，以胡案株连李善长、陆仲亨、唐胜宗、费聚、赵庸、郑遇春、黄彬、陆聚、金朝兴、叶升、毛麒、李伯升等一批大臣，并宣布他们为奸党，编成《昭示奸党录》布告天下，连坐诛杀的有三万多人。当时李善长已是七十七岁的高龄，仍被赐死，家属七十余人都被诛杀。这件案子，株连蔓引，以致数年之后还没平息。

洪武二十六年（1393），又兴蓝党大狱。蓝玉（？～1393）是定远（今安徽定远）人，常遇春的内弟，在徐达、常遇春死后，多次统领大军出征作战，立下赫赫战功。二十一年，他率十五万大军出塞追击蒙古军队，掳获七万多人，大胜而归，封为凉国公。但他自恃功高，骄纵枉法，欺上凌下。二十六年，锦衣卫指挥蒋瓛（huán）告蓝玉谋反，又牵连到武将曹震、张翼、朱寿及吏部尚书詹徽、户部侍郎傅友文等，被诛杀者达一万五千多人。

胡惟庸和蓝玉两案，史称“胡蓝之狱”，前后达十四年之久，诛杀四万五千余人，功臣宿将被杀戮殆尽。

20. 空印案与郭桓案是怎么回事?

太祖除了大肆杀戮功臣如胡蓝之狱，还残害官吏，如洪武十五年（1382）的空印案和十八年的郭桓案。

朝廷规定，每年布政司①和府、州、县的官吏都要到户部报告地方财政收支情况，核对钱粮、军需等事情。经过户部审核，遇到钱粮开支有不符合规定的，就要驳回重新填造。但各布政使司离京城远的有六七千里，近的也有千里上下，所以，那些进京报告地方财政情况的官吏们就预先带上已盖好官印的空白文书，一旦遇上被户部驳回原拟钱物数之事，就立刻在空白文书上改填，这已成为公开的秘密。洪武十五年（1382），太祖发现了这种情况，认为其中一定有舞弊行为，就下令严办，地方长官都判处死刑，副职打一百棍发配戍边。

洪武十八年（1385），太祖怀疑北平二司的官吏与户部侍郎郭桓共同贪污，于是兴起大狱，自六部的左右侍郎以下一律处死，获赃银七百万两，犯官的供词牵连到直隶省所辖的地方官吏，被拘捕处死者数万人。追赃时又波及全国各地的一批地主富户，核查认为赃款窝藏之处遍天下，百姓之间的中等人家也因此而大都破产。民间怨声四起，太祖就亲自书写郭桓等人的罪行公布，又判处右审刑吴庸等人死刑，以压天下之怨。

这两起案件牵连被杀者达几万人。

21. 明太祖为什么要废除宰相制度?

明朝初年，官僚机构基本上沿袭元代，在朝廷设中书省，由左右丞相总管吏、户、礼、兵、刑、工六部事务，丞相掌握着很大的权力。为了加强皇权，太祖对此进行了改革。

明初，行中书省的行政长官左、右丞相负有统率百官之责，位崇权重，容易和皇上发生矛盾。太祖洪武初年，李善长、徐达分别为左、右丞相。李善长为人处事小心谨慎，徐达大部分时间带兵征战在外，都没有和太祖发生矛盾冲突。但在胡惟庸担任丞相之后，情况就发生了变化。胡惟庸是凤阳定远（今安徽定远）人，淮西集团的重要人物。

① 洪武九年改元朝的行中书省为承宣布政使司，简称布政司，相当于现在的省。

洪武六年（1373），在李善长的极力推荐下，由右丞相升为左丞相。他专权独断，“生杀黜陟，或不奏径行”，各官署长官给太祖的奏折，都先取阅，如果有对自己不利的，就擅自扣压不往上呈。于是出现了被罢职的和想做官升官的都争着去走他的门路的现象，他收到的金帛、名马、玩好之物不可胜数。十三年，太祖以“擅权植党”的罪名杀了胡惟庸，并趁机取消了中书省，废除丞相等官职。朝廷政务由六部分别处理，提高了六部的职权和地位，而各部的长官又直接听命于皇帝。

22. 明太祖为什么要大兴文字狱？

太祖出身贫寒，虽读书不多，但争夺天下时却很注意访贤纳士。明朝建立之后，太祖又以荐举、科举、学校教育等方式来招揽人才。但当时有一部分文士不愿出来做官，有的为了躲避朝廷征召，甚至采取自杀、自残肢体、逃往漠北等方式。太祖重视文人，又有所猜忌，部分文人不愿和他合作的态度，加深了这种猜忌，再加上一些功臣武将的挑拨，使他兴起了文字狱。

文字狱就是在文字细节上挑毛病，编造罪名迫害作者。太祖曾经当过和尚，所以非常忌讳“光”“秃”“僧”这些字眼，连和“僧”同音的“生”字也觉得刺眼。他早年投身红巾军，就最恨人说“贼”“寇”，连和“贼”字形音相近的“则”字，看了也生气。明初，地方官在逢年过节、皇帝生日及皇家喜庆日子所上的表章，都是由学校教官代作的歌功颂德的言辞，却屡屡惹得太祖发怒，下令处死作者。如浙江学府教授林元亮写《谢增俸表》，中有“作则垂宪”一语，杭州府学教授徐一夔所上表文中有“光天之下”，“天生圣人，为世作则”等语句，太祖就说文中的“则”是骂他做过贼，“光”是光头，“生”是“僧”意，是骂他当过和尚。尉氏县教谕许元为本府作万寿贺表，有“体乾法坤，藻饰太平”八字，太祖认为“法坤”是“发髡”，“藻饰太平”是“早失太平”。下令将作者处死。

文字狱从洪武十七年（1384）闹到二十九年，造成了提笔怕文字狱、人人自危的恐怖局面。

23. 明朝大军深入漠北征伐北元的战争结局如何？

明军占领山西、陕西之后，扩廓帖木儿仍盘踞甘肃。为了彻底攻取西北，太祖于洪武三年（1370）正月，派兵分两路进歼元军。徐达率领的西路军于四月在沈儿峪（今甘肃定西北）全歼扩廓所部，扩廓帖木儿仅与妻子数人逃脱，由宁夏奔至和林（今蒙古国哈尔和林）。李文忠率领的东路军入沙漠追歼元朝皇帝，攻克应昌（今内蒙古清平）。当时，元顺帝已死，其子爱猷识理达腊嗣位。李文忠率领的部队俘虏了顺帝的孙子买的里八剌及后妃等。爱猷识理达腊与数十骑向北逃到和林旧部。元朝残余势力被迫从应昌、定西一线北撤，明朝北边防御趋于稳定。但爱猷识理达腊仍委托扩廓帖木儿料理国事，对明朝廷仍然是一种威胁。

洪武五年（1372）正月，太祖派十五万大军分中东西三路进击扩廓帖木儿。徐达率五万中路军出雁门，于野马川败蒙古军队。五月，进至岭北（约今蒙古国乌兰巴托东北），与扩廓帖木儿、贺宗哲所部激战，明军失利，死亡数万人，徐达收兵守塞。冯胜率五万西路军至甘肃，一路多获胜，亦集乃路（今内蒙古额济纳旗）守将卜颜帖木儿率领全城投降，又收取瓜州（今甘肃定西偏南）、沙州（今甘肃敦煌对岸），夺取了甘肃。李文忠率五万东路军从应昌出发，至口温河（从西南流入内蒙古查干诺尔的河流），继而进至哈剌莽、胪朐（lúqú）河（今内蒙古境内克鲁伦河），敌人惊溃。李文忠留下辎重，每人携带二十日的粮食，继续追击，至土剌河、阿鲁浑河（今蒙古国境内的鄂尔浑河），直至称海（今蒙古国西南部）。双方多次激战，李文忠虽有掳获，但损失颇大，多名将领战死。后敌人逃走，李文忠也率军队返回。整个战争至六月结束，中路军失利；东路军虽胜负相当，但损失较大；只有西路军攻取了甘肃，打通了往西域去的道路，并没有达到消灭扩廓的预期目的。

这次出击，明朝廷派遣精兵强将，却以基本失败而告终。朝廷意识到消灭残元势力并不是一件简单的事，就变为以防御为主的战略。

24. 明朝进军辽东与云南的战争胜负情况如何？

灭掉夏政权之后，明朝就着手准备消灭云南的元梁王把匝剌瓦尔密和东北的纳哈出这两股势力。二者均沿用元朝年号，遵从元宗室的命令，各据一隅之地以对抗明廷。尤其是纳哈出，占据着地理位置十分重要的辽阳（治今辽宁省境内的大部分地区），与元朝遗臣和地方军政官员联合在一起，形成一股强大的抗明势力，直接威胁到明王朝北方的安全。由于云南离蒙古本部较远，势单力孤，易于攻取，太祖就先集中兵力攻取云南，然后又挥兵东北。

云南的残元势力大致分三个系统，以直属于元朝皇帝的元梁王为主。明太祖洪武五年（1372）至十四年八月期间，明朝廷不断派遣使臣招降元梁王，但始终未能成功。多次招降不成后，太祖于十四年九月派傅友德率军三十万攻取云南。明军一路攻城略地，曲靖（今云南曲靖）、昆明（今云南昆明）、大理（今云南大理）等地相继被攻下，元梁王自缢而死。十五年闰二月，云南各地全部归顺。此后，明朝廷派沐英统兵镇守云南。

平定辽东用了近二十年的时间。洪武二三年间，明廷多次招降，但纳哈出都不予理睬，以拥兵数十万为恃，与明军对抗。其后多年中，纳哈出不断袭击边疆，给明王朝造成严重威胁。在这期间，明廷逐步招降辽东的其他残元势力以孤立纳哈出，又建立粮饷供应基地，为攻取辽东做了充分准备。洪武二十年（1387）正月，太祖派冯胜、傅友德等人率军二十万北征，明军集结于通州（今北京通州），进逼纳哈出，又派降将乃剌吾（原纳哈出部下）继续劝降。三月，纳哈出见明军压境而己方军心涣散，知道大势已去，于是率二十万余众归降明朝。明朝以有征无伐的方式平定辽东，肃清了元朝在辽东的残余势力，也完成了统一全国的大业。

25. 建文帝是怎样当上皇帝的?

太祖开创明朝之后，为立储建嗣之事颇费心思。最终，他确定了“立嗣以嫡不以长，立嫡以长不以贤”的原则。洪武元年（1368），太祖立嫡长子朱标为太子。洪武二十五年，朱标不幸早逝。按理，下一个继承人应是朱标的长子，但其长子早夭，第二子朱允炆（1377～1402）便居长了。朱标死时，朱允炆年仅十岁。为了不引起皇位之争，太祖立其为皇太孙。

太祖共有二十六个儿子，除太子和早夭的幼子外，都被封为亲王。这些亲王都是朱允炆的叔父，他们手握重兵，对皇位虎视眈眈，根本不将朱允炆放在眼里。尤其是燕王朱棣，雄才大略，英毅殊众，深得太祖的器重和信赖。朱允炆聪颖好学，为人仁厚孝友，太祖虽然非常喜爱，但对其优柔寡断又深感遗憾，为此，他曾一度有易储之心。朱允炆最终能够登上皇位，除了有一帮大臣力保之外，也与其仁厚的性格有关。太祖为了让他得到锻炼，常常让他学习律法，熟悉政务。当时太祖的统治十分严酷，朱允炆则以宽大辅之。他阅读《名例律》时，认为所订过于严苛，要求改订五条，受到了太祖的称赞。他说："申明刑法，不过是为了辅助教化，凡律例中涉及五伦的，都应当适当地修改，以顺乎人情。"于是他便考《礼经》，参以历朝刑法，又改订了七十三条。他处理刑狱过程中表现出来的才智也让朱元璋颇感欣慰，说："太孙不但仁德，而且明断。我可以无忧了。"

洪武三十一年（1398），太祖辞世。根据遗诏，朱允炆做了皇帝，改元建文，史称建文帝，即惠帝。

26. 建文帝为什么要采取削藩政策？

太祖朱元璋建国之后，大封诸子为王，认为这样就可以"外卫边陲，内资夹辅"。他将二十四个儿子一个从孙（朱元璋兄之孙）分封在全国要害之地，想要他们辅佐王室。这些亲王权力很大，除了享受很高的待遇之外，还可以带兵，特别是北方边境地区的亲王，在与北元的军队作战时，还可以节制诸军。例如燕王朱棣曾被授予"节制沿边士马"的大权，统帅边防军防御元朝残余力量，还多次领兵出塞，深入蒙古草原，立下赫赫战功。

诸王领兵，确实对明初边防起过重要作用，但也留下一层隐患，那就是藩王们拥有久经战阵的精兵锐旅，如宁王有甲兵八万，燕王拥劲卒十万，这些兵力由藩王自行调遣，对皇权造成直接威胁。尤其是太子朱标死后，这些手握重兵的亲王无不觊觎皇位，不将皇太孙朱允炆放在眼里。朱允炆感到问题的严重，深以为虑。一天，他在皇宫的东角门与侍读太常寺卿黄子澄谈到这件事情。他说："各位叔父都拥有重兵，他们不驯服，应该怎样对付？"黄子澄举了汉朝平定七国叛乱的例子，说道："诸王拥有的护卫兵权仅仅够保卫自己。如果他们发动叛乱，朝廷派大臣加以镇压，他们是无法抗拒的。汉朝的七国并非不强，最后都失败了，不仅由于大小强弱的力量对比，也由于他们的行为违背礼法，朝廷镇压名正言顺。"朱允炆说，有这样的先例，我就放心了。

建文帝登基后，与分封各地的诸王王权之间的矛盾迅速尖锐。建文帝听从兵部尚书齐泰和太常寺卿黄子澄的建议，想要通过剥夺诸王的权力巩固统治。而诸王都是建文帝的叔父，拥兵专制，雄据一方，甚至有"问鼎"之心。皇权与王权之间的冲突无法调和，终于兵戎相见。

27. 靖难之役是怎样开始的?

建文帝即位后，即在齐泰、黄子澄的谋划下，加速削藩之举。他们决定先削那些力量较小的藩王，然后再集中力量对付最强大的燕王朱棣（1360～1424）。按照这个计划，建文帝于太祖洪武三十一年（1398）八月派兵袭击并逮捕了周王朱橚（燕王朱棣的同母弟），把他废为庶人，迁往云南。惠帝建文元年（1399）四月到六月，又先后逼湘王朱柏自焚而死，囚齐王朱榑于京师，拘代王朱桂于大同，废岷王朱楩（piǎn）为庶人。五王被削，仅用十个月左右。与此同时，朝廷在北平周围及城内部署兵力，又以防边为名，把燕王的护卫精兵调出塞外戍守，以削除他的兵力。除此之外，朝廷还采取派遣奸细、收买内应、布设耳目等手段来刺探燕王的行动。建文帝认为准备停当后，秘密下令擒拿燕王，但没有成功。执行监视逮捕任务的布政使张昺（bǐng）、都司谢贵被朱棣诱杀，北平城也为燕军占据。建文元年七月初五，朱棣打出“清君侧，靖内难”的旗号，以诛奸臣齐泰、黄子澄为名，在北平誓师起兵，史称“靖难之变”。靖难，即平定内乱的意思。

28. 雄县、真定之战的详情如何?

燕王朱棣宣布起兵后，命世子朱高炽（1378～1425）留守北平（今北京），自己率兵出外作战。短短半个月内，攻克了通州（今北京通州）、蓟州（今河北蓟县）、怀来（今河北怀来）等地，开平（今属内蒙古）、龙门（今内蒙古赤峰）、永平（今属河北）等地也相继归附。解除了北平周围的军事威胁，也打乱了朝廷的削燕部署。建文元年（1399）七月，建文帝拜老将耿炳文为征虏大将军，率师三十万北伐。

八月十二日，耿炳文驻军真定（今河北正定），分徐凯所部十万驻河间（今属河北），潘忠所部屯莫州（今河北任丘北），杨松所部九千余人前据雄县（今河北雄县），约潘忠从后接应。燕王认为耿炳文亲自率领的明军势重守坚，不宜先攻；潘忠、杨松二军轻出冒进，且立足未稳，可先声攻取。于是，他亲自率军自北平出发，十五日来至雄县。时值中秋，雄县守城士兵饮酒赏月，放松了警惕。燕王挥军于夜半发起进攻，突入城内，全歼杨松所部。然后伏兵于月漾桥下，大败欲过桥增援雄县的南军，俘虏了潘忠，又一举攻克莫州。

占领雄县、莫州后，燕王便谋划进攻真定。他认为，明军两部都被燕军打败，耿炳文料想不到他们会马上到达，不会做防备，如果从小道出其不意地进攻，一定能胜利。恰有耿炳文部下来降，燕王从其口中得知，耿炳文所部十三万，分驻在滹沱河（流经正定县西南）两岸，互为呼应，于是决定以计擒敌。他命张保回到耿炳文营中，散布燕军就要进攻真定的消息。其目的在于使耿炳文将南岸的兵调至北岸，以便一举全歼，耿炳文果然中计移营。八月二十五日，燕王趁机率军南攻，由间道抵达真定城下，耿炳文仓促出城迎战，结果败退城内，闭门固守，顾成等数名大将被擒，伤亡和被俘者数万人。燕王攻城两日不下，班师回北平。朝廷因耿炳文败师丧众，将其召回。

29. 北平、白沟河之战的胜负如何？

惠帝建文元年（1399）八月三十日，建文帝命曹国公李景隆取代耿炳文为征虏大将军，率师五十万进驻河间（今河北河间），江阴侯吴高、都督耿瓛则率辽东之兵围攻永平（今属河北），北平两面临敌。燕王决定诱敌深入，即亲率大军往援永平，以诱李景隆率军进攻北平，然后回师进击，将其置于坚城在前、大军在后的困境中加以歼灭。他派世子朱高炽留守北平，自己率军援永平。九月二十五日，败吴高于山海关。十月初六日，攻克大宁（今内蒙古宁城），收并宁王所部及朵颜三卫之军。而李景隆获悉燕王率军攻取永平、大宁之后，果然率军北上，直抵北平城下。朱高炽遵燕王指示，深沟高垒，坚守不出。李军久攻不克，屯兵于北平城下。十一月，燕王回师至北平郊外，进逼李景隆军营，城内燕军亦出击，内外夹攻，李景隆不能支持，一直败逃至德州（今山东德州）。北平之围遂解。

建文二年（1400）四月，兵聚德州的李景隆与驻扎真定（今河北正定）的郭英、吴杰合兵号称六十万准备北进。都督平安率精兵万人先行抵达白沟河，准备在此会师后进攻燕军。燕王闻讯后，决定出兵迎敌。双方会战于白沟河，战争打得十分激烈。明军前锋平安和都督瞿能父子率军数败燕军，燕军右军主将陈亨被平安所斩。燕王亲冒矢石，率精兵数千人突入阵中，斩杀甚众，也因此几度遇险，幸被其子朱高煦救脱。后来，大风骤起，李景隆帅旗被吹折，官军阵势始乱。燕王乘机以精骑突出绕其后乘风纵火，挥师猛攻，大败李景隆。在燕军追击下，李景隆败退德州。燕军乘胜进取德州。李景隆由德州逃往济南（今山东济南）。

30. 夹河、藁城之战的详情如何？

燕王朱棣率领的燕军攻克德州（今山东德州）后，乘胜围攻济南（今山东济南）。山东参政铁铉率兵坚守，燕军围城三月攻不下，撤围返回北平（今北京）。惠帝建文二年（1400）九月，建文帝命盛庸代替李景隆为大将军再举北伐。受命后，盛庸率明军屯驻德州，平安、吴杰驻扎定州（今河北定县），徐凯驻扎沧州（今河北沧州），三支明军互为犄角以围困北平。燕王假意宣布进攻辽东，进兵至通州（今北京通州）时，突然转向南攻沧州，活捉徐凯，歼灭明军万余人。随后，燕师沿运河南下，连续攻下馆陶（在今山东冠县北）、济宁（今山东济宁）等地。但在退至东昌（今山东聊城）时，遭到明军截击，伤亡万余人，燕军大将张玉战死，燕王也险遭不测，被迫撤回。

建文三年（1401）二月，燕王再次率军南下。这时，盛庸率军二十万驻扎在德州，吴杰、平安驻扎在真定（今河北正定），两支明军相距二百余里，互作策应。三月初一，燕军驻滹（hú）沱河。盛庸闻讯后，率明军进至夹河扎营，燕军过河迎战。二十二日，两军相遇于夹河，双方激战一日，互有伤亡。当晚，燕王为牵制明军，率领数十骑兵逼近明军营地夜宿。次日早上起来一看，已陷入明军的包围之中。但因建文帝有不准杀死燕王的命令，才使得他从容引马鸣角穿营而去。这天，双方摆开阵势，明军据西南，燕军控东北。自辰及未（上午七时至下午三时），相持不决。忽然东北风大作，尘沙飞扬，燕王乘顺风之机，指挥燕军从左右两翼横击明军。明军伤亡甚众，全线溃退，盛庸败逃德州。

吴杰、平安率领十万余人进至距离夹河战场还有八十里处，得知盛庸所部明军溃败的消息，便撤回了真定。燕王获悉后，即挥军向西进发。他设计将吴杰诱出真定城，驻兵于滹沱河南岸，距燕军驻地仅七十里。闰三月初七，燕军渡河西行二十里迎战，吴杰等移营藁（gāo）城（今属河北）。初九，燕军前锋先与明军交战。次日，吴杰、平安列方阵于西南迎战。朱棣用少量兵力攻其三面，意在牵制，而亲率主力进攻东南角。双方在激战中，又起大风，燕军乘势猛攻，吴杰、平安所部明军迅速崩溃。燕军四面围攻，斩杀六万余人。吴杰、平安率部逃入真定城内，燕军追至城下，活捉明军骁将邓戬、陈鹏等人，获得藁城大捷。

31. 夺取应天之战的结果如何?

惠帝建文三年（1401），燕军与明军多次激战，各有胜负。燕王朱棣起兵两年有余，常常身先士卒，亲临战阵，屡次遇险。但其主要目标在于损耗明军力量，很少争一城一地之得失。因而燕军一离去，攻克的城池又为明军所据。燕军占据的，不过北平（今北京）、保定（今河北保定）、永平（今属河北）三府。这时，有一批被罢黜的宦官从南京来投奔燕王。他们向燕王透露了南京的布防情况，说南京空虚可取。燕王决心迅速结束这场战争，“临江一决，不复反顾!”建文三年十二月，燕王挥师出征。

建文四年（1402）正月，燕军进入山东境内，绕过明军将领铁铉驻守的济南，连续攻下东阿（今山东东阿）、东平（今山东东平）、汶上（今山东汶上）、单县（今山东单县）等地，直逼徐州（今江苏徐州）。徐州的明军守将坚守不出，朱棣设计诱引，歼灭其出城应战者三千余人，以后明军再不敢出城一步。燕军沿徐州境南下，在淝河（今安徽境内肥水）设伏击败尾随而来的平安所部四万余人。后又与官军大战于齐眉山（今安徽灵壁西南），不料明军连连获胜，燕军几员大将相继战死。但燕王仍下令有进无退，麾军继续前进。四月二十九日，燕军攻取灵壁（今安徽灵壁），俘虏了明军都督平安、陈晖等将领，其部下也随之崩溃。至此，明朝廷在淮北的主力溃败殆尽。

建文四年（1402）五月，燕军强渡淮河，打败盛庸所部明军，攻克盱眙（今属江苏盱眙）、扬州（今属江苏），驻军江北。建文帝急忙遣使议和，燕王不予理睬。六月三日，燕军自瓜州（今江苏邗江县南）渡江，攻破盛庸沿长江设置的防线，接连攻下镇江（今属江苏）、龙潭（今江苏南京东）。建文帝多次遣使求和，燕王都不答应，挥军直逼京城。

建文四年（1402）六月十三日，燕军进抵南京金川门，谷王朱橞与李景隆开门迎降，燕王率军进入南京。至此，历时四年的“靖难之役”，以燕王的胜利而告终。燕王在南京奉天殿即位，改次年的年号为永乐。

32. 建文帝失踪之谜是怎么回事?

燕军入城时，宫中起了一场大火，混乱中不见了建文帝。燕王朱棣下令紧闭宫门、城门，仔细搜索数日，但毫无结果。有的说建文帝死于火中，有的则说建文帝从地道逃走。其结局如何，众说纷纭，莫衷一是，成为明史第一谜案。

自焚说：据《太宗实录》记载，南京金川门破后，建文帝见大势已去，遂关上宫门举火自焚。燕王远远望见宫中火起，急命手下人前去救火，但为时已晚，等燕王等人闯入皇宫时，建文帝已被烧死。朱棣命将残骨捡出，哭着说："小子无知，乃至此乎"，葬以王礼。

出亡说：建文帝被烧死的史实虽在正史中言之凿凿，但他在城破前就已出逃的传闻却在民间甚为流行。

相传，燕军入城时，建文帝左右都劝他逃亡。建文帝计无所出，急召翰林编修程济问计。程济答道："天数已定，出走可免。"于是为建文帝剃发，换上僧人服，从御沟逃出城去。一会儿，宫中失火，皇后马氏投火自焚，人们纷传建文帝也死于火中，成祖以礼葬之。建文帝逃出后，以僧人身份云游四方。

这是历史上记载最多、流传最广的关于建文帝出亡的故事。其他有关的传闻、记载还有很多。

一说程济建议建文帝出逃时，有太监奏说太祖临终时留下一个匣子，遗命"临难时开启"。打碎匣子后，发现内有和尚度牒三份，并有袈裟、鞋帽、剃刀等物及白银十锭。匣中还有朱笔大字，指明出逃路线。程济为建文帝剃发披袈，按匣中所示路线出鬼关，果然有小舟接应，因而得以逃出。

还有一种说法说燕军入城后，建文帝绝望，下令举火焚殿。当他准备赴火自焚时，一个太监表示愿以身代之。于是，建文帝将御用冠服赐予他，自己乘乱逃走。这个太监就穿戴建文帝衣冠，乘白马，加鞭奔入火中。人们远远看见，以为是建文帝自焚而死。

关于建文帝的下落，官修正史和许多史家采取了比较审慎的态度。《明史·惠帝纪》记载，燕军入城时，"宫中火起，帝不知所终。"但又接着说"燕王遣中使出帝后尸于火"，"或云帝由地道出亡"。两说并存，显系没有把握。在其他人物传记中，又露出一些有关惠帝出亡的端倪。而从燕王朱棣即位后所采取的一系列措施看，他也不相信建文帝已死。之所以听从臣下建议，以王礼葬了火中尸骨，只是为了安定人心，让惠帝的支持者们绝望罢了。

总之，建文帝的结局到底怎样，谁也没有确凿的证据来说明，成为历史上一个难以解开的谜团。

33. 明成祖为什么要将京城从南京迁到北京?

永乐十八年（1420），成祖朱棣下令诏告天下，以北京为京师，将京城从南京正式迁到北京。成祖为何要迁都，目的何在?

永乐十四年（1416），六部都察院给成祖上的一道奏疏中，清楚地道出了迁都北京的两个原因：一是“龙兴之地”，二是“山川形胜，足以控四夷，制天下”。

成祖早年以燕王封藩于北平，又从北平起兵夺得帝位，即位后改北平为北京，并在北京设立行在六部（以朝廷建制，在北京建立五府六部等官署，称为“行在”）。永乐四年（1406），诏建北京宫殿。永乐七年以后，成祖多次北巡，长期住在北京，而以太子监国南京，天下奏章都要送往北京行在所，北京已经成为实际的政治中心。十四年，成祖又下令营建北京宫殿。十八年，北京宫殿落成。这年九月，成祖下令以北京为京师，正式迁都。

成祖迁都北京，最重要的是出于政治上的考虑，是为了“君主华夷”，“控四夷，制天下”。北京即元朝首都大都。大都作为全国的政治中心，使漠北与中原地区统一在一个政治中心之下，历史上中原政权为北方少数民族困扰的局面在元朝不复存在，元朝建立的是一个真正的华裔一体、四海浑一的国家。早在太祖洪武年间，朱元璋就看到了这一点，有将国都北迁之意，曾派太子朱标巡视河洛和关中。但朱标返回后不久病死，而朱元璋也已年老，迁都之事暂时搁置。成祖迁都北京，肯定了北京作为全国统治中心的地位。再从明朝初期北方蒙古贵族不断南下骚扰的政治军事形势来看，为了有效地抵御蒙古贵族的进犯，将北京作为国都也比南京更为适宜。

成祖的迁都表现出了他的政治远见，也就是他的“英雄之略”。这一措施，对当时及后来巩固北方的边防和加强全国的管理都起了积极的作用。

34. 明成祖为什么要五次远征漠北?

成祖继承太祖的政策，对元朝的残余势力采取怀柔与武力兼施的方针。一方面以优厚的待遇对待归顺的蒙古军民，在交往中采取“厚往薄来”的原则，另一方面又以武力镇压那些企图叛乱的势力，为此，他曾五次远征漠北。

成祖永乐初年，元朝的残余势力相互混战，分为瓦剌、鞑靼和兀良哈三部。名义上的可汗本雅失里和鞑靼太师阿鲁台野心甚大，想统一全蒙古并与明朝抗衡。成祖永乐七年（1409）二月，成祖派使者到鞑靼，提议两国“相互和好，朕主中国，可汗主朔漠，彼此永远相安无事。”不料使者被杀，成祖大怒，当年七月派淇国公丘福为征虏大将军，率师十万征讨鞑靼。由于对鞑靼实力估计不足，再加上指挥失当，十万人马全军覆没。八年二月，成祖率五十万大军亲征鞑靼，深入漠北，在斡难河（今鄂嫩河）畔大破本雅失里军。又追击向东逃的阿鲁台，而后经两次大战，明军斩杀无数，胜利还师。阿鲁台投降，接受了明朝和宁王的封号。

鞑靼部虽已降服，但瓦剌部的势力又强大起来，不仅阻遏明政府与西北间的通道，而且企图控制鞑靼部。成祖不能坐视在漠北出现强大势力，于永乐十二年（1414），他率五十万大军再度出塞，远征瓦剌。这一次，明军以五十万之众对付约三万人的瓦剌军，却打得异常艰苦，明军虽胜，但双方死伤相当。第二年，瓦剌部遣使向明朝谢罪，恢复了对明朝的朝贡关系。

鞑靼阿鲁台部自降服后，经多年的休养生息，势力复振，不断骚扰明朝边塞重镇。成祖因此又分别于永乐二十年（1422）、二十一年、二十二年三次率军出征漠北，但所获甚微。在最后一次亲征途中，病死榆木川（今内蒙古多伦西北），终年六十五岁。

成祖的五次亲征虽使元朝的残余势力受到打击，但除阿鲁台等几人接受了明朝封号之外，其他元宗室始终没有对明朝表示臣服。

35. 朱高煦之叛是怎么回事?

朱高煦（？～1426）是成祖的第二个儿子，既凶狠剽悍，又英勇善战，在“靖难之役”中，随成祖征战南北，屡立战功。成祖屡次濒临危险而转败为胜，他的功劳最多。所以，成祖认为他很像自己，他也以此自负，骄横恣肆，多做不法之事。

淇国公丘福、驸马王宁时时在成祖面前称颂朱高煦，劝说立他为太子。但成祖的长子朱高炽早就被立为燕世子，仁惠贤能，有很多人支持，因而在永乐二年（1404），成祖还是立朱高炽为太子，封朱高煦为汉王，封地远在云南。朱高煦极为不满，说：“我有什么罪？斥逐于万里之外！”迟迟不肯前往封地，力请和自己的儿子回南京。成祖不得已，就答应了他。朱高煦自从到南京后，请求把天策卫的官兵作为自己的护卫队，以唐太宗自比，所作所为更加放纵，还和成祖的第三个儿子朱高燧陷害太子。成祖很不满，于十三年五月把他改封到青州（今山东青州），但他仍然赖在南京不走，继续胡作非为。十五年三月，成祖又把他迁到乐安州（今山东广饶），限令当日出发。朱高煦到乐安后，怨恨更大，处心积虑地要夺取皇位。

永乐二十二年（1422）七月，成祖病死，朱高炽继位，是为仁宗。朱高煦每天派人在暗中窥探京城，盼望有变乱发生。洪熙元年（1425）仁宗病死，太子朱瞻基从南京奔丧，朱高煦图谋伏兵拦击他，但没有成功。朱瞻基继位，是为宣宗。宣宗宣德元年（1426）八月，朱高煦起兵发动叛乱。宣宗准备派遣阳武侯薛禄率兵前去征讨，大学士杨荣等人劝他亲征。宣宗同意了，亲率大军出征，很快便包围了乐安城。宣宗几次派人劝降朱高煦，写信给他说：“现在天子的六军压境，王如果交出倡导反叛之谋的人，朕即免除王的罪过，还像当初一样加恩礼待。不然的话，一旦开战被擒获，或有人视王为奇货而捉来进献，后悔便来不及了。”朱高煦都不答复。后来，城中的人多次想抓住他献给宣宗，这才害怕了，于是出城投降，父子都被废为平民，押送京城，禁锢在西华门内。因朱高煦之乱而受牵连被杀或充军的人多达两千。

36. 郑和是一个什么样的人？

郑和（约 1371～约 1433），云南人，原姓马，小名三保，世称“三保太监”，也称作“三宝太监”。太祖洪武年间，他入宫成为宦官，开始是在燕王朱棣的府邸里侍奉，后来跟随燕王起兵，出入战阵，多建奇功，提拔为太监，深得信任。燕王登基后，赐姓“郑”。

成祖通过“靖难之役”夺得帝位之后，怀疑惠帝逃亡海外，想探知他的行踪，并且要炫耀大明王朝的威力于国外，便于永乐三年（1405）六月命郑和及宦官王景弘等人前往西洋为互通使臣。自永乐三年至宣宗宣德八年（1433）的二十八年间，郑和先后七次率远洋船队，经过占城、爪哇、真腊、旧港、暹罗、古里、满剌加、渤泥、苏门答剌、阿鲁、柯枝、大葛兰、小葛兰、西洋琐里、琐里、加异勒、阿拨把丹、南巫里、甘把里、锡兰山、喃渤利、彭亨、急兰丹、忽鲁谟斯、比剌、溜山、孙剌、木骨都束、麻林、剌撒、祖法儿、沙里湾泥、竹步、榜葛剌、天方、黎伐、那孤儿等亚非三十多个国家和地区，成为航海史上的盛举。自郑和以后，凡是奉命出使海外的人，没有一个不盛赞郑和而向外国夸耀的。自宣宗以后，远方国家也常派使者来，但总不如永乐时代。

世间流传的三保太监下西洋，是明代初年的一件盛事。郑和死后，南洋各国百姓崇奉他为神，立庙祭祀，香火不衰。

37. 郑和第一次下西洋的详情如何?

郑和第一次下西洋是在成祖永乐三年六月到五年九月。

永乐三年（1405）六月，郑和与宦官王景弘奉成祖之命出使西洋①。他们率领一支庞大的船队，其中长四十四丈、宽十八丈的大船就有六十二艘，载有将士二万七千八百余人和大量的金帛财物。船队从刘家河（今江苏太仓浏河）出海，先到福建，又从福建五虎门（今闽江口长乐港）扬帆起航。首站到达占城，先后又到了爪哇、苏门答剌等国，宣布成祖的诏书，赏赐当地的君主酋长，如果不臣服，就兼用武力。永乐五年九月，郑和等人回国，各国使臣随郑和前来朝见的很多。成祖很高兴，给他们加赐爵位俸禄不等。这次回来，郑和还献上了俘获的旧港（即三佛齐国，今印度尼西亚）酋长陈祖义。陈祖义原是广东潮州（今广东潮州）人，因为犯了罪在太祖洪武年间合家逃到旧港，投渤林邦国王麻那者巫里手下为将。国王死后，就纠集一帮海盗，自封为酋长，称霸海上，劫掠过往的商人旅客，妨碍海路畅通。郑和派人招抚晓谕，他假装投降，暗里却在谋划抢劫。郑和看破了他的阴谋，打败这帮海盗，活捉陈祖义，押解带回，成祖下令在京城集市上斩首示众。

38. 郑和第二次下西洋的详情如何?

郑和第二次下西洋是在成祖永乐六年（1408）九月至九年六月，路径与第一次大致相同。

郑和率船队到锡兰山的时候，国王亚烈苦奈儿拿出了许多礼物贡

---

① 西洋，在明代是指南海以西的海洋及沿海洋诸地，约相当于今印度洋。

献给明朝皇帝，表示两国修好。但当他看见郑和船队装载了大量金银，起了贪心，就假意请郑和到他的宫殿。盛宴招待之后，他向郑和索取金币，并暗地里派兵去劫夺郑和的船队。郑和沉着冷静，了解到锡兰山的大部分兵力已被派去攻打船队，都城空虚，就率领部下两千多将士，出其不意地攻下了锡兰山的都城，活捉了亚烈苦奈儿及其妻子官属。领兵打劫船队的敌将听说明军攻打都城，赶忙下令撤兵回救。郑和率领明军乘胜杀了个回马枪，打得他们溃不成军，只得向明军投降。郑和当场释放了投降的将士卒，只把亚烈苦奈儿和几个重要官属扣留在船上，继续率船队访问其他地区。永乐九年（1411）六月，郑和返国，向朝廷献上俘虏。成祖赦免了亚烈苦奈儿等人，释放回国。那时候，交阯（今越南）已经被明军攻占，成为明朝的地方政府。西洋各国都非常震惊害怕，前来朝见进贡的越来越多。

39. 郑和第三次下西洋的详情如何?

永乐十年（1412）十一月，成祖又一次命郑和等人率船队出使西洋，十三年七月返回。

这一次，郑和等人到达苏门答剌的时候，遇上了麻烦。原来，苏门答剌的西面有个那孤儿国，在明永乐六年（1408），那孤儿国和苏门答剌打了一仗，苏门答剌国王中箭身亡。那时，王子年龄尚小，不能替父王报仇。王后复仇心切，就向全国宣告：谁能领兵打败那孤儿国，替先王报仇，我就嫁给他，并请他当国王。一个渔夫自告奋勇，领兵打败了那孤儿国，杀死国王。于是，渔夫娶了王后，当上苏门答剌的国王。老国王的儿子长大后很不甘心，就培植了一批勇士，寻找机会杀死渔夫，登上王位。郑和到达苏门答剌后，给新国王赠送了许多礼品。渔夫有个儿子叫苏干剌，要替父亲报仇，带兵攻打苏门答剌，企图争夺王位，反被新国王打败了。他只得逃到一个叫邻山的地方，自立一寨。当他听说郑和给苏门答剌新国王赠送了许多礼物，却没有送礼给自己，又忌又恨，就带领几万兵众，袭击郑和的船队。郑和指挥将士还击，把苏干剌的兵众打得大败，乘胜追击到一个叫喃渤利的地方，活捉了苏干剌及其妻子、儿子。十三年，郑和返国，成祖下令斩杀了苏干剌。

40. 郑和第四次下西洋的详情如何?

成祖永乐十四年（1416）冬天，满剌加、古里等十九个国家都派遣使臣前来朝贡，成祖都给了赏赐。各国使臣返国的时候，成祖派郑和等人率船队伴随他们一起走，并带着大量的礼物赏赐他们的君主。十七年七月，郑和返国。

41. 郑和第五次下西洋的情况如何？

成祖永乐十九年（1421）春天，郑和奉命再次率船队出使西洋，第二年八月返国。

42. 郑和第六次下西洋的详情如何？

郑和第六次下西洋是在成祖永乐二十二年（1424）。这年的正月，旧港（即三佛齐国，今印度尼西亚）酋长施济的孙子向朝廷请求世袭宣慰使的职务，郑和奉命带着成祖的诏书和官印前往旧港。当年的七月，在成祖死后，郑和返回。仁宗洪熙元年（1425）二月，仁宗命郑和率领部下守备南京。南京设立守备一职，是从郑和开始的。

43. 郑和第七次下西洋的情况如何？

郑和第七次下西洋是在宣宗宣德五年（1430）六月到八年七月。

永乐二十二年（1424），成祖去世，其子朱高炽继位，是为仁宗。他听从朝中一些大臣的意见，认为下西洋的花费过大，收效很小，宣布停止出使西洋的活动。不到一年，仁宗病死，太子朱瞻基继位，是为宣宗。在郑和船队停航的五六年间，原先郑和出使西洋时访问过的亚非国家，大多已同明朝断了往来。宣宗觉得自己即位已有数年，而西洋各国还没有来朝见进贡，便于宣德五年（1430）六月再次派郑和出使西洋。郑和、王景弘率领船队，访问了忽鲁谟斯等十七个国家。由于这次访问的国家多，地域广，路程远，出使时间也就很长，直到宣德八年才启程返国。不幸的是，郑和在返航途中与世长辞，终年六十二岁。

44. 明仁宗朱高炽是一个怎样的人？

仁宗朱高炽是成祖的长子，于永乐二十二年（1424）八月即位，年号洪熙，第二年五月病死，在位仅短短十个月。

仁宗早在太祖洪武二十八年（1395）就被册封为燕国（封地在今北京一带）世子，他沉静好文，儒雅仁厚，深得太祖喜爱。太祖曾命他与秦国（封地在今陕西西安一带）、晋国（封地在今山西太原一带）、周国（封地在今河南洛阳一带）三国的世子分别检阅军士，这三位世子很快就检阅返回，只有他回来得最晚。太祖问起晚归的原因，他说："早晨冷得很，士兵们还没有吃完饭，我让他们吃饱饭后才开始检阅，所以回来晚了"。他体态肥胖，行走不便，总要两个宦官搀扶着才能活动，因此不被好武的成祖喜欢。成祖夺取皇位后，在立太子的问题上曾有长时间的犹豫，而仁宗最后还是被立为太子的原因是得益于他较仁厚而得到了群臣的支持。

仁宗较能体恤民情、处事宽和，即位后一反成祖所为，采取与民休息的政策。为了削减财政，宣布停止北征、宫使采买、营建工程及出使西洋等劳民伤财之举。仁宗对百姓的疾苦也比较关心，有一次，听说山东及徐州一带遇灾，老百姓没有吃的，地方官却照常催征夏税，就命大学士杨士奇草拟诏书免去当年夏税及秋粮的一半。杨士奇提出先告知户部和工部，仁宗说："救民之穷，就像救人于水火之中一样，不能迟疑。如先让户、工两部的官员商议，他们会顾虑国库不足，一定是议而不决。"说着，赶快让宦官拿来文房四宝，令杨士奇即席起草诏书，盖上玺印，付诸实行。仁宗还赦免了建文帝的旧臣和成祖时遭牵连而流放边境的官员家属，允许返回原处。又平反了许多冤案，如建文帝时的忠臣方孝儒冤案，永乐时解缙冤案都得到平反昭雪。

仁宗在位期间推行较为开明的政策，使百姓得到一定程度的休养生息，生产发展，生活稳定，明朝进入一个较为安宁的时期，也是史称"仁宣之治"的开端。

45. 为什么说明宣宗朱瞻基是"太平天子"?

宣宗朱瞻基（1398～1435）是仁宗的长子，于洪熙元年（1425）即位为帝，年号宣德。他在位的十年是明朝初期统治秩序最稳定的时期，被称为"守成令主"(令，美好)、"太平天子"。

宣宗在太祖洪武三十一年（1398）生于燕王府邸。出生的那天晚上，成祖梦见太祖将一个大圭赐给了他，大圭上镌刻着"传之子孙，永世其昌"八个大字。后来见到小瞻基，觉得他长得非常像自己，非常高兴地说："孙儿英气满面，符合我的梦啊。"这件事对以后成祖下决心发动靖难之役有很大的影响。宣宗喜爱读书，才智和见识都非常杰出，深得成祖的喜爱。永乐九年（1441），成祖立其为皇长孙，巡幸、北征时都令朱瞻基相从，还挑选翰林院诸臣为他讲经史，练习政务，增广见识，并常常对仁宗说："这是他日的太平天子啊！"不受成祖信赖的长子朱高炽能够立为皇太子，在很大程度上就是得益于这位"好圣孙"。

宣宗即位不久，发生了汉王朱高煦的叛乱。他率军亲征，平定了叛乱，稳定了大局。宣宗承袭仁宗的政策，任用杨士奇、杨荣、杨溥、蹇义和夏元吉等治世良臣，实行一系列轻徭薄赋、休养生息的政策，如停止皇家采购，禁止在农忙时扰农，禁止用宗教、军事活动干扰民事，严格控制营造工程，大量放免工匠，保护手工业匠人的利益，全力保护农业的发展、大量减免税粮等。为了休兵养民，宣宗一改成祖时的讨伐政策，主动从交阯（今越南）撤兵，减轻了百姓负担，节省了人力财力。在政治方面，宣宗清除积弊，整顿行政机构，实行精简和裁冗措施，对那些"不达政体"和"老疾"的官僚都予以罢免，以振朝纲。

这些政策和措施，使宣德时期的社会经济得到了进一步发展，史称仁宗与宣宗时期为"仁宣之治"。

46. 明英宗是个什么样的皇帝？

英宗朱祁镇（1427～1464）是宣宗的长子，九岁即位，年号正统。他在正统十四年（1449）的"土木堡"之役中被蒙古瓦剌部俘虏，失去帝位。八年之后，通过"夺门之变"又重登宝座，年号"天顺"。英宗在位期间，是明王朝由强而弱，由繁荣走向衰落的转折点。

英宗年幼即位，遵照宣宗遗诏，凡是朝廷大政都要奏请太皇太后张氏（明仁宗诚孝皇后，英宗的祖母）而后执行。张氏历成祖、仁宗、宣宗三朝，经验丰富，深识大体，她任用贤能之士，委政阁臣，使先朝大臣英国公张辅和大学士杨士奇、杨荣、杨溥及礼部尚书胡濙辅政，继续推行仁宗宣宗朝的各项政策，还维持着社会的安定局面。然而随着张氏与三杨等大臣先后去世或离职，英宗渐渐亲近宦官，尤其宠信大宦官王振，而王振广泛树立私党，开启了明代宦官擅权乱政的先例。边境也日益多事，正统十四年（1449），蒙古瓦剌也先部进犯大同（今山西大同），英宗听信王振的话而亲自出征，结果因用兵不当而导致"土木之变"，英宗被俘虏北去。朝臣为稳定人心，立英宗之弟朱祁钰为帝，是为代宗。代宗景泰二年（1451），英宗被释放回京，软禁在南宫。景泰八年，武清侯石亨、副都御史徐有贞、宦官曹吉祥等人乘代宗病重发动兵变，拥立英宗恢复帝位，史称“南宫复辟”或“夺门之变”。英宗复辟后，改年号为“天顺”，杀了抗击瓦剌的功臣于谦等人，重用石亨、宦官曹吉祥等人，朝政更加败坏。

英宗在位期间，土地兼并严重，内有叶宗留、邓茂七等农民起义，外有异族侵扰，内外交困，未有建树。

47. 明代宗是怎样当上皇帝的?

明代宗朱祁钰（1428～1457）是宣宗的第二个儿子，英宗的弟弟。当英宗亲征蒙古瓦剌也先部时，他以郕王身份留守北京，“土木之变”后被推上皇帝宝座。

“土木之变”后，英宗被俘的消息很快传至京城，朝廷内外一片恐慌，大臣们聚集在朝堂上痛哭，不知所为。侍讲徐珵提议弃城逃跑，迁都南京。兵部侍郎于谦表示坚决反对，说：“提议南迁的人应该被斩首。京城是天下的根本，稍一动就会坏了大事！难道不知宋朝南渡的事情吗?”他和吏部尚书王直等人向孙太后（英宗的生母）上表请求让郕（chéng）王朱祁钰代理国政。八月十八日，孙太后命郕王监国，随后又立英宗的长子朱见深为皇太子。二十三日，代宗临朝主持政事，群臣请诛杀王振全家以安人心。王振的党羽锦衣卫指挥马顺叱喝群臣，激起众怒，被当堂击毙，朝班大乱。代宗非常害怕，想退回宫去，被于谦拦住，请他当众宣布马顺等人所犯之罪本就是死罪，打死他的官员无罪，并请求颁发了诛杀王振全家的诏令。八月二十五日，代宗命都督石亨总督京营。这些措施稳定了政局，使得朝野齐心，共同抗敌。

当时，由于明王朝无国君，政令推行不畅，新立的太子才三岁，无法处理政事；也先挟持着英宗大举进犯，为了安定人心，断绝也先用英宗进行要挟的图谋，群臣奏请孙太后立郕王为皇帝。孙太后准许，郕王却推辞再三，避归府邸。于谦正色对他说：“臣等诚爱国家，非为私计”。郕王这才接受了孙太后的旨意，于九月初六即皇帝位，是为代宗，年号景泰，遥尊英宗为太上皇。

48. 为什么说明宪宗是一个昏庸的皇帝?

明宪宗朱见深（1447～1487）是英宗的长子，初名见濬，英宗正统十四年（1449）被立为皇太子，代宗景泰三年（1452）废为沂王，英宗天顺元年（1457）又立为皇太子，改名见深，天顺八年即位，年号成化。他不是一个励精图治的皇帝，在位期间，英宗时期的种种弊政不但没有得到改善，反而愈演愈烈。

宪宗宠信宦官，使宦官的祸害更甚。他们擅作威福，破坏朝政，尤以专西厂的大宦官汪直为最。他屡兴大狱，迫害大臣，气焰嚣张。还有梁芳、韦兴等宦官，贪黩谀佞，如梁芳为了取媚于宪宗宠妃万贵妃，“日进美珠珍宝悦妃意”，其同党也借为皇家采购的名义，四处搜刮，宪宗因万贵妃的缘故而不加以追究。

宪宗崇佛道、信方术，一些妖人、奸佞应运而生。有个叫李孜省的方士因进献符箓①而得宠，与梁芳等宦官表里为奸，干预政事，操纵官员的升降，朝野人士为之侧目。有个叫继晓的和尚诱导宪宗做佛事，耗费钱财无数，强拆了数百户人家的房屋建造大永昌寺，花掉银子数十万两，颇为民害。还有一些和尚道士仗着宪宗的宠信，或横行于朝廷，或作乱于地方。

宪宗时期朝政的黑暗腐败，还表现在内阁组成上，如成化后期的内阁由大学士万安主持，专政达十年之久。而万安是一个既无学术又无品性的官僚，为了稳固地位，结交宦官以为内援，不惜自称侄子来献殷勤于万贵妃，甚至给宪宗进房中术。宪宗怠于政事，君臣常不见面，一旦内阁请宪宗召见大臣议政时，万安却又不奏时政，只是顿首高呼万岁，一时传笑，谓之“万岁阁老”，使得宪宗更不愿召见大臣。当时内阁有万安、刘吉、刘珝三人，都无所规正，各部尚书更多平庸，所以有“纸糊三阁老，泥塑六尚书”的民谣。

宪宗一朝，朝政荒废，宦官作乱，佞臣横行，土地兼并严重，边关守备松弛，内忧外患层生迭出，社会矛盾日益激化，所以说他是一个昏庸的皇帝。

49. 明孝宗小时候的生活为什么会坎坷?

明孝宗朱祐樘（1470～1505）是宪宗的第三个儿子，于成化二十三年（1487）即位，年号弘治。因为宪宗特别宠爱万贵妃，使他小时候的生活比较坎坷。

---

① 符，道教称为天神的文字。箓，纪奉道者及诸天曹佐吏之名及职责的名册。道教认为可以除灾治病及役使鬼神。

孝宗的生母纪氏，原是蛮族地方官员的女儿。宪宗年间明军征讨蛮族，纪氏作为战利品被送入后宫。她聪明灵巧，又精通文字，被派到内宫书房看守藏书。宪宗偶然一次到内宫藏书处，她被临幸，有了身孕。当时万贵妃受到专宠，骄横善妒，后宫有怀孕的都被她算计堕胎。她知道纪氏怀孕后非常生气，令宫婢去给纪氏堕胎。宫婢假称纪氏是害胀气病，这才逃过一劫。后来纪氏被送到安乐堂①生下了孝宗。她害怕惹来灾祸，让宦官张敏将他抱走溺死，张敏说："皇上还没有子嗣，怎么能抛弃他呢?"就把他藏在别室抚养，长到五六岁，还不曾剪胎发。

到了成化十一年（1475），有一天，张敏为宪宗梳头，宪宗对镜长叹："眼看着老了，还没有儿子啊!"张敏这才告诉他纪氏生子一事，孝宗这时已六岁了。使者去接时，纪氏抱着孝宗大哭说："儿子离去，我是活不成了。"宪宗见到孩子，悲喜交加，抱着他放在膝上凝视良久，哭着说："是我的儿子，像我啊。"于是立为皇太子，取名为朱祐樘，封纪氏为淑妃。但过了不久，纪氏就暴病而亡，都传说是万贵妃害死的，宦官张敏也因惧怕万贵妃而吞金自杀。

孝宗被立为太子后，周太后（宪宗之母）怕他再遭万贵妃的毒手，就把他带到自己宫中抚养。一天，万贵妃叫孝宗去吃饭，周太后对他说："孩儿前去，不要吃任何东西啊"。孝宗见了万贵妃后，果然不吃东西。万贵妃给吃的，他说："已经吃饱了。"给喝的，他说："怀疑有毒。"万贵妃大怒，说："这个孩子才几岁就这样，等长大了就更要欺凌我了。"此后，万贵妃一改过去对宪宗后宫生活的控制，诞生的皇子渐渐多起来，她就要宪宗另立太子。宪宗曾一度动摇。后来泰山发生地震，占卜者说这是上天在警示如果改立太子，必将引起天下动乱，宪宗才不准再提废立太子之事。

孝宗小时候这段坎坷经历对他的影响很大，即位后，恭仁俭朴，勤政爱民，出现了"弘治中兴"的局面。

50. 明武宗是一个怎样的皇帝?

明武宗朱厚照（1491～1521）是孝宗的长子，于孝宗弘治十八年（1505）即位，年号正德。他在位期间，耽于逸乐，荒于政务，是有名

---

① 宫中有过失或有病宫人的居住之处。

的腐朽荒唐皇帝。

武宗即位时才十五岁，“好逸乐”、“好骑射”，宠信被称为“八党”、“八虎”的大宦官刘瑾、马永成、高凤、罗祥、魏彬、丘聚、谷大用、张永等人。他们天天以狗马鹰犬、歌舞摔跤等游戏引诱武宗游玩娱乐。武宗乐此不疲，怠于政事，孝宗在遗诏中所宣布兴利除弊之事者，全搁置不行。正德二年（1507），武宗大兴土木，在西华门别筑宫殿，造密室于两厢，称为“豹房”、“新宅”，在里面开设酒店、商店甚至妓院，恣意玩乐。因为他不理政事，大权旁落于宦官之手，早已严重的宦官专权局面又进一步恶化，出现了势倾天下的大宦官刘瑾。

刘瑾被诛杀后，他又宠信宣府（今河北宣化）人江彬。江彬对武宗说宣府的乐工多美妇人，而且可以观察边地军情，瞬息之间奔驰千里，何必郁郁不乐地居于内宫，为朝中大臣所制。在江彬的诱导下，武宗屡屡出巡。正德十二年（1517）八月至十四年二月，武宗不顾大臣们的反对，一连四次出巡。江彬在宣府为武宗建镇国府第，并将豹房的珍玩、宫女全部运去，供他玩乐。在宣府的时候，武宗常常带人夜闯民宅，强抢民女，索要酒食，以致当地的市肆萧条，白日闭户。他在外玩乐，出巡的时间一次比一次长，第四次出巡更长达半年。每次出巡，宦官必先为他抢夺良家女子，严重骚扰民间。

武宗荒政，江西宁王朱宸濠就伺机而起，于正德十四年（1519）六月起兵叛乱。这不但没有给武宗敲响警钟，反而为他出巡江南提供了一个理由。他不顾群臣的劝谏，亲自率军平叛，到达涿州（今河北涿州）时，传来王守仁平叛的捷报。于是大臣们请他回京，他不听，反令王守仁原地候驾。然后一路游山玩水，寻欢作乐。到达扬州（今江苏扬州）时，武宗派人遍地搜寻处女、寡妇，遇有藏匿的，就破墙毁屋，强夺而出。还遍阅扬州妓女，使胭脂花粉价钱飞涨。第二年七月才到南京，令王守仁重新报捷，搞了一个滑稽的受降仪式，令释放朱宸濠等人后，自己再与宦官侍从把他抓住，作出凯旋的样子。北返途中，仍然不停地玩乐，在清江浦积水潭捕鱼时，船翻落水，被救出后得了病。正德十六年三月，病死于豹房。

51. 明世宗时的“大礼议”是怎么回事?

明世宗朱厚熜（1507～1566）是武宗的堂弟，于武宗正德十六年以藩王身份入京继承帝位。即位后，在有关他的生父兴献王的主祀封号之事上跟朝臣展开了长达一二十年的较量，史称“大礼议”。

世宗即位五天后，就令负责礼仪的官员讨论他的生父兴献王的主祀封号。按照礼法，世宗应继承皇统，尊武宗之父孝宗为父，而称生父为叔父。开始，礼臣议定以孝宗为皇考（皇父），兴献王为皇叔父兴献大王，兴献王妃为皇叔母兴献王大王妃。对这种“移易”父母的办法，世宗当即表示不满，要臣下再议。当年七月，观政进士张璁迎合世宗私意，提出“继统不继嗣，请尊崇所生”，世宗非常高兴，命大臣再议。内阁首辅杨廷和等人上疏反对，世宗都不予理睬。十月，杨廷和见势不得已，只得退一步，在起草给礼部的诏书中称，奉圣母慈太后懿旨，皇上本生父兴献王宜称兴献帝，生母宜称兴献后。

世宗嘉靖元年（1522）正月，杨廷和等人利用宫中失火制造舆论，迫使世宗称孝宗为皇考，兴献帝和兴献后为本生父母。但世宗并未就此罢休，想方设法要去掉生身父母尊称中的“本生”二字，并得到一批中下层官僚的支持。三年，皇考之争几经周折，最后终于改称：孝宗为皇伯考，昭圣皇太后为皇伯母，献皇帝为皇考，章圣皇太后为圣母。世宗去掉“本生”二字，在当时引起一场大风波，为了争取保留“本生”二字，也就是争取孝宗至武宗系统的延续，二百多名官员聚集于左顺门外，跪伏哭谏，世宗两次传旨，他们都跪伏不起。世宗大怒，下令逮捕一百三十四人关入狱中。在二百多名官员中，四品以上的剥夺俸禄，五品以下的施行杖刑，有十六人被打死。至此，他为父母上尊号、立庙之事再没有了阻碍，于四年下令在太庙旁另立世庙，后改为献皇帝庙。七年，世宗颁布了记述“议大礼”事件的《明伦大典》，对曾持反对态度的官员进一步定罪并处罚。其中，将早已辞官的杨廷和定为罪魁，革职为民。十七年，奉兴献帝神主入太庙，称睿宗，为了将睿宗配享上帝，世宗把太宗朱棣的庙号改为成祖。

对兴献王的主祀封号，世宗君臣争论了一二十年。这件事本身不过是礼法条文，其实背后却隐藏着朝臣与皇帝、朝臣各派系之间的权力斗争，对明朝后期的政治产生了深刻影响。

52. 明穆宗的一生如何？

明穆宗朱载垕（hòu）（1537～1572）是世宗的第三个儿子，于世宗嘉靖四十五年（1566）即位，年号隆庆。

穆宗即位后，在高拱、陈以勤、张居正等大臣的辅助下，革弊施新，平反冤狱，凡嘉靖一朝因劝谏而获罪的大臣，活着的加以任用，死去的加以抚恤，如海瑞获释出狱，恢复官职。又严惩方士，取消斋醮①，停止因斋醮而加派的税钱及部分织造、采买。还不时蠲免受灾地区的赋税，抑制土地兼并，减轻了百姓的负担。

穆宗在位期间，蒙古又一次较大规模入侵，虽然没有进攻北京，但也给明王朝造成了很大的困扰。穆宗采纳高拱、张居正的建议，与蒙古俺答汗议和，封他为顺义王，并在边界开设马市，互通有无。又调戚继光为总兵官，加强长城沿线防御，开展互市贸易，使北部边境出现了一时和平安宁景象。

但过了不长时间，穆宗也与世宗一样怠于政事，很少接见大臣，经筵②也不发表意见，而且贪好女色，醉心于玩乐；服御器用，都“镂金雕玉”。为了供他享受挥霍，多次派人传诏购求珠宝，比世宗还急迫。穆宗的挥霍浪费使嘉靖以来严重的财政危机进一步恶化，尖锐的社会矛盾进一步激化，幸运的是在位期间没有爆发重大的变故，得以稳坐皇位六年。

隆庆六年（1572），穆宗得病去世，遗命由太子朱翊钧即位，高拱、张居正及高仪三人辅政。

53. 为什么说明神宗是一个懒惰的皇帝？

明神宗朱翊钧（1563～1620）是穆宗的第三个儿子，于穆宗隆庆六年（1572）即位，年号万历。他在位的前期，尚能励精图治，可到了后来，由勤变懒，长期晏居深宫，不亲郊庙，不见朝臣，大臣的奏疏常是“留中”③ 不发，经筵尽废。

从神宗万历十一年（1583）开始，神宗就以“病”为借口，不亲郊庙，不见朝臣，怠于政务的现象越来越严重，至四十六年，不上朝已近三十年。甚至发生了紧急军情也无动于衷，如二十四年四月，大学士赵志皋因抗倭援朝之役事属重大，提出面见神宗，商议有关事宜，神宗以身体不好，多日服药需要静养为借口而拒绝了。

---

① 道教设坛祭祷的一种仪式。即借斋醮神，借以求福免灾。

② 是古代帝王为研读经史而特设的御前讲席，讲席之上，除了对经史进行研读之外，还经常讨论朝政，是考查皇帝勤政与否的一个标准。

③ 即对送来的奏疏不加批答，放置宫中。

神宗既不见朝臣，也不及时处理大臣呈上的奏疏。万历十六年(1588)，有大臣上疏批评神宗唯好酒色财货，神宗暴跳如雷，恼怒不止，从此把奏章“留中”不发。

神宗还废除了经筵日讲，自万历十四年（1586）开始借口有病而停止经筵日讲之后，一直对此事不感兴趣，多次传免，后来干脆以进呈讲稿的办法来代替君臣当面讲习，永久停止了经筵日讲。

神宗长期晏居深宫，万事不理，官员的任免处于半停顿状态，在职的官员不能正常升迁，空缺的职位不能及时补充。早在万历三十年(1602)，南北两京已缺尚书三人，侍郎十人，科道官九十四人；全国缺巡抚三人，布政盐司六十六人，知府二十五人，“曹署皆空”。而且自万历三十七年起，又有不少大臣纷纷封印出城，拜疏自去，许多行政机构陷于瘫痪状态。而在朝廷内部，大臣们又分立门户，结党纷争，神宗对此不闻不问。

神宗贪图逸乐，几十年晏居深宫，不理朝政，所以说是一个懒惰的皇帝。

54. 明光宗为什么只做了一个月的皇帝?

光宗朱常洛（1585～1620）是神宗的长子，于万历四十八年(1620）即位，年号泰昌。

光宗即位后，着手改变神宗时的弊政，下诏停止征收矿税，用内库中的银子给士兵发饷银，又起用神宗时因直言进谏而被罢职的大臣，使朝政向清明的方向发展。但他素来身体羸弱，当太子时，因为不被喜爱，物质待遇非常淡薄。即位之后，日理万机，精神劳瘁，身体状况更差。随后，又因身处顺境，就不再自我克制，贪恋女色。郑贵妃送给他八名美女以讨取欢心，光宗不顾身体虚弱，竟一夜连幸数女，导致“病体”“大剧”。御医崔文升（原来是郑贵妃宫中的内侍）给他吃大黄药，加重了病情，一夜下泄达几十次。在光宗的病情没有好转的情况下，鸿胪寺丞李可灼进红丸药，光宗吃过两丸后就病逝了。光宗从即位到去世，时间只有短短一个月，而此后，对光宗致死的原因，在朝廷官员之间有过长期的争论，成为有名的“红丸案”。

55. 明熹宗朱由校是如何即位的?

明光宗朱常洛临死前，遗命由长子朱由校（1605～1627）即位。

但光宗的宠妃李选侍为了实现个人的目的而百般阻挠，使得熹宗的即位过程充满了斗争。

李选侍是郑贵妃送给光宗的美女之一，最受宠爱，朱由校和弟弟朱由检（即后来的毅宗）都曾由她抚养。她为人恃宠骄横，早在万历年间，就欺凌朱由校的生母王氏而使她含愤死去。光宗死前，曾口谕册封李选侍为皇贵妃，李氏不满足，要朱由校出面为她求取皇后的封号，但没有成功。光宗死后，她仍住在皇帝所居的乾清宫不肯离开，把朱由校藏在宫内，不让他见朝臣，欲挟持他以自重。朝中大臣怀疑她要垂帘听政，于是杨涟、左光斗、刘一燝等人谋划使朱由校摆脱她的控制，尽快即皇帝位。

光宗泰昌元年（1620）九月一日，杨涟等人一起来到乾清宫门前，守门宦官手持木棒不让进入。经过杨涟的厉声责问，这才得以进宫。他们对死去的光宗行过入临礼后，刘一燝诘问旁边的宦官们："皇长子应该在灵柩前即位，现在却不在，是什么缘故？"宦官们都支支吾吾不敢回答，宦官王安偷偷告诉说是被李选侍藏在本宫暖阁内不能出来。接着，王安进去骗李选侍说是让朱由校出去一会儿就回来，李选侍答应了。王安带着朱由校走到宫门时，数名宦官又追上来，拉着朱由校的衣服让他回去，杨涟将他们斥退。大臣们簇拥着朱由校到了至文殿，举行"即东宫位"的典礼①。这时，李选侍仍然想逼迫朱由校回乾清宫，杨涟等人为朱由校分析了形势，把他暂时安置在慈宁宫，议定当月六日正式即皇帝位。

为了使朱由校正式即位时能住进皇帝所居的乾清宫，也为了使李选侍彻底丧失干政的可能性，左光斗等人积极活动，逼迫李选侍搬出乾清宫，移居其他宫室。九月六日，朱由校正式即皇帝位，是为熹宗，年号天启。自光宗死到朱由校即位，共经历了六天。

56. 信王朱由检早年的生活状况如何？

朱由检（1611～1644）（即后来的毅宗）是光宗朱常洛的第五个儿子，生于神宗万历三十八年（1610），其生母早逝，先后由朱常洛的嫔妃西李和东李抚养。

朱由检的生母刘选侍为人忠厚贤惠，但并不受宠，生下他之后也

① 此前尚未正式举行过册立他为太子的典礼。

没能母凭子贵，朱由检五岁多时，她郁郁而死，被光宗草草葬在西山。朱由检年幼丧母，思念不已，但又不敢声张，他当时住在勖勤宫，曾悄悄向宦官询问：“西山有申懿王的坟墓吗?”得到肯定的回答后，便又加问了一句：“申懿王坟旁有刘娘娘的坟墓吗?”还曾秘密付钱给宦官，让他前往西山焚纸祭奠。即位后，尊其母为“孝纯恭懿淑穆庄静毗天毓圣皇太后”，把她从西山迁葬庆陵，与光宗合葬。又命人根据宫女的回忆给生母画了像，将其悬挂于乾清宫里，朝夕供奉仰视。生母的早逝，对他早期的心理影响很大。

生母死后不久，朱由检改由李选侍（西李康妃）抚养，李选侍生下皇女（皇八妹）之后，又改由另一位李选侍（东李庄妃）抚养。东李宽厚仁慈，对朱由检倾注了全部的心血和母爱。熹宗即位后，封朱由检为信王，恩遇甚厚。当时熹宗宠信太监魏忠贤和乳母客氏，二人在宫内的势力如日中天，宫中嫔妃多有被他们折磨威逼至死的。朱由检的养母李选侍为人正直，不愿同魏、客同流合污，因而招来嫉恨，被百般刁难，受尽委屈，积郁成疾而死。养母的死，对朱由检的打击很大，魏、客的一手遮天，也引起了他的警觉，后来受遗命入宫即位时，不吃宫中一口饭，不喝宫中一口水，晚上睡觉也不敢熄烛。

宫中的复杂斗争，使朱由检早早地成熟起来，早年的这些经历对他即位之后的影响很大。

57. 勤奋为政的明毅宗（即崇祯皇帝）为什么成了亡国之君?

熹宗天启七年（1627），朱由检受遗命即皇帝位，年号崇祯，是为毅宗。

面对危机四伏的政局，毅宗殷殷求治，很想有所作为。即位之初就除掉了大宦官魏忠贤，又大刀阔斧地清除阉党，削弱宦官的势力。还平反冤狱，起复熹宗年间被罢免的官员。全面考核官员，禁朋党，力戒廷臣交结宦官。整饬边政，以袁崇焕为兵部尚书，赐尚方剑，托付其收复全辽重任。在他的努力下，朝政为之一新，朝野士民刮目相看，称他为“明主”。

但毅宗即位时明王朝已是穷途末路，矛盾丛集、积弊深重。朝内党争愈演愈烈，国家财政走向崩溃边缘，土地的高度集中使百姓陷入赤贫困境，农民起义风起云涌。在外，东北的满族势力日渐强大，严重威胁着明王朝的安全。这一切决定了政局在短时间内无法得到根本好转，但毅宗急于求成，又急躁多疑，因此在朝政中屡铸大错。因对外廷大臣不满，在清除魏忠贤为首的阉党后，又重用另一批宦官。给予宦官行使监军和提督京营大权。大批宦官被派往地方重镇，凌驾于地方督抚之上，权力日益膨胀。在与后金战争的紧要关头，中后金反间计，冤杀袁崇焕，使辽东防卫几近崩溃。无奈中，毅宗不断反省，四下罪己诏，减膳撤乐，又在宫中设坛，祈求上天降福消灾。在对天帝及各类神仙失望之余，还曾一度对天主教产生兴趣，召外国传教士入宫讲解教义。但这些已经无力回天，崇祯十七年（1644），明军在与农民起义军和清军的战斗中，屡战屡败。三月十九日凌晨，北京内城被李自成起义军攻陷，毅宗自缢于煤山（今景山）寿皇亭。明朝灭亡。

58. 明毅宗自杀时的详情如何?

明毅宗崇祯十七年（1644），明王朝面临灭顶之灾。这年正月，李自成在西安（今陕西西安）建立大顺政权，对北京发起最后总攻。三月十七日，农民军开始围攻北京。十八日夜间，农民军进攻西直、平则、德胜诸门，宦官曹化淳打开彰义门，农民军一拥而入。有宦官劝毅宗投降，被毅宗一剑杀死。他派人把周皇后和袁妃叫来，哭着对周皇后说：“大势去矣”。周皇后说：“我服侍陛下十八年，你从来不听我一句话，至有今日”，抱着太子和两个孩子痛哭不已，然后让他们出宫各自逃命。为了不让爱妃落入敌手，毅宗让周皇后自杀，又挥剑将袁妃砍死。长平公主在一旁痛哭不已，毅宗悲叹道：“你为何生在我家!”一剑砍去，公主挥臂遮挡，被砍断右臂，昏倒在地，接着又杀了幼女昭仁公主和几个嫔妃。但毅宗的求生欲望却强烈起来，换上便服，准备出城。他混在宦官中到了朝阳门，假言王太监奉命出城，但守门的人让天亮时验明再出。宦官夺门不成，到负责城守的戚国公朱纯臣家，但其家人说他赴宴未归。又赶到安定门，但门闸沉重，怎么也打不开。外逃不成，毅宗只好又回到宫中。

十九日早晨，北京内城被攻陷。毅宗得知后，亲自在前殿鸣钟召集百官，却无一人前来。他见大势已去，就和宦官王承恩到了紫禁城后的煤山寿皇亭。这里曾是他检阅内操之处，可如今却成了他去面见列祖列宗的地方。毅宗自去冠冕，以发覆面，脱下龙袍，在衣襟上留下了“任贼分裂，无伤百姓一人”的话，然后与王承恩相对而缢。

两天之后，毅宗的尸身才被人发现，大顺政权派人将他与周皇后草草葬入昌平县（今北京昌平）田贵妃的墓穴之中。南明弘光年间谥思宗烈皇帝，庙号思宗，后改为毅宗。

59. 明成祖永乐年间后宫发生哪些惨案?

明成祖在永乐年间，曾两次屠杀宫女，两次事件都与其宠妃之死有关。

永乐五年（1407），皇后徐氏病死，成祖未再立后，而最宠爱王贵妃和贤妃权氏。权氏来自朝鲜，深得成祖怜爱。七年，特晋封其为贤妃。八年，成祖率大军出征，携权氏随军出塞。但就在大军凯旋的路上，权氏香消玉殒，成祖非常难过。当时，宫中还有两名姓吕的朝鲜宫人。一为商贾之女，记载中称“贾吕”。贾吕入宫后，见到本国先期入宫的吕氏，就想结好于她，但吕氏瞧不起她的为人而加以拒绝，贾吕怀恨在心。不久，权氏死于北征凯旋途中，吕氏曾随军伺候过权氏，贾吕就诬告是她在权氏茶里下了毒药。成祖闻后十分恼怒，不问情由，诛杀吕氏及宫女、宦官数百人。

永乐十八年（1420），成祖最为宠爱、准备立为皇后的王贵妃死去，他更加暴躁无常。这时，贾吕与宫人鱼氏私下都与小宦官结好，成祖得知后极为恼火。二人十分恐惧，自缢身亡。成祖亲自刑审贾吕侍婢，结果竟诬告她们要谋杀皇帝。成祖盛怒之下，亲自下手对宫女们动用酷刑，株连惨杀宫女达二千八百人之多，且每每亲临行刑。有的宫女临刑时骂他道：“你自己年老阳衰，宫女们和内侍交好，有什么罪过?”成祖听后更加恼怒，就让画师画了贾吕和小宦官相抱的画来羞辱她们。

这就是成祖永乐年间发生的屠杀宫女案。自贾吕诬告贤妃被毒案到宫人与宦官相好事发，成祖前后诛杀宫女及宦官当在三千人以上。

60. 到底谁是明英宗的生母?

明英宗朱祁镇是明宣宗的长子，关于他的亲生母亲，有不同的说法，有的说是宣宗贵妃孙氏（即孝恭皇后），有的说孙氏没有儿子，暗中把别的宫人生的孩子抱来养为己子。

孙氏是邹平（今山东邹平）人，她娇美聪明、善解人意，深得宣宗的宠爱，被册为贵妃，皇后胡氏则不得宠。按照明代制度，皇后有金册和金宝，贵妃则有册无宝。孙氏恃宠，要求也要金宝，宣宗就向太后请求也赐给她金宝，这样，明代贵妃有金宝的制度便从她开始。但她仍不满足，想取皇后之位而代之。胡氏多病而无子，但孙氏也没有生育，废后之事就暂时停止了。不久这个问题就得到了解决，宣宗宣德二年（1427）十一月，孙贵妃突然有了一个儿子，史书记载这个孩子并非孙贵妃所生，而是“阴取宫人子为己子”，至于这个生下孩子的“宫人”到底是谁，却一点痕迹也没有留下。为了制造舆论，宣宗及宦官们在孙贵妃“怀孕”期间，还制造了很多“奇征”，如天降祥瑞等等，使人们相信孩子是孙氏所生。

孩子出生仅四个月，就被册立为太子，赐名朱祁镇。在明代皇太子正位东宫的年龄中，他是最小的一个。母以子贵，太子一立，孙贵妃的地位又大大提高了。在宣宗的暗示下，宫廷内外刮起一股废后之风。胡氏上表辞位，孙氏又装出谦恭的样子，谦让再三，说待皇后的病好了，自然会有孩子的，我的儿子怎能摆在皇后的儿子之前呢？英宗正位东宫刚过二十多天，宣宗即下诏废皇后胡氏，改立贵妃孙氏为皇后。孙氏被立为皇后，势焰更炽，英宗即位后被尊为皇太后，一直到天顺六年（1462）才去世，英宗生母是谁从此更无人知晓，成为一桩悬案。

61. 土木堡之变是怎么回事？

英宗正统十四年（1449）七月，蒙古瓦剌也先部进犯大同（今山西大同），大同兵失利。英宗在宦官王振的蛊惑下，准备亲征。吏部尚书王直率群臣上疏劝谏阻止，但英宗不听，决意亲征。

七月十五日，英宗下诏亲征，命其弟郕王朱祁钰居守北京，统帅五十万大军向西北进发，王振和英国公张辅等人从行。张辅是德高望重的名将，但英宗不许他干预军政，一切由王振指挥。大军出发之后，前方频频传来败报，加之连日风雨，营中常常夜惊自扰。大臣们再三劝英宗停止前行，但都遭王振拒绝。王振在军中作威作福，肆无忌惮，成国公朱勇等人向他禀报军情，都要以膝前行。

八月初一，明军到达大同，王振仍欲进军，亲信向他密报了瓦剌的实力后，他才感到害怕，决定撤军。王振是蔚州（今河北蔚县）人，开始准备从紫荆关（今河北易县紫荆岭上）走，到蔚州后请英宗驾幸他家，后来害怕大队人马会损坏他家乡的庄稼，又改道东行。明军迂回改道，初十退至宣府（今河北宣化）时，瓦剌的大批骑兵已经赶到。十三日，英宗大军到土木堡（今河北怀来东），离怀来城（今河北怀来）仅二十里，众人想退入怀来据守，而王振坚持留驻土木堡。十四日，瓦剌军围困了明军。土木堡地高无水，附近的水源已经被瓦剌军占领，明军人马两天没有喝到水，饥渴难当。瓦剌军假装后退，遣使讲和。王振见使者前来议和，急忙下令将营地移到水源附近。明军刚移动三四里，就遭到了瓦剌兵的伏击，五十万明军全军覆没，张辅、邝埜、王佐等五十余名大臣战死，王振也在乱军中被打死。英宗在混战中突围不成，下马盘膝而坐，为瓦剌所俘。这就是“土木堡之变”。

土木堡惨败，英宗被俘，五十万精锐尽失，使得明朝元气大伤，国力大降。

62. 北京保卫战的结局如何?

“土木之败”使明王朝遇到严重危机，幸亏有于谦挺身而出，艰苦经营，赢得了北京保卫战的胜利，才使明王朝渡过了难关。

英宗被俘后，瓦剌也先声称要送其回京，实际上是想挟持他大举进犯。于谦与其他主战官员请立郕王为帝（代宗），安定了人心，他被任命为兵部尚书，担当起备战御敌的重任。当时明朝的精锐部队已经陷没，所余疲卒不到十万，上下都没有斗志。于谦接受任命之后，雷厉风行地整顿内政，调兵增援，积极做好战备，还举荐了一批有军事才干的将领守卫重要关隘，鼓舞了民心士气。

英宗正统十四年（1449）十月初，也先拥挟英宗攻打宣府（今河北宣化）、大同（今山西大同）不下，便大举进攻北京。明朝内部在战守的策略上出现了不同的意见，有的建议挖城壕以拒蒙古骑兵，有的主张固守不出。于谦则认为坚守不出会示弱于人。在代宗的支持下，他派遣诸将率兵二十二万分列于京师九门之外，自己则身披甲胄亲赴军中督战，将兵部事务托付给侍郎吴宁，下令关闭九门，以示背水一战的决心。

也先原以为明军不堪一击，北京朝夕可下，现在见明军严阵以待，军纪严明，锐气大为受挫。十三日，也先派遣数骑窥探德胜门，于谦事先在路边空舍内设下伏兵，再派少量骑兵且战且退，诱敌深入。数万瓦剌骑兵追至，明军伏兵四起，前后夹击，大败瓦剌军。也先弟弟中炮而亡，瓦剌兵死伤惨重。接着，瓦剌军又在西直门和彰义门吃了败仗。经过五天的激战，瓦剌军多次被击败。这时明朝各路勤王兵将至，也先恐断其归路，连夜拔营北遁，退出塞外，北京保卫战取得胜利。

63. “夺门之变”是怎么回事?

代宗景泰元年（1450）六月，也先见英宗已经没有利用价值，就遣使与明朝议和，表示愿意送回英宗。代宗派侍读商辂迎回英宗，举行授受帝位仪式后，即让其人居南宫，实际是将他软禁了。为了防止英宗与外人交通，代宗派人把南宫外及其附近的树木都砍伐掉。

景泰八年（1457）正月，代宗病重，大臣奏请复立英宗之子沂王朱见深为太子①，他迟迟不允。十二日，景帝召见石亨商议事情，石亨见景帝病势沉重，就与其同党都督张軏、宦官曹吉祥等人谋划迎英宗复位。他们到太常卿许彬那里商量，许彬推荐了徐有贞。石亨等人和徐有贞密谋之后，把计划偷偷告知了英宗和孙太后。十六日夜，众人又在徐有贞家中会合。徐有贞到屋顶观天象，过了一会儿下来说："时机已经到了，不要失去机会"。当时正好有边吏报警，徐有贞就让张軏防备非常为名，带兵进入大内。石亨掌管着各城门的钥匙，当夜四更时打开长安门放张軏率领的军士进入皇城，又将城门锁好，防止外兵进入。到了英宗所居的南城，大门锁着打不开，徐有贞命军士以巨木撞墙而入。英宗在灯烛下单独出现，问发生了什么事情，石亨等人跪伏于地请他登位。众人簇拥着英宗到奉天殿升座，高呼万岁。当时已经是十七日黎明，群臣正在朝房中准备代宗临朝听政，忽然听到钟鼓声，正在惊愕中，又见诸门大开，徐有贞出来大声说："太上皇复位了!"群臣在他的催促下只得前去朝贺。历史上称这一事件为“夺门之变”，也称“南宫复辟”。

英宗复位后，改景泰八年为天顺元年，废代宗仍为郕王，迁之西内，过了十几天就死了。

64. 明孝宗的生母之谜是怎么回事?

孝宗的生母纪氏是贺县（今广西贺州）人，原是蛮族土官的女儿，

---

① 朱见深在英宗正统十四年（1449）郕王代理国政时被立为太子，代宗景泰三年（1452）被废为沂王，景帝改立己子见济为太子，见济于景泰四年病死。

宪宗年间明军征讨蛮族时被掳入内宫，后生下孝宗朱祐樘，宪宗成化十一年（1475），在孝宗被立为太子后不久暴病而死①。

纪氏在宫中时，曾经跟别人提到家住贺县，姓纪，但因为年幼不记得族中亲人。孝宗即位后，派宦官蔡用访求纪氏的家人。蔡用找到了纪父贵、纪祖旺兄弟，孝宗很高兴，将他们分别改名为纪贵、纪旺，授予他们官职，又赏赐了宅第、金银、庄田、奴婢等不可胜计。此外，还追赠了纪氏的父母、祖父、曾祖，又派人营造纪氏祖先在贺县的坟茔，免除其家族的赋役。然而不久就来了个国舅说纪氏兄弟是假的。原来，宫里有个叫陆恺的太监也是广西人，本姓李，蛮语中纪、李同音，他就谎称自己是纪氏的兄长，找族人出来认皇亲。他的姐夫韦父成出来冒充，有关部门把他当作外戚亲贵，把他居住的地方命名为迎恩里。纪氏兄弟显贵后，韦父成到京城去争辩，被驱逐回乡。孝宗派人修复纪氏祖先的坟茔时，又有几个姓李的人都自称是纪氏的族人。孝宗派人前去暗访，查得实情后，把纪氏兄弟发配到边海。之后，孝宗又多次派人访求纪氏家人，但都没有找到。

孝宗弘治三年（1490），礼部尚书耿裕上疏说，纪氏的家乡粤西连年兵灾饥荒，百姓多逃亡他乡，且岁月久远，已踪迹难明，查找的难度很大。建议仿朱元璋马皇后故事，拟定纪氏父母的封号，立庙祭祀。孝宗虽然很难过，但还是同意了，说："起初我以为有宗族亲人尚可在别的地方访求到，所以宁愿受尽百般欺骗，只希望能得到一个真正的亲人。你们说年深日久无从找寻，奏请加封立庙，以安慰圣母之灵。皇祖既然已有旧例，我又怎么敢违背呢？"于是加封了纪氏的父母，在桂林府（今广西桂林）立庙，命官吏每年按时祭祀。

65.“梃击案”是怎么回事？

神宗万历二十九年（1601），神宗的长子朱常洛（即光宗）被立为太子，郑贵妃之子朱常洵被封为福王，“国本之争”终于有了结果。但神宗对朱常洛的态度仍十分冷淡，而对郑贵妃及福王宠爱有加。宫内和朝廷上拥戴福王的势力不肯死心，策划了梃击一案。

万历四十三年（1615）五月初四，一男子手持枣木棍，闯入朱常洛所居慈庆宫的大门，击伤守门的宦官，跑到前殿檐下才被抓住。有

① 一说被万贵妃害死。

关官员认为“情境叵测”，就加意审讯。这名男子叫张差，小名五儿，居住蓟州（治今天津蓟县）。为什么要持棍闯宫，他前后说法不同。刑部十三司会审时，他招供说同乡马三道、李守才让他跟着一个不知姓名的太监走，答应事成之后给他几亩地种。进京后到了一处大宅院，另一个太监给他饭吃，鼓动他闯进宫门，对他说：撞着一个，打杀一个，如能打着小爷（宫中太监对太子的称呼），就不愁吃穿了。还说：出了事情，自有人相救。后来审出，带张差入京的太监叫庞保，大宅院里的太监叫刘成。司礼监和三法司审问庞、刘二人，但他们至死都不肯承认。

当时，梃击案一出，举朝惊骇，相当一部分廷臣认为此案与郑贵妃和她的弟弟郑国泰有关。处境最窘迫的是朱常洛，他即使心有所疑，也不敢说出。

事态的发展对郑贵妃及福王越来越不利，神宗再也不能袖手旁观。他让郑贵妃“自求于太子”，又亲自出马，多次抚慰告谕朱常洛，让他向朝臣们说明情况，赶紧结案。后来对此案的处理，基本上根据朱常洛提出的原则：张差误入宫闱，打倒内侍，罪所不赦，即刻处决。马三道、李守才等大逆煽惑，判处流放。庞保、刘成从轻拟罪，但后来在宫中被击毙。

66. 红丸案的详情如何?

光宗即位后不到十天，就感觉身体不适，找医官诊视。御医崔文升开了泻药，更加重了病情，光宗下泄不止，一夜达三四十次。此后，病情一直没有好转。不久，鸿胪寺官李可灼到内阁，自称有仙丹想要进献给光宗，称为“红丸”。事关重大，阁臣不敢轻易决定，就让两人同时服用“红丸”来观察用药的效果，结果一个人服用后病情好转，一个人服用后病情加重。阁臣刘一燝说，这不是完全之药，不可轻用。但李可灼与宫内宦官熟识，请他们代向光宗启奏。光宗当时病势已经非常沉重，病急乱投医，催取药来。服下一丸药后，光宗渐感舒畅，想进饮食，连声称李可灼为忠臣，大臣们也都非常高兴。下午，李可灼又进药，御医们都说不宜连用，但光宗连连催促，于是又吃了一丸，结果却加重了病情，当晚就去世了。

此案称“红丸案”。光宗之死，是否以李可灼的红丸药为最后致命的因素，是无法说清的，但光宗确实是在服了红丸之后死去的，因而应该慎重处理。但首辅方从哲却不但不追究李可灼的责任，反而赏给他白银五十两，这就引起了人们的反对和怀疑。方从哲在众人攻击下，只好改罚李可灼停俸一年。此后，关于光宗的致死原因，大臣们又进行了长期的争论，“红丸案”成了朝中党争更加激化的一个原因。

67. 移宫案是怎么回事?

明光宗临死前，遗命由其长子朱由校即位。负责抚养朱由校的李选侍欲挟其以自重，坚持不离开皇帝所居住的乾清宫。为了让朱由校即位时能住进乾清宫，不让李选侍干政的企图得逞，朝臣们要求李选侍马上移居他宫。

李选侍不打算搬出，她知道，朱由校一当上皇帝，就会搬进乾清宫。只要同宫，她就能控制住局势。首辅方从哲态度暧昧，认为李选侍搬迁不必太急。但主张李选侍立即搬迁的杨涟、左光斗、刘一燝等人态度坚决，他们积极活动，造成了极大的舆论压力。朱由校下了“即日移宫”的旨意，太监王安等人也在宫内“恐吓”，李选侍无奈，被迫从乾清宫迁到别的宫室。

杨涟等人逼迫李选侍移宫时，一方面在搬迁上毫不妥协，另一方面又主张搬出后要给予妥当的安置，朱由校也表示同意。但事情并没有按他们的想法顺利发展下去，当李选侍由乾清宫搬出时，宦官刘逊、刘朝等人趁机偷盗内府的宝物，过乾清门时，不小心将金宝掉在地上，被人发现。朱由校得知后大怒，令人审讯，供词牵连到了李选侍的父亲。宦官们就散布流言，说被逼出乾清宫的李选侍上吊自杀，其女皇八妹跳井等等，想以此来迷惑朝臣。一时流言纷起，吵嚷不休，“移宫”一事成为有不同政见的朝臣们互相攻击的借口，杨涟等人先后被迫离职。

杨涟、左光斗等人逼迫李选侍移出乾清宫一事以及关于此事的争论，就是所谓的“移宫案”。它与“梃击案”、“红丸案”合称“三案”，对当时的政局都产生了较大的影响。

68. 麓川之役的详情如何?

“麓川之役”是指明英宗正统年间，明军平定云南麓川（治今云南瑞丽）宣慰使思任发叛乱的战争。

明朝建立后，在麓川地区设置军民宣慰使司，以其地部族首领为宣慰使。英宗正统二年（1437）十月，麓川宣慰使思任发叛变。至五年七月，被镇守在云南的黔国公沐昂率军平服。思任发不得已，进贡谢罪。十二月，英宗让文武大臣讨论麓川之事。大学士杨士奇等认为不必大兴问罪之师，麓川地方不过数百里，只要派军驻屯，且耕且守即可。侍讲刘球也上疏请罢兵。但其时宦官王振专权，一意孤行，决策派兵征讨。兵部尚书王骥逢迎其意，也主张用兵，于是麓川之役再起。

正统六年（1441）正月，英宗命定西伯蒋贵为征蛮将军，兵部尚书王骥提督军务，发四川、贵州、湖广、南京兵十五万，征讨麓川。十二月，思任发渡江逃往缅甸，王骥等班师。七年十月，英宗又命蒋贵、王骥征麓川，明军深入高黎贡山，大败叛军，思任发又逃脱，明军班师回朝。思任发到处躲藏，后来为缅甸人所擒。十一年十二月，缅甸将思任发交给明军，斩首献于京城。思任发之子思机发屡屡遣使入贡谢罪，国内也都想息兵安民，但王振却要“尽灭其种类”，十三年春，又派王骥等人率兵十三万前去征剿。十月，明军到达金沙江，思机发率军列栅于江西以拒，明军乘木邦（土司名，一作“孟邦”、“孟都”，辖境相当于今缅甸掸邦东北部地区）及缅甸宣慰司船二百余艘强渡，突破其防线，大败之。追至孟养（今缅甸孟养），再败之于鬼哭山等寨，思机发不知所向。但不久，思任发少子思禄复拥众为叛，重新占据孟养。王骥以明军久战疲乏，且叛军难平，遂与思禄订约，答应让他管理部众，居于孟养，于是罢兵。

麓川之役，耗时十余载，西南为之骚动，劳师无功，消耗了大量的人力财力。

69. 曹石之变是怎么回事?

英宗复辟之后，大封“夺门”有功之臣，徐有贞升任兵部尚书，又加封武功伯；石亨被封为忠国公；宦官曹吉祥被提升为司礼太监，总督三大营。他们分居要害，时时以“功臣”自居，骄纵恣肆，不可一世，但相互之间又争斗不休。

徐有贞得到英宗宠信，独揽内阁事务，他觉得曹、石二人过于贪婪横暴，就想与他们划清界限。曹、石二人非常不满，他们联合起来离间英宗与徐有贞，英宗渐渐疏远了徐有贞，几次将其逮捕入狱。曹、石二人更加肆无忌惮地专权乱政，冒功贪赏，英宗复论“夺门”之功时，曹吉祥的门下因“夺门”冒功得官的多至千百人；石亨的弟侄家人冒功为锦衣卫的有五十多人，他的部下、亲戚朋友冒名“夺门”功劳得官的有四千多人。他们还公开纳贿卖官，又依恃兵权，飞扬跋扈，多次干预政事。

英宗觉得不能忍受，吏部尚书李贤建议将权力收归己有。天顺三年（1459）七月，英宗召大同（今山西大同）镇守石彪（石亨侄子）还京，石彪指使千户杨斌等五十人入京保奏其留守大同，英宗更加怀疑石亨叔侄心怀不轨，立即派人将石彪逮捕入狱，后又将石亨下锦衣卫狱。次年二月，石亨病死狱中，石彪被处死，石亨门下冒“夺门”之功得官者四千余人全部被罢免。

石亨叔侄的悲惨结局让曹吉祥惊惧不安，他决定铤而走险，发动政变。经过了多次策划以后，密谋于天顺五年（1461）七月初二清晨起事，由其养子曹钦自外拥兵入宫，曹吉祥以禁军为内应，废除英宗。七月初一夜里，都指挥马亮从曹钦处逃出，到朝房告发，正在值夜的恭顺侯吴襟、统率西征军的怀宁伯孙镗急书“曹钦反”投入长安门，宫内立即逮捕了曹吉祥，紧闭皇城及京城九门。曹钦失去内应，进不了宫门，就在东西长安门纵火焚烧，杀死杀伤了东西朝房的官员，孙镗急召西征军二千余人镇压，战乱很快被平息，曹钦投井而死，其家大小均被诛杀。三日后，曹吉祥被凌迟处死。史称这次事件为“曹石之变”。

70. 明世宗是如何迷信道教方术的?

世宗即位之初，曾一度下令拆毁京师的寺庙道观，然而不久之后，他就开始崇信道教方术，中年以后更变本加厉，几乎到了执迷不悟的地步。

世宗即位不久，就在宦官崔文等人的引诱下，日事斋醮。他先是宠信龙虎山上清宫的道士邵元节，封其为“致一真人”，让其总领道教，后又加授为礼部尚书。邵元节死后，又宠信方士陶仲文，封其为“神霄保国宣教高士”。后来得病，继而痊愈，他认为这是陶仲文祈祷之功，授其为少保、礼部尚书，后又加授太傅，食一品俸，位登三孤。而那些正直的谏臣，则被他或贬或逐，以致后来廷臣无敢谏者。

世宗迷信方士，从嘉靖中叶以后开始大量服用丹药以求长生，丹药或取妇女月经，或取初生儿未啼时口中的血块。嘉靖后期，他几次大量选取童女入宫，以虐待童女的方式来取得炼丹原料。嘉靖三十一年（1552），一些宫婢不堪凌虐，起来造反，差点将其勒死。但他不但不觉悟，反而变本加厉。此后他移居西内，日求长生，郊庙不亲，朝讲尽废，不见大臣，只有陶仲文可以跟他经常见面。

世宗信用道教方术，大办斋醮，耗费了大量财物。到了嘉靖中期，宫中每年用于祭祀的黄蜡就达二十余万斤，白蜡十余万斤，香品数十万斤。为了进行斋醮活动，世宗在各地大兴土木，致使“公私骚然”。为了表示对方术的虔诚，他为其父母和自己都加了道号，自号为“灵霄上清统雷元阳妙一飞玄君”，后加号“九天弘教普济生灵掌阴阳功过大道思仁紫极仙翁一阳真人元虚玄应开化伏魔真忠孝帝君”，再号“太上大罗天仙紫极长生圣智昭灵统元证应玉虚总掌五雷大真人玄都境万寿帝君。”

因为世宗崇信道教，嘉靖朝有相当一批官员投其所好，并借此晋升。做醮事要撰“青词”①。当时阁臣袁炜、严讷、李春芳、郭朴俱以善撰青词而入阁，时人讥之为“青词宰相”。

世宗一生迷信方术，宠信方士，自己最后也因服食丹药中毒而死。

71. 哱拜之乱是如何平定的?

神宗万历二十年（1592），宁夏哱（bō）拜起兵叛乱。

哱拜（？～1592）原为蒙古鞑靼人，世宗嘉靖年间投降明朝，作战骁勇，屡立战功，官至宁夏副总兵。万历十七年（1589），以副总兵退休，儿子哱承恩袭为指挥使。哱拜虽已退休，但私下里蓄养了一批奴仆，组成一支苍头②军，他见各镇明军都不如自己，遂生反叛之心。二十年二月，与结义兄弟刘东旸同时发难，杀宁夏巡抚党馨。刘东旸自任总兵，哱承恩、许朝为副总兵，哱云（哱拜义子）、土文秀为左右参将，共奉哱拜为谋主，占领了河西四十七堡，企图割据宁夏。当时，明王朝对于蒙古的羁縻政策因俺答汗之死而渐渐失控。哱拜勾结河套的蒙古骑兵，企图联成一气。明朝总督魏学曾一方面命副总兵李昫率军于沿河堵截，不使他们南渡，一方面切断河套的蒙古骑兵与哱拜之间的通道。明军逐渐收复了河西四十七堡，哱拜等退入宁夏镇（今宁

① 写给“天神”的奏章表文，一般为骈俪体，因用朱笔写于青藤纸上，故称。
② 古时称奴仆为苍头。

夏银川）。

明朝政府害怕哱拜与河套诸部合兵，急于要平定这一叛乱，从各地征调了大批军队和火器。但明军在宁夏城下屯兵月余，未能攻破。总督魏学曾力主招安，被给事中许子伟弹劾，神宗改任都御史叶梦熊为总督。

叶梦熊担任总督后，令决黄河水淹城，宁夏城外水深达八九尺，城中粮食乏绝。叶梦熊又派人离间哱氏与刘东旸、许朝之间的关系，使他们内部互相残杀。后来刘东旸、许朝诱杀了土文秀，哱承恩和他的同党周国柱又诱杀了刘东旸、许朝，并把他们的首级挂在城上，开城门向明军投降。哱拜自缢而死。进城后，叶梦熊下令尽杀哱拜同党以及降人两千，哱承恩等被绑送京师，都被处死。宁夏遂平。

明军自万历二十年（1592）三月包围宁夏镇，直到九月才攻下，前后围城达六月之久。

72. 杨应龙之乱是如何平定的?

杨应龙（？～1600）是四川播州（今贵州遵义）的宣慰使，神宗万历年间，他屡屡起兵叛乱，后来被明军镇压。

明朝在播州设立播州宣慰使司，播州宣慰使姓杨，世代为当地的土司。穆宗隆庆五年（1571），杨应龙世袭宣慰使一职，他多次帮助朝廷镇压其他少数民族的反抗，还进贡大木，得到了神宗的信任，万历十四年（1586），授予他都指挥使的官职。他恃功而骄，暗生割据四川之谋。从万历二十年起，就时叛时降，反复不定。二十七年二月，贵州巡抚江东之派都指挥使杨国柱讨伐杨应龙，三千军队全军覆没，杨国柱战死。明朝廷闻讯大惊，决意进剿。当时，朝鲜战争已经结束，神宗任命李化龙兼兵部侍郎节制川、湖、贵三省兵事，又调东征朝鲜的将领南征，并增调浙江、福建、广东各地部队前去讨伐。

万历二十八年（1600）春，明朝各路军队陆续抵达川贵两省。李化龙部署出剿，分八道进兵，每路兵三万，共计二十余万人。杨应龙认为八路明军，以刘綎所部最精锐，想先挫其锋，就派他的儿子杨朝栋率兵迎战，结果被刘綎打得大败，杨朝栋差点被俘。各路明军乘势猛攻，刘綎率军一直攻到了娄山关（今贵州大娄山中）下。娄山关是杨应龙老巢海龙囤的门户，与海龙囤并称天险，易守难攻，却被刘綎在两个月内连续攻破。杨应龙自缢，其子杨朝栋、其弟杨兆龙被俘，押解到京城后被处死。

明军自出师到平定杨应龙，前后历时一百一十四天。

73. 永宁奢氏之叛是如何平定的?

熹宗天启年间，西南地区爆发了永宁（今四川叙永）宣抚使奢崇明（? ～1629）的叛乱。

明朝在四川置永宁安抚司，后升为宣抚使司，由彝族奢姓世袭。神宗万历初年，永宁宣抚使奢效忠去世，其妻、妾为了争袭土司的职位争斗不休，直到万历三十五年（1607）才由朝廷任命由奢效忠的侄子奢崇明袭宣抚使职。

奢崇明袭位后，和其子奢寅图谋反叛。当时，明朝廷为了加强辽东的军事力量征兵于各地，奢崇明表示愿意以三万士兵增援，并派樊龙、樊虎率兵到重庆候命。樊龙等人要求发给每名士兵二十两安家费，朝廷改为十七两，共需五十四万两。但因为当时财政极度困难，只支付了四万两。熹宗天启元年（1621）九月，樊龙等人以安家费为借口，发动叛乱，占据了重庆（今重庆）。奢崇明自号“大梁”，先后攻陷遵义（今贵州遵义）、内江（今四川内江）等地，进逼成都。布政使朱燮元、周著等领兵入城固守，急调各地援兵。当时城内守军只有二千多人，在朱燮元的部署下，击退了奢崇明的几次进攻，各路援兵也相继赶到。但奢崇明不断增兵毫无退意，双方相持不下。二年正月，奢崇明的部将罗乾象暗中投降朝廷，在营内纵火，朱燮元率明军夹攻，奢崇明父子逃走，成都围解。

成都围解后，朱燮元乘势收复了内江、简州（今四川简阳）、重庆等地，又攻陷了奢崇明的巢穴永宁。奢崇明父子率残兵逃至贵州，与当时也起兵叛变的安邦彦合兵一处连败明军。毅宗崇祯元年（1628）六月，朱燮元受命总督贵、湖、云、川、广五省军务，作了统一的作战部署。二年八月，安邦彦和奢崇明合兵十余万，进犯赤水（今贵州赤水）。朱燮元命赤水守将许成名佯败诱敌深入，然后令明军分头进军合力攻打。安邦彦分兵四应，难以应付，最终被彻底击溃，安邦彦和奢崇明都在战场上被杀。

74. 所谓“仁宣之治”是怎么回事?

明初社会经济经过洪武、建文、永乐三朝的恢复发展，到仁宗、宣宗两朝达到了鼎盛时期。仁宗在位时间虽短，其施行的政策却为宣宗一朝所继承。仁宗朱高炽、宣宗朱瞻基都想做一个“守成令主”，力求社会的安定和统治的稳固，因而都采取了宽松治国、息兵养民的政策以取代洪武、永乐时期的严猛政治。他们采取与民休息的政策，减轻人民的负担，在经济方面实行了一些有利于生产发展的措施。仁宗时停止了劳民伤财的买办、北征、下西洋等活动。宣宗时实行重农政策，赈荒惩贪。在政治上，提高了阁臣的地位，内阁制度确立起来，仁宣两朝，内阁大学士杨士奇、杨溥、杨荣执掌朝政，多有建树，政治比较清明。由于明朝政府实行了一些缓和矛盾的政策，因而这一时期没有发生大规模的农民反抗运动。在皇室内部，虽然爆发了争夺皇位的“高煦之叛”，但立即被宣宗平定下去，没有酿成大的祸乱，对社会的影响不大。周边形势也比较安定。他们治国期间，成为明朝历史上少有的政治宽松、吏治清明的时期，历史上比之于西汉的“文景之治”，称其为“仁宣之治”。

75. 所谓“弘治中兴”是怎么回事?

“弘治”是孝宗朱祐樘的年号，他在位期间，励精图治，勤政爱民，颇有仁宣遗风，被称为“弘治中兴”。

孝宗即位后，着手改革宪宗朝的弊政，逮捕了危害朝政的术士李孜省与宦官梁芳，使文武百官弹冠相庆。接着开始整顿吏治，罢免了以万安为首的“纸糊三阁老”，斥逐佞幸之臣，大量起用正直、贤能之士，并为于谦建旌功祠，使朝政一新。同时，注意修改法律，任用一些比较贤明、公正的官员，一扫宪宗时代特务横行的恶劣风气。

在内政上，孝宗大力兴修水利，发展农业，繁荣经济。弘治二年(1489)，黄河在开封决口，孝宗急忙命户部左侍郎白昂率领五万人治河。三年以后，苏松河道淤塞，泛滥成灾，他又命工部侍郎徐贯负责治理，使苏松地区再度成为“鱼米之乡”。

小时候的坎坷生活使孝宗一直体弱多病。但他勤于政事，不仅早朝每天必到，而且重开了午朝，使得大臣有更多的机会协助皇帝办理政务。而且又重开了经筵侍讲，向群臣咨询治国之道。还开辟了文华殿议政，其作用是在早朝与午朝之余的时间，与内阁共同切磋治国之道，商议政事。孝宗的勤政终于得到了回报，弘治朝吏治清明，任贤使能，抑制宦官，与民休息，是明代历史上少有的经济繁荣、人民安居乐业的和平时期，被史家称为“弘治中兴”，孝宗本人也被称为“中兴明主”。

76. 张居正改革的内容是什么?

张居正（1525～1582）任神宗朝首辅时，推行了一系列的改革，对明王朝的旧政积弊进行了大刀阔斧的革新。

他首先开始整顿吏治，为了改变“贪官为害”、“驱民为盗”的局面，他创立了“考成法”，用以考核官吏的政绩。其评判官吏政绩好坏的标准是以“安静宜民者”为上，“沿袭旧套虚心矫饰者”为下。其方法是逐级考核，抚按以上述标准考核属吏，吏部以之考核抚按一级，朝廷以之考核吏部。逐级考核之外，还有随事考成的制度，即规定六部都察院及各衙门之间来往公文、传达处理均根据道路的远近或事情的缓急程度来确定处理的期限，如有延误，各级官吏都有责任举报。在考查中他裁撤了一大批冗员，奖励提拔了廉洁有才干的官吏，吏治腐败的局面得到了很大的改观，为其他改革奠定了基础。

神宗时期，国家财政危机重重，其根本原因之一是由于贵族和官僚地主大量兼并土地，却隐瞒不报以逃避税收。张居正下令在全国丈量土地，万历九年（1581）丈量完竣，田地总额比孝宗时多出三百多万顷，大部分是强宗豪民隐瞒不报的。他下令清理积欠的田地租赋，并将之作为官吏考成的一项内容，迅速扭转了明皇朝财政窘迫的困境。在丈量土地之后，他又把当时各种名目的赋税和劳役合并起来，折合银两征收，称为“一条鞭法”。经过这种税收改革，防止了一些官吏的营私舞弊，增加了国家的收入，也多少减轻了农民的负担。

鉴于明中期以来边备荒废的情况，张居正竭力整饬边防，提拔起用了一批有才干的将领守御边疆。如用名将李成梁镇辽，戚继光镇蓟门，由于他知人善任，这一时期“边境晏然”。

此外，张居正在整理驿递，裁汰冗官，整顿学校等多方面进行了改革。在他的努力下，改革取得了很大成效，使明王朝的腐败政治有了转机。

77. 国本之争是怎么回事?

神宗万历时期的一件大事是所谓“争国本”，即朝臣们要求明神宗早日确定皇长子太子地位的谏诤。立储是封建王朝的头等大事，因而被称为“国本”。明朝立储的原则是有嫡立嫡，无嫡立长。神宗皇后王氏无所出，慈宁宫宫女王氏生皇长子朱常洛，郑贵妃生皇三子朱常洵，围绕立长立幼的问题，神宗和廷臣展开了激烈的争论，这一事件持续时间很长，对当时的政局产生了很大影响。

神宗宠爱郑贵妃，想废长立幼，又顾虑廷臣反对，因而采取拖延战术，迟迟不肯立储。朝臣们一再上疏请求早日确定朱常洛的太子地位，并要求让朱常洛出阁讲学，接受教育，神宗则不肯妥协退让，顽固地与朝臣们对抗。万历十八年（1590），在大臣们的强烈奏请下，神宗勉强许诺如果大臣们不再上奏干扰，就后年册立太子，否则就等到他十五岁再说。但这个诺言并没有兑现，神宗仍然想方设法地拖延对朱常洛的册封。而廷臣们要求早日确定皇长子太子地位的呼声越来越高，那些平日里对神宗多抱顺从态度的大臣们在强大的舆论压力下，也不敢再顺从他，神宗不得不退让。

万历二十九年（1601），在强大的压力下，神宗终于封皇长子朱常洛为太子，当时朱常洛已经二十岁。朱常洵则被封为福王。

皇长子朱常洛终于被封为太子，“国本”已经争到，但危机却没有过去，朝廷和宫廷内部仍然矛盾重重，朱常洛即位前后明皇宫内就发生了三大案（“梃击案”、“红丸案”、“移宫案”）。

78. 楚宗案是怎么回事？

楚宗案是指神宗万历年间关于楚王朱华奎真伪问题的争论。

楚王朱英滧（liàn）（朱元璋第六子，楚昭王朱桢之后）于穆宗隆庆五年（1571）死，遗腹宫人双生二子华奎、华壁。有人说华奎为王妃兄王如言之妾所生，华壁为王妃族人王如綍（fú）家人王玉所生，被王妃遣人抱入宫中养为己子。神宗万历八年（1580），朱华奎承袭楚王之位，朱华壁被封为宣化王。楚府中有宗人朱华越（dǐ），其妻为王如言之女，三十一年，他上疏告状，称朱华奎为异姓子，不当立为楚王，并以其妻为证。礼部侍郎郭正域请求勘查此事，但内阁首辅沈一贯受了朱华奎的贿赂，有意包庇，处处阻止勘查，说伪王之事没有旁证。朱华越之妻坚持伪王说，神宗就让公卿集议处理办法。在沈一贯的授意下，其心腹钱梦皋等人弹劾郭正域。郭正域上疏自辩，并揭发了沈一贯受贿及阻止勘查之事。朱华奎又趁机诬告是郭正域出于私心主使了此事，郭正域被迫辞官离职。东安王朱英燧等藩王都说伪王之迹很明显，一起到京城去投揭帖，但都被神宗严厉斥责，罚俸削爵不等。争论正烈时，神宗下令不要再追查此事，他认为朱华奎袭位已经二十多年，而朱华越之说也不足为据，令判朱华越诬告罪，降为平民，禁锢凤阳（今安徽凤阳）。楚宗案基本上告一段落。

万历三十三年（1605），朱华奎运财物入京行贿，被宗人拦截夺取。巡抚赵可怀下令将他们全部逮捕，宗人朱蕴珍等人恨赵可怀判处楚案不公平，便大肆起哄，打死了他。被逮捕的宗人，有二人被杀，四人被迫自杀，四十五人被投入监狱或被禁锢在空闲宅第。从此之后，没有人再敢说楚王之事，被禁锢的众人很久之后才得以释放，而朱华奎的真假也终究没有弄明白。

79.《续忧危竑议》妖书案是怎么回事?

神宗万历三十一年（1603）发生的“《续忧危竑（hóng）议》妖书案”，是一起匿名编刻散发一种名叫《续忧危竑议》的书，从而散布政治流言的案件。它与之前的“《忧危竑议》妖书案”都是在“争国本”的背景下出现的。

“《忧危竑议》妖书案”发生在万历二十六年（1598）。万历十六年，山西按察使吕坤选择历代列女事迹，刊刻了《闺范图说》一书。此书刊刻后流传甚广，不久便传入宫中。神宗将其赐给郑贵妃，郑贵妃亲自作序，让她的伯父郑承恩重新刻印。二十六年，有人撰《闺范图说》跋，题为《忧危竑议》盛传于京师，文中说《闺范图说》首篇记载汉代的明德马后由宫人成为皇后的事，客观上适应了郑贵妃的需要。而郑贵妃加以刊刻，实际是想要借此成为立自己的儿子为太子的依据。文章矛头直指郑贵妃，神宗大为恼怒，下令追查撰稿之人。但其署名即为伪托，查不到真正的作者，就把曾弹劾吕坤通过撰《闺范图说》以“结纳宫闱”的给事中戴士衡诬为作者，上疏指斥过郑贵妃的全椒知县樊玉衡当作戴的同党，一并充军流放到边远地区。

万历三十一年（1603）又出现了“《续忧危竑议》妖书案”。这时，朱常洛已被立为太子，郑贵妃的儿子朱常洵被封为福王。该书托名“郑福成”为问答之语，“郑福成”就是说被封在郑地的福王应当成事。书中大意是：神宗册封皇长子为太子乃是出于不得已，他日必改封福王。其任用朱赓为大学士，也有他日改立太子的意思。所谓“赓”者，“更”也。

神宗看到此书后勃然大怒，命锦衣卫火速搜捕，很多人受株连被处极刑。很久以后，才抓到一个叫皦（jiǎo）生光的，说他是《续忧危竑议》的作者，将其凌迟处死。

80. 乙巳京察是怎么回事？

明朝廷对官吏的考核有京察和外察制度。京察考核京官，六年一次，在巳、亥之岁举行。考察结果分为致仕、降调、闲住为民、拾遗等不同等级。外察考核地方官吏，三年一次，辰、未、戌、丑之年举行。由于考核决定升迁，官吏们都很重视，但考核又往往成为他们明争暗斗的重要场合，京察尤其如此。乙巳京察就是其中斗争比较激烈的一次。

这次京察始于万历三十三年（1605，乙巳年）正月，由吏部侍郎杨时乔和左都御史温纯等主持。杨时乔、温纯为人正直，与当时的内阁首辅大学士沈一贯屡屡发生冲突。沈一贯非常怨恨他们，在这次京察开始之前，为了庇护其同党心腹，他曾试图不让杨时乔主持其事，但遭到大学士沈鲤的反对，没能行通。杨时乔、温纯所上的京察的奏疏中，被察的给事中评为“浮躁”者二人，评为“不及”者二人；御史评为“浮躁”者三人，评为“不及”者三人，评为“不谨”者一人；另有大臣三人遭到“拾遗”，给事中一人定为“例转”（以年例转为地方官）。在这些被察、被转的官员中，沈一贯的心腹给事中钱梦皋、钟兆斗及御史张似渠、于永清等人都包括在内。沈一贯及其心腹不甘示弱，四处活动、进行抵抗。在他们的活动下，神宗扣住杨时乔、温纯等人呈上的关于京察的奏疏，不予批示下发，并以科道乏人为借口，让那些被评为“浮躁”、“不及”的官吏姑且留用，批评主持这次京察者将科道官定为“不称职”的太多，认为其中必有徇私舞弊之事。杨时乔、温纯迫于压力，上疏请求罢免自己的官职。但沈一贯等人仍然继续攻击他们，温纯被迫于当年七月辞官。沈一贯等人的所为激起了正直官员的不满，纷纷起来与之抗争，在他们的奋斗下，察疏最后终于发下，那些暂时留用的人仍按原来的方式处理。此后，沈一贯自知公论不容，于三十四年七月辞职离去。

81. 王元翰案的内情如何？

王元翰（1565～1633），字伯举，云南宁州（今云南华宁）人。神宗万历二十九年（1601）进士，三十四年改任吏科给事中，不久又升为工科右给事中。他为人正直，力持清议，世人多服其敢言。曾直言不讳地指出神宗的缺点，指责他晏居深宫，不理朝政，又向神宗推荐顾宪成等十余个被罢官的正直人士，要求起用他们。那些与他政见不一的朝臣对他很不满意，欲除之而后快。

万历三十七年（1609）二月，跟王元翰素不相容的御史郑继芳上疏弹劾他盗用国库财物、贪赃受贿。王元翰见到弹疏十分愤怒，上疏自辩，并对郑继芳进行反击，言辞非常激烈。郑继芳的同党刘文炳、王绍徽、刘国缙等人上疏一起攻击王元翰，而南京给事中金士衡、御史刘兰等人则合力申救。大学士叶向高请求神宗将他们的奏疏发下，让部院评论是非曲直，然后给颠倒是非的人定罪，但神宗都不予理睬。当郑继芳刚刚上疏之时，不等神宗下令，就派人围住了王元翰的家。王元翰不堪忍受，将家中的箱笼全部搬出，让人抬到城门之下，任人搜检，然后痛哭辞朝而去。同年六月，王元翰因擅离职守被降为刑部检校。

在处理此案中，神宗对两派“无所可否”的态度，使得诸臣越发树党相攻，朋党之势遂成。

82. 淮抚李三才之争是怎么回事?

李三才（？～1623），字道甫，顺天通州（今北京通州）人。神宗万历二年（1574）进士，曾任山东司道等职务，颇有政绩。他谈论时政无所避讳，沈一贯当权时，他经常上疏攻其短，因而沈一贯及其同党心腹对他恨之入骨，而比较正直的士大夫则对他多有好感，东林党的首领顾宪成与他交往颇多。

关于李三才的争论，发生在万历三十七年（1609）至三十八年。当时李三才在淮任职已久，屡次被提名出任都御史掌管都察院。沈一贯的余党甚为不快，便上疏弹劾李三才，挑起了一场争论。万历三十七年十二月，沈一贯的亲戚、工部郎中邵辅忠参论李三才“大奸似忠，大诈似直”，是贪婪阴险之人。三十八年，其同党浙江道御史徐兆魁也上疏弹劾。李三才四次上疏为自己辩护，并且请求离职。给事中马从龙、御史董兆舒等相继上疏为李三才分辩。大学士叶向高对神宗说李三才已经闭门待罪，为了漕政考虑，应该赶紧确定他的去留。对于大臣们的奏疏，神宗都不作答。不久，沈一贯的余党刘国缙、乔应甲、王绍徽、徐绍吉、姚宗文等人多次弹劾李三才，而给事中胡忻、曹于汴等人则上疏申救。关于此事的争论持续了数月。后来，身居家乡的顾宪成写信给叶向高，极力称赞李三才廉洁正直，又写信给吏部尚书孙丕扬，为李三才“力辩”。御史吴亮素来跟李三才交好，就把顾宪成的来信公开，而这却使那些攻击李三才的人越发哗然，乔应甲又两次上疏攻击李三才，说他有“十贪五奸”，并将其一一罗列。对于这些争论，神宗仍然不予理睬。李三才十五次上疏请求罢免自己的官职，很久都没有得到神宗的批复，就自己离职了，神宗也没有加以追究。其免官命令的正式获得，一直拖到了第二年的二月。

关于李三才的争论，加深了士大夫中两派斗争的对立情绪，从此之后，南北党争，不可复解。

83. 辛亥京察是怎么回事?

这次京察发生在神宗万历三十九年（1611），主持者为吏部尚书孙丕杨、侍郎萧云举、副都御史许弘纲等，他们大多是比较正直的官吏。

早在京察开始之前，跟孙丕杨等政见不一的官吏为了使自己在政治斗争中处于有利地位，就已经暗地里开始施展手腕了。那些憎恨东林党人的邪恶官员，四处散布谣言来迷惑孙丕杨，幸亏阴谋被右侍郎王图发现，及时告诉了孙丕杨，真相才得以大白。又如当时已是祭酒的汤宾尹，担心王图不给他写好的评语，便背地里造谣离间王图与他哥哥的关系，制造混乱，后经王图兄弟强烈辩解，事情才结束。

这年三月，京察正式进行。孙丕杨等人不顾邪恶势力的阻挠，将许多邪恶官僚列入察疏。邪恶派官吏大为恼火，便肆意诋毁正直官吏，斗争非常激烈。但同年五月，察疏终于发下，正直官吏取得了这一回合的胜利。当时，大学士叶向高一个人在内阁，虽没有首辅之名却掌握着实权，这次察疏终于发下，多靠他从中调停维护。他是神宗朝少有的比较正直的掌握首辅职权的人。

84. 荆熊之争是怎么回事?

汤宾尹在家乡时曾强夺生员施天德的妻子徐氏为妻，徐氏宁死不从，上吊自杀。汤宾尹的所作所为激起民变。生员冯应祥、芮永缙等便把汤尹宾告到了官府，而且为徐氏建祠致祭。汤宾尹感到很羞耻，一个人到浙江躲了起来。后来又有一个姓梅的生员奸淫别人的妻子，被芮永缙揭发。当时的巡按应天御史荆养乔便把梅生定罪，押在监狱。然而，湖广江夏人熊廷弼以御史督学的身份出巡时，却为梅生翻案，将他放出监狱，并杀死了芮永缙。

原来他与汤宾尹素来交好，这么处理是想借梅生之案为汤宾尹雪耻。这便激起了荆养乔的愤怒。于是荆养乔便上疏弹劾熊廷弼。熊廷弼又上疏辩解。朝中正直的官员都站在荆养乔的一边，主张让熊廷弼解职，而邪恶派官员则接连上疏为熊廷弼辩驳，从而引起“荆熊之争”。最终神宗以“令廷弼解职”了结了此案。

85. 韩敬科场案的详情如何？

韩敬，浙江归安（今浙江吴兴）人。汤宾尹因为徐氏激起民变时，曾独自躲避到浙江，没有人敢亲近他，只有韩敬一直跟他有书信往来。

神宗万历三十七年（1609），韩敬中乡试，三十八年参加会试。他的考卷本来在其他考官的房中，且已经被点落了，而恰巧汤宾尹也是考官。汤宾尹便到其他考官的房中搜出韩敬的考卷，将他点为本房第一。发榜后，引起了轩然大波。廷对时，汤宾尹还认为他是第一。后来，汤宾尹在京察中被罢官回去，韩敬也称病而去。

万历四十年（1612），御史孙居相上疏弹劾汤宾尹科场舞弊案。神宗下令廷臣议处。许多正直的官吏都拿出了确凿的证据来证明这件事，对汤、韩很不利。然而，汤宾尹虽然已被罢官家居，但朝中还有好多他的党羽，袒护他的人非常多。他的同党便想尽各种方法为他开脱。在其同党的保护下，对韩敬的处罚极轻，而且还拖延七年才处罚。

86. 丁巳京察是怎么回事？

神宗万历四十五年（1617，丁巳年），因此这年的京察被称为“丁巳京察”。这次京察由吏部尚书郑继之、刑部尚书李鋕等人负责，而这些人大多并不正直，因此在这次京察中，正直的官僚纷纷被贬斥。

如万历三十九年（1611）京察时，因揭发而遭邪党攻击的礼部主事丁元荐这时便被削籍。四十一年，上疏猛烈抨击那些不正直官僚的李朴也被落职。在“梃击案”中得罪不正直官僚的众多官员王之寀等也被纷纷以各种名义削籍。

总之，通过这次京察，正直派官僚的势力更加削弱，不正直的官僚的势力更加嚣张，虽然也有正直官吏幸免于难，但终究是极个别的。

87. 宁王朱宸濠之乱是如何平定的？

朱宸濠（？～1521），康王朱觐钧的儿子，长久以来一直野心勃勃，极力谋求发展自己的势力，意图夺取最高权力。

武宗正德十四年（1519），朱宸濠正式发动叛乱。六月十四日，他以庆祝生日为由，宴请招待地方官员，等地方官员到后，他却令埋伏在周围的侍卫将地方官员包围起来，声称奉太后秘密旨意，起兵入朝。江西巡抚副都御史孙燧和按察司副使许逵不从，都遭杀害。王纶、潘鹏等人都依从叛逆，然后朱宸濠任李士实、刘养正为左右丞相，任王纶为兵部尚书，集兵号称十万。七月初一，留下朱拱樤、万锐等留守南昌（今江西南昌），自己率军前往攻打安庆（今安徽安庆）。

当时的汀赣巡抚副都御史王守仁得知朱宸濠叛乱的消息后，立即与吉安知府伍文定等通知各府州县。王守仁则集中兵力攻打了朱宸濠的老巢南昌。七月十二日，便攻克南昌。当时朱宸濠正在围攻安庆，得知南昌被攻克，马上解围回攻。王守仁率军迎击。二十四日，两军相遇于黄家渡，叛军溃败。第二天又战，伍文定率军拼死作战，朱宸濠退保樵舍（今南昌东北），并将战船相连作为战斗方阵。第三天，官军以火相攻，朱宸濠大败。诸妃嫔都跳水而死，烧死淹死的士兵达三万人。朱宸濠和他的儿子、郡王等都被擒获。

由此，朱宸濠之乱完全被平定，历时四十三天。

88. 鞑靼为什么不断侵扰明朝边境？

元亡以后，一部分蒙古贵族退到蒙古草原等地，继续统治当地的蒙汉各族人民，后来分为三大部，鞑靼就是其中的一部。

太祖、成祖、仁宗、宣宗时期，国力比较强盛，鞑靼虽然也时常侵犯边境，但都被打败，因此多有收敛。但英宗之后，国力开始下降，边防戒备日益废弛，军备力量也大不如前，而鞑靼族的势力却开始日益增强，因此，鞑靼族首领开始不断侵扰明廷边境，意图与中原抗争。边境之祸，便从英宗时期开始出现。

89. 庚戌之变是怎么回事？

世宗嘉靖二十九年（1550）六月，鞑靼部俺答汗（1507～1581）率兵进犯大同，总兵张达和副总兵林椿战死。而大同总兵仇鸾惶恐害怕，竟采军师僚时义、侯荣的建议，用重金贿赂俺答汗，求他去攻打别的藩镇，不要入侵大同。

俺答汗受重赂后移兵东去，攻入古北口（今北京密云东北），明军一触即溃，俺答汗长驱到通州（今北京通州），直抵北京城下。朝廷的文武官员十分恐慌，兵部尚书丁汝夔措手不及，急忙部署防守京城的事宜，调派边兵一万两千人和京营兵两万四千人分守宣、蓟等关口，又征募居民及四方应武举的生员约四万人防守京城，同时向各地求援。然而朝廷的援军虽约五万余人，但都畏怯不敢参战，而且朝廷的粮草供给又不充足，士兵都非常饥饿疲惫。

而当权的严嵩却要求诸将坚守城池不要战斗，并告诫他们说：在边塞打仗败了可以隐瞒，而在京郊打仗败了是无法隐瞒的，因此最好是坚壁勿战，守住自己的军队。就这样，听凭俺答汗在京城外抢掠男女、牲畜、金帛财物。最后，俺答汗仍由古北口故道退回。

俺答汗这次所率蒙古骑兵进围北京，骚扰京城达八天之久，因为这年是庚戌年，因此将这次事件称为“庚戌之变”。

90. 明代的倭寇之祸是怎么回事?

从太祖时期开始，倭寇就对中国沿海地区不断进行侵扰，只是由于初期的朝廷注重加强海防，因此倭寇并未酿成大患。

然而，自英宗正统十四年（1449）“土木之变”后，明廷国势日益衰弱，尤其到了世宗嘉靖时，不仅吏治腐败，将帅无能，而且海防废弛，浙、闽沿海的卫所、战船等剩下的只有原来的十分之一，士兵只剩下十分之四而已，因此，倭寇对中国沿海的侵扰又开始猖獗起来。

嘉靖时期倭患严重的主要原因之一是，倭寇往往与中国海盗相勾结。他们或是大规模地进行走私贸易，或是联合起来在沿海地区进行劫掠，因此使得倭患日益严重。

91. 王江泾大捷是怎么回事?

嘉靖中期，盘踞柘林（今上海奉贤东南）、普陀（今浙江普陀）等地的倭寇不时地侵犯东南沿海各地。

世宗嘉靖三十四年（1555），张经判断倭寇企图入侵王江泾，于是定下分进合击的作战方略，命令参将卢镗率军诱倭进入王江泾地域，预防倭寇向杭州方向窜犯；参将汤克宽率领水师由乍浦向嘉兴（今浙江嘉兴）运动，寻敌作战；张经亲督副总兵俞大猷驰赴苏州，南下平望（今江苏吴江南平望镇）进行阻击。四月下旬，卢镗就进到石塘湾（今浙江桐乡西）设下埋伏，等敌入网。不出张经所料，五月，倭寇四千余人自柘林出发，避开明军防线，分路袭扰李塔汇、张庄、小昆山等地，又从茆湖（今上海青浦西南）北上，准备进攻苏州。明军至陆泾坝，与倭寇接战。倭寇收兵南下，突袭嘉兴，进入明军伏击地域。明军按预定计划，卢镗攻击倭寇前军，俞大猷追击于后，汤克宽率水师直插其中部。明军合力奋战，大败倭寇，斩首近两千人。倭寇被烧死、淹死者无数，只剩下三百余人逃回柘林，匆匆登舟，入海东逃。

92. 歼灭徐海、王直的战役是怎么回事?

徐海（？～1556）、王直（？～1556）是当时的著名海盗，长期以来在海上“南面称孤”，经常派遣倭寇侵扰我国东南沿海。胡宗宪决定采用剿抚并施的方法铲除徐、王。此时，日方因连年进犯中国，伤亡很大，因此内部怨声载道。王直集团内部也矛盾重重，他表示如果朝廷能免其罪并开放海禁，就可归附。世宗嘉靖三十五年（1556）四月，徐海、叶麻与陈东率倭数万大举入犯，胡宗宪采用离间计，在他们之间制造矛盾，使得倭寇自相残杀。明军抓住时机，大败徐海 、陈东部。徐海投河自尽，叶麻、陈东等被斩于嘉兴 。过了几天，势力日渐薄弱的王直从五岛西渡到定海（今浙江定海），想同徐海联合，但徐部已被剿灭，王直进退两难。胡宗宪一面令戚继光、俞大猷痛击倭寇，一面派人招抚王直，答应为王直请封，允许通商。王直迫于官军的恩威并施，决定投降官府。王直归顺明廷后，胡宗宪一方面设宴款待，一边派人飞马入京，上疏请求赦免王直。可惜的是，胡宗宪的上疏被弹劾为引狼入室，收受贿赂，因此未被采纳。胡宗宪恐慌之中无奈将王直交给了巡案御史王本固，终于将王直送上死路。

至此，王直、徐海部倭寇基本消灭，浙江倭患逐渐平息。

93. 何为戚家军?

世宗嘉靖三十八年（1559），戚继光（1528～1587）前往义乌（今浙江义乌）招兵，一时应募者云集。

戚继光综合体态丰伟、武艺精熟、聪明伶俐、力大如牛四方面对应募者进行严格挑选，在编选士兵时还坚持“三不用”原则，即居住在城市中的不收，曾经败于敌人的不收，对官府唯命是从的不收。由于乡民的积极响应，很短的时间内戚继光就招募到四千经过严格挑选的士兵。

戚继光制定了一套切实可行的训练方案。首先用卫国保家的思想教育士兵；其次加强军纪，严明赏罚；同时也十分重视武艺的练习。另外，针对倭寇的作战方式，参照东南沿海的地形，分析了敌我双方的短长，戚继光创立了“鸳鸯阵”，使每一队成为一个坚不可摧的有机整体。

四千新军经过戚继光两个月的严格有效的训练，形成一支冷热兵器配合，步兵、骑兵与火器部队协同的新编制部队，成为打击倭寇的有生力量，被称为“戚家军”，名闻天下。

94. 台州大捷的详情如何?

世宗嘉靖四十年（1561）四月，倭寇大举进犯浙江沿海各地，倭船不下数百艘，人数达一二万人。五月初，大批倭寇由象山（今浙江象山）海口侵入奉化（今浙江奉化）、宁海（今浙江宁海）之间，企图牵制明军主力，乘虚直攻台州。戚继光识破倭寇的真实意图，先在台州部署了必要的兵力，亲率大军赶往宁海剿倭。倭寇以为得计，派兵直犯台州城。而戚继光早已提前一步来到台州城下，以鸳鸯阵猛攻来犯之敌，大败倭寇，俘斩敌人数百，其余倭寇全部淹死在江中，五千多被掳百姓也得到解救。不久倭寇后续部队又窜到台州东北大田一带，意图谋取处州（今浙江丽水），戚继光侦察到敌情后，在通往处州的必经之地上峰岭设下埋伏，结果全歼倭寇，充分显示了他出奇制胜的指挥才能。

此后，他又在台州一带取得陆战七胜、水战五胜的战果。台州之战历时一个多月，共斩杀倭寇一千四百多人，焚溺而死的达四千多人，这是戚家军抗击倭寇的首次大捷。

95. 横屿、平海之战的详情如何?

横屿是倭寇在福建境内经营多年的老巢，位于福建宁德县城东北二十余里处，四面环水，涨潮时一片汪洋，退潮时淤泥成滩，易守难攻，用陆兵攻打难于涉渡，用水师进攻则船易搁浅。倭寇凭借这种条件，在岛上为非作歹多年。

世宗嘉靖四十一年（1562），戚家军抵达宁德，研究敌情和地形之后，戚继光首先下招抚令，免胁从之罪，分化敌人，孤立横屿的倭寇。横屿周围的百姓见戚继光以诚相待，都甘愿为明军效劳。短短几天，数千名倭寇的胁从人员归顺明军，横屿的倭寇更加孤立。戚继光在开战前夕，激励士兵奋勇杀敌。戚家军摆成鸳鸯阵，负草填泥而进，每人负草一捆，匍匐前进，随进随用草填泥。接近敌人后发起猛攻，并派一部兵力潜到敌人后方截击，大败倭寇，烧死和溺死的倭寇难以计数，还解救出被俘的百姓。战斗自始至终不过三个时辰。倭寇盘踞多年的横屿被戚家军一举收复。

戚继光回浙江后，福建的倭寇又开始猖獗起来，围攻兴化城数月，后又攻占平海卫。嘉靖四十二年（1563）戚继光率军到达平海。巡抚谭纶命令他为中军，刘显为左军，俞大猷为右军，合力攻打平海的倭寇。戚继光率先领军登上平海卫，刘显、俞大猷相继也到达。大败倭寇，斩首二千二百多人，解救出被俘的百姓三千多人。

96. 仙游之战的详情如何?

世宗嘉靖四十二年（1563）冬，倭寇万余兵力围攻仙游（今福建仙游）。知县陈大有率全城军民竭力防守。而当时戚家军官兵仅六千余人，力量比较分散，而且军中还有部分人染上疟疾、痢疾。援兵又迟迟没有到达，在这种情况下，无法与倭寇决战。戚继光一面遣使催浙兵速来，同时又和谭纶一起，在决战前进行了周密的部署。戚继光考虑到兵力悬殊，决定以仙游城为支撑，滞留敌人，等到主力集中后，再歼灭倭寇。于是派亲兵二百人乘夜入城，加强防守力量；命守备胡守仁领兵驻扎铁山，据险为垒，牵制倭寇；从各营挑选勇士五百人，组成敢死队，不时袭击敌营；又在离倭寇较近的石马，四面布置疑兵，既遏制倭寇四出剽劫，又使其不能专意攻城。倭寇多次发动攻城，在城内守军顽强抗击和城外明军多方牵制下均未成功。直到十二月二十三日，浙江六千名援兵赶到，戚继光仔细考虑了敌我双方力量的对比，决定集中优势兵力从南门进攻。二十六日，明军主力分三路向南门外倭寇发起进攻，倭寇大败退入南垒。明军奋勇冲杀，残倭逃向东、西门。胡守仁乘胜向东追击，与陈濠部夹击东垒倭寇，王如龙向西追击，与李超部夹击西垒倭寇。各路明军英勇突击，迅速突破东西两垒。残敌数千逃往北垒。戚继光亲率大军攻击北垒，倭寇大部被歼，仙游解围。

97. 广东倭寇是如何平定的?

福建倭寇平定后，广东东部还有近二万倭寇危害民众。朝廷于是任命吴桂芳为提督两广兼理巡抚，又命俞大猷为广东总兵，负责对付倭寇。

在吴桂芳的支持下，世宗嘉靖四十三年（1564）俞大猷与其他将领，先后在海丰（今广东海丰）等地击败倭寇，将倭寇擒斩殆尽。于是广东倭患也得到解除。

98. 明王朝援朝抗日的社会背景如何?

有明一代，中朝两国一直友好相处，使臣往来频繁。当时，朝鲜正处于李氏王朝时期，政治上已经十分腐败，官僚营私舞弊，特别是统治阶级内部世袭的官僚贵族勋旧派与新官僚士林派的党派之争，弄得民不聊生，政变不断，国力大衰。整个朝鲜武备松弛，统治者重文轻武，这恰好给日本提供了一个极好的侵略机会。

在日本，大将丰臣秀吉进行了四次大规模的战争，基本统一了全国。丰臣秀吉执掌了整个日本的军政大权，为了满足国内封建主和商人贪财牟利的欲望以及他自己骤然膨胀的野心，便开始了对外扩张。他乘朝鲜李氏王朝忙于党争内讧，朝纲紊乱，决定通过武力先侵占朝鲜，然后征服中国，进而称霸亚洲。

神宗万历十八年（1590），日本丰臣秀吉致书朝鲜国王李昖（yán），要求假道朝鲜进攻明朝，并要朝鲜国王率兵作为前导，视大明为父国的朝鲜国王宣祖李昖断然拒绝。万历十九年完成日本统一的宰相丰臣秀吉，亲自坐镇名护屋城，并将其作为侵朝的总指挥部，在战略上丰臣秀吉采用了“陆海并进”、“以强凌弱”、“速战速决”的提案，在一切工作准备就绪后，二十年，丰臣秀吉正式开始了侵略朝鲜的战争。

99. 第一次援朝战争过程及失败原因是什么?

神宗万历二十年（1592）七月，明廷派将领史儒率兵二千人出征，祖承训（名将祖大寿的父亲）率兵三千人继后，前去援助朝鲜。六月十五日，史儒和戴朝弃率领先头部队渡过了鸭绿江，十六日进驻朝鲜国王李昖所在的义州，二十一日祖承训、游击王守官率本部也进入了朝鲜。

万历二十年（1592）七月，史儒率本部亲兵二千人为先锋首先出征，戴朝弃紧随其后，祖承训率三千骑兵跟进。七月十七日拂晓，明军和日军终于开始发生冲突。然而明军进到平壤附近，由于道路不熟又遇见夏季暴雨，史儒部和戴朝弃部先后进入了日军埋伏，史儒和戴朝弃力战牺牲，所率部全军覆灭。祖承训率领三千骑兵一路急进，乘日军不备，快速攻入了平壤城，却陷入巷战中，辽东铁骑很难施展身手，骑兵和火筒的威力无法发挥出来，被日军火绳枪手连番伏击，结果三千骑兵大多阵亡，只有祖承训等寥寥几人逃回，余部在祖承训率领下一天之内退过大定江，然后全部撤回国内。

第一次援朝抗日战争以中韩失败结束。明军初战之所以失利，除了客观的天气原因，与明廷的轻敌是分不开的。一开始，明朝廷对敌情的估计过低，最初只是命令辽东抚镇发精兵二万援助朝鲜；开战后，明军将领也没有提前侦察好地形和敌情，没有做到“知己知彼”，却是急躁冒进，最终导致全军覆没。

100. 明廷第二次援朝战争的结果如何?

初战失利，明廷朝野震动，经过一番朝野辩论后，神宗命宋应昌、李如松调兵四万余人渡过鸭绿江，大举援助朝鲜。

明军这四万三千人的部队都是从全国范围调集的精锐之师，又有着丰富的作战经验。经过周密部署，李如松亲率敢死队冲锋陷阵，中朝将士奋勇当先，朝鲜爱国官兵在明军的协同支援下，一举收复西京、开城、汉城，日军退据釜山，朝鲜国土几近全部光复。

神宗万历二十五年（1597）夏，丰臣秀吉又派军从水陆两路进犯，占领海军要塞和南部各地。二十六年七月，明朝派出了十四万军队增援朝鲜，朝鲜水军也得到了加强。两军分兵三路，合力应战，迫使日军退守朝鲜半岛的南端岛山。日军由于战线过长，士兵疲于奔命，又由于供应不足，因而士气低落，屡败厌战。明军又充分发挥自身的优势，利用了明军中火器的巨大优势。十一月，加藤清正率军先逃，日军纷纷撤退，中朝军队大获全胜，击沉敌舰数百艘，全歼日本水军。日本陆军完全孤立，仓皇逃窜回国。援朝抗日战争取得了彻底胜利。

101. 明太祖为什么要大封诸子为王?

明太祖朱元璋利用农民起义夺得皇帝宝座，为了确保明王朝的长治久安，千秋万代地统治下去，采用了两方面的重要措施：一是进一步加强君主专制统治，把军政大权牢牢地掌握在皇帝一人手中；另一个是想方设法加强皇室本身的力量，具体做法就是分封诸王。朱元璋说："天下之大，必建藩屏，上卫国家，下安生民，今诸子既长，宜各有爵封，分镇诸国。"于是将二十四个儿子和一个从孙封为亲王，分别驻守全国各战略要地，作为以皇帝为首的朝廷的藩屏。

具体分封制度是：

皇子封亲王，授予金册金宝，冠冕服饰车骑旌旗府第，仅次于天子一等。公侯大臣进见亲王都得伏而拜谒，不敢行对等之礼。

亲王的嫡长子，年满十岁，授予金册金宝，立为王世子。长孙立为世孙。冠带车服相当于一品官员。

亲王其余诸子，年满十岁，授予涂金的银册银宝，封为郡王。郡王嫡长子封为郡王世子。嫡长孙则授世孙。冠带车服相当于二品官员。

王世子及郡王其余诸子授予镇国将军，孙为辅国将军，曾孙为奉国将军，四世孙为镇国中尉，五世孙为辅国中尉，六世孙以下都是奉国中尉。

分封的藩王主要有两类：一类是分在内地，一类是分在边塞要地。

受封诸王在自己的封地建立王府，设置官属，地位相当高。每一个藩王食粮万石，并有军事指挥权，在王府设亲王护卫指挥使司，辖军三护卫，护卫甲士少者三千人，多者达到一万九千人。

边塞诸王因有防御蒙古侵扰的重任，所以护卫甲士尤其多。北平的燕王朱棣拥兵十万之众，在边塞负责筑城屯田、训练将兵、巡视要塞、督造军器。晋王、燕王多次出塞征战，打败元朝残余势力的军队，尤其受到重视，军中大将皆受他们的节制，甚至特诏二王对军中小事可以自己决断，大事才向朝廷报告。尤其是燕王，由于功绩卓著，朱元璋令其"节制沿边士马"，地位在诸子之中独尊。

明代分封制度，固然在巩固国家政权上起到一定的作用，尤其是在边塞防御上起到了重要作用。然而，藩王势力的膨胀，势必构成对中央政权的威胁。在朱元璋死后不久，中央政权与藩王之间的矛盾激化，最终酿成"靖难之役"。

102. 平阳王朱济熿为什么被废去王位?

朱济熿（huáng），晋恭王朱棡（wǎng）的儿子，太祖的孙子，朱济熺的弟弟。

朱济熿从小就很残忍乖戾，因此父亲朱棡不是很喜欢他。长大后，又经常与朱高煦等人相互勾结做坏事，太祖也不是很喜爱他。

父亲朱棡过世后，由他的哥哥朱济熺继承王位，朱济熿被成祖封为平阳王。但是朱济熿由于父亲对他不是很疼爱，因此非常憎恨父亲，又恨哥哥在父亲面前不为自己说好话。因此，哥哥朱济熺继承了父亲的王位后，他便唆使弟弟朱济炫等每天都在朝廷里散布朱济熺的过失，还收买了晋王府的文武官员，写文章揭露朱济熺的罪过呈到成祖那里去，多年都不停止。朱济熺的过失终于传到成祖的耳朵里，成祖永乐十二年（1414），成祖剥夺了朱济熺的王爵，把朱济熺和他的儿子朱美圭都贬为平民，去给父亲朱棡守墓，而封朱济熿为晋王。

朱济熿封立为王后，更加凶横残暴，竟然进毒药杀死了自己的亲生母亲谢氏，还幽禁了朱济熺父子，连蔬菜茶饭都不供给。朱济熿的倒行逆施引起了很多人的愤恨。后来一位当年服侍过晋王的老太太实在看不下去，不顾被朱济熿杀害的危险，从太原逃到北京，到成祖面前哭诉。成祖才明白实情，总算救出朱济熺父子，那时朱济熺父子已被囚禁了十年。

成祖见到朱济熺父子后，见朱济熺身染重病，心中非常难过，便封朱美圭为平阳王，让他奉养父亲居住在平阳（今山西临汾），并赐予晋王原来的连伯滩的田地。可惜不久之后成祖就去世了。朱济熿便不给朱美圭田地。仁宗即位后，多次用书信告诉他要听从成祖的安排，他也不听。成祖、仁宗去世，他也不为他们服丧。

宣宗即位后，朱济熿还曾秘密派人勾结朱高煦密谋叛乱，结果暴露，又有许多人向宣宗弹劾朱济熿的种种罪行，于是宣宗将他废为平民，幽禁在凤阳（今安徽凤阳）。

103. 为什么说徐达是明朝的开国元勋?

徐达（1332～1385），字天德，濠州（今安徽凤阳东北）人。太祖统一全国，很多战役都是由徐达担任主将。

徐达跟从太祖后，随从攻取了滁州（今安徽滁县）、和州（今安徽和县）。跟从太祖渡过长江后，攻下了采石矶，攻取了太平（今安徽当涂），又领兵攻取溧阳（今江苏溧阳）、溧水（今江苏溧水）、集庆（今南京），为太祖开辟了大块根据地。

元顺帝至正二十三年（1363），鄱阳湖之战中，徐达身先士卒，冲锋陷阵，击败陈友谅军前锋。二十五年，以大将军身份率师出征，先占淮东，继平浙西，大获全胜。二十七年，攻克平江（今苏州），俘获张士诚及其将士二十五万。又以征虏大将军身份率兵北上，先取山东，又攻克河南，太祖洪武元年（1368）攻克大都（今北京），结束了元朝在中原的统治。

攻占元都以后，徐达又率大军越过太行山直捣太原，打败元将扩廓贴木儿，攻下太原并进占大同，平定了山西。

洪武二年（1369），率军渡过黄河，攻克奉元（今陕西西安）、秦州（今甘肃天水）、伏羌（今甘肃甘谷）、宁远（今甘肃武山），降败李思齐。又攻克兰州、平凉（今甘肃平凉）、庆阳（今陕西庆阳）后又平定了陕西。

洪武三年（1370），又以大将军身份率军从潼关直攻定西（今甘肃定西），攻取元将扩廓帖木儿，拼死作战，大破扩廓帖木儿的军队。之后，又率军攻克沔州（今陕西沔县）、兴元（今陕西汉中）等地。

洪武六年（1373），又率领众将前往边塞，在答剌海战败敌人。后每年春季出征，冬末返回，形成常规。十四年，率汤和等人征讨乃儿不花。十八年病逝，追封为中山王，谥号武宁。

徐达思考缜密，在军中号令一出就决不更改，诸将都敬奉他。他又善于安抚部下，与他们同甘共苦，因此士兵都很乐意跟着他，愿以死报效。他为朝廷立下了赫赫战功，名列功臣第一，被太祖誉为“万里长城”。

104. 为什么说常遇春是明朝的开国名将？

常遇春（1330～1369），字伯江，怀远（今安徽怀远）人，容貌奇特雄伟，善于射箭。

采石之战时，元军在牛渚矶上列阵，大军不能登岸。正在大家一筹莫展的时候，常遇春驾小船持戈奋力冲向敌军，敌军抓住他的戈，他顺势跳上了岸，杀退一片敌军，众将趁势上岸，于是攻下采石、太平（安徽当涂）。

攻打蛮子海牙时，常遇春驾着小船直冲蛮子海牙的军队，将其冲成两半，左右出击，大败敌军。不久又受命守卫溧阳（今江苏溧阳），随从进攻集庆（今南京），所立战功最大。又跟随徐达夺取镇江（今江苏镇江）、常州（今江苏常州）。张士诚军将徐达围困在牛塘，常遇春攻破敌人的包围解救出徐达，并擒获了敌军将领。后又攻下了宁国（今安徽宣城）、马驼沙（今江苏靖江）、婺州（今浙江金华）。又调动军队包围衢州（今浙江衢县），用奇兵毁掉敌军的作战器械，俘获士卒一万人。

陈友谅逼近龙湾，常遇春用五股军队设下埋伏，大败陈友谅军。论战功位列第一。吕珍攻陷安丰（今安徽寿县）后，派强大的兵力来抵抗太祖的军队，太祖的左、右军都战败，常遇春率军纵横突击敌军，三战三捷，俘获的士卒兵马无以计算。彭蠡之战时，他带领诸将英勇奋战，喊声惊天动地，个个以一当百，大败陈友谅。在战斗过程中，太祖的船一度搁浅陷于险境，恰逢常遇春射中正冲向太祖的敌将张定边，太祖才得以脱险。战斗结束后，论功评为第一。

后围攻赣州（今江西赣县）时，太祖告诉他，攻克城池后不要乱杀人。于是常遇春将赣州包围起来，围攻了六个月，敌军财力耗尽，终于投降，果真没有杀人。太祖非常高兴，赐信褒奖勉励他。后讨伐张士诚军，大败敌军。

又和徐达率军北征，随从攻下山东各郡、汴梁（今河南开封）、保定（今河北保定）等地。攻打太原时，恰逢扩廓帖木儿的援军。常遇春采取夜晚偷袭，大败扩廓帖木儿。

元将也速进攻通州（今北京通州），太祖下令让常遇春回来守备。常遇春率兵在锦州（今辽宁锦州）大败敌将江文清，在全宁（今蒙古翁牛特旗）打败也速，又趁势攻取开平（今内蒙古正蓝旗），俘获元兵一万人，但在返回途中突发重病去世。太祖听说后，震惊悲恸，亲自祭奠。

常遇春沉着勇猛，果断勇敢，摧毁敌锋，攻陷敌阵，从没有失败过，但又毫不骄人。人们把他和徐达同列为名将的行列。

105. 李文忠在明朝的开国战争中立有什么功劳？

李文忠（1339～1384），字思本，朱元璋姐姐的儿子。十九岁时，以舍人身份跟随太祖援救池州（今安徽贵池），骁勇善战，后守卫严州府（今浙江建德）。

苗军统领杨完者率领数万人分水陆两路攻打严州，李文忠则率领轻兵击败了他的陆军，又把割取的敌陆军的首级放在漂浮的巨筏上，敌水军见到后都吓跑了。

张士诚侵犯严州，李文忠正面迎击，同时又派兵抄小道袭击敌军后面，前后夹击，大破敌军。一个月后，张士诚又来进攻，又被击败。李文忠又乘胜攻克分水（今浙江桐庐县内），从此张士诚不敢再窥视严州。

苗将蒋英、刘震以金华（今浙江金华）为据点反叛，李文忠派部将赶跑了他们，亲自安抚稳定金华的百姓。

谢再英叛变投降张士诚，并率军侵犯东阳（今浙江东阳）。李文忠与胡深迎战，带领一千骑兵在敌军中横冲直撞，大败敌军。后张士诚率二十万大军进攻新城（今浙江桐庐东北），李文忠率朱亮祖等人前去救援。新城的守将派人告知他们说敌军势力强盛，应先驻扎军营等待大军。李文忠则说："用兵在于策略，不在于人多。"便下令说："敌人虽多但骄横，我军虽少但精锐，以精锐对付骄横，我们必定能战胜他们！"第二天亲率中军正对敌军主力，恰逢处州援兵也赶到，奋勇向前，搏杀冲击，所向披靡，大败敌军。所获兵器粮草几天都收不完。

大军征伐张士诚军时太祖命他攻打杭州以牵制张士诚军。李文忠率领朱亮祖等人相继攻克了桐庐（今浙江桐庐）、丽谯（今属浙江）等地。

太祖洪武二年（1369），以偏将身份随常遇春出塞。常遇春去世后，奉诏代常遇春率领军队与徐达进攻庆阳（今甘肃庆阳）。驻扎太原后，获悉大同被困，前去救援，拼死奋战，大败敌军。三年拜授征虏左副将军，与大将军分道北征，大破元军。太祖大封功臣时，认为他功劳最大，封他为曹国公，授予铁券。

洪武六年（1373）行军北平、山西边境，击败敌军。七年，派部将分道出塞，击败各路元军。此后，多次出兵守备边防。

李文忠器量宏大，临阵又无惧无畏，遭遇强敌更加威壮，而且爱好学习，常向人请教，通晓经书义理。

106. 为什么说李景隆是个庸才？

李景隆，李文忠的长子，小名九江，通晓典章旧事。

惠帝时，他以皇帝亲戚的身份被亲近信任。燕王起兵后，耿炳文伐燕失利。齐泰、黄子澄等便共同推荐李景隆。惠帝便命李景隆代替耿炳文任大将军，率兵五十万北伐，赏赐他通天犀带，并亲自为他扶轮推车，让他见机行事就行。

然而，李景隆是个贵公子，不仅妄自尊大，而且只知纸上谈兵，并不懂得实战策略，也不懂得如何人尽其才，因而好多老将都因得不到重用而郁闷不乐。燕王朱棣听说李景隆为大将军时，高兴地对他的部下说："李九江不过是个纨绔子弟，容易对付。"果真，数次作战，李景隆都以失败告终。李景隆放弃了耿炳文稳健的策略，率军直扑北平。当时燕王赴大宁（今属辽宁）寻求救兵，北平（今北京）守备空虚。主攻彰义门的瞿能父子骁勇善战，率领精兵一度攻入城内，然而李景隆却命令等待大队人马，结果贻误战机。北平守军用水泼城，一夜成冰，第二天已经难以攀爬了，而且守军还在夜里不断派遣小股部队骚扰南军，弄得南军精疲力竭，人心不宁。燕王收编了宁王的部队归来后，实力大增。双方在郑村坝展开战斗，数十万人从中午一直打到晚上，尸横遍野，十分惨烈，但当日并没有分出胜负，到晚上双方各自收兵。然而李景隆没有经历过这样惨烈的战斗，初战不利，感到难以取胜，结果他连夜南逃，匆忙之中竟然没有通知围攻北平九门的将士。攻打九门的将士失去主力的掩护，仅两天就被燕王击败。

惠帝建文二年（1400），燕王攻打大同时，李景隆率军前去救援，又无功而返。四月，他在德州（今山东德州）隆重誓师，与郭英、吴杰等集结军队六十万，与燕军连续作战，结果又大败，几近全军覆没。

黄子澄羞惭愤恨，上朝时抓住李景隆请求杀他向天下谢罪，但惠帝没有追究。最终，燕王朱棣取得了"靖南之役"的胜利。

107. 邓愈有什么战功而被封为国公？

邓愈（1336～1377），原名邓友德，现在的名字是太祖赐给他的。太祖起兵滁阳（今安徽合肥东北）时，前去归顺，授予管军总管一职。跟从太祖渡江作战，立下不少战功，后与胡大海攻克徽州（今安徽歙县），升任行枢密院判官一职，守卫徽州。

苗军统帅杨完者带兵攻打徽州，邓愈与胡大海合兵攻击，击破并赶跑苗军，又进军攻伐休宁（今安徽休宁）、婺源（今安徽婺源），追赶逃敌到淳安（今浙江淳安），又击破敌军援兵，攻克建德（今浙江建德）。过了一个月，又在乌龙岭击破杨完者，连续迁升任佥行枢密院事。

后移兵守卫饶州（今江西鄱阳）时，陈友谅多次侵犯，邓愈都击退了他。陈友谅抚州（今江西抚州）守将邓克明派使者到邓愈的军中假装投降以延缓攻势。邓愈得知内情后，趁夜率精兵攻入城内，邓克明大惊失色，连夜逃跑。邓愈则趁势平定抚州。恰逢陈友谅的丞相胡廷瑞献出龙兴路（今江西南昌），于是太祖便改为洪都府，让邓愈为江西行省参政，守卫洪都（今江西南昌）。

后陈友谅率众六十万入侵洪都，邓愈分守抚州门，陈友谅亲自指挥部众来进攻，城墙倒塌将近三十多丈，邓愈一边修城墙一边战斗，三个月都没有解开铠甲，直到太祖率兵前来救援，才解了围。论他守护城池的功劳与其他将领攻克敌人的功劳相当。后又跟从常遇春夺取了吉安（今江西吉安）、赣州（今江西赣州）等地，晋升为江西行省右丞。自从太祖起兵，众将中早年显达的没有比得上他和李文忠的。

太祖洪武元年（1368），大军攻取中原，邓愈率兵攻取了南阳（今河南南阳）以北还没有归附的州郡，擒获史国公等二十六人，相邻州县也都相继投降，又攻下牛心（今湖北应山北部）等各山寨，平定周围地区。三年，跟随大将军出定西（今甘肃定西），大败元将扩廓帖木儿，攻克河州（今甘肃临夏），河州以西各部全部归附，论功封卫国公，授予可以世代享受特权的铁券。

邓愈为人稳重，办事认真细致，不惧危险劳苦，治军严格，也非常善于安抚投降归附的人。他攻克城池后，秋毫无犯，百姓都很爱戴。

108. 汤和有什么战功而被列为开国功臣?

汤和（1326～1396），字鼎臣，濠州（今安徽凤阳）人，跟从太祖攻克滁州（今安徽滁县）后，授予管军总管一职。当时太祖手下的很多将领与太祖都是同辈人，不甘愿身居其下，而汤和虽然比太祖大三岁，但对太祖非常谦恭，因此太祖非常喜欢他。跟从太祖攻击陈埜先时，左腿中箭，他拔出箭后继续战斗，非常勇猛，最终将陈埜先擒获。后又跟从平定集庆（今江苏南京），跟从徐达夺取镇江，晋升为统军元帅。

守卫常州（今江苏武进）时，张士诚的密探到处出没，但汤和防御非常严密，敌人始终不能窥探到军情。张士诚两次率军侵犯，都被汤和击退。汤和又率军攻打无锡（今江苏无锡），在锡山大破张士诚军，赶跑了莫天佑。率水军夺取黄杨山，击败张士诚的水军，升为平章政事。又征讨、平定江西各山寨，平定永新（今江西永新）守将周安的叛乱。跟从大军讨伐张士诚，攻克太湖水寨，在战斗过程中被飞炮炸伤左臂，太祖将他召回应天，伤口愈合后，他又接着前往战场，攻克平江（今江苏苏州）。

不久又与吴祯率军讨伐方国珍，攻下余姚（今浙江余姚）、上虞（今浙江上虞），夺取庆元（今浙江境内），又攻下了隶属各城，最终方国珍自己到军营前来投降，浙东全部平定。又与廖永忠讨伐陈友定，于太祖洪武元年（1368）将陈友定押送京城。

洪武三年（1370）跟从大将军在定西（今甘肃定西）击败扩廓帖木儿，平定宁夏，立下战功。回朝后，封为中山侯，授予可以世代享受特权的铁券。十一年晋封信国公，参议军国大事。

汤和沉稳机敏，身经百战，有勇有谋，每战又都身先士卒，奋勇杀敌，立下了赫赫战功，为朝廷的巩固做出了重大贡献，是开国功臣之一。

109. 沐英有什么英雄事迹传世？

沐英（1345～1392），字文英，定远（今安徽定远）人。少年丧父，跟随母亲躲避战乱，母亲又去世，被太祖和马皇后收为己子。年少时聪明敏捷，办事决断，太祖很器重他。

太祖洪武十年（1377），跟随邓愈征讨吐藩，立功显赫，授予可以世代享受特权的铁券。被授予征西将军，讨伐吐藩。在土门峡击败吐藩军，又取道洮州（今属甘肃临潭），俘获洮州首领阿昌失纳，又在东笼山筑城，拓展疆域数千里。

元敌军多次侵扰边境，洪武十三年（1380），沐英率军出塞，渡过黄河，翻过贺兰山，跋涉沙漠，擒获元将。第二年又从不同的道路出塞，大获全胜而归。不久又拜授征南右副将军，攻取云南。元将梁王派达里麻率兵在曲靖（今云南曲靖）抵抗，两军隔白石江相望。沐英便让军队装出要渡江的样子，暗地里却派奇兵从下游过江，到达敌人阵地后面，做出前后夹击敌人的阵势。敌军非常惊慌。沐英趁势挥军渡江，大败敌军，生擒达里麻，长驱直入云南。梁王逃亡而死。次年，太祖诏令留沐英镇守云南。

洪武十七年（1384），沐英降服曲靖酋长的叛乱，平定广南（今云南广南）各处的少数民族。二十年，平定浪穹部，奉诏从永宁（今四川叙永）至大理（今云南大理），每六十里设一座城池，以做军队屯田用。二十二年，思伦发率领三十万部众侵犯定边（今云南南河彝族自治区），沐英选骑兵飞马救援，兵分三路，将士奋勇而战，大败敌军。

沐英沉稳刚毅，喜好贤才，不随便杀人。镇守云南时，注意选拔官吏，督促农桑，开垦田地，疏通河流，使滇中人民能够安居乐业。太祖就曾对他说："使我高枕而无南顾之忧的，就是你沐英啊！"他为朝廷的巩固立下了汗马功劳。

110. 李善长为什么能够居开国第一功臣的地位?

李善长（1314～1390），字百室，定远（今安徽定远）人，很有智谋，预料事情大多都能料中。元顺帝至正十四年（1354），投于太祖军下。闲暇时，太祖曾问他"何时才能平定天下?"他则让太祖效法汉高祖刘邦，一席话给雄心勃勃的太祖留下了深刻的印象。

之后，他悉心辅佐，很快就成了太祖的得力臂膀。太祖也不断委以重任，把他当作心腹。随着太祖的威名越来越大，越来越多的人投到太祖军中。李善长则细心考查他们的才干，荐举优秀人才。并经常反映将士们的意见，使军中人人心情舒畅。李善长的到来，为太祖军的团结起了重要作用，也使太祖的主将地位日益巩固。郭子兴曾盛情邀请李善长到自己军下，被李善长谢绝。太祖因此更加器重他。

李善长的全力辅佐使得太祖可以全力攻占，并无后顾之忧。太祖起兵驻军和州（今安徽和县）时，亲自带兵出袭鸡笼山寨，只留下少量兵力给李善长让他留守和州。元军知道这一情况后便来偷袭。未料想李善长早有估计，提前设下伏兵。敌军一到，伏兵四起，使元军落荒而逃。太祖听到捷报格外高兴，表扬李善长说："怎么能说你仅仅是策谋划计的文人呢，你今天的胜利真叫执戈的武将也不得不佩服啊！"

此后太祖率军连续征战在外，命李善长始终留守应天府（今南京）。李善长很快便使那里将吏和睦，百姓安居，生产发展，百业俱兴，充足的军需源源送往前方，为太祖开国建业立下了汗马功劳。

太祖称帝后，对李善长绝对信任。太祖洪武元年（1368）五月，太祖去汴梁（今河南开封）视察，留李善长在京居守，三个月间大小事务都由李善长按定规、时势自行处置。以后，太祖更把除军事外的一切朝廷事务统归李善长掌管，如建置地方各级职官、制订官民丧服仪礼、功臣爵赏、民间诉讼等。事无巨细，李善长也都不厌其烦地认真处理，安排有致。

洪武三年（1370）太祖大封功臣，认为李善长虽然没有攻城夺地的汗马功劳，但在连年征战中，精治后方，给足军食，功劳不可磨灭，晋封他为韩国公。在当时同封的功臣中，李善长位列第一，太祖把他和萧何并论，褒赞备至。

111. 汪广洋为什么能够居于丞相之位?

汪广洋（？～1379），字朝宗，高邮（今江苏高邮）人。太祖渡长江的时候，召他任元帅府令史，江南行省提控。攻下赣州（今江西赣县）后，又授任他为江西参政一职。

太祖洪武元年（1368），山东平定后，由于汪广洋清廉明察，处事稳重，太祖便命他为主管行省。三年，李善长生病，中书省缺少官员，于是太祖便召汪广洋任左丞。当时的右丞杨宪处事非常专断，汪广洋处处依从他，但还是被他妒忌。杨宪一次次地弹劾，终于致使汪广洋被放逐到海南，直到杨宪被诛杀才被召回朝廷。

后来，李善长因病离职回乡。于是太祖便命汪广洋为右丞相，胡惟庸为左丞相。但由于汪广洋在任职期间并没有好的建议，因此后来被降职，迁任广东行省参政。不过，太祖心中仍然觉得汪广洋好，于是不久又把他召回来任左御史大夫。洪武十年，又升为右丞相，与胡惟庸同任丞相。

只可惜，他为求保住官位，只知道随波逐流。十二年（1379），中丞涂节说胡惟庸毒死了刘基。太祖问汪广洋，汪广洋却不以实情相告，妄图包庇胡惟庸。太祖震怒，把他贬到海南，中途又下令诛杀他。

太祖初年设立中书省，设左右丞相管理主持朝廷事务。当时大都任用有功勋的大臣兼管中书省事务。但这些大臣又会经常接受命令率兵征讨，不能专门管理中书省事务。因此，太祖初年真正名副其实的丞相只有李善长、汪广洋、胡惟庸三人。汪广洋虽忠谨厚道，能保住自己，但却不知揭发奸邪，实在有愧于丞相这一职务。

112. 为什么刘基被视为诸葛亮式的人物?

刘基（1311～1375），字伯温，青田（今浙江青田）人，博通经史，尤其精通星象、谶纬之学。西蜀时赵天泽评说江左人物时，把刘基列为第一位，说他是诸葛孔明之类的人物。

太祖攻下金华（今浙江金华）后，听闻刘基的名声，便礼聘他出山。刘基向太祖陈述了关于时务的十八条策略。太祖非常高兴，建礼贤馆让他居住，恩宠备至。太祖又询问他征伐攻取的计谋，刘基说："张士诚只是个武夫，胸无大志，不足为虑；陈友谅劫持君主，占据上游，没有一天不想要杀掉我们，应当先除掉他。陈氏灭亡了，张士诚就会势单力薄，一下就可平定，然后我们再北进中原，就可成就王业了。"太祖依计而行，后来王业的发展，果真大致就如刘基最初所谋划的那样。太祖就曾经对刘基说："先生是我创立江山的第一等功臣。"

刘基又精通天象，经常借助天象向太祖进言。出现大旱时，他就请求太祖审决以前积压拖延的案件。太祖命他负责纠正冤假错案，没过多久，便大雨如注；他还经常通过分析太祖的梦境向太祖进言颁布一些与民有利的政策。在他告老还乡之后，太祖都还曾亲笔致信向他询问天象，他都逐条地做了回答，主要内容就是说霜雪之后，必有阳春，如今国家的威严已经树立，政策应该稍微宽大一些，与民休养生息了。

刘基辅佐太祖平定天下，料事如神，常有许多出其不意的战术，每遇战事往往以奇计制胜。安丰动乱时，太祖欲亲征，刘基劝他："汉、吴在找寻进攻的机会，不可前往。"太祖不听，结果陈友谅趁机包围了洪都。太祖后悔说："不听你的话，差点误了大事。"于是又率部解救洪都，与陈友谅在鄱阳湖展开大战。太祖坐在船内督战，刘基站在旁边，忽然大呼："赶紧换船！"太祖仓促地刚上了另一条船，还没坐定，才刚所乘的船只就被飞弹炸得粉碎。陈友谅见了大喜，但是一会儿又见到太祖的船，大惊失色，在湖中相持三日，刘基劝太祖把住湖口，结果陈友谅大败而死。刘基的运筹帷幄、神机妙算没有人能够揣测，因而世上流传的都很神奇，都说他是个诸葛孔明式的人物。

113. 宋濂在明初有什么事迹见于记载？

宋濂（1310～1381），字景濂，自幼就机敏过人。

太祖攻占婺州（今浙江金华）后，开设学校，请宋濂前去讲授《五经》。第二年被征召到应天府（今南京），负责给太子讲授经学。对于太子的一言一行，他都用礼仪法度来约束。

太祖洪武二年（1369），太祖下诏修纂《元史》，宋濂任总裁官。当时，太祖比较重视文治，从四方征召儒学士子后，从中挑选出众的提拔为编修进文华堂修习课业，并命宋濂做他们的老师。

太祖经常向宋濂询问有关吉凶征兆的事情，宋濂回答说："受命不在于天，而在于人。吉凶不在于征兆，而在于仁。"主张以"仁治天下"。太祖的侄子朱文正犯了罪，依律当死。宋濂为他求情说："朱文正固然当死，但希望陛下您能亲爱亲戚，把他安置到偏远的地方就好了。"

洪武六年（1373）迁任侍讲学士，掌管皇帝的诏令，参与修纂国史，并兼任赞善大夫。又奉命与詹同等人修定日历，与吴伯宗等人编纂宝训。后来确定散官的资格和品级时，太祖想封他为中顺大夫，委以政事。他推辞说："我并没有其他的特长，只要待在皇上身边就够了。"太祖更加器重他。

宋濂性情诚实。有一次与客人饮酒，太祖派人秘密去侦察。第二天询问昨天饮酒没有，座中客人是谁等，他都一一据实回答。太祖很高兴地说："的确是这样，你不欺骗我。"他为人又非常严谨，做官那么久，从没攻击过别人，居住的房室题为"温树"。太祖私下里曾让他评价群臣，他只举出好的说，并说："好的与我友好，我了解；平时不太接触的就不了解了。"茹太素的奏疏在言词间有过激之处，太祖非常愤怒，问群臣该如何处置，有人便说这是不恭敬的行为。询问宋濂的时候，宋濂说："他只是对陛下尽忠罢了。陛下正要广开言路，怎么能重责他呢?"后来，太祖又看茹太素的奏疏时，发现内中确有一些可行之处，便责备群臣，称赞宋濂。

宋濂一生都未曾离开书卷，对于所学无所不通。他的文章醇厚情深，气势绵长，朝中有关重大典礼的文告都由他撰写。他不止一次地被推为开国文臣第一，登门求文的士大夫接踵而至，外国使臣也都知道他的名字，高丽、日本等国甚至出高价购买他的文集。虽然他的功业比不上刘基，但许多礼乐制度都是他制定的。

太祖一直非常信任宋濂，甚至调和甘露汤，亲手舀来让他喝，并诏令太子赐给他好马等。但在洪武十三年（1380），宋濂的孙子宋慎因被定为胡惟庸奸党，宋濂受到牵连，太祖要判他死罪，经皇后和太子极力相救，才免了死罪，被安置到茂州（今四川茂县）。第二年宋濂就去世。

114. 胡惟庸贵为丞相因何被处死?

胡惟庸成为丞相后，位居百官之首。随着权势的不断增大，他日益骄横跋扈，常常擅自决定官员的生杀升降，往往提前阅览内外诸司呈给皇上的奏章，一发现对自己不利的奏章，就隐匿不上报。随着他权势日盛，周围喜好钻营、热衷权势的许多不法官员便争先恐后前去结交，因此胡惟庸的权势日益炙手可热。而同时，胡惟庸还千方百计地拉拢因犯法受朱元璋谴责的吉安侯陆仲亨、平凉侯费聚，让他们在外收集军马，以图谋反。此外，他还勾结中丞涂节、御史大夫陈宁等，这一切都引起太祖的极大注意，让他感受到了来自相权的威胁。

后来，胡惟庸的儿子在闹市中骑马，结果从马上掉下来摔死，胡惟庸得知后把车夫杀死了。太祖大怒，让他偿命，并不准用金帛财物等来替换。胡惟庸非常恐惧。于是便与御史大夫陈宁、中丞涂节密谋起事，暗中通知四方暗交的武臣等。洪武十二年（1379），占城前来朝贡，胡惟庸不向皇帝报告，有太监看到后奏明了太祖，太祖大怒，虽然胡惟庸和汪广洋向太祖顿首谢罪，但事归咎于礼部，礼部又将责任推给中书省，太祖更加生气了，把与此事有关的大臣一律囚禁下狱。

洪武十二年（1379）十二月，中丞涂节向太祖禀告说刘基是被胡惟庸毒死的，太祖认为汪广洋应该知道这件事，问汪广洋，回答说没有，太祖非常生气，认为他故意隐瞒事实，把他贬到海南。后又追怒他当年在中书省不揭发杨宪的罪行，中途又传命赐死。汪广洋被杀后，他的妾陈氏自愿从死，而陈氏是因罪被没收官籍的官员陈知县的女儿，而按照当时的制度因罪被没籍的官员的妻女，只配给功臣家当奴隶，不可以做文臣的妾。太祖于是命令法司进行一番勘查。结果胡惟庸及六部官员的堂属全部获罪。

洪武十三年（1380），涂节和中疏省吏商暠上疏告胡惟庸谋反。太祖便以“枉法诬贤”等罪名，将胡惟庸和涂节、陈宁等处死。

115. 叶琛是怎样一个历史人物?

叶琛，字景渊，丽水（今浙江丽水）人，知识广博，非常有文采。元末的时候，曾跟随元朝将军石抹宜孙镇守处州（今浙江丽水），为他出谋划策、捉拿山寇，后来被授予行省元帅。

太祖攻下处州后，叶琛逃到了建宁（今福建建宁）。后来经人举荐，被征召到应天府（今南京），授予营田司佥事之职。不久，迁任洪都（今江西南昌）知府，辅佐邓愈镇守。后来在祝宗、康泰的叛乱之中，叶琛被抓。被抓后，叶琛对祝宗、康泰骂不绝口，始终不屈服，被杀害。洪武元年（1368），追封为南阳郡侯。

116. 章溢的生平情况如何？

章溢（1314～1369），字三益，龙泉（今浙江龙泉）人，喜爱圣贤之学，孝顺父母，和兄弟们也非常友爱。

有一年，反叛者来侵犯龙泉，抓走了章溢的侄子。章溢挺身而出说："我哥哥只有一个儿子，用我来代替他吧。"这些人早就听说过他的大名，便想让章溢屈服，以显示自己的威风。于是，把章溢捆在柱子上，可他始终不屈服。到了晚上，他骗过看守的人逃回乡里。于是召集乡民组成义军，打败反叛者。后来，元军到了，准备杀尽所有跟随反叛者的人。章溢就为他们求情说："乡民跟随反叛者也是出于无奈，再说，杀了也无济于事。"元军将领石抹宜孙想想也对，便下令制止军队滥杀无辜，并留章溢做了幕僚。章溢跟随他平定了庆元（今浙江庆元）、浦城（今福建浦城）等地的反叛者，论功也曾多次授予官职，但都被他拒绝，说："我所率领的都是家乡的子弟，一心为家乡，都为剿灭反叛者立下了汗马功劳，而只是我一个人取得功名，于理不公，于心不忍。"并把义兵托付给儿子，自己退隐匡山（今浙江龙泉南）。

后来，太祖礼聘他到应天府（今南京）。当太祖问到何时才能平定天下时，章溢说："天道没有固定的对象，只有有德有才而不乱杀人的人才能一统天下。"朱元璋认为说得非常好，并授予佥营田司事之职。后来，章溢到江东、两淮的农田去巡视，按照户籍制定了税额，当地百姓觉得非常合理。又迁任湖广按察佥事。他看到荆襄（今湖北一带）地区还有好多废弃的土地，便提出分兵屯田的建议。太祖听从了。

后来，处州（今浙江丽水）发生骚乱，章溢被任命为浙东按察副使前去镇压，骚乱很快就平息了。浦城的守军缺粮，章溢就将存入官府的粮食匀出来供给他们。朱亮祖攻取温州（今浙江温州）后，军中有很多劫掠来的女子，章溢都按原籍将她们遣送回家。太祖曾告谕群臣说："章溢虽然是个儒学之士，但他们父子效力一方，共同平定了叛乱，功劳不在诸将之下。"

洪武三年（1370），与刘基一起被授予御史中丞兼赞善大夫。当时的朝臣在指责别人的过错时大多严厉苛刻，而章溢却能始终坚持大义，秉公办事。后来在安葬母亲时，因悲伤过度，染病去世。太祖非常悲痛，亲自撰写祭文，并亲临他家祭奠。

117. 冯胜有什么战功而成为开国功臣?

冯胜（？～1395），定远（今安徽定远）人，据说他出生时黑气满屋，许多天都没散去，长大后，英勇有谋略。

太祖与陈友谅在龙湾大战时，冯胜攻破陈友谅的主力阵营，敌军大败，逃到采石（今安徽马鞍山东南）。冯胜又打败他们，并趁势收复了太平（今安徽当涂）。又跟从太祖攻下安庆（今安徽安庆）水寨，长驱直入到江州（今江西九江），赶走了陈友谅。后来在鄱阳湖之战中，又跟从太祖打下了武昌，攻克了庐州（今安徽合肥）、江西等地。与徐达联合攻克了高邮（今江苏高邮）、淮安（今江苏淮安）、安丰（今安徽寿县）等地。后跟随徐达北征，攻下了山东各州县，战功仅次于常遇春。

太祖洪武元年（1368），冯胜带兵沿黄河而上，攻下汴梁（今河南开封）、洛阳（今河南洛阳）、陕州（今河南陕县）、潼关（今陕西潼关）等地，被授予征虏右副将军，留守汴梁。不久，又进攻山西，攻取怀庆（今河南沁阳），翻过太行山，攻克碗子城（今山西晋城南碗城村）等地，活捉元朝右丞贾成。又攻克平阳（今山西临汾）、绛州（今山西新绛），活捉元朝左丞田保保等，俘虏敌军将士五百多人。二年，冯胜率军平定陕西。三年，出兵西安，打败元朝大将扩廓帖木儿，俘获几万人马。又攻占略阳（今陕西略阳），活捉元朝平章蔡琳。论功封为宋国公，授予可以世代享受特权的铁券。

当时，元将扩廓帖木儿在边疆多次骚扰。太祖任命冯胜为征西大将军，率领副将军陈德、傅友德等西征，打败元军，夺取了甘肃。在这次征战中，大将军徐达出师不利，而左副将军李文忠敌我伤亡相当，只有冯胜大获全胜，军队完整而归。

洪武二十一年（1388），奉命征讨曲靖（今云南曲靖）。二十五年皇太孙确立，加封冯胜为太子太师。在当时所排列功臣中威望最高的八个人之中，冯胜位列第三。太祖认为他功劳很大，所以为开国功臣之一。

118. 傅友德是功臣为什么却被皇帝赐死?

傅友德（? ～1394），宿州相城（今安徽淮北）人。他先是参加了刘福通的农民军，后来跟随明太祖。

在鄱阳湖之战中，傅友德驾着轻舟勇挫陈友谅的前锋，在身受重伤的情况下依然坚持战斗，与诸将在泾江口击杀了陈友谅。元顺帝至正二十四年（1364），跟从太祖攻打武昌，率领几百勇士一鼓作气夺取了高冠山（即蛇山，今属江西），脸颊中箭也不后退。武昌攻克后，接着又跟从徐达攻克庐州（今安徽合肥）。二十五年，攻打安陆（今湖北安陆），身上有九处受伤仍坚持作战，活捉了守将任亮。第二年，转战淮东，打败张士诚援兵，缴获战船千艘。镇守徐州时，在敌众我寡的形势下，仍能屡败元军，于是升任江淮行省参知政事。太祖洪武元年（1368），跟从徐达攻太原，率领少数骑兵趁夜击退元军一万骑兵，又与诸将一起打败元将扩廓帖木儿。四年，任征虏前将军，率十万步兵、骑兵由陕入川，与汤和配合平定四川，太祖称赞“功为第一”。五年，跟从冯胜屡屡打败北元军，平定甘肃。十四年，任征南将军，率步兵、骑兵三十万出征云南，出奇制胜，消灭了元朝梁王的势力。此后，在多次征讨漠北的行动中，屡建战功。十七年，封颍国公。二十年，以副将军的身份跟从冯胜征讨纳哈出。二十三年，随从晋王朱棡、燕王朱棣远征沙漠，擒其太尉乃儿不花等。后又多次跟从燕王北征，或练兵备边。加封太子太师。

傅友德虽沉默寡言，但有勇有谋。他身经百战，每次战役必定身先士卒，因此所到之处都能立功，太祖也多次下令奖励慰劳。洪武二十五年，傅友德请求把怀远的千亩地赐给自己，惹恼了太祖。太祖不高兴地说：“给你的俸禄赏赐已经不少了，为什么还要侵害百姓利益呢？你没听说过公仪休的事情吗？”（鲁国人，很喜欢吃鱼，当了鲁国的相国后，全国各地很多人送鱼给他，他都婉言谢绝。他的学生问他为什么不接受，他说：“正因为我爱吃鱼，才不能随便收下别人送的鱼。如果我经常收受别人送的鱼，就会背上徇私受贿之罪，说不定哪一天会免去我相国的职务，到那时，我这个喜欢吃鱼的人就不能常常吃鱼了。现在我廉洁奉公，不接受别人的贿赂，鲁君就不会随随便便地免掉我相国的职务，只要不免掉我的职务，就常常有鱼吃了。”）第二年，便将他赐死了。

119. 廖永忠有大功为什么被处死?

朱元璋为了巩固皇权，先后进行了两次大规模的政治屠杀，这就是明史上著名的“胡、蓝党狱”。实际上除了这两次集中的杀戮之外，他还采用比较隐蔽、比较温和的手段，除掉了不少曾建立过赫赫战功的忠臣，廖永忠（1323～1375）就是其中的一个。

廖永忠是楚国公廖永安的弟弟，随哥哥见太祖时，太祖问他志向，他就表示要“扫除寇乱，垂名竹帛”，得到朱元璋的嘉许。其后多次被委以重任，立下汗马功劳。他有军事才能，善于指挥。在进攻江州（今江西九江）的战斗中，巧妙地设计出“天桥”，利用江州临江的地理特点，按照城墙的高度，在船尾造桥，靠风力推动使船逆行将桥靠上城墙，士卒缘桥而上，很快攻下了守备森严的江州城。在鄱阳湖之战中，使用火攻，大败敌军。他“乘风纵火，焚敌楼船数百。又以六舟深入搏战，复旋绕而出，敌惊为神。”因此，朱元璋亲书“功超群将，智迈雄师”八字赐给他。他还先后平定两广和蜀地，攻城略地，所向披靡。在平蜀后，朱元璋撰《平蜀文》表彰战功，其中有“傅一廖二”之语，即认为他的功劳仅次于傅友德，给予极高评价。

除了这些战功之外，廖永忠还为朱元璋办了一件大事，那就是在元顺帝至正二十六年（1366），趁迎接小明王韩林儿到应天（今南京）之机，在船行到瓜州渡口时凿沉韩林儿的坐船而淹死他，为朱元璋解除了后顾之忧。

那么，这样一个对朱元璋忠心耿耿，屡建奇功的忠臣，为什么被朱元璋处死了呢?

关于廖永忠被处死的直接原因，按照《明史》中的记载，是因为违制。“八年三月坐僭用龙凤诸不法事，赐死。”朱元璋十分痛恨官吏违法，即使功臣如傅友德、周德兴等人因恃功乱法也是不能容忍的。但像所谓的“僭用龙凤”之类的事情类似于莫须有，完全可以说是“欲加之罪，何患无辞”。因此廖永忠之所以被处死的真正原因，历来众说纷纭。但较为世人接受的说法是朱元璋为消除隐患，以免将来强臣压主。有一则宫廷秘闻，也许可以解释像廖永忠这样的功臣之所以被杀的深刻原因：有一天皇太子劝说朱元璋不要杀人太多，朱元璋便把一根长满了刺的棍子丢在地上，让他去捡。皇太子一把抓住棍子，被刺扎破手掌疼痛难忍。朱元璋说：我是在事先为你拔除棍上的毒刺，难道你不明白我的苦心吗？由此看来，廖永忠因“僭用龙凤”而被处死，只是借口而已。

120. 胡美为什么能列入功臣行列？

胡美（? ～1384），沔阳（今湖北沔阳）人。他本名廷瑞，为避朱元璋讳，便改名美。他骁勇善战，足智多谋。最初，他在陈友谅手下做官，是江西行省丞相，守卫龙兴城（今属江西）。朱元璋早就听说胡美是不可多得的良将，所以在攻下江州城（今江西九江）后，便派使者招降。胡美尽管再三权衡，最后还是派郑仁杰前去表示愿降，但提出不能遣散其原来所统帅的部队。朱元璋心里不同意，这时，谋臣刘基悄悄地踢了踢朱元璋的坐椅，暗示要答应。朱元璋心领神会，便答应了，胡美投降后，仍为原来的官职。

既然打定主意归附朱元璋，胡美做事就处处为朱元璋考虑，极尽忠心。例如他要投降时，同僚康泰、祝宗并不愿意，胡美便将这个情况暗地告诉朱元璋。朱元璋就命令他跟随徐达一起率兵征武昌，康泰、祝宗留下趁机叛乱，攻陷洪都。徐达回兵，结果祝宗战败而死，康泰被抓回建康。因康泰是胡美的外甥，朱元璋便赦免了他。其后，胡美又与徐达等人攻取淮东，进伐张士诚，攻下湖州（今浙江吴兴）。班师回来后，他被加封为荣禄大夫。

这年冬天，朱元璋又命胡美为征南将军，率军由江西攻取福建。胡美曾经攻打过福建，对其地理比较熟悉，所以，开始的进兵非常顺利，邵武（今福建邵武）、建阳（今福建建阳）守将先后投降。但在进攻建宁（今福建建宁）时，敌将陈子琦等试图以坚守不出的策略来拖垮胡美的军队。胡美屡次挑战，敌将都不应战。胡美于是命令军队加紧攻打，逼使陈子琦等不得不投降。胡美入城后，对百姓秋毫无犯。这一仗大获全胜，俘获敌军九千七百余人，缴获粮草车马无数。胡美把陈子琦等押送回京，又会同汤和等，逐步平定了福建。战后胡美留守福建。不久，朱元璋又把他召回，跟自己一起巡游汴梁（今河南开封）。

朱元璋即位后，封胡美为中书平章、同知詹事院事。洪武三年（1370）冬天，朱元璋论功封赏，以“窦融归汉”来称誉胡美的功劳，封为豫章侯，食禄一千五百石。十三年，被改封为临川侯。

建立了如此大的功绩，若论当日功臣位次，尽管胡美的功劳比不上冯胜、傅友德、廖永忠、周德兴等，但他原本是陈友谅部下，属于“持兵两雄间，可观望而不观望来归者”的情况，且曾为大将，率兵攻城略地，对明朝能最终取得江山，有着独特的贡献，所以应当归入功臣之列。

然而，就是这样的一位功臣，其最终的结局却是非常不幸的。中讲到，洪武十七年，胡美犯法当死；二十三年，李善长“谋反”事败，朱元璋亲写诏书逐条列举奸党，称胡美依仗长女是贵妃，就偷偷带着女婿进入宫乱禁，后被发觉，女婿受刑而死，他也被赐自尽。

121. 康茂才立过什么奇功?

康茂才（1313～1369），字寿卿，蕲州（今湖北蕲春）人。元末时归降明太祖，授予秦淮翼水军元帅之职。

陈友谅攻陷太平（今安徽当涂）以后，想与张士诚一起攻打应天府（今南京）。太祖知道康茂才以前曾在陈友谅军中服过役，与陈友谅有旧交情，于是就让康茂才派仆人拿着康茂才的书信去欺骗陈友谅，说自己愿意做他的内应，并且会把从长江到南京西城墙的三叉江上的木桥挪开，让陈友谅的水军经过秦淮河直抵南京城墙之下。陈友谅收到书信后非常高兴，决定与康茂才在木桥会合。仆人回来后把陈友谅的决定告诉了康茂才。太祖知道后，立即派人将木桥改成了石桥。陈友谅到了木桥，发现已经成了石桥，非常惊讶，连叫几声“老康”都没人答应，心下一慌，暗叫一声“不好!”连忙率兵后退，但为时已晚。刚退到龙湾（今南京西北部），伏兵四起，康茂才率领部下奋勇攻击，大破陈友谅军。陈友谅率领着残兵仓皇逃走。

第二年，太祖亲自征讨陈友谅，康茂才跟随，相继攻下安庆（今安徽安庆）、江州（今江西九江）、蕲州（今湖北蕲春）、汉阳（今湖北汉阳）、瑞昌（今江西瑞昌）等地，打败了陈友谅的八个指挥。后来，在彭蠡（今江西鄱阳湖）之战中，陈友谅战败而死。

后来与张士诚军大战于尹山桥（今苏州东南），康茂才手持大戟督战，英勇威猛，率领将士们打得敌军大败。

太祖洪武元年（1368），谋取平定中原，相继夺取汴（今河南开封）、洛（今河南洛阳），留守陕州（今河南三门峡），又招降绛（今山西新绛）、解（今山西运城西北）各州。他善于安抚百姓，所到之处尽量不惊扰当地乡民，因此百姓都很感激他的功德，有的还为他立碑颂扬。

洪武三年，征讨定西（今甘肃定西），回军途中去世。

122. 耿炳文是老将为什么晚年不保其英名?

耿炳文（1334～1403），濠州（今安徽凤阳）人，跟随太祖创业多年，立下了赫赫战功。到洪武末年时，曾跟随太祖一起创业的绝大多数功臣中只有耿炳文和郭英两人还在世，因此，耿炳文很受朝廷倚重。

建文元年（1399），燕王朱棣起兵。惠帝任耿炳文为大将军率军攻打。当时耿炳文的兵力号称三十万，但真正参战的却只有十三万。后来耿炳文的部将张保投降了燕王，把耿炳文军的实际情况都详细地告诉了燕王。燕王便放张保返回，让他四处宣扬燕军的气势，并称燕军即将要攻打过来。耿炳文信以为真，便率军准备迁移，谁知途中便遭到燕军的埋伏，耿炳文不得不率残留军队又逃回城池，坚守不出。燕王知道耿炳文是老将，一时无法攻下，因此围了三天就解围回去了。

未曾想，惠帝一听说耿炳文失败的消息，便听从了黄子澄的推荐派李景隆取代耿炳文担任大将军。耿炳文返回后，李景隆便代他出兵，结果，由于李景隆其实不懂策略战术，最终全军覆没。于是燕王称帝。

燕王称帝的第二年（1402），刑部尚书郑赐、都御史陈瑛弹劾耿炳文，说他的衣服和器皿中有龙凤的图饰，玉带也是红色皮带，属大逆不道行为。耿炳文知道自己被弹劾后，心里非常恐惧，就自杀谢罪了。

耿炳文自从追随太祖，便立下了汗马功劳，一直深为朝廷所倚重，只可惜到老时有了二心，最终以自杀了结一生，未能保住自己前半生的英名。

123. 郭英建立了哪些功勋?

郭英（1335～1406）是郭兴的弟弟。十八岁就跟随太祖创业，备受太祖信任。在跟随太祖征讨陈友谅等战斗中，他都参战有功。

以后郭英又攻打岳州（今湖南岳阳），击败了敌援军，返军途中攻克了庐州（今安徽合肥）、襄阳（今湖北襄樊），授予晓骑卫千户一职。攻克淮安（今江苏淮安）、濠州（今安徽凤阳及其周围）、安丰（今安徽寿县附近）后，郭英升为指挥佥事；又跟从徐达平定中原，跟从常遇春攻打太原，打下了兴州（今山西兴县）、大同（今山西大同），夺取了西安、凤翔（今陕西凤翔），巩昌（今甘肃陇西）、庆阳（今甘肃庆阳)，攻克了定西(今甘肃定西县)等，升为河南指挥使。

太祖洪武十四年(1381)，郭英跟随傅友德征伐云南，与陈桓、胡海分道进军攻打赤水河路。当时接连几天都在下雨，河水暴涨，于是郭英就命人砍木造船，趁黑夜悄悄渡河到达敌营，敌兵防不胜防，吓得四处逃散，因此得以平定各山寨。十六年，跟从傅友德平定了蒙化(今云南大理白族自治州南部)、邓川(今云南大理白族自治州北部)，夺取北胜(今云南永胜)、丽江(今云南丽江纳西族自治县)，前后斩首一万三千多人，收缴精良盔甲数万，战船一千多艘。十七年，评论平定云南的功劳时，被封为武定侯，被授予可以世代享受特权的铁券。

洪武十八年(1385)，加封靖海将军，镇守辽东。二十二年，跟从冯胜攻金山(今内蒙古哲里木盟东境西辽河南岸)，使得纳哈出(人名)投降，晋升为征虏右副将军。

洪武三十年(1397)，辅佐耿炳文到陕西守备边境，平定了敌寇高福兴。

124. 华云龙有什么英名传世?

华云龙(1332～1374)，定远(今安徽定远)人。太祖起兵时归顺，跟随太祖征战各地，立下了汗马功劳。

龙江之战时，他埋伏在石灰山。双方交战激烈，死伤无数，人马疲惫时，华云龙跳上战马，大呼一声，直捣敌人军阵核心，他所率领的将士备受鼓舞，于是大败陈友谅军，乘胜收复了太平(今安徽当涂)。

又跟从太祖攻下了九江(今江西九江)、南昌(今江西南昌)、瑞州(今江西高安)、临江(今江西清江)、吉安(今江西吉安)等地。跟从徐达攻取高邮(今江苏高邮)，攻克淮安(今江苏淮安)。跟从大军北伐，进军攻下了山东郡县，与徐达在通州(今北京通州)会师后，又进军攻克了元都，升为大都督府佥事，总管六卫所士兵留守兼北平行省参知政事。一年之后，又攻下了云州(今属河北)，晋升为都督同知，并兼任燕王朱棣的左相。

后来，他到云州巡视，在牙头(今属河北)袭击了元将僧家奴的军营，俘虏了僧家奴及他的所有部众；又到上都(今河北开平)大石崖攻克了刘学士的各个寨子，剩下的元朝残兵都逃到了漠北，不再敢侵犯内地，从此华云龙威名大震。

125. 朱亮祖是功臣为什么却被鞭笞而死?

朱亮祖（？～1380），六安（今安徽六安）人。他曾跟从太祖夺下了南昌、九江、武昌等地，又同胡深会师，攻取了桐庐（今浙江桐庐），围攻了余杭（今浙江临安东北）；辅佐李文忠镇守杭州，后又率军讨伐方国瑛和方明善。方国瑛和方明善所到之处，朱亮祖都一一攻下，最终他们两人被逼得走投无路，只得到朱亮祖军营前去投降。太祖洪武元年（1368），朱亮祖又辅佐廖永忠攻取了广东，接着又攻取了广西，攻克了梧州（今广西梧州），平定了浔（今广西桂平）、贵（今广西贵县）诸郡；又与杨璟会师攻克了靖江（今江苏靖江）；同廖永忠攻克了南宁（今广西南宁）、象州（今广西象州），为太祖立下了赫赫战功。

朱亮祖的确为朝廷的稳固立下了汗马功劳，然而，朱亮祖是武将出身，虽然善于作战，勇猛强悍，却只知拼死作战，不知遵守礼法，经常做一些违犯法纪的事情。洪武四年，在率军伐蜀时，他就曾因擅自杀掉下属而没有受到赏赐。他在镇守广州期间，不仅放纵军士胡作非为，自己也横行霸道，甚至与地方恶霸沆瀣一气，欺压百姓，搞得天怒人怨。

番禺（今广州）的知县道同将他所做的违法乱纪之事奏明给太祖，但是，朱亮祖得知后，却抢先一步诬陷道同，说他不仅目无尊长，而且还与前朝遗民相互勾结。太祖看道同与前朝遗民勾结，当即就批示立即将道同斩首，派使者去广东执行。朱亮祖马上派人买通了使者，让他乘六百里快马，日夜兼程，迅速赶到广州，将道同斩首，使得道同含冤致死。

过了几天，道同的奏章也送到了太祖面前。太祖才知道自己受了朱亮祖的蒙蔽，对朱亮祖贪污受贿、勾结土豪、扶植无赖、为害百姓的恶行有了清楚的了解。于是，他立刻派人前去追回诛杀道同的那道指令，并调道同入京。

然而使者回来报告说道同已死。太祖知道一定是朱亮祖从中捣了鬼，因为照常理推算，那道命令是应当能够追回的。此时，太祖对朱亮祖的怒火已经不可遏抑，便派人到广东捉拿朱亮祖和他的儿子朱暹（xiān）进京，将朱亮祖、朱暹一起鞭笞而死。

126. 周德兴与太祖是同乡为什么却被处死？

周德兴（？～1392），安徽凤阳人，与太祖同乡，从小就与太祖合得来，后跟从太祖南征北战，立下了汗马功劳。

太祖洪武三年（1370）封为江夏侯，赐予铁券。同年，以征南将军的身份率军平定苗族叛乱，第二年又征伐蜀，攻克保宁（今四川阆中），又辅佐邓愈出兵南宁（今广西南宁），功绩超出诸将，所受赏赐也远远多于众将。

洪武十四年，五溪少数民族叛乱，当时周德兴虽然已经年老，但竭力请求出征，太祖认为他非常豪壮，便派遣他出征。到五溪后，叛乱的少数民族已经逃散了，又恰逢四川一带有叛乱，太祖又命他讨伐平定。

周德兴自小跟从太祖，不辞辛苦，立下了赫赫战功，威名远播，太祖很器重他。因此即便他凭借自己是皇帝的同乡，营造屋宅时逾越了制度，太祖也都宽恕了他，在当时的诸位功臣中，他年岁最高，因此赏赐一直不断。只可惜，在洪武二十五年，因他的儿子周骥扰乱宫廷，受其子连累，一并获罪，被诛杀。

127. 蓝玉的生平情况如何？

蓝玉是洪武后期的主要将领，多次领兵打击元朝残余势力，为明朝进一步统一中国作出了重要贡献，明太祖称他“饶勇略，有大将才。中山、开平既没，数总大军，多立功”。

蓝玉（？～1393），定远（今安徽定远）人，开平王常遇春的内弟。最初，他在常遇春帐下，作战勇敢，屡立战功。常遇春多次在朱元璋面前夸奖他，从而得到朱元璋的器重。从洪武四年（1371）起，他先后随傅友德、徐达等南征北讨。十二年回师后，他被封为永昌侯，食禄二千五百石。十四年，随傅友德征伐云南，建功最多，食禄增加五百石，女儿被册封为蜀王妃。

洪武二十年，蓝玉被封为征虏左副将军，和大将军冯胜一起率兵出击元将纳哈出。进驻通州后，蓝玉率轻骑冒雪奇袭庆州，取得胜利。不久纳哈出请降，蓝玉设酒宴款待。纳哈出斟酒酬谢，蓝玉不喝，并脱下自己的衣服让纳哈出穿，意思是纳哈出必须先降明称臣。纳哈出不肯穿，并将酒浇在地上，想要逃走。在场的常茂急忙上前阻拦，将纳哈出砍伤，拥至冯胜处。纳哈出部众四处惊散，冯胜花了很大气力才将其大部收服。回军路上，明军遭到藏匿起来的纳哈出余众的伏击，损失惨重，三千殿后骑兵全部覆没。冯胜的总兵印被收回，而蓝玉被拜为大将军。

洪武二十一年，蓝玉率兵十五万征讨元主脱古思帖木儿，进至百眼井，侦察不到元军行迹，便想引兵退还。可定远侯王弼不同意，蓝玉也就命令军队继续前进，并采用王弼计谋，穴地而炊，不让敌人看见烟火。到达海南，仍未见到敌人。后来侦知元主营地在捕鱼儿海（今内蒙古东部贝尔湖）东北八十里处，蓝玉命王弼为前锋，疾驰袭击，俘获元主脱古思帖木儿次子地保奴及妃、公主等数万人和大量牲畜，并获得传国玺、宝玉、金银印章等物，取得巨大胜利。在回师途中又破哈剌章军营，再获胜利。朱元璋兴奋异常，比蓝玉为卫青、李靖，封为凉国公。此后，蓝玉又奉命到西部地区进行过军事活动。

蓝玉自恃功高，日益骄横跋扈，蓄养大量庄奴、义子，横行霸道，胡作非为，并仗势侵占东昌民田。当御史查问时，他竟将御史鞭打后赶走。在打败元主后，回师夜经喜峰关，因守关吏未及时开门接纳，竟纵兵毁关而入。起初，朱元璋本想封他为梁国公，就因为有这样一些过错而改封为凉国公。但蓝玉仍不思悔悟，在朱元璋面前举止不恭，语言傲慢，而且擅自决定将校升降与军队进止，引起朱元璋强烈不满。

洪武二十六年，锦衣卫指挥告发蓝玉同景川侯曹震等谋反，于是将蓝玉诛杀，被朝廷认作是蓝玉同党而受株连斩杀的约有二万人，史称“蓝狱”。

128. 廖永安为什么被囚禁八年而死？

廖永安（1320～1366），字彦敬，德庆侯廖永忠的兄长。廖永安擅长水战，作战勇猛，所到之处总有战功。太祖当初起兵，永安兄弟偕同俞通海等率水军从巢湖（今安徽巢湖）来降，太祖亲自前往收编其军，遂利用这支水军在马场河攻打元中丞蛮子海牙。元水军驾驶的是楼船，不利于进退，而廖永安等驾船如飞，再战再破元军，由此制定渡长江的策略。

不久，廖永安受命从长江口出发直向牛渚（今安徽当涂西北）。借西北风劲吹之利，顷刻到达对岸。朱元璋急速指挥将士奋勇登岸，采石（今安徽马鞍山东南）镇守的元兵都四散溃逃，于是乘胜攻取太平

（今安徽当涂）。廖永安被授予管军总管，并率水军攻破海牙水栅，擒获陈兆先，进入集庆（今江苏南京）后，率水军夺取镇江（今江苏镇江），攻克常州（今江苏常州）。又率水军同常遇春从铜陵（今安徽铜陵）进军池州（今安徽贵池），合军攻破敌军北门，活捉徐寿辉的守将，遂攻下池州。继续和俞通海攻取江阴（今江苏江阴）的石碑戍，降伏张士诚的守将栾瑞。廖永安升任同知枢密院事之职后，率水军在常熟（今江苏常熟）的福山港和通州（今江苏南通）的狼山攻破张士诚守军，缴获大批战舰而归。于是又随徐达收复宜兴（今江苏宜兴），并乘胜深入太湖（今江苏太湖）。遇敌将吕珍，进行激烈交战，因后军支援不力，战船搁浅，廖永安被俘。

张士诚爱其勇敢有才，想要降服他。廖永安坚决不屈服，遂被囚禁。朱元璋赞赏廖永安忠贞不降的豪壮气概，遥授他为行省平章政事，封楚国公。廖永安被囚禁长达八年之久，始终坚韧不屈，最后死在狱中。吴平定之后，当他的灵柩运回来时，朱元璋亲自到郊外迎接祭拜。

129. 俞通海是怎样战死的？

俞通海（1329～1366），字碧泉。擅长水战，为人沉着刚毅，治军严明而有恩德，士卒乐为所用。元末，战乱起于颍（今安徽阜阳）、汝（今河南汝南）之间，俞通海与其父俞廷玉及赵普胜、廖永安等人在巢湖（今安徽巢湖）结寨，有战船千艘。因多次受到元军的围攻，俞通海便从小道归附朱元璋。朱元璋这时驻军和阳，正计划渡过长江，却没有船只，俞通海的到来，使朱元璋大喜，说：“天助我也。”亲自前往安抚，元军使用楼船扼守马场河等关口，临湖只有一条港可通过，但已干涸很久了。正巧下大雨，水深达一丈多，便趁机驾船驶出，到达和阳。俞通海跟随朱元璋渡过长江，攻克采石（今安徽马鞍山东南），夺取太平（今安徽当涂），招降各附属县。元兵又在采石拦截，另一元将陈兆先汇合淮军二十万驻扎在方山（今江苏江宁方山），构成掎角之势。俞通海和廖永安等攻击元军，大败敌军，元军遁逃。又进军攻破陈兆先，夺取集庆（今江苏南京）。随后在协助其他将领取得对元军的一系列胜利后进入太湖（今江苏太湖），在马迹山（今江苏太湖马迹山）收服了张士诚的守将，将战船停泊在胥口，张士诚的部下吕珍率兵突然来到，诸将欲退。俞通海说：“不可，敌众我寡，退兵就等于暴露实情，不如击之。”于是率先冲击，敌军放箭如雨下，他的右眼中箭，不能作战，便命帐下兵士披挂自己的铠甲督战。敌人以为是俞通海，不敢逼近，慢慢散去，俞通海从此一目失明。

当陈友谅大举围攻南昌（今江西南昌）时，俞通海跟从朱元璋前往迎击，在康郎山（今江西余干县境内）相遇，由于战船小，不能仰攻敌水军的大船，尽管奋力作战，还是几乎不支。俞通海乘风焚烧敌舰二十多艘，敌军稍稍受挫。朱元璋的坐船搁浅，陈友谅的猛将张定边径直来攻，常遇春射中了他。俞通海驾船飞驰救援，而朱元璋的坐船也因突然被水波涌起而得救。但这时俞通海的战船又被敌方巨舰压住，兵士都用头抵舰，头盔都抵裂才勉强脱险。第二天再战，俞通海偕同廖永忠等将领以七艘装满火药的战船冲击焚烧了敌舰数百艘。过了两天，又驾着六艘战船深入敌阵，而敌军联合了许多大舰来抵抗，朱元璋登上战船舵楼瞭望，很久都没看见什么，以为俞通海带领的战船早覆没了。不一会儿，这六艘战船环绕敌舰出现了，飘飘摇摇如游龙，将士欢呼，勇气倍增，将陈友谅打得大败。

朱元璋驻军左蠡（今江西都昌西北），俞通海献计说："湖中有浅滩，战船难以回旋。不如直入长江，占据上游。敌舰一进入，就可一举擒获。"于是转移水军出湖，并建起栅栏。陈友谅不敢出军，居湖中一月，军粮吃尽，只得率军突围，最终败死。在这场战役中，俞通海战功最大，所以赏赐许多良田金帛。第二年，俞通海随从大军平定武昌（今湖北武昌）后，任命为中书省平章政事。又统军攻取刘家港，进逼通州（今江苏南通），打败张士诚守军，活捉敌将朱琼、陈胜。后来又随徐达平定安丰（今安徽寿县），攻克湖州（今浙江湖州），拿下太仓（今江苏太仓），一路秋毫不犯，百姓大喜。在围攻平江（今江苏苏州）之役中，不幸被流箭射中，伤势很重，送回金陵（今江苏南京）。朱元璋亲自前去探视，可俞通海已不能说话，朱元璋挥泪而出。俞通海第二天就去世了。

130. 胡大海是勇将为什么却死于非命?

胡大海（？～1362），字通甫，虹（今安徽泗县）人。身长面黑，智力过人。善于用兵，又喜好贤士，以威信服人。朱元璋刚起兵，胡大海就投奔到他帐下。朱元璋命他为前锋渡过长江，与各将领同心协力夺取土地，以功授予右翼统军元帅，守护帐下。在攻取徽州（今安徽歙县）后，元将杨完者率十万大军来攻，胡大海奋战城下，大破元军。随后又取得了一系列的胜利，朱元璋派胡大海镇守宁、越要地，张士诚的部将吕珍围攻诸全（今浙江诸暨），胡大海援救。吕珍堵水灌城，胡大海夺其堰而反灌敌营。吕珍眼见形势危急，在马上折箭发誓，请求双方各自撤军。胡大海部下认为吕珍奸猾不可信，不如乘机攻打他。但胡大海说："言出而违背它，不诚信。已放而攻打他，不英武。"众人都很佩服他威武守信。

陈友谅侵犯龙江，朱元璋命胡大海分军攻打信州（今江西上饶），牵制敌军。他采纳王恺的建议，亲自率军前往，攻克信州。信州刚一断粮就有人劝胡大海撤军，他说："这里是闽、楚之间的重地，怎么可以轻易放弃？"于是筑城掘壕，加强防守。后胡大海升任江南行省参知政事，镇守金华（今浙江金华）。当初，严州（今浙江建德）攻下后，苗将蒋英、刘震、李福都从桐庐来降。胡大海爱其勇猛，留用于部下。到此时，三人预谋反叛，早晨进入分省官衙，请胡大海到八咏楼观看射箭。胡大海出了官衙，蒋英派其党羽跪拜于马前，假意诉说蒋英过错。等胡大海回头看蒋英时，蒋英拿出预先藏在袖中的铁锤猛击他，胡大海被击中脑部，仆倒于地而死。他的儿子胡关住、郎中王恺一齐遇害。蒋英等在城中大肆抢掠，投奔到吴。后来李文忠攻打杭州（今浙江杭州），杭州人抓住蒋英投降。朱元璋命令斩杀蒋英，刺其血来祭奠胡大海。

131. 郭云有什么事迹传世？

郭云，南阳（今河南南阳）人，身材修长，形貌魁伟。

元末组织义兵保卫裕州（今河南方城），任湖广行省平章政事一职。后来大将军徐达派指挥曹谅围攻郭云，郭云被俘。徐达呵斥他，让他跪下，郭云挺直站立，谩骂徐达，并请求处死。徐达用刀威胁他，他也始终不为所动。徐达赞赏他的豪壮，便将他押送到京城。

太祖认为他形貌奇特，便释放了他。当时太祖正在阅读《汉书》，就问他识不识字，郭云回答说："认识。"太祖把书给他，他阅读得非常流利。太祖非常高兴，给他丰厚的赏赐，让他做溧水（今江苏溧水）知县。郭云把县治理得非常好，太祖更加认为他有才能，特地提拔他为南阳卫指挥佥事，让他回故乡收集以前的部下，戍守南阳。

几年后，郭云去世。太祖为他下文书说："郭云虽出自乡间，但为保卫故乡而高举义旗，数次作战都不屈服，我很欣赏他的节操气概。

让他做主管政事时，百姓赞颂他的德政；让他镇守故乡时，军民安居乐业。他虽然没有攻城略地的功劳，但是治政成绩显著，忠义凛然，儿子郭洪可以列入开国功臣之列。”

132. 朱升向朱元璋提出什么策略？

朱升（1299～1370），字允升，休宁（今安徽休宁）人，元朝末年任池州儒学学正（学官名），教授学生有方。当时群雄并起、兵荒马乱，他始终不荒废读书。后来朱元璋攻下徽州（今安徽境内），因邓愈推荐，朱升被召来询问安邦定国的大计，他胸有成竹地说：“高筑墙，广积粮，缓称王。”也就是要朱元璋勤加操练兵马，积蓄力量；发展农业，备足军粮；韬光养晦，等待时机。朱元璋听后认为是个很好的建议。后来，他被授予侍讲学士，知制诰，同修国史。朱元璋又因为他年事已高，特许不用上朝。洪武元年（1368），晋升为翰林学士，负责制定宗庙四时祭祀斋戒的礼仪。不久，又命他与其他儒生撰写《女诫》，将古代的贤德后妃的事迹加以收集编进书中。朱元璋大封功臣的制词也大多是朱升撰写的，被当时人称誉为典雅之文。又过了一年，朱升请求告老还乡，时年七十二岁。

133. 齐泰是怎样辅佐建文帝的？

齐泰（？～1402），溧水洪兰（今南京东南部）人，原名德。洪武十七年（1384）举应天乡试第一，第二年考中进士，历任礼部主事、兵部主事。洪武二十八年（1395），朱元璋在齐德祭祀时，认为他做官九年而无过失，赐名泰。第二年擢升兵部左侍郎。后来朱元璋病危，齐泰受命与太常寺卿黄子澄共同辅佑皇太孙。皇太孙向来敬重齐泰，即位后，便令齐泰和黄子澄参与国家大政。在建文帝还是皇太孙时，朱元璋的众多儿子均分封各地为王，拥有重兵。建文帝即位后，担心诸王兵权太重，齐泰便秘密向建文帝建议削夺诸王的兵权。

建文元年（1399），周、代、湘、齐、岷五王相继因罪被废黜。齐泰等人的削藩措施遭到诸王的反对。七月，燕王朱棣以“清君侧”为名，打着“靖难”的旗号，指称齐泰、黄子澄为奸臣，举兵南下。听到消息后，齐泰便请求建文帝除去燕王的宗室谱籍，宣布罪行，进行讨伐。当时有人非难他的建议，他说：“指明他是叛贼，敌人终能被打败。”于是，建文帝派兵征伐，均为燕兵所败。建文帝不得已，便解除齐、黄二人的官职，向燕王道歉，请求罢兵，但仍秘密地留他们在京城参与机密大事。燕王却不肯罢兵，继续南下进攻，最终京城失守。齐泰打算逃出京城后再谋求复兴。当时到处悬赏捉拿，他便用墨汁染黑白马而骑上逃走，可随着路程渐远，马身上流的汗使墨汁逐渐脱落，因此被发现被抓回京城，同黄子澄、方孝儒等人不屈而死。

134. 黄子澄建议削藩为什么却事与愿违?

黄子澄（1350～1402），名湜，太祖洪武十八年（1385）考中进士，授予翰林院编修，后升任修撰，陪太子读书。惠帝即位，官至太常寺卿，与兵部尚书齐泰一起参预国家政事要务，辅佐惠帝。

惠帝朱允炆还是皇太孙时，曾经坐在东角门对黄子澄说："诸王都是辈分高的亲属，掌握着重兵，多不守法，怎么办呢?"黄子澄便讲解西汉平定七国之乱的故事，并说："当时吴楚七国诸侯虽很强大，可到发动叛乱时，汉景帝一出兵，就把他们打垮了。您是皇上的嫡孙，将来也不怕他们造反。"朱允炆听了，心总算放宽了一点。

惠帝非常信任黄子澄和齐泰，在他们的建议下进行削藩，从而引发了"靖难之役"。燕王朱棣本来就有带兵打仗的经验，手里又有训练有素而经过实战的精兵。最初，明军队由耿炳文率领与燕军对抗，结果耿炳文战败。但黄子澄却认为胜败乃兵家常事，不值得忧虑，又推荐李景隆来统率大军。而李景隆更加无能，连续战败。齐泰、黄子澄都是书生，军事并不是他们的长处，因此，本来在实力上占优势的明军却节节败退，终于让燕军攻破京城。

135. 方孝儒为什么不愿为成祖起草诏书?

方孝儒（1357～1402），字希直，又字希古，宁海（今浙江宁海）人。小的时候就很聪明，长大后，跟从宋濂学习，常以实现天下太平为己任。

惠帝即位后，召方孝儒为翰林侍讲，国家重大的政事常向他咨询。惠帝喜好读书，每当有疑问时，便召方孝儒讲解。在朝廷上让群臣议论事情时，也常会让方孝儒在殿上就批示作答。方孝儒对惠帝也是赤胆忠心，全力扶持。当时在编写的《太祖实录》、《类要》等书，总裁都是方孝儒。"靖难之役"发起后，讨伐燕王的诏书檄文也都是方孝儒拟定的。

燕王取得“靖难之役”的胜利后，众多惠帝朝的大臣纷纷向燕王投降，唯独方孝儒拒不投降。燕王召他前去，他不理不睬；一班旧朝大臣将他拖去见燕王，他身着丧服，当庭哭号。燕王让方孝儒的学生劝说他，他则对他的学生厉声斥道：“你们跟了我这么多年，难道分不清是非吗？”燕王便将方孝儒关进监狱，派人继续劝说他。

燕王举行登基典礼，登基前按照旧例要有人写劝进表，众大臣都说：此事非方孝儒莫属。于是燕王再一次召方孝儒出狱。谁知方孝儒仍是当众哭号。燕王一时很受感动，从殿上走下来，用手抚着他的背说：“先生不要痛苦，我只是想效法周公辅佐成王罢了。”方孝儒反问：“成王在哪里？”燕王说：“他自焚了。”方孝儒又问：“那为什么不立成王的儿子？”燕王道：“国家应依靠年长的君主。”方孝儒逼问：“为什么不立成王的弟弟？”燕王道：“这是我的家事！”一边说，一边示意左右，将笔札等塞给方孝儒，并说：“草诏天下，非先生莫属！”方孝儒接笔在手，马上写下“燕贼篡位”四个字，并叫骂到：“不过是个死，诏书我是绝不会写的！”燕王终于按捺不住自己怒火，威胁道：“你死？你难道就不顾你的九族亲戚了吗？”方孝儒回答道：“就是十族又能怎么样？！”燕王大怒，说道：“我就要灭你十族！”盛怒的燕王果真来了个“诛十族”，把方孝儒的朋友学生也算做一族。派人大肆搜捕他的“十族”人员，押解到京城。每抓住一个就押给方孝儒看一下。方孝儒始终不为所动。成祖下令在午门内诛杀方孝儒及其十族，方孝儒被磔①死。受此案株连的人很多，据最后统计，被磔杀于市的人就达八百七十三人，流放边疆充军的更是数不胜数。

136. 铁铉与燕王军队作战胜负如何？

铁铉，邓（今河南邓州）人，性情刚毅，机智灵敏，善于断案，受到朱元璋的器重，赐字鼎石。惠帝建文初年（1399），任山东参政，镇守济南。燕王朱棣为夺皇位兴兵南下，铁铉坚守济南。二年六月八日，燕王率兵直逼济南城下，铁铉率领众人，誓死固守。燕王攻打济南三个月没有攻下，只得于九月四日撤离，以后再南下时，只得绕道而行。惠帝升任他为山东布政使、兵部尚书，谋划处理军事。后来，燕王终于渡江攻下南京，自立为帝，又重新攻打济南，铁铉因寡不敌

① 将犯人分裂肢体后悬首陈尸示众。

众而被俘。铁铉被带到成祖面前，他背对成祖，在大庭广众之下谩骂。成祖命他回头看看，他始终不肯，最终受磔刑而死。后来南明弘光帝（朱由崧）时追赠谥号为“忠襄”，清朝乾隆帝追赠谥号为“忠定”。

137. 姚广孝是怎样以和尚身份成为燕王争夺天下的谋士的？

姚广孝（1335～1418），长洲（今苏州）人，十四岁出家为僧，法号道衍，世称道衍和尚。曾经跟随道士席应真学习阴阳术数。在一次云游嵩山时，著名相士袁珙（gǒng）见到他后十分诧异，说他是三角眼，形如病虎，嗜杀成性，将来一定是刘秉忠①一类的人物。姚广孝听说自己会成为刘秉忠那样的人物，正符合志向，非常高兴，立志要做一番事业。

马皇后病逝，朱元璋要选择高僧入藩王府为马皇后诵经祈福，姚广孝被人推荐上去。燕王朱棣跟姚广孝交谈后感觉他很合自己的心意，便请他跟随自己。从此姚广孝就投到这位野心勃勃的王爷幕下，成为心腹之人。

惠帝即位后，下令削藩，周王、湘王、代王、齐王、岷王相继获罪。姚广孝便秘劝燕王起兵，并举荐了袁珙和占卜人金忠。他经常以雄辩的口才分析当时形势，还用对联占卜等方式促使燕王下定决心，并协助做好军事准备。当初决定起兵时，恰逢风雨大作，屋檐上的瓦坠落在地，燕王为之色变。姚广孝却说：“这是吉祥的征兆。飞龙在天，风雨相随。檐瓦落地，预示要换成黄瓦。”几句话便坚定了燕王起兵的决心。终于，燕王于惠帝建文元年（1399）发动了“靖难之役”。姚广孝在其中发挥着决定性的作用。

起兵之后，燕王以清除惠帝的亲信大臣齐泰、黄子澄为名，军队号称“靖难之师”。战争开始之初，姚广孝主要起着留守和辅助决策的作用，类似于汉初的萧何。建文元年（1399）十月，明军大将李景隆趁着燕王大军南下而后方空虚之机围攻北平（今北京）。姚广孝守备坚固，击退了进攻的明军。到了晚上还用绳子将壮士从城上送下攻击明军，明军防不胜防。燕王的援军到达后，内外夹击，李景隆战败逃走。燕王围攻济南，三个月都攻不下，姚广孝便急速送信说：“军队已经很

---

① 元朝僧人，随忽必烈征云南，筹建开平城，主持设计元大都，建议以大元为国号。

疲劳，请赶快撤回。”燕王便立即撤军返回。燕王在攻打东昌（今山东聊城）时，大败，大将张玉也阵亡了。这时燕王打算稍微修整后再攻，姚广孝却极力催促进攻，并更多地招募勇士，终于打败了明军统帅盛庸，又在西水寨打败了另一明军统帅房昭。姚广孝给燕王谋划的策略是“不要攻占城市，而是要一举攻下防守薄弱的南京城”。燕王听从了这个意见，率军直取南京城。“靖难之役”终于在惠帝战败自焚，燕王夺取帝位后结束。

姚广孝虽未曾亲临战阵，但在燕王起兵并最终夺取天下的整个过程中，他的计谋策略起着决定性的作用。因此，在论功行赏时以他为第一。成祖朱棣给他赐名“广孝”，令他还俗，而他不肯。不过他也没有退出官场，而是以出家人的身份先后出任僧录司左善世（全国佛教协会主席）和太子少师之职，并主持撰修《永乐大典》和《太祖实录》。成祖永乐十六年（1418），姚广孝病情危重时，成祖亲自到他居住的庆寿寺看望，相谈甚欢。病逝后，成祖一连两天没有上朝，亲自为姚广孝撰写碑文，记述一生功绩。

138. 张玉在“靖难之役”中有什么军功？

张玉（1343～1400），字世美，祥符（今河南开封）人。惠帝建文元年（1399）燕王起兵后，张玉率燕军夺取北平（今北京）。燕军将要南下时，他又献计，派遣朱能向东攻打蓟州（今天津蓟县），杀了马宣，迫使遵化（今河北遵化）的地方官员投降。又分兵攻下永平（今河北卢龙）、密云（今北京东北部）等地，掌握了驻扎在那里的精良军队。

这时，朝廷派大军讨伐燕王，都督徐凯驻军河间（今河北河间），潘忠、杨松驻军莫州（今河北任丘），耿炳文统率三十万大军驻扎真定（今河北正定）。张玉便向燕王献计说：“潘、杨二人有勇无谋，可以偷袭而俘获。”燕王便任张玉为前锋前去攻打，半夜时分，就拿下了雄县（河北雄县）。潘忠、杨松二人前来救援，张玉在月漾桥迎战，活捉二人，攻克莫州，接着，又亲率轻骑前去侦察耿炳文的军队。回来后向燕王报告说耿炳文率领的明军没有纪律，应该快速攻击。燕王便率军向西，大破明军，斩首三万。燕军由此士气大振。

后来，吴高率领驻扎辽东的明军围困永平，张玉率军前去解围，打败吴高。建文二年（1400），在白沟河打败李景隆率领的明军，又攻下了德州（今山东德州），追赶逃敌到达济南。但燕军在围攻济南三个月后，无功而返。不久，燕王再次出兵，张玉率兵攻下沧州（今河北沧州），活捉徐凯，又率军攻打东昌（今山东聊城），与盛庸率领的明军相遇，为救燕王受伤而死。

燕王称帝后，追赠他为荣国公。

139. 朱能为什么被明成祖视为功臣？

朱能（1370～1406）是皇帝周围众多将领中最为年轻而又善于作战的一位，征战中总是冲锋陷阵，功劳显赫，被成祖视为功臣。

他出生于一代功臣之家，先是在成祖未当皇帝之前的燕王府做事，作战勇猛，在燕军与朝廷军队大战的月漾桥之役中，俘获敌方将领杨松、潘忠，并长驱直入真定（今河北正定），大败耿炳文军队。接着又独自与敢死之士三十名骑兵追赶逃跑，跃马大呼突入军阵中，敌军数万人望风而溃，相互践踏，三千多人投降。战后，成祖亲笔写信慰劳他，并晋升为都指挥佥事。东昌之战时，盛庸、铁铉率领的朝廷军队将成祖层层包围起来，情况非常紧急，朱能率周长等人拼死而战，成功掩护成祖突围而出。后来的战斗中，燕军严重受挫，众将商议退回北平，唯独朱能不同意，握着剑振振有词地讲："汉高祖十战九败，最终在垓下之战后才取得天下。现在起兵后连连获胜，有一点小挫折就班师回朝，还能北面事人吗?"于是率领众将继续南下，终于扭转形势，十万朝廷军战败而降，朱能立下汗马功劳。永乐四年（1406），在讨伐安南（今属贵州）之战中，朱能把自己的八尺之躯，一腔热血全部奉献，年仅三十七岁。

朱能屡立战功，虽然得到皇上很优厚的封赏，但从不因富贵而骄傲自大，既孝顺父母，友爱兄弟，又体恤士兵，深得军心。去世的那天，将校都为他流泪。

140. 丘福一生有哪些主要事迹见于记载？

丘福（1343～1409）出生行伍，在成祖未当皇帝之前的燕王府做事，积多年功劳，被授予燕山中护卫千户，后来又因屡立战功，升迁为中军都督同知。他作战机警勇猛，为人却朴实憨厚，每次取得战争胜利，诸将领都争着向前献上俘虏和战利品，丘福反而却独自沉默不言。成祖常叹息说："丘将军的功劳我是知道的。"及成祖即位后大封功臣，丘福的封赏最为优厚。

永乐七年（1409）七月，丘福奉命率十万骑兵出塞，讨伐本雅失里。临行前，皇上担心丘福轻敌，再三叮嘱告诫：“行军应当谨慎，即使不见敌寇，也应当时时向面对敌人一样，相机而进，不可固执。如果不能一战取胜，等待时机再战也可。”出发后，皇上又接连赐给他手诏。出塞后，丘福率千余人先到达胪朐河（今属内蒙古）南岸，击败了敌人的流动骑兵并俘虏一名敌将，兴奋不已，便设宴招待请他喝酒，想从中探知本雅失里的位置，结果这位敌将爽快地告诉他离此处大约三十里。丘福甚是惊喜，此刻被胜利冲昏了头脑的他只想尽快擒获敌帅。众将认为这是诱敌之计，劝他千万不可轻信，等大部队集合后侦探虚实再进也不迟。丘福拒听，急功近利的迫切欲望使他忘乎所以，把皇上的叮嘱也抛到九霄云外，就让那位敌将作向导直逼敌营。李远、王聪等将竭力劝止，他仍旧固执己见，并厉声说：“违命者斩。”便率先驰马而出，指挥士兵随行，为他牵马的人都流下了眼泪。不久，敌方大军来到，把丘福及其部下包围了数重，王聪战死，丘福和其他将领也都被俘虏遇害。全军覆没的消息传到京城，皇上大怒，削夺丘福世袭的爵位并把他全家都发配到海南。

141. 解缙为什么能在建文、永乐两朝都得到宠信?

解缙（1369～1415），字大绅，吉水（今江西吉水）人，具有治国安邦的才能。解缙刚一当官就受到太祖朱元璋的信任，常常跟随在太祖身边。有一次，太祖当面告诉他说：“我与你从道义上讲是君臣，从恩情上讲如同父子，你应当知无不言”。他便提出建议：政令要稳定，刑罚要简省，整理经史，制定礼乐，表彰贤士，崇尚先哲，禁止娼优，易置寺庙，少收赋税，减轻徭役，焚毁经咒，断绝鬼巫，裁撤多余官员，节省开支，发展生产，缓解百姓困境。太祖连连称赞，说他有安邦济世之奇才，治国平天下之大略。

惠帝即位后，解缙便给深得惠帝信任的礼部侍郎董伦写信，表白对皇上的忠诚之心。于是，董伦向惠帝举荐，惠帝便召解缙为翰林院待诏。成祖永乐元年（1403），解缙为翰林侍读，与黄淮、杨士奇、胡广、金幼孜、杨荣、胡俨等进文渊阁参预机务，内阁参与国家的机要事务就是从这时开始的。不久，又晋升为为翰林侍读学士，奉命主持修纂《太祖实录》、《列女传》。这时，成祖对解缙很信任，曾对大臣们说："天下不可一日无我，而我也不可一日少了解缙。"成祖对解缙的进谏都能虚心听取。二年，升迁为翰林学士兼右春坊大学士。

解缙在朝时，凭人的是否贤德来品评人物，好就说好，坏就说坏，毫不掩饰自己的观点。成祖曾开列了一份朝廷大臣的名单，让他按名单评说他们的"短长"。解缙便一一写出："蹇义天资厚重，但内心没有固定的见解；夏原吉为人有德量，却不疏远小人；刘俊虽有才干，但不知道顾及情义；郑赐可说是一位君子，但缺少才气；李至刚为人虚妄而趋炎附势，虽有才而不正直；黄福持心平易公正，确有志节操守；陈瑛执法苛刻，但还能保持清廉；宋礼刚直而严厉，别人恨他不体恤下人；陈洽做事通达敏捷，又不失正直；方宾是文书小吏之才，有商人市侩之心。"成祖将这份奏章交给了太子朱高炽，太子又询问尹昌隆、王汝玉两人的情况。解缙即刻回答说："尹昌隆是位君子但气量不大；王汝玉的文章写得很好，只可惜有世俗之心。"仁宗即位后，拿出解缙的奏章给首辅杨士奇看，还说："都说解缙狂妄，看他对人的评论都有独到的见解，并不狂妄！"又称赞他的文章雄劲奇古，新意迭出，可与司马迁、韩愈等人媲美。

142. 为什么说杨士奇是数朝元老？

杨士奇（1365～1444），名寓，泰和（今江西泰和）人。惠帝建文元年（1399），经王叔英举荐，被召进翰林院任编纂官，参与修撰《太祖实录》。

杨士奇是历经成祖、仁宗、宣宗、英宗四朝（1403～1449）的宰辅重臣，德高望重、声誉卓越，是明朝前期政坛上的杰出人物。他在朝四十多年，一直为内阁重臣，深得历朝皇帝的器重。

从仁宗洪熙元年（1425）到英宗正统元年（1436）出现了"仁宣之治"的较好局面，杨士奇是有功劳的。他待人接物豁达大度，以大局为重，不记私怨。同僚有小过错的，常常为之掩盖。成祖时，广东布政使徐奇把岭南的土特产分送给朝廷大臣，唯独杨士奇没有。有人把徐奇所送礼的大臣名册进呈给成祖，成祖看到上面没有杨士奇的名字，便把他召来询问。杨士奇回答说："徐奇去广东时，各位大臣都赋诗作文送行，我当时正赶上生病，未能前往送行，因此名册上没有我的名字。而且，各位大臣究竟接受了没有，现在并不清楚，何况还只是一点土产，一定没有其他用意。"成祖便急忙下令烧掉了名册。

杨士奇深知民间疾苦，为相以后，常以国家安定和百姓生活为念。又刚直敢言，提出了许多有利于国计民生的好意见。仁宗即位后，有一次向他征求意见，他当即大胆地说：“您下诏书减少各地的岁供才两天，惜薪司①却要征枣八十万斤，和诏书相抵触。”仁宗立即命令减半。当时，有人向仁宗上了一道歌颂太平的奏章，仁宗让群臣传阅，大家都认为当今四海升平，值得颂扬，独有杨士奇不以为然。他说：“陛下的恩泽虽然普及天下，但因多年用兵，使百姓颠沛流离，还未回归故土，疮痍还未平复，许多百姓得不到温饱，需休养生息多年，才可能过上太平日子。”仁宗很赞同，对其他大臣说：“我以诚相待，希望纠正失误，但只有杨士奇的五次奏章是指出了时弊，而你们都没有一句谏言，难道朝政真的没有错误，天下已经太平了吗？”其他大臣感到很惭愧。

宣宗宣德（1426～1435）年间，很多地方屡遭水旱灾害，杨士奇不仅多次奏请皇帝下诏体恤民情，而且更关心恤民政策的落实情况。有一年，户部无视宣宗的诏令，未减免田地租额，杨士奇便报请宣宗下诏督促减免，对拒不执行者从严治罪。

英宗登位时才九岁，太后一心任用杨士奇、杨荣、杨溥三人。“三杨”也总是兢兢业业。英宗正统之始的数年，政治比较清明，这与他们三人是分不开的。

杨士奇爱才重才，知人善任，不拘一格举荐人才。他认为，各级官吏的好坏关系到百姓的安危，应该提拔博学多才、品行好的人当官，要任人唯贤，而不能任人唯亲。经他荐举当官的前后有五十余人，如于谦、周忱、况钟等人，或是卓有政绩，或为一代名臣。

纵观杨士奇的一生，他堪称一位颇有远见的政治家，不遗余力地辅助皇帝实施一系列有益于天下百姓的政治、经济措施，使明朝前期出现了数十年的政通人和局面。

143. 杨荣的生平情况如何?

杨荣（1371～1440），字勉仁，初名子荣，建安人（今福建建瓯县）。建文二年（1400）入进士，授官编修。成祖刚入京师时，杨荣就到成祖马前迎接谒见：“殿下先拜谒孝陵还是先登帝位呢？”朱棣听罢

---

① 宦官机构。明四司之一，掌宫内所用薪炭。

突然醒悟过来就慌忙赶去拜谒孝陵。从此，杨荣受到皇上的知遇。成祖登位后，选杨荣进入文渊阁，为他改名杨荣。

杨荣机警聪明，颇有见识才干，在评定议论各部门的事务方面很能合乎皇上的旨意，因此得到优厚的俸禄，并得到一再提拔重用。永乐五年（1407），杨荣受命前往甘肃筹划军中事务。凡经过之地，他都认真观察山川地势，体察民情，检阅城堡等军事设施，回来后在武英殿上奏，“能知边将贤否，阨塞险易远近，敌情顺逆”，皇上非常高兴，当时正值盛夏，还亲自剖瓜赏他吃，可见他深受宠信。此外，他还很有军事才能，曾多次随从皇上出巡边塞，处理事情谋而能断。十六年，接任掌管翰林院事务，皇上更加赏识和信任。然而，“树高招风”，杨荣的持续得宠引起众多大臣的嫉妒。于是，他们设法疏远杨荣和皇上的关系，并共同推举他为祭酒。皇上讲：“我固然知道他可以胜任，只是要得到能替代他的人难呀。”诸大臣至此都不敢再言语了。后来多次出塞，他掌管全部军事事务，并且可以处理很多棘手问题，皇上直称他为“杨学士”而不叫名字，并给予最高的赏赐。皇上总共五次出塞，其间士兵忍饥挨饿，后勤运输供应不上，死亡人数达十之二三。大军抵达答蘭納木儿河，仍不见敌人，皇上询问对策，群臣都唯唯诺诺，杨荣和金幼孜从容不迫地提议班师回朝，皇上采纳。返回途中，皇上去世。宦官马云等人不知所措，关键时刻，秘密召见杨荣和金幼孜一起商议。他俩认为朝廷军队离京城很远，先不公开丧讯，按礼入殓，用锡浇铸为内棺，装载在车中，进奉膳食和原来一样，而且更加严格军令，让别人都无法揣测怀疑。如果有人请求其他事情、或要敕令就飞驰报告太子，他们立即反对，说：“先前皇帝活着则称为敕令，殡天了而称敕令就是欺骗，罪过不小。”于是开列皇上崩驾的月、日及临终诏命传皇位的大意，启奏太子。然后先行飞驰抵达京城报丧，接着又受太子之命与蹇义、杨士奇一起商议治丧之事。

仁宗登位，因杨荣功劳显赫赐令嘉奖，赏赐优厚，并晋升为工部尚书，领取三种职务的俸禄，平反叛乱中因决策之功又得到最高奖赏。英宗登位，晋升为太师。正统五年（1440），杨荣请求返乡省视祖墓，皇上令宦官保护前往，返回途中去世，享年七十岁。赠官太师，谥号文敏，并授予世代承袭都指挥使。

杨荣一生历事四朝，“事君有体，进谏有方”，一般论事激烈尖锐，不容别人过失，然而一旦遇到别人惹怒皇上招致不测时，往往设法婉言疏导皇上，使事情平息。因此很受皇上恩宠，对他的赏赐也始终没有间断，仕途道路上春风得意。此外，他还生性喜欢招待宾客，即使大富大贵，也没一点傲气，读书人都心悦诚服地归附于他。有人称赞杨荣处理政事可以与唐代的姚鼐相媲美。

144. 杨溥一生有什么主要事迹传世？

成祖时，杨士奇、杨荣、杨溥（1372～1446）三人先后在四朝任职，是当时年高望重并具有道德学问的人物。杨浦虽然进入内阁晚一些，但道德声望足以匹配。“三杨”以儒家学说为根本，通晓洞察事物的先机，同心协力于朝政，谨慎谦恭于人事，成为明代的贤良宰相。

杨溥以高尚的节操而闻名。永乐初年，他辅导皇太子任洗马之职。太子阅读《汉书》称赞张释之为贤良之臣，杨溥说：“张释之诚然贤良，若没有文帝的宽厚仁慈，也无法实现他的志向。”于是，杨溥采集汉文帝的事迹，分类成编，呈献给太子。永乐十二年（1414），因太子之事，杨溥受牵连，以东宫遣使迎驾迟缓的罪名被逮捕关进锦衣卫监狱。在狱中，曾多次断绝食物危及性命，他依旧读书不辍。在十年牢狱生活中，发奋读书，阅读重要的经史和诸子典籍很多遍。

仁宗登位，他才被释放出狱。仁宗惦念杨溥是由于自己的缘故而长期不得志，因此特别优待他，令他主管弘文阁的事务，并亲自授予弘文阁的印信，说：“朕用你在身边，不只是因为学问，而是想要广泛地了解民情，作为治理国家的参考，有什么意见和倡议，奏疏可封口直接呈递。”后至宣宗、英宗在位时，“三杨”都得到信任，辅佐皇帝处理朝政。正统三年（1438），《宣宗实录》修成，杨溥晋升太子太保，武英殿大学士。杨溥原比杨士奇、杨荣晚二十年进入内阁，这时才与他们并列。当时，由于天下太平，社会安定，内外官员和百姓纷纷称颂“三杨”，并以他们宅邸的位置称杨士奇为“西杨”，杨荣为“东杨”，杨溥曾题署先世居住之地为“南郡”，被称为“南杨”。

杨溥质直廉静，谦恭谨慎，每次入朝都沿着墙小步快跑。大臣们议事都要争个高低，有的甚至说出很不合情理的话，而杨溥则心平静气地和他们相处，令人赞叹心服。英宗即位后，逐渐宠用宦官王振，太皇太后病逝后，王振更是一揽权势，大作威福，“三扬”对他的跋扈行为无法制止，等到杨荣、杨士奇相继去世，杨溥孤立无助。正统十一年（1446），杨溥去世。此后三年，英宗在王振的诱骗下出征蒙古，身陷土木堡，几乎酿成天下大乱。当时人们追思起来，认为“三杨”若在，肯定不会发生这种事情。

145. 蹇义连仕数朝而恩遇不衰的原因何在?

蹇义（1363～1435），原名瑢，由于皇上很赞赏他为人诚实厚道，就替他改名为义，并亲手写下赏赐给他。永乐二年（1404），兼任太子詹事，成祖有什么事要告诉太子，总是派蹇义去传达，很受皇上和太子的厚爱。七年，蹇义奉命辅助皇太子代理国事，由于熟悉典制掌故，通晓治国体要，办事干练，由此深受成祖的信任，每每将繁重的事务委托给他，他都能把政事处理得井井有条。

仁宗登位（1425），念及蹇义在其代理国事间的功劳，尤其给与厚待，并赐给银质徽章一枚，上面写着“督察过失，纠正谬误”等字。不久，又赐给诏书说：“从前朕代理国事，你以先朝旧臣的身份天天侍奉在左右，两京开始建造，政务正繁多，你劳心苦思，不顾家业，二十多年不论平坦险阻，都保持着节操。朕继承天子之位，你协助治理，毫不懈怠，更加谦恭。朕念念不忘，就按朕的心意制作一枚‘蹇忠贞印’赐给你，可把它藏于家中传给后代，了解朕是君臣一起度过艰难，共同成功的。”蹇义能得到如此的信任，与他的品性和多年的辛劳分不开。

宣宗登位，对蹇义更加倚重，让他参与军队中的机要事务。宣德三年（1428），宣宗以其年迈，停止管理繁杂事务，而官职俸禄照旧，又赐给写有“忠厚宽宏”字样的银质徽章。英宗登位，蹇义斋戒值夜而得病，英宗派太医去探视并问他有什么要说。他回答说：“陛下刚继承帝位，希望谨受祖宗成法，始终不违背。”不久就去世了。

蹇义为人朴实认真，忠诚厚道，对父母兄弟孝顺友爱，善于同僚朋友相处，从没讲过一句伤害人的话。也正是这良好的道德品质，干练的办事能力，为国的赤胆忠心，从而使他能够连仕数朝，恩遇不衰。

146. 夏原吉为什么能得到成祖的信任?

夏原吉（1366～1430），字维喆，祖籍江西德兴（今江西德兴）。其父夏时敏在湖南湘阴任教谕，于是定居湘阴。他前后主管户部政务二十九年，对明初经济的恢复和发展作出了突出贡献。

还在夏原吉很小的时候，父亲就去世了，剩下孤儿寡母，生活非常艰难。可他通过发奋学习，获得了很高的社会声望，以乡荐的身份进入太学，被选入宫内抄写制令诏书。同去的太学生嬉笑喧闹，只有他在抄写时正襟危坐，一丝不苟，受到太祖的赏识，提拔为户部主事。到户部任职后，兢兢业业，把复杂的事务处理得井井有条，受到尚书郁新的关注。惠帝时，升迁为户部右侍郎。成祖即位后，又被提拔为户部左侍郎。有人向成祖挑拨，说夏原吉曾在惠帝时受到过信任，不可任用。成祖置之不理，将他与蹇义一起任命为尚书。后来浙西发大水，成祖便派他去治水，委以重任。到浙西后，他疏浚吴淞江下游，上接太湖，并因地建闸，用来蓄水或泄水。治水期间，布衣徒步，日夜操劳，即使是在盛暑烈日之下，也不让仆人打伞遮阳，说："人民这样劳苦，我如何忍心自己享受。"真正做到了与民同甘苦，终于使大水排泄出去，被淹没的农田又开始有所收益。后来，浙西又发生了严重饥荒，成祖又派他率领俞士吉等人前往赈灾。这时有人上疏请求征召百姓租种那些洪水退后淤积而成的土地，以便增加赋税收入，夏原吉急忙派人飞驰上疏，制止了这件事。姚广孝从浙西还京，称赞他说："这是古人留下的仁爱"。成祖永乐三年（1405），户部尚书郁新死后，成祖将夏原吉召回朝廷主持户部事务，掌管国家财政。他从全国财政的实际情况出发，请求削减因值朝班而由公家供膳的做法。平均百姓应交的赋税和应出的劳役，严格遵守有关盐法、钱钞的法令，清理粮仓盐场，通过扩大屯田种植来供给边防上的粮饷，使百姓解困，给予商贾一定的便利。成祖都欣然同意。他尽职尽责，将户口、府库、田赋等数字都写成小条带在身上，随时准备查阅。有一次，成祖向他问起全国的钱谷数字，他回答得既迅速又准确具体。成祖非常吃惊，因此更加器重他。

经过太祖、惠帝的惨淡经营，成祖继承的遗产也不算少，可他好大喜功，是位极会花钱的君主。对此，夏原吉精打细算，为国库收入费尽心思，居然能作到"国用不绌"，不能不说是一大奇迹。因此，成祖自然不能不重用他，大事小事，只要与钱财有关，都要征求夏原吉的意见。平定交阯（今越南河内）后，成祖问他对功臣使用升官和赏赐的办法哪一种更合适。夏原吉对此事的态度非常认真，建议使用赏赐的办法，因为赏赐的花费只是一时的、是有限的；升官是之后的费用是长期的、是无限的。成祖还把皇太孙交给他辅导，他便尽心尽力地教导，经常带皇太孙巡视乡间，拿细碎的黄米给皇太孙品尝，让他了解民间疾苦。皇太孙后来能成为明朝开明的皇帝（宣宗），与这样的教育不无关系。

147. 宋礼是何许人?

宋礼（?～1422），字大本，河南永宁（今河南洛宁）人。太祖洪武年间，以国子监学生的身份被提拔为山西按察司佥事，后因事故贬为户部主事。惠帝建文初年，被推荐授予陕西按察佥事，又因事故获罪贬为刑部员外郎。成祖即位，令他代理礼部事务，由于机敏练达被提拔为礼部侍郎。成祖永乐二年（1404），任工部尚书。

宋礼自担任工部尚书后，多次主持过治水工程，其中最著名的是开凿疏浚会通河。会通河是大运河的一段，开凿于元世祖至元十三年（1276）至二十六年（1289）。当时称济州（今山东巨野）到须城（今山东东平）安山镇（今山东安山）一段为济州河，安山到临清（今山东临清）一段为会通河，明代则总称为会通河。在元代，会通河虽开凿完成，但由于水量不足，水运通道始终不畅。所以，由江南运送粮食到大都（今北京）主要还是靠海运。

永乐初年，成祖建都北京，粮食的运输和元代类似，或走海运一线或水、陆运结合。但海运的损失很大，而河运则先由淮河、黄河到达河南阳武，然后陆运一百七十里，再装船由卫河北上，使民夫困苦不堪。于是济宁州（今山东济宁）同知潘叔正在永乐九年（1411）上疏请求重新开凿疏浚会通河。宋礼和刑部侍郎金纯、都督周长一同受命前往主持工程。

宋礼认为会通河的水源水量一定要依靠汶水来输送，于是采用汶上老人白英的建议，在堽（gāng）城（今山东堽城）和戴村（今山东戴村）分别筑起大坝，两坝互相配合，以保障提高水源的补充量，使南北分流都较顺畅。又根据河道情况，设置可以控制水流的闸门。南旺（旧县名，今山东西南部）以北至临清，设水闸十七座；南旺以南至沛县（今江苏沛县）沽头，设水闸二十一座。为了利用安山湖水接济运河水量，宋礼对安山镇上下段的运河进行了部分改道。全部工程征发民夫三十万，免除租税一百一十万石，大约在二百天内完工，基本解决了运河的水源水量问题。

永乐十年（1412），宋礼巡视卫河的水患，回京陈述治理方案后，又提出减少海运、增加河运的建议。他指出，海船多风险，主管官员为完成任务，往往超量征派，给百姓造成困扰。而且一艘海船需要水手百人，仅可装运粮食千石。如果用相同的费用，可以建造二十艘、每艘可装载粮食二百石的河船。每船只用水手十人，二十艘共可装运四千石，运输成本比海运节省得多。因此，可将镇江（今江苏镇江）、凤阳（今安徽凤阳）、淮安（今江苏淮安）、扬州（今江苏扬州）、兖州（今山东兖州）的大部分漕粮改由河运，海运可改为三年两运。不久，由陈瑄主持漕运事务，完成了江淮之间运河的整修工程，建立漕运管理制度，运河上的运输条件大为改善。十三年，海运就完全停止了。

完成会通河工程后，宋礼还曾入四川采办增修北京城所需的木料。负责过江西的司法事务。永乐十七年（1419）回北京，身体已很虚弱，特准免于上朝。二十年七月死于官位上。

宋礼为人性情刚直，办事果断迅速，对下属管束很严，为此也得罪了不少人。

148. 张辅一生建立过哪些功勋？

张辅（1375～1449），字文弼，张玉的长子。燕王朱棣起兵，他和父亲张玉同为燕军大将。后来张玉战死，张辅承袭父亲的职位，骁勇善战，屡立战功，成为“靖难之役”的功臣。

安南（今越南）黎季犛（máo）杀害国王夺取王位，自称太上皇，立儿子黎苍为国王。老国王的孙子陈天平由老挝投奔明朝。后来黎季犛假意要把王位还给陈天平，请陈天平回国。于是成祖派都督黄中带领五千士兵护送陈天平回去。黎季犛却设下埋伏，杀死了陈天平。成祖闻讯大怒，任命朱能为征夷将军，张辅为右副将军，率兵八十万，讨伐黎季犛。永乐四年（1406）十月，朱能死于军中，张辅先是代为统帅，后被任命为征夷将军。次年五月，张辅率兵俘虏了黎季犛和黎苍押送回京。安南平定后，得到四十八府州，一百八十县，三百一十二万户，设立交阯布政司管理其地。自唐朝灭亡后，交阯（今越南河内）独立四百余年，此时重新归入明朝版图。

永乐六年（1408）冬天，安南简定又起兵叛乱。朝廷派沐晟前去征讨，沐晟却大败而归。七年春，张辅再度率师征讨，很快就打败叛军，俘虏了简定押送回京。八年，成祖命沐晟留下追击叛军余部，张辅班师还朝。但是当张辅走后，安南陈季扩再度叛乱，沐晟不能制服。九年正月，成祖再次派张辅与沐晟协力进讨。十二年，再次平定叛军，抓住陈季扩押送回京，并在安南设升州、华州、思州、义州，增置卫所，留军镇守。十三年春，张辅回到京城，被任命为交阯总兵官前往镇守。后来，陈月湖等再度做乱，都被张辅消灭。十四年冬，张辅被召回。

张辅总共四次到交阯，先后建置了许多地方官府，规划十分完备。因此，交阯人最怕张辅。而当张辅离开交阯一年后，黎利又起兵造反，朝廷几次派兵征讨，都无功而返。宣宗宣德年间，柳升率兵出征交阯，也打了败仗，宣宗召集大臣在朝堂上议论，要放弃交阯，张辅虽极力反对，也没能改变这个决定。

宣德元年（1426），宣宗的叔父朱高煦谋反，派遣手下亲信枚青到张辅家里游说。张辅把枚青绑起来押送入宫，并向宣宗请求率兵平叛。八月，宣宗亲自出征，张辅跟随在军中指挥作战。在强大的攻势下，朱高煦被迫出城投降，叛乱平息，天下安定。张辅早晚都侍奉在皇帝身边，谋划军国大事，手握重兵，威名益盛。

英宗即位，宠信宦官王振，朝中大臣对王振都唯唯诺诺，不敢得罪，只有张辅敢于对抗。英宗正统十四年（1449），蒙古瓦剌部首领也先率军侵犯，英宗在王振的怂恿诱导下亲自出征。张辅虽也跟随在军中，但没有参预军事的权力，不能指挥作战。结果在土木堡大败，全军覆没。英宗被俘，张辅战死，时年七十五岁。

149. 黄福在交阯任官期间有何优异政绩？

黄福（1363～1440），字如锡，昌邑（今山东潍坊昌邑）人。

成祖永乐四年（1406），安南（今越南）发生叛乱，被明朝平定后，就在那里设置府县进行管理。成祖命令黄福以尚书身份掌管布政、按察二司事务。当时，边远之地的战火刚刚平息，杂事繁多，他根据实际情况制定了合适的政策，有条有理。一方面上疏请求免除苛政、设立孤寡养济院；一方面登记编排户籍，确定赋税数据，兴办学校，设置官府。当时，朝臣中因一些小事而被贬到交阯的很多，他也加以救助周济，并从中选出贤能的人与自己共事。镇守的宦官马骐凭恃恩宠，欺辱百姓，每每为黄福抑制。

仁宗即位后，黄福被召回京城。黄福在交阯共十九年，当他要回京城时，交阯的百姓扶老携幼，奔走相送，呼号哭泣，不忍分别。等他回京后，交阯盗贼作乱加剧，宣宗宣德元年（1426），交阯发生叛乱。当时陈洽以兵部尚书身份代替黄福管理交阯，屡次上疏恳求皇上让黄福回交阯进行安抚。等到黄福抵达交阯，率兵征讨叛乱时，征虏副将军柳升已战死。黄福便离开交阯返京。在返京途中被盗贼抓住，他想自杀。但那些盗贼都围在他周围下拜哭泣着说："您是交阯百姓的父母，如果您不离开，我们也不至于会到这种地步。"而竭力阻止他，不让自杀。叛乱的首领黎利听到后说："中国派遣官吏治理交阯，假如他们都像黄尚书一样的话，我难道还用得着造反吗？"赶忙派人前去守护，并赠送白银、干粮等，用轿子把他送出境。

150. 石璞的生平情况如何？

石璞（？～1469），字仲玉，临漳（今河北临漳）人。成祖永乐九年（1411），考中举人，进入国子监学习。经过选拔，授予御史之职。

英宗正统元年（1436），任江西按察使。三年，因看守的罪犯逃走而被降为副使。石璞在江西多年，风教纲纪严肃端庄，即使妇女小孩也没有不知道他的。

正统七年（1442），石璞升任山西布政使。朝廷每年将钱财物资的自然消耗推派下来，给百姓造成很大负担。对此，石璞上疏请求每年从折合粮食的银钱中储存一千两，用来添置自然耗损的财物，以减轻百姓的负担，得到英宗准许。

正统十三年（1448），石璞被召回朝廷任尚书。十四年，处州（今浙江丽水）叛贼叶宗留作乱，总兵官徐恭等前往讨伐，他协助处理军务。军队还没到达，叶宗留就被他的同党杀死了，叶宗留的同党也被巡抚张骥招降了，叛乱逐渐平息，石璞等人因逗留不前而遭弹劾。不久，代宗即位，召他回朝。恰逢宦官金英被关进监狱。司法官揭发石璞曾贿赂过金英，于是一同关进监狱，判处斩刑。代宗特地宽恕了他，命他去办理大同（今山西大同）驻军的粮饷。敌人侵犯马营，代宗便命他提督宣府（今河北宣化）军务。到达宣府时，敌人已经退去，他便返回京城管理工部事务。

黄河在沙湾决口，石璞前去治理，从黑洋山到徐州另开渠道，用来通行漕运的粮船，又在沙湾修筑石堤，用来抵挡决口处的河水，再开凿两条偃月形河道，用来减弱水势，终于堵住了决口。他回朝后上奏说："京城的盗贼大多出身于军队，偶尔有被擒获的，就说造反是因为'军饷不够，妻子儿女挨冻受饿'。两京郊区、山东、河南遭受灾害的穷困百姓多参与抢劫，如果现在不安抚，恐怕以后的忧患会超过边疆的忧患。关外的守军，晚上活动白天隐蔽，十分艰苦。现在边疆不安定，应该增加军饷以振作士气，如果减少每月发放的军饷，实际上是助长危害国家的祸端，不要以节省军饷来满足朝廷的开支。”代宗充分采纳了他的建议。后来沙湾再次决口，他又前往治理。

代宗景泰六年（1455），石璞改任兵部尚书，和于谦协力处理兵部事务。第二年，湖广苗族叛乱，代宗命他总管军队事务，与方瑛一起领兵讨伐。英宗天顺元年（1457），他以捷报上告英宗，被召回朝廷后，命令退休。四年（1460）冬，因李贤推荐而召他担任南京左都御史，但当时他已老得耳朵都聋了，不能行使职责。七年（1463），受到锦衣卫指挥佥事门达的弹劾而罢免，回家后去世。

151. 在罗通的一生中有什么突出事迹?

罗通（1389～1469），字学古，吉水（今江西吉水）人，成祖永乐十年（1412），考中进士。后被授予御史之职，巡按四川。当发现都指挥郭赟与御史琳中勾结为奸，他立即上奏弹劾，将他们逮捕治罪。在北京所建的三殿失火，他与同事何忠等人借此极力指出时政弊端，违逆了成祖的心意，被派遣出京担任交阯的清化州（今越南境内）知州。

宣宗宣德元年（1426），黎利造反，王通战败，擅自割让清化州以南给叛军。当时，叛军正围攻清化城，罗通与指挥打忠（人名）等人坚守，并杀死很多叛军。叛将逃走后，王通颁布的割让文书也送到了。罗通说：“我们杀死了那么多叛军，如果出城，肯定不能保全，与其被擒，不如尽忠报国。”便与打忠仍固守清化城。叛军久攻不下，就派人劝降，罗通登城大骂。判军无计可施，只好退走。罗通回京后，宣宗加以厚赏，并任命为户部员外郎，负责办理宣府（今河北宣化）的军饷。

英宗正统初年（1436），罗通升任兵部郎中，随兵部尚书王骥整饬甘肃边务。在这期间，他曾随从大军在兀鲁乃（今内蒙古境内）打败敌人。

代宗监国时，经于谦、陈循推荐，罗通被起用为兵部员外郎，守卫居庸关（今北京昌平县西北）。代宗即位后，升任罗通为右副都御史。也先进犯京城时，派兵进攻居庸关。当时天气非常寒冷，罗通命令士兵用水浇灌城墙，水结冰后，城墙坚固而光滑，使敌人无法接近。

七天之后，敌人开始退走，罗通趁机追击，打败了敌人。代宗景泰元年（1450），他被召回京城，协助提督京营的杨洪管理军队事务，并掌管都察院事务。罗通便上奏建议广招人才，论功行赏时应尊重事实而不能夸大其词。

当时，敌人经常骚扰边塞军民。罗通便请求出榜通告各边塞上的骚扰者，只要他们能够主动归顺，如果原来是士兵的，就免除戍守边疆三年的劳役；如果原来是百姓的就免除一生的徭役。他又用封爵和重金来招集能擒获斩杀蒙古也先、伯颜木儿、喜宁的勇士。同时请求皇上敕令朝廷大臣推举人才，并对其进行严格考核。这些都被代宗采纳并准予执行。

英宗天顺初年（1457），罗通策划迎接英宗复辟。三年，告老还乡。宪宗成化六年（1470）逝世。

152. 张鹏为什么不能始终如一地坚持刚正不阿的作风?

张鹏（1396～1455），字腾霄，涞水（今河北涞水）人，代宗景泰二年（1451），考中进士。

张鹏为官初期 刚毅正直、崇尚气节，经常上疏进谏皇上，要求堵塞官场上的阿谀奉承、奔走钻营之风。还上奏为士兵请求供给，停免赋税等。这些建议大多被皇帝批准。由于刚正不阿、犯颜直谏，他在当时享有美名。

宪宗即位后，张鹏被破格升为福建按察使。成化四年（1468），他在巡抚广西时剿灭贼寇有功。此后仕途顺利，连连晋升，历任兵部左、右侍郎，太子少保。

随着官位的越来越高，张鹏也开始为了只图清静而对朝中的一些违法乱纪行为睁一只眼闭一只眼，如大学士万安、刘吉等人钻营私利，张鹏不予纠正补救。当时，通过进献奇珍异宝而由太监以谕旨形式直接任命担任武职的就有八百多人，张鹏开始还与同僚进言要求将他们全部免职，没有军功的不能授予武职。可到最后，由于张鹏害怕宦官，不敢始终坚持自己的立场，他们仍全部留任。乡民章瑾是一个邪恶之徒，但通过进献珍宝，他就得了锦衣卫镇抚之职。后来，掌理刑法的职位有空缺，张鹏知道宪宗想任用章瑾，便昧着良心推荐了他。

后来，谏官凡谈到大臣中不称职的多指说张鹏，于是，张鹏便辞去了官职。张鹏本来秉性耿介，为国为民，但官越做越大，就转为独善其身，对官场上的违法乱纪行为置若罔闻，没能始终如一地坚持刚正不阿的作风。

153. 周新为什么被人视为“冷面寒铁”?

周新（? ～1412），广东南海（今广州境内）人。最初，名叫志新，字日新，成祖常常只叫他“新”，于是“新”便成了他的名，而把“志新”作为字。成祖即位后，任监察御史。在任期间，嫉恶如仇、铁面无私，敢于直言，多次弹劾违法和失职的官员，使权贵皇亲都惧怕几分，因而被称作“冷面寒铁”。

周新在巡按福建时，曾奏请都司卫所的武官不得侵凌府州县的文官，地方上的府卫文武官员相见时，礼节应平等。因此，使得武官们都比先前有所收敛。

周新在考吏治，办理案件的过程中，精明能干，毫不徇私。

有一次，周新为了解一件案子，微服出访，但在途中不小心触怒了当地的知县。知县正想拷打审问，听说清廉的按察使就要到来，便把他关进监狱。在狱中，他从囚犯口里了解到这个知县贪赃枉法的情况，掌握了证据。于是告诉狱吏说：“我就是按察使。”知县听了，赶忙道歉。周新向朝廷上奏弹劾，便罢免了这个知县。周新为民除掉一害，使当地人心大快。

成祖永乐十年（1412），浙西发洪水。当时担任通政之职的赵居任隐瞒不报。周新向皇上奏明此事，皇上派人复查核实，结果了解到实情。

周新是廉洁奉公的清官。有人为了拉关系送他一只烧鹅，他却差役将烧鹅悬挂在公堂前，以后再有人送礼讲情，他便指着这只烧鹅以示告诫。从此，再没人敢贿赂他。

锦衣卫的指挥纪纲派了一个千户（武官）到浙江公干。这个千户趁机索取贿赂，作威作福。周新不怕他有后台，正要查证惩治，不料让他逃脱了。不久，周新送文册进京，在涿州（今河北保定）遇到这个千户，便抓起来关押在州监狱里，不料又让他脱身逃走了。跑到主子纪纲那里诬告周新，纪纲是个权倾一时的佞臣，便多方罗列罪名，上奏折诬陷周新。成祖大怒，下令逮捕周新。当时的旗、校官都是锦衣卫同党，在押送周新到京城的路上，任意拷打折磨，但他始终没有向恶势力屈服。到了朝廷上，他伏在台阶前大声说：“陛下让我办事，职责和督察院是一样的，我奉陛下您的命令，去擒奸除恶，怎么就成了罪臣?!”成祖听了更加愤怒，下令处死他。临刑前，周新大声说：“活着是直臣，死了应当作直鬼!”仍表现出一股宁死不屈的正气。

过了几天，成祖有所悔悟，问侍臣：“周新是哪里人?”侍臣说是：“南海。”成祖感叹道：“岭南竟有这样的人，错杀他了。”后来，纪纲的罪行被揭发，周新的冤案才得以平反。

154. 李时勉在国史修撰方面有什么成就?

李时勉（1374～1450），名懋，安福（今江西安福）人。成祖永乐二年（1404）考中进士，选为庶吉士①。进入翰林院学习。由于参与撰修《太祖实录》，被授予刑部主事之职。后又参与重新修定《太祖实录》，改任翰林院侍读。

宣宗宣德五年（1430），参与编纂的《成祖实录》完成，升任侍读学士。英宗正统三年（1438），又因参与编纂《宣宗实录》而升为学士，掌管国子监事务，兼任经筵官。

李时勉任国子监祭酒之职六年，教诲勉励学生之言每每诚恳切实，他又讲求廉耻，抑制钻营，辨别贤愚，明示劝惩，从而以德高望重而被世人敬仰。

155. 邹辑对当时社会政治提出过什么建议?

邹辑（? ～1422），字仲熙，吉水（今江西吉水）人。

成祖永乐十九年（1421），三殿发生火灾。成祖下诏让大臣各抒己见。邹辑上疏建议到：

皇上您创建北京已经差不多有二十年了，工程浩大，耗资巨大，而参与工程的百姓则整年服役，不能到田间劳作，以致田地荒废。官吏的横征暴敛，又一天比一天厉害，百姓的日子更是步履维艰。

京城是天下的根本，人民安定则京城安定，京城安定则国家的根本就稳固了，那么天下就安定。但自从开始修建三殿，人民被迫迁徙，往往迁徙的号令刚刚下达，房子就已经被破坏，孤儿寡母哭泣叫号，找不到投宿的地方，而等百姓迁走后，空出来的土地往往很长时间都

---

① 官名，永乐二年开始出现，隶属翰林院，选进士中的擅长文学及书法的人担任。

不见得被使用。这是陛下您不知道而百姓常怨恨的事情。

现在贪官污吏遍布朝廷内外，对百姓剥削可以说是深入骨髓。有的官吏公开进行贿赂，为了谄媚上司而极力搜刮百姓。

如今山东、河南、山西、陕西等地闹灾荒，百姓到了拿树皮、草根当食物的地步。老幼流亡迁徙，颠沛流离，然而京城中聚集了一万多的僧人道士，他们仅一天就要消耗国库粮食一百多石，这是在拿着从百姓那里掠夺来的食物供养无用的人啊！

朝廷每年都派官员到外地去买马，而得到的却常常不及支出的十分之一二。而且买来的马大多又是一些劣种马，马买来之后，又责令人民放牧饲养，一旦马死，就让养马的人家赔偿，常常致使本来就很贫困的养马的人家要卖妻卖子，给百姓造成很大困扰。

漠北来归降的人大多怀着窥测观望的心态，并非真正想归顺我朝，应该在他们来朝见之后就遣送回去，免得日后成为子孙后代的祸患。

在佛寺道观祈祷求神，是消耗钱财而又无益的事情，古人都曾说过，过度祭祀没有福气，所以还是少做的好。

三殿着火，是不平常的事情。陛下您应该大施恩惠，改革政治和教化，救济天下穷困的人；各级官员的俸禄如应数发给他们，选拔贤才，惩处贪官污吏，这样百姓定会欢喜雀跃，社会才能安定，达到国家的长治久安。

奏疏呈上后，却并没有回应。

三殿刚建成便发生火灾，成祖让群臣各抒己见，可上疏的人大多指责时政，成祖很不高兴，再加上又有大臣只知一味迎合皇上而刻意诋毁上疏的人，成祖于是发怒，将很多上疏的大臣都抓了起来，而邹辑却并没有获罪。

156. 范济有何突出事迹？

范济，元朝进士。洪武年间，因为有才学被举荐为广信知府，后来又被贬到兴州（今河北承德）戍边。宣宗即位时，范济当时都八十多岁了，入京进言八件事：

一、针对当时货币品种杂乱，主张建立新的纸币兑换制度，推陈出新，使“钞法流通”。

二、守卫边境的大军既要严加防卫，又可开展屯田，发展生产，同时也要小心提防敌人的各种诡计。

三、士兵不在多，而在精。应选择勇敢强壮，敢于冲锋陷阵的人加以训练召入军队，而不应胡乱抓捕老弱病残用以充数。

四、应严格征兵制度，禁止负责征兵的差役作威作福。

五、督促士卒开垦荒地，从而保证军粮的供给。

六、学校培养人才，既要传输知识，又应注重培养他们的节操品行。

七、穷兵黩武只会消耗国力，要想让外族降服，更重要的是应努力发展生产，提高自身实力。

八、官吏不在于多，而在于能够得到贤才。如今政府部门人浮于事的现象日益严重，应淘汰冗杂多余的官吏。

奏疏上呈后，宣宗任命他为儒学训导。

157. 毛吉的生平作为是怎样的?

毛吉（1426～1465），字宗吉，余姚（今浙江余姚）人。代宗景泰五年（1454），考中进士。任刑部广东司主事，管理锦衣卫事务，执法严明。锦衣卫长官门达倚仗宦官势力肆意妄为。百官在路上遇见他时都下马回避，只有毛吉举鞭拱手而过，门达怀恨在心。后来，毛吉因病没有上朝，被关入锦衣卫看管的监狱。门达趁此机会选拔强健士卒用巨大的棒子拷打得他皮肉溃烂、露出骨头。

英宗天顺五年（1461），升任广东佥事，分管巡察惠（今广东惠州）、潮（今广东潮州）二府的地方政务。到任后，他抑制富豪的不法行为，处处为百姓谋利，深受百姓爱戴。

宪宗时，当地百姓遭受盗贼蹂躏，数百里没有人烟，毛吉便以平定盗贼为己任。贼首杨辉纠结同党曾玉、谢莹在闽广之间抢劫掠夺，后来又想进犯程乡（今广东梅县）。毛吉在他还没赶到之前，就先招募了壮士，又联合官军共七百人，直接进攻盗贼巢穴，斩杀曾玉、谢莹，活捉杨辉。捷报上传，宪宗即升任他为副使职。

宪宗成化元年（1465）二月，新会（今广东新会）告急。毛吉率领官军追击盗贼，乘胜追到云岫山，距离盗贼营地十多里，约好黎明时分进攻。可正巧碰上阴天，各部官兵误了时间，等到进攻时，盗贼已经丢弃营寨逃到山上。士兵们便竞相抢夺盗贼遗弃的财物，这时盗贼又从山上蜂拥而下，杀死许多士兵。官军溃败，四处逃散。下属劝毛吉也赶快躲避，毛吉却说："将士们死的死、伤的伤，我怎么可以只顾自己逃命呢?”于是边战边骂，最终力量耗竭被杀害。那一天，雷雨大作，山谷都震动了。过了八天，才找到毛吉的尸体。宪宗追赠他为按察使，并录取他的儿子毛科进入国子监学习。不久毛科就考中进士，官做到云南副使。

毛吉一生刚正不阿，时时为民请命，深受人民爱戴。

158. 韩观在维护社会治安方面有什么作为?

韩观（？～1414），字彦宾，一生做事小心谨慎，忠心耿耿，在维护明朝社会治安方面做出了重大贡献。

太祖洪武十九年（1386），韩观平定了柳州（今广西柳州）、融县（今广西融安）等地的叛乱。多次升迁官职后任广西都指挥使。二十二年，剿灭了富川（今广西富川）的叛贼，设置灵亭千户所。二十七年，又会合湖广官军讨伐全州（今广西全州）、灌阳（今广西灌阳）等地的瑶民。二十八年，捕获了宜山（今广西宜山）等县的匪贼。后以征南左副将军的身份跟从都督杨文讨伐反叛的龙州（今广西龙州）土官（明朝在部分少数民族地区设置的官职）赵宗寿，大胜而归。又集官调兵，征讨南丹（今广西南丹）、奉议（今广西田阳）等地的少数民族，使其归顺。三十年，随从杨文讨伐平定了吉州（今江西吉安）和五开（今贵州黎平）反叛的苗人，又和顾成一起讨伐平定了水西（今贵州黔西）等地反叛的少数民族。回来后，管理左府事务。

成祖即位后，韩观仍像以前一样受到信任，命他到广西训练军队、守卫城池，兼管广东、福建、湖广三都司。

永乐元年（1403），韩观和指挥葛森等一起打击斩杀了理定（今广西永福）等县的山贼，活捉了他们的首领，安抚好逃散的人。第二年，他派都指挥朱辉劝降了宜山（今广西宜山）、忻城（今广西忻城）等山寨。第三年，他又平定了浔（今广西桂平）、桂（今广西桂林）、柳（今广西柳州）等地的少数民族叛乱。在后来对安南的征讨中，韩观又负责谋划方略、运送粮食等，保证了出征军队的供给。五年，他率领贵州、两广的官军攻下了被叛贼占据的来宾（今广西来宾）、宾州（今广西宾阳）、上林（今广西上林）等地，平定了叛乱。九年，被授予征夷副将军，统领军队镇守交阯。

韩观在广西镇守的时间很长，当地人为他的威名所震慑，故对朝廷的各项指令也都能认真遵从，从而为明朝的社会安定立下了汗马功劳。

159. 山云是个什么样的人?

山云（?～1438），徐（今江苏徐州）人。父亲山青，凭借百户[①]的身份随从成祖起兵，功勋卓著，官做到都督佥事。山云因承袭父亲的功劳而被任命为金吾左指挥使。

山云相貌魁梧，善用谋略，常能临机应变，在许多征战中都立下了汗马功劳。仁宗即位后，他升任行在中军都督佥事。宣宗宣德二年（1427），韦朝烈在临桂（今广西桂林）等县打家劫舍，四处抢掠，山云被公侯大臣推举前去讨伐。三年正月，宣宗命他佩带征蛮将军印，任总兵官去征伐。山云率兵到达后，叛贼死死守住山头。他们把木头挂在山藤上，还在上面堆放石头，官军一到来，就割断藤条，放下木石，使官军不能靠近。于是山云巧用计谋。他在半夜时分，给牛、羊角扎上火把，驱赶着牛、羊奔向叛贼。叛贼以为是官军来了，立即割断藤条。等到天亮时，叛贼的木石差不多也用完了。于是，官兵们呼喊着攻上山顶，击败了叛贼，并且一鼓作气，相继攻下邻近各地的叛贼据点。

山云正直清廉，从不随意索取。刚到广西任镇帅时，地方官带着礼物来进献。山云知道一旦接受他们的贿赂，以后必会受到要挟，因此，山云不但拒绝他们的礼物，而且还加以严管。从此，那些地方官没有不听从安排的。山云所到之处，必要慰问乡里老人，抚恤百姓，视察民情，很受当地人的爱戴。

他做事赏罚公正，号令严明，和士卒同甘共苦。为人平和宽容，部下如有罪，就向上请示，从不随便杀人。

英宗即位后，山云有一次从马上坠下，摔伤了大腿，便向皇上请求派人取代自己的位置。英宗不但没有准许，反而晋升他为右都督。英宗正统二年（1437），他上疏请求组成狼人部队[②]攻打叛贼，得到了准许。

正统三年（1438）冬天，山云死于镇守任上。他一生兢兢业业，既为明王朝鞠躬尽瘁，也受到广西人的怀念，为他建起祠堂。

---

① 官名，百夫之长，为世袭军职，受千户管辖。百户的官署名百户所。

② 一支训练有素的部队。

160. 陈循为何被贬到边疆?

陈循（1385～1462），字德遵，泰和（今江西泰和）人。成祖永乐十三年（1415），考中进士第一名，授予翰林院修撰之职。由于他很熟悉朝廷的典章制度，成祖便留他在身边为侍臣。宣宗时，晋升为侍讲学士。

英宗正统元年（1436），陈循兼任御前讲席。九年，进入文渊阁主管机要事务。十四年发生了“土木堡之变”，英宗被蒙古瓦剌部俘虏，一些朝臣拥立英宗的弟弟即位，是为代宗。当时朝中人心慌恐，在立帝之事上争论不休，而陈循采取中间立场，得到代宗器重，晋升为户部尚书，继而晋位太子少保兼文渊阁学士，不久又加太子太傅，晋升华盖殿大学士仍兼文渊阁学士。英宗恢复帝位后，由于石亨等人的诬陷，于谦、王文等大臣以阴谋叛逆罪被处死，陈循也受到牵连，被刑杖一百，充军铁岭卫（今辽宁铁岭），当时已七十八岁。后来，石亨诬陷大臣的罪行败露，陈循获释为民，仍居铁岭，一年后病死。宪宗时，于谦等人被昭雪后，陈循也得到平反。

161. 王文为何遭到诬陷而被处死?

王文（1393～1457），字千之，束鹿（今河北束鹿）人。成祖永乐十九年（1421），考中进士，授予监察御史之职。

英宗即位后，王文升任陕西按察使。代宗景泰元年（1450），被召回朝廷掌管都察院的事务。王文为人严峻苛刻，而且很有心机，平时与同僚见了面也只是作个揖，因此同僚们都很畏惧他，朝中大臣也不敢为了私事去找他。然而，实际上他内心阴柔，而且善于谄媚。当初，在审理大理少卿薛瑄的案件时，为迎合大宦官王振的意思就曾想判处薛瑄死罪；后来在审理宦官金英放纵家奴不守法律的案件时，也只是判处家奴有罪。因此被大臣弹劾，但得到代宗的宽恕。

“土木堡之变”发生后，英宗被蒙古也先掳走。当也先答应送英宗回朝时，朝中大臣们便开始讨论迎接的礼节。王文当时担任都御史之职，厉声说道：“你们认为太上皇（英宗）真的能回来吗？也先不索取土地、金帛就能立即送太上皇回来吗？”众臣一直都很畏惧王文，因此便哑然无声而结束了讨论。代宗病重时，改换太子的讨论开始出现，群臣打算请求把沂王（英宗的长子，即后来的宪宗朱见深）接回来立为太子。王文又说道：“我们怎么知道皇上的意思呢？”于是上疏请求代宗早日选定太子。因此，宫里宫外都盛传王文和宦官王诚等人谋划着要立襄世子（襄王朱瞻墡）为太子。

在英宗重新登上皇位的当天，王文和于谦就被逮捕。谏官弹劾王文和于谦等人阴谋立外地藩王为太子。他在为自己辩护时，言辞激烈，语气雄壮。后来查清并无此事，便以其他罪名判处死罪，和于谦一起被押去集市上斩首，他的儿子们都流放边关戍守。

王文的死，虽然人人都知道是被诬陷的，但由于平时刻薄强悍，所以，即便是受冤而死，人们也不同情他。直到成化元年（1465），宪宗才赦免了他的儿子们，同时也恢复了王文的原职。

162. 胡濙为什么能够历事六朝皇帝？

胡濙（1375～1463），字源洁，武进（今江苏常州）人。他历事惠帝、成祖、仁宗、宣宗、英宗、代宗六朝皇帝，为朝廷可以说是鞠躬尽瘁。

惠帝建文二年（1400）考中进士，授予兵科给事中之职。

成祖永乐元年（1403），升任户科都给事中。当成祖即位不久，就听到有传言说惠帝其实并没有死，只是逃走了，引起成祖的怀疑。五年，派胡濙以颁发御制（皇帝编写的）的各种书籍为名，四处悄悄打听惠帝的下落。因此，胡濙在京城以外呆的时间最长，到十四年才回京。所到之处，他也时常把各地的隐情上报给成祖，很受成祖信任。当时皇太子在南京代理国政，汉王朱高煦捏造没有根据的话诽谤太子，成祖便派胡濙前去察访。胡濙到达后，秘密上疏告诉成祖说太子恭敬孝顺谨慎，成祖非常高兴。

仁宗即位后，征召他为行在（古代皇帝所在的地方）礼部侍郎，后转任太子宾客，兼任南京国子监祭酒。

宣宗即位后，仍然任命他为礼部左侍郎。汉王造反，他和杨荣等人协助宣宗亲自出征，平定了叛乱。宣宗把他视作股肱之臣，在宫中就曾设宴邀请过胡濙、杨士奇、夏原吉、蹇义四人，并对他们说：“现在天下太平，是四位爱卿的功劳。”

英宗登上皇位后，下令要节减费用。胡濙便上疏建议减少上贡的物品，裁减番僧（汉族以外的僧人）等，都得到英宗的许可。英宗在“土木堡之变”中被俘，朝中人心大乱，有建议南迁的，胡濙坚决抵制南迁的主张，与于谦的意见相合。由此使内外人心逐渐安定下来。

代宗登上皇位后，胡濙加封太子太傅。杨善出使也先时，胡濙曾上疏给代宗建议附带一些皇帝用的食物和衣服给太上皇（英宗），没有得到答复。针对准备迎接太上皇回归的仪式程序中，也曾多次上疏建议应扩大排场迎接太上皇，均未得到答复。

英宗重新登上皇位后，他年事已高，勉强支撑病体入朝，后便请求离任。胡濙节俭宽厚，喜怒不形于色，礼贤下士。他先后侍奉过六朝君主，在朝时间接近六十年，朝廷内外都称他为“耆德”。

163. 王直在政治上有什么作为?

王直（？～1560），字行俭，泰和（今属江西）人，性格严肃庄重，为官清廉谨慎，是很有名气的一位大臣。他先后在仁宗、宣宗、英宗和代宗四朝任职而始终保持高尚的品德，倍受时人推崇。

英宗正统十四年（1449），蒙古族瓦剌部也先不断入犯大同（今山西大同），英宗在宦官王振的蛊惑下准备亲征。王直率领群臣劝谏，分析了种种不利形势，但英宗不听，执意亲征。结果明军在土木堡（今河北怀来东）覆灭，英宗也被俘北上。事发仓促，朝野震荡，人心浮动。王直安抚群臣，率领群臣请求太后令郕王朱祁钰代理国政，不久又谋划拥立郕王登上皇位，是为代宗，终于使朝廷转危为安。

代宗景泰元年（1450），也先看到英宗作为人质的价值已经不大，就派使者到北京，申述议和及送还英宗之意。

王直率领群臣上疏请求派遣使者迎回英宗并借此观察敌方虚实，但代宗以怕敌方借护送为名来侵犯京城为由而未答应。王直坚持认为派遣使者为好，惹得代宗极不高兴。尽管如此，王直等人仍坚决要求派遣使者，朝廷这才先后派遣李实和杨善等人出使。李实回来后，王直等人上疏请求再派遣使者去迎回英宗，代宗出于私心而没有答应。王直一再请求，说如不派使者，不仅违背天理纲常，也先也会以此作为挑起战争的借口，边关的事务将更加难处理，京城也不能平安。但代宗终究没有听从，结果在杨善接回英宗不久，也先就以此为借口派遣骑兵侵犯边关。

当时，权力刚刚由英宗移交到代宗手中，大臣们都持观望态度，把持朝政的大臣则多迎合皇上意愿以求取欢心。而王直却能理直气壮地建议派遣使者，议论公正刚直而不随波逐流，因而为时人赞赏。

164. 于谦为什么被称为民族英雄?

于谦（1398～1457），字廷益，浙江钱塘（今杭州）人。七岁的时候，有个和尚惊奇于他的相貌，说："这是将来的救世宰相呀。"成祖永乐十九年（1421），于谦考中进士。

英宗正统十四年（1449），"土木堡之变"发生。瓦剌首领也先俘虏了英宗，以英宗为人质，不断骚扰边境。也先知道明朝廷决心抵抗瓦剌，就以送英宗回朝为借口，大举进犯北京。

这一年十月，瓦剌军很快打到北京城下，在西直门外扎下营寨。于谦立刻召集将领商量对策。石亨认为明军兵力弱，主张把军队撤进城里，然后把各道城门关闭起来防守，日子一久，也许瓦剌会自动退兵。于谦则说："敌人这样嚣张。如果我们向他们示弱，只会助长他们的气焰。我们一定要主动出兵，给他们一个迎头痛击。"于是他积极部署迎战策略，并亲自率领一支人马驻守在德胜门外，叫城里的守将把城门全部关闭起来，表示有进无退的决心，并下了一道军令：将领带头后退的，就斩将领；兵士不听将领指挥，临阵脱逃的，由后队士兵负责斩杀。将士们被他的勇敢坚定感动，下决心跟瓦剌军拼死战斗，保卫北京。

当初，也先部队深入，以为早晚会攻下京城，等见到明军严阵以待，大失所望。叛变的宦官喜宁教唆也先邀请明朝大臣迎接英宗，又邀于谦及王直、胡濙等出城谈判。代宗不准许。也先更加沮丧。后来也先部队来到德胜门，于谦便令石亨设下埋伏，也先的弟弟孛罗、平章卯那孩被打死，也先部队又转移到西直门，都督孙镗奋力抵抗，石亨也率领部分兵力来到，敌人撤退。副总兵武兴和都督王敬在彰义门一起挫败了也先的前锋。也先部队赶到土城，居民爬上屋顶，呼喊着用砖石投掷敌人，援兵赶到后，敌军被迫撤退。相持了五天，也先便拥着英宗向西逃去。北京城保卫战，取得了辉煌的胜利。

评功时，代宗加封于谦少保，负责总督军务。于谦坚决推辞，代宗不准。接着于谦又请求增兵保卫真定（今河北正定）、保定（今河北保定）、涿州（今河北涿县）、易州（今河北易县）等府州，派大臣镇守山西，防止敌寇南侵，坚决抗击外侵军。

于谦坚决主张打击蒙古瓦剌的入侵，并取得了北京保卫战的胜利，捍卫了朝廷的尊严，维护了人民的安全。

165. 王骥是进士出身为什么却频立战功?

王骥（1378～1460），字尚德，束鹿（今河北辛集）人。成祖永乐四年（1406）考中进士，授予兵科给事中一职，奉命镇守山西。在任期内，他严肃法度，境内非常安宁。他还曾率军夫九万营建北京。后升为兵部尚书。

当时北方边境时常遭到瓦剌的侵扰，英宗正统二年（1437），王骥奉命整治军务，斩绝了往年临阵退缩的将领，众将很受震慑。又大规模地检阅将士，勤于练兵，打造武器，积草屯粮，整肃军容，因此军队士气大增。瓦剌将领巴秃孛罗领兵侵犯，王骥派将领前去迎战，将巴秃孛罗擒住，并俘虏了他的部众。战后，王骥又裁减了三分之一的边防军兵，实行轮番值防的方法，不仅使军兵能够得到休息，而且减轻了运输之劳。

不久，蒙古瓦剌阿台朵儿只伯率军来侵犯。王骥与诸将奋力迎战，大败敌人，擒获敌军的枢密、同知、佥院等十五人，万户两人，降服了敌军所属的部落，转战一千多里，阿台朵儿只伯远逃。

后来，思伦发叛乱。王骥分别于正统六年（1441）、八年、十三年三次南征麓川。虽然三次都未捉到思伦发，但每次都能大败敌军，对稳定西南边防起了重要作用。

王骥虽是进士出身，但擅长骑马射箭，为人刚毅有胆量，又通晓军事谋略，因此能频立战功，为朝廷的稳固做出了自己的贡献。

166. 徐有贞在水利方面有什么建树?

徐有贞（1407～1472），字符玉，起初名理，后改为有贞，吴（今江苏苏州）人。宣宗宣德八年（1433）考中进士。他非常喜欢探究天文、地理、水利等方面的知识。

代宗景泰三年（1452），升任右谕德（官名，职责是对皇太子教谕道德，随事讽谏）。当时，黄河在沙湾（今山东寿张）决口已经有七年，先后前去的官员都没能治理好。朝廷大臣都推举徐有贞，代宗便提拔他为左佥都御史，派去治理黄河。

徐有贞到达后，先去观察估量了一下水势，然后给代宗呈上三个方案：一是设置水门，一是开通支流，一是疏通运河。代宗一一批准。徐有贞于是征集民夫，亲自率领监督，开始建立水闸，治理河渠，经过五百多天的艰辛努力，工程圆满完成。

当初徐有贞向代宗呈上方案时，王竑因为觉得漕渠淤积阻碍船只的运输，因此主张尽快堵塞决口，而徐有贞则认为治理河渠应着眼于长远利益，秋冬之季即使堵住决口，来年春天还会再次决口，那样只能是白白辛苦一场而没有好处。最终代宗听从了他的建议。

在工程进展过程中，代宗认为当时转运粮饷最为迫切，因此，工部尚书江渊等请求增派京城的军队前去支援，并要求限期三个月完成。徐有贞上奏说："京城的军队一出动，每天的费用便多得不可计算，而现在溃决的大堤已经坚固，泄口也已经合拢，只要使用沿岸的民夫就足够了。"于是，江渊的建议被废弃，工程也按期完成了。

竣工后，代宗召徐有贞回京，加官封爵。后来又派徐有贞出京巡视漕河。

景泰七年（1456）秋，山东发大水，河堤大多毁坏，只有徐有贞负责修筑的河堤还和以前一样，代宗便派他去治理。他从临清（今山东临清）到济宁（今山东济宁）分别设置减水闸，水患全部根除。回京后，受到奖赏慰劳，升为左副都御史。

徐有贞在水利方面取得了很高的成就，给百姓带来了很大的利益。

167. 杨善是怎样从瓦剌迎回明英宗的？

杨善（1385～1458），字思敬，大兴（今属北京）人。成祖起兵时，因参预守城有功，被授予典仪所引礼舍人之职。

代宗景泰元年（1450），杨善奉命出使蒙古与也先议和。到达后，也先派来迎接杨善的人在与他饮酒时问："'土木堡之战'时你们的军队怎么那么胆怯呢？"杨善回答："当时年轻力壮的官兵们都南征去了。王司礼（大宦官王振）只是建议太上皇巡视那里，并没有进行作战的准备，因此让你们得逞了。不过，现在南征的将士都回来了，有将近二十万人马。他们平时都用神枪火器来训练，百步之外就能射穿人马；在边防要塞又埋了三尺深的铁锥，马蹄一踏上去就会被穿透。"那人听了大惊失色。

杨善接着又说道："可惜现在这些都用不到了。"那人赶忙问："为什么？"杨善说："我们和议成功了，现在就是亲兄弟，还用它干什么？"那人听了大松一口气，赶忙回去把这些话告诉了也先。也先非常高兴。

第二天进见也先时，杨善便责问说："太上皇在位时期，我们给太师您的黄金钱币从没有断绝，太师您为什么要背弃盟约呢?"也先说："你们削减了我的马价，给我的布帛也多被剪断，前前后后派去的使者很多都没有回来，而且还减少了赐给我方使者的礼物，这是为什么?"杨善回答："太师您送来的马年年增多，价格难以维持，而我们又不忍心拒绝，所以只能稍微减少一点；布帛被剪断，是翻译官干的，事情败露后，已经被杀掉了。就是太师您上贡的马也有优有劣，貂裘有好有坏，这难道也是太师您的意思吗?您派遣的使者好多人之所以不回去，只是因为他们或是做了强盗，或是触犯了法律，担心回来后被惩处，因此逃跑了；前来进贡的使者接受赐宴时，往往虚报人数，我们减少的只是虚报的人数，只要本人到了就一定有礼物。上天有好生之德，您两次进犯，双方死伤无数，如果现在送还太上皇，我们和好如初，这不是两全其美的事情吗?"也先说："可诏书上并没有说要奉迎太上皇啊?而且你们为什么不带着重金来换?"杨善胸有成竹地说："这就是想成全太师您的名声啊！如果写在诏书上，这就是说太师您是迫于朝廷之命而非出自真心；如果拿着财物来，人们就会说太师您送还太上皇只是贪图那一点点的钱财，如今您主动提出送还太上皇，百姓就会称赞您是个仁义之人，必定会名垂史册，称颂万世的。"也先听后连连点头。最终答应杨善陪太上皇回京。

回京后，举朝上下都极力称赞杨善，认为他立下了汗马功劳。但代宗对他的赏赐却很少，因为在杨善带给也先的诏书上并没有写着要奉迎太上皇的话，因此，杨善陪着太上皇归朝，代宗认为这并不是当初派遣出使的旨意，所以对他的赏赐很少。

168. 王越在与蒙古诸部的作战中立有什么战功?

王越（1423～1498），字世昌，浚（今河南濮阳境内）人，代宗景泰二年（1451）考中进士。他身材修长，力气很大，擅长射箭，而且喜欢广泛阅读各类书籍，非常有谋略。

宪宗成化三年（1467），朱永受命征讨毛里孩（蒙古部落名），王越做他的军务助理。五年冬，敌兵侵入河套（今内蒙古南部），巡抚王锐请求增派军队，宪宗便命令王越率军前往。王越到达榆林（今陕西榆林）后，分东西两路攻击都大获全胜，敌军退去。

成化六年（1470）三月，阿罗出等敌军不断侵扰边境，朝廷命朱永为将军，与王越共同维护边境安全。王越率兵在开荒川（陕西境内一条河流）打败敌人，阿罗出也被乱箭射中，身受重伤，逃回营地。

成化九年（1473），满都鲁、孛罗忽、乩加思兰等蒙古部落大举侵入，直抵秦州（今甘肃天水）、安定（今甘肃定西）等州县。王越亲率精锐部队采用围魏救赵之计，直捣敌人老巢。将要到达时，突然刮起了暴风，尘土遮天蔽日，一个老兵上前说："这是老天在帮助我们。暴风骤起，敌人不容易发现我们；回去时，我们又必定会遇到返回的敌军，我们顺风攻击他们，一定能战无不胜。"王越听了大喜，立即分兵两路，果然大破敌军，焚烧了敌人的帐篷，缴获了大量牲畜器械等，从此西部边境安定了数年。

成化十六年（1480）春，延绥（今陕西绥德）守将上奏说敌人已经侵入靖虏（今甘肃靖远）。宪宗命朱永为平虏大将军，王越为提督军务。王越到大同（今山西大同）后，打听到敌人的营帐所在地，便派兵秘密前去攻打，恰好碰上风雪大作，天地一片昏暗，敌人难以发觉，因此大破敌军，缴获牲畜无数。

成化十七年（1481），又和汪直、朱永率军出大同，遇到敌军抢掠，王越率军追击敌人到黑石崖，擒杀一百二十余人，缴获战马七百匹，加封太子太傅。

孝宗弘治十年（1497），敌军侵犯甘肃，孝宗命王越前往讨伐。当时，王越虽已七十岁了，依然大胜而归。

王越身经百战，非常了解敌方与己方的实力，知己知彼，所以在出兵时，常能出奇制胜。他对待士兵也非常慷慨，因而士兵也都乐意追随。

169. 罗亨信是什么样的人？

罗亨信（1377～1457），字用实，东莞（今广东东莞）人，成祖永乐二年（1404）考中进士。

仁宗时，罗亨信担任御史之职，很有声誉。宣宗宣德年间，罗亨信被推荐去做地方官，宣宗便命他受按察佥事（负责考核吏治的官员）的俸禄，等待升迁。

英宗即位才三个月，罗亨信就被提升为右佥都御史，在平凉（今甘肃平凉）、西宁（今青海西宁）等地操练兵马。英宗正统二年（1437），蒋贵受命征讨阿台和朵儿只伯，罗亨信参预军务。到达鱼儿海后，由于粮饷不能及时运到，蒋贵等人就想率军返回。罗亨信责备他们说："你们接受朝廷的厚恩，关键时候不知尽忠报国，难道要临阵脱逃吗？"蒋贵等不听劝告。罗亨信便上疏向英宗报告了实际情况。第二年，明军大破敌人后，罗亨信凭借参预谋划军事的功劳而晋升一级。

后来，罗亨信改任宣府（今河北宣化）、大同（今山西大同）巡抚。正统十年（1445），晋升为右副都御史。当时，英宗派人去测量军田，凡超出八十亩以外的都要每亩征收税粮五升。罗亨信便上疏说："文皇帝（成祖）时就下令让边防军人尽力去开垦田地，不征粮税；陛下您不也曾重申这条诏令吗？如今为何又要改变初衷呢？边疆防卫劳苦，没有其他生计，只有从事田耕才能养活自己。况且边塞的土地非常贫瘠，每年的收成非常微薄，如果再征收粮税的话，百姓一定不愿再进行耕种，这样就会导致百姓四处逃散，人心日益涣散。将来谁防守边疆呢？"英宗看了奏章后，便取消了这条规定。

在"土木堡之变"发生以前，罗亨信就曾上疏说过蒙古也先有图谋不轨之心，应增置京城防卫，加强北部要塞的守备。可惜的是兵部竟将其奏章置之不理。"土木堡之变"发生后，人心大乱。宣府的某些官员建议放弃宣府城赶快逃命。罗亨信就手持利剑坐在城下，并下令说："有敢弃城逃跑的立即斩首！"然后与将领们立誓要恪尽职守，死守城池为朝廷尽忠，人心这才安定下来。后来，也先挟持太上皇（英宗）来到城下要求开门。罗亨信登上城说："奉朝廷的命令死守城池，因此不敢擅自打开城门。"终于使也先怅然而去。代宗景泰元年（1450），罗亨信升任为左副都御史时已经七十三岁了。第二年，他便上疏请求辞官退休。英宗天顺三年（1459）去世。

终其一生，罗亨信既能体恤民情，又能坚守岗位，对朝廷可谓忠心耿耿。

170. 孔镛的生平情况怎样？

孔镛（1417～1489），字韶文，长州（今江苏吴县）人，代宗景泰五年（1454）考中进士。在任都昌（今江西都昌）知县时，受到当地百姓的信赖。后改任连山（今广东连南瑶族自治区）知县。当时，瑶族和僮族中的盗贼经常在周围地区出没，县中的百姓大都四处逃散了。孔镛便前往招抚，慰劳抚恤，百姓相继迁回。于是连山县的生产生活逐渐恢复了。

孔镛随从都御史叶盛征讨广西叛乱时，经常看到将领们滥杀无辜，便极力劝说他们，保全了很多人的性命。

宪宗成化元年（1465），任命他为高州（今广东高州）的代理知府。当时，瑶族中的一些盗贼发动叛乱，高州境内非常不安定。孔镛到任后，却大开城门，接纳前来投奔的百姓，不使他们流亡在外；对于因瘟疫而死的人，则修建了义冢而进行埋葬。这与前任知府的行为截然不同。

那时大约有十余股盗贼盘踞在高州境内，而其首领冯晓盘踞在化州（今广东化州），邓公长盘踞在茅峒，曾屡次招抚，都不投降。有一天，孔镛只坐着一辆马车带着两个马夫前往茅峒。路上遇到邓公长的手下，便让他带领去见邓公长。这个手下心机很沉，故意带着孔镛在树林中绕路走，孔镛回头看看马夫，已跑了一名。等到了盗贼营地时，另一名马夫也不见了。邓公长一听说新太守到来，就立即招呼党羽们穿上铠甲准备迎战，结果只见是孔镛一人，因而神情非常沮丧。孔镛坐下后对他们说："我深信你们本性善良，只是由于生活困苦，无奈之下才沦为盗匪。前任知府不能体谅你们的处境，动不动就派官兵围剿；我奉朝廷之命，身为父母官，哪忍心加害于你们？如果相信我，肯归顺，我自然会赦免你们；假使你们护送我回府城，我会以稻谷布帛相赠，希望你们以后不要再抢掠；若是不肯归顺，也可以杀了我，日后自然会有官军前来讨伐，出现这种后果，你们要自行负责的。"第二天，邓公长便送孔镛回城。孔镛果真让人取来粮食布帛等财物，让他们装载而归。邓公长很是感激，便率领数千党羽投降了。

邓公长投降后，冯晓却仗着所据险要地势，不肯投降。孔镛便挑选二百精壮兵士，趁黑夜直抵化州。冯晓仓皇逃走，结果他的妻儿被孔镛俘获。孔镛对他们抚恤的非常丰厚，冯晓很受感动，便也投降了。

成化十四年（1478），孔镛升任为按察使。后又升迁为左布政使。不久，又以右副都御史身份巡视贵州。当时，贵州有个叫阿溪的山民首领，为人狡猾，桀骜不驯，他的养子也特别蛮横，二人沆瀣一气，横行于当地。又因地方官吏都收了他们的贿赂，使其更加飞扬跋扈。孔镛到来后，巧用计谋，从他们二人身边的亲信下手，终于活捉了这两个人，震慑一时。

孔镛为官廉洁，在边疆任职三十年，很有建树。孝宗弘治二年（1489），在被召回任工部右侍郎时，死于路上，终年六十三岁。

171. 杨洪在守卫边疆方面有什么功绩?

杨洪（1381～1451），字宗道，六合（今江苏六合）人，擅长骑马射箭。

成祖时，曾跟随北征，到达斡难河（今蒙古境内，黑龙江之源），缴获敌方人马而归。成祖认为他是将才，提拔他为千户（武官名）。

宣宗宣德四年（1429），宣宗命他率二百名精锐骑兵专门在边塞巡守，又命他负责筑西猫儿峪城（今内蒙古境内），留兵戍守。

英宗时，被授予游击将军。当时，先朝的老将大都已过世，杨洪是后起之秀，因敢打敢战而闻名于朝，而且他作战机智敏捷，常能出奇制胜，因此，朝廷大臣都知道他有才能，碰到有在皇上面前诋毁他的，常能为他辩护。杨洪由此得以施展才能，也更加奋进，尽力报效朝廷。

英宗正统三年（1438）春，杨洪率兵在伯颜山攻击敌军，他坐下的马突然跌倒，但他仍奋勇作战，最终擒获了敌人的四个头目，大败敌军。英宗为此专门下诏书慰问，并派医生探望。

正统九年（1444），蒙古兀良哈部侵犯延绥（今陕西绥德），杨洪与韩政等率兵出大同，在克列苏（今山西境内）打败敌军，升为左都督。

代宗即位后，蒙古也先曾一度进逼京城，代宗急令杨洪率兵入京守卫。等杨洪到达时，敌人已经退去，杨洪立即率兵追击，在霸州（今河北霸州）击败敌军。

杨洪带兵严格整肃，以勇敢善战闻名，当时人都称他为“杨王”，他成为当时边将的典范。

172. 石亨为什么支持明英宗复辟?

石亨（？～1460），渭南（今陕西渭南）人，善于骑马射箭，能用大刀，每次作战总能击败敌人。

英宗正统元年（1436），石亨因斩敌众多，累计功劳，升任为指挥佥事。十四年，石亨巡视塞外时遇到兀良哈的部众，大败敌寇，升任为都督同知。那个时候，边将中有智有勇的首推杨洪，其次就是石亨。石亨虽然是副将，但朝中非常倚重他。

北京保卫战中，石亨采用于谦的计策，设伏兵诱击，杀死很多敌军，继而在西直门外将敌军打退。论功劳，石亨最大，升为侯爵。代宗景泰元年（1450）给予可以世代享受特权的铁券。

景泰八年（1457），代宗将要祭祀天地，疾病发作不能举行典礼，召石亨代替。石亨受命来到床前，看见代宗病得厉害，便起了异心，联合曹吉祥、徐有贞等人密谋拥立英宗复辟，希望立下千秋功勋，以邀功受赏。八年正月十七日，徐有贞、石亨、曹吉祥等人乘代宗病重之际发动政变，拥立英宗复辟，史称“夺门之变”或“南宫复辟”。石亨因拥立有功，受到英宗的重用和赏赐，由武清侯升为忠国公。

173. 郭登在巩固边防方面有什么作为?

郭登（？～1472），字符登，郭英的孙子，博闻强志，擅长议论，喜欢谈论兵法。

英宗正统年间，郭登跟从王骥征讨麓川（今云南瑞丽），立下战功，提拔为锦衣卫指挥佥事，又跟从沐斌征讨腾冲（今云南腾冲），升任代理都指挥佥事。

正统十四年（1449），他在跟随英宗北征的战争过程中，不仅英勇奋战，还积极修整城墙，修缮兵器，抚恤士兵，吊问死者家属，慰问受伤的战士，并亲自为他们包扎伤口。

代宗景泰元年（1450）春，郭登侦察得知蒙古瓦剌从顺圣川（今河北阳原）侵入并在沙窝（今河北沙窝）安营扎寨，便率兵追踪。在行进途中，探子报告说敌军差不多有一万人，而郭登只率领了八百人，敌众我寡，将士们面露惧色，纷纷请求撤回。郭登大声呵斥道：“我们一心想着退避，如果走到半路正当疲倦时敌军追来，各位还能保全么?”说到这里，拔出剑来插在地上说：“凡是说退回的立即斩首!”军心才稳定下来。郭登随后领军前进，迅速逼近敌营。敌军发现后仓促迎战，郭登连发两箭，射死敌人两个头目，明军声势大震。郭登一马当先，乘势又斩杀敌军头目一人，这时官兵们无不奋勇杀敌。敌军措手不及，慌乱中无法准确判断明军实力，瞬时溃散。明军自在“土木之变”中大败后，边防将领无人敢与瓦剌交战，而郭登的这次大捷则给了将士们莫大的鼓舞，士气为之一振。朝廷得到捷报，封他为定襄伯。

四月，敌军数千骑又蜂拥而至，郭登出城迎战。他早先已经在城内埋伏好了士兵，在迎战时假装战败，将敌人诱入城内，大败敌军。

又预测到敌人很可能会再次侵犯，便让兵士拿着毒酒、猪羊、纸钱等伪装成祭坟的人，让他们一看见敌人就立即丢下食物逃跑。结果那些敌人看到食物后，争相抢夺，最终因一时贪嘴而命丧黄泉。

郭登智勇双全，带兵也纪律严明，作战料敌如神，为朝廷立下汗马功劳，维护了边塞的安定。

174. 仇钺一生有哪些战功?

仇钺（1465～1521），字廷威，镇远（今贵州镇远）人。

武宗正德二年（1507），仇钺因人推荐被提拔为宁夏游击将军。五年，安化王寘鐇及都指挥何锦、周昂，指挥丁广造反。仇钺当时驻扎在城外，听说变故后想逃离，但担心城内妻儿的安全，于是率兵进入城内，将自己率领的军队归属到叛军手中，自己却回家称病卧床。何锦等人都相信了他，还时常向他询问计谋。仇钺也假装实心帮他们，但暗地里却结交壮士，并派人谎报军情说官军马上就要到了。仇钺趁机哄骗何锦他们，让他们迅速出兵守住渡口，不让官军渡过黄河。何锦信以为真，率兵倾巢而出，只留下周昂独自守城。

寘鐇（zhìfán）召仇钺参加出兵的祭旗仪式时，仇钺声称自己病得厉害，于是周昂便到仇钺家里想去探个究竟，未曾想，遭到仇钺早已埋伏好的壮士的袭击，被打死了。仇钺立即披戴上盔甲，提着周昂的人头，带着自己召集的壮士，冲向寘鐇的府第，把他绑了起来，并假传寘鐇的命令，让何锦他们回来，暗中又把寘鐇已被擒获的情形告诉了何锦等人的部下，因此叛军完全溃败。何锦、丁广单枪匹马逃到贺兰山被抓获。叛乱起事仅十八天就被平定了。但可惜在论功的时候，由于宦官刘瑾亲近陕西总兵官曹雄，将仇钺的功劳全部归于曹雄，因此仇钺并没有得到特殊的提拔，直到刘瑾被诛杀后，才被提升为代理都督佥事，担任宁夏总兵官，后被封为咸宁伯，赐予可以世代享受特权的铁券。

正德七年（1512），仇钺被授为平贼将军一职，与彭泽等一起讨伐河南叛军刘惠等，一路追击过去，大败叛军，出师四个月，河南叛军全部被平定。

正德八年（1513），大同传来警报，武宗又命他担任总兵官，前去抗击，他到达之后，正值叛军侵犯万全沙河，三天大战，最终将叛军赶走。

正德十年（1515），仇钺称病解除了职务。世宗即位后，再次起用他，可惜还未上任就去世了。

175. 杨锐在平定朱宸濠叛乱中立有什么功劳？

杨锐（？～1532），字进之，萧县（今安徽萧县）人。当时，宁王朱宸濠有谋反之心，王琼认为安庆（今安徽安庆）居于要害之地，应该加强防守，于是提拔杨锐为代理都指挥佥事，守卫这个地方。杨锐与知府张文锦修造战船，每天督促士兵操练水战，以备战事。武宗正德十四年（1519），朱宸濠造反，率军向东而下，烧毁彭泽（今江西彭泽）、湖口（今江西湖口）、望江（今安徽望江），涌到安庆城下，有战船五千多艘。杨锐等人开始在长江边抵抗，后不能敌，退入城中，被叛军围困。城中将士分四面防守，杨锐和崔文防守最为重要的城西。杨锐昼夜抵抗，杀伤叛军二百多人，并斩杀了叛军的间谍，才使叛军渐渐退却。

七月，叛军的全部兵马到达安庆城下，号称十万人，战船相连六十多里，朱宸濠亲自督战。江西佥事潘鹏投降了叛军，奉命到城下劝降，城内军心动摇。杨锐将潘鹏的家僮腰斩示众，才使军心稳定下来。朱宸濠大怒，把安庆团团包围，并加紧攻城，杨锐等人殊死搏斗。当时守城的兵士还不到一百人，其他的全是民兵，老弱和妇女送饭，并运送石头，每人运送一两块，几天就堆积如山。叛军攻城时，便纷纷投下石头，逼使叛军的攻势渐缓。杨锐又向叛军营地射去书信，劝告他们解散，许多人都逃跑了。他还招募敢死队趁夜偷袭叛军营地，使他们整夜都惊扰不安。朱宸濠沮丧地说："安庆尚且不能攻下，怎能指望南京?!"恰逢官军收复了南昌（今江西南昌），于是叛军撤去。杨锐等人又出城袭击，打败叛军，前后十八天，安庆解围。

在平定朱宸濠的叛乱中，杨锐派人守卫安庆城，击退叛军，功不可没。事后，武宗非常高兴，提拔他为参将。

176. 岳正是一个什么历史人物？

岳正（1418～1472），字季方，漷县（今北京附近）人。英宗正统十三年（1448），考中进士。英宗天顺初年，得英宗赏识而进入内阁。

英宗一开始非常信任岳正，凡事要向他征询意见，岳正也不负所托，能够客观冷静地进行分析，指出其中的利弊。一次，石亨的侄子石彪在镇守大同（今山西大同）时打了胜仗，派人进献俘虏和战利品。英宗让内阁大臣们询问情况，派来的人说捕获斩首的敌人不计其数，只是不能全部送来，都杀了扔在树林里。岳正指着地图反问："某地至某地，都是沙漠，你们杀了扔在哪个树林里？"派来的人哑口无言。

当时，石亨、曹吉祥权力很大，非常放肆，英宗很厌恶他们，却又无可奈何。岳正建议使用离间计，英宗答应了。可惜他谋事不够周密，被石亨和曹吉祥识破。他们先下手，到英宗面前哭诉。英宗安慰了他们，斥责了岳正。后来，岳正上疏弹劾石亨时，英宗就不再听从了。石亨、曹吉祥又散布流言说岳正表面上公正直言，实际上毁谤朝政。英宗非常生气，把他贬为钦州（今广西钦州）同知。经过漷县时，因母亲年老，便在家里逗留了十天，被人借机诬告，先是关入钦犯监狱，后来流放肃州（今甘肃酒泉）戍守。直到石亨、曹吉祥获罪被处死，才被释放。

宪宗继位后，在御史吕洪等人的请求下，岳正回到朝廷。他自认为能够担当重任，却仅被任用为南京国子监祭酒，就不高兴。宪宗成化元年（1465），调任为兴化（今江苏兴化）知府。他到任后，筑堤灌田数千顷，节省虚浮的费用，经营管理储存粮食的仓库，很想有一番振兴和改革。但本地官吏不仅不帮助他，还加以诽谤。岳正也厌恶这个官职，就辞官而去，直至去世。

岳正学识渊博，善写文章，性格豪放，敢于直言进谏，但也自视太高，不能谦让。

177. 王翱是如何提督军务的？

王翱（1384～1467），字九皋，盐山（今河北盐山）人。他的一生经历了永乐、洪熙、宣德、正统、景泰、天顺、成化七朝六帝，可谓元老重臣。在提督军务方面，功勋卓著。

宣宗宣德五年（1430），王翱到四川巡视。当时，松藩（今四川松藩）地区的少数民族暗中起事，不能控制。他明察秋毫，巡视完毕后，根据实际情况做出五条决定：（1）命陈怀将指挥所移往松藩前线指挥作战；（2）于农闲时运送军粮，并由官军护送；（3）严禁地方官吏损害百姓利益；（4）松藩各州县遍设社学①，广开教化，以提高当地少

① 朝廷倡导民间创办的小学，内容多为启蒙教育。

数民族文化水平；（5）令有罪的人交纳粮食赎罪，用于会川（今四川会理）银场每年运米八千石供应军队的往返劳务费。这五件事中，只有第一件是有关军事的，其余四件都是以减轻百姓负担、惩办贪官为目的。由于王翱处置得当，第二年正月，陈怀便平定了动乱。王翱秉公执法，惩恶扬善，处置妥当，深得人心，两次平定松藩地区的动乱。

英宗正统六年（1441），王翱代替陈镒镇守陕西，短短的一年间，政绩斐然，对当地军民中有借贷官粮而没有能力偿还的，在核实后都予以免除了。

正统七年（1442）冬，王翱统领辽东军务，针对军令松弛的情形进行了一番改革。首先是整顿军纪。对玩忽职守丧失军纪的，立即斩首，使得众将惶恐不安，都愿意效死赎罪。其次是加强防务。王翱亲自巡视边疆，发动军民疏浚沟堑，修缮从山海关到开原（今辽宁铁岭北）的长城，五里设一堡，十里为一屯，并设置烽火台，使烽燧相接，形成严密的防御系统。第三是训练军中将士，提高作战能力。第四是安抚老幼，鳏寡婚配。军民的生活得到切实关照，都非常高兴，人心稳定。第五是针对边塞孤远、军饷匮乏的现状，令犯罪的人向官府输粮赎罪。由于改革措施得当，辽东局势大为改观。兀良哈屡次进犯，王翱与总兵曹义也多次出塞反击，都大获全胜。正统十二年，脱脱不花大举进犯广宁（今辽宁北镇），王翱正在阅兵，因仓促应战而被打败，只得撤入广宁城守御。此时，有部将看到来敌气势汹汹，劝说王翱弃城逃走。只见王翱手握利剑，厉声喝道："有谁再敢说弃城逃走，立即斩首！"于是，全军将士得到鼓舞，拼死奋战，终于打退了来犯之敌。从正统七年提督辽东军务，到代宗景泰三年（1452）被召回京城，王翱在辽东经过了整整十年的战斗生活。王翱是临危受命的，在他的详密沉着的处置下，革旧习、除积弊，提高军队战斗力，加强边疆防务，从而保障了边境及内地的安定生活。

178. 年富在理财方面有什么作为？

年富（？～1464），字大有，怀远（今安徽蚌埠）人。本来姓严，因别人错呼为"年"，以讹传讹，也就改"严"为"年"。他先后在地方和京城任职，不论在哪里，都清廉刚正，始终不渝，是一代名臣。

年富处事果断敢为，掌管刑科内部事务时，不畏权势，纠正都御史颜佐等人的过错，为已判死刑的十七个人平反冤案，又上疏弹劾颜佐等人。还多次上疏请求淘汰多余的士兵，抑制官员、权势之家侵吞良田，制止贪污，增加粮食储备。在任右副都御史期间，曾视察大同（今山西大同）驻军，发现石亨等权势贵族侵吞运往边关的粮食，进行查处后又上疏弹劾，终于使石亨等人受到法律制裁。由此威名震天下，也受到权贵之家的诬陷诋毁，但在掌握朝政的于谦的保护支持下，他的才干仍能继续施展。年富特别关注守边的士兵们的疾苦，要求恢复被削减克扣了的军饷。代宗景泰七年（1456），他上奏请求严明司法军纪，禁止官员奴役士兵。当时，张懋等权贵在边境经营田庄，常常奴役士兵耕种，受到年富的弹劾，使那些被奴役的士兵们全部返回部队。

年富尤其善于理财。当“土木之变”发生后，边境的道路被阻隔，年富负责转运粮食，从没有超过规定的时间，总能按时送到。英宗天顺四年（1460），他被任命为户部尚书，掌管全国财政，于是斟酌盈利和亏欠，严格收入支出，并亲自计算，将户部财务处理得井井有条。宪宗成化年间，年富推荐杨睿、余子俊等人代替左布政使孙毓管理陕西粮饷，宪宗同意，并罢免了不称职的孙毓。

在年富的从政生涯中，最突出的一点是关心民间疾苦。当时，江南百姓租种富人的农田，要交纳很重的田租，一遇上灾荒年景，朝廷就下诏减免税粮，但是，在佃农向地主交租、地主向国家交税的情况下，这种减免税粮的诏令，只有利于地主富户，而佃农的负担没有丝毫的减轻。对此，年富要求朝廷下令，凡受灾的地方，佃户所耕种的农田，照例减免田租。又通过调查发现，每逢饥年，地方官府都没有现粮救济贫民，一些大户人家却囤积居奇，抬高粮价以牟取暴利，而州县官员竟束手无策，毫无救恤的办法。因此，他奏请朝廷并得到批准，今后凡遇荒歉之年，地方官府为贫民订立契约，借贷富户的粮食分发给贫民，等丰收之年再偿还，富户不能提价，但官府可以免去富户人家的杂役，以此来抵消利息。

179. 王竑任地方官时有什么政绩？

王竑（hóng）（1413～1488），字公度，祖籍江夏（今湖北武昌），后因祖父戍守河州（今甘肃兰州），便在这里落户。英宗正统四年（1439），考中进士。

代宗景泰二年（1451），朝廷派王竑管理通州（今北京通州）至徐州（今江苏徐州）一段水路的粮食物资转运，兼任淮（今江苏淮安）、扬（今江苏扬州）、庐（今安徽合肥）三府巡抚，并且兼管两淮盐税。王竑到任后，屡次上疏请求皇上亲近贤臣疏远小人，澄清吏治，安抚民心。代宗采纳他的建议，下令大臣们整顿反省，直言进谏。当时，江北、徐、淮等地连年遭遇水灾，死者无数，王竑果断地开仓赈灾。山东、河南等地的灾民也一齐涌来，库存粮食不够供给。王竑又不顾宦官的阻拦，坚决打开徐州的广运仓，把库存的粮食全部发放出去。之后，他上疏表示愿意承担擅自做主的责任，并请求朝廷尽快拨款赈灾。代宗不仅没有怪罪他，还命人携带赈灾款火速赶往徐州。王竑又建议让那些被判处死罪以下的犯人，可以在灾荒之年用交纳粮食来赎其罪过。同时，还下令要求淮河地区的富户船商们捐献粮食钱财以救济灾民。亲自巡视救济物资的发放情况，帮助灾民恢复生产，安顿流民返乡。经过努力，保全救活了一百八十五万多人，百姓们感恩戴德，颂扬声不断。代宗听说之后非常高兴，颁布诏书，嘉奖王竑。这一时期，王竑还弹劾了许多贪官污吏，除掉了不少损害百姓利益的粮长，受到广大百姓的爱戴。

英宗恢复皇位后，王竑被改任为浙江参政。英宗天顺六年(1462)，又受命管理淮安、扬州一段水路的粮食物资转运，当地百姓听说后都欢呼雀跃，欢迎的人群几百里都络绎不绝。

180. 李秉为官正直为什么却遭到弹劾?

李秉（? ～1489)，字执中，曹县（今山东济宁）人，英宗正统元年（1436）考中进士，历任户部主事、右佥都御史、巡抚、左都御史、吏部尚书等职。

李秉为官正直，不畏权势，所到之处，必惩治贪官污吏。任户部主事时，将宣府（今河北宣化）地区豪强所侵占的屯田还给百姓，严厉禁止官吏对百姓非法勒索。代宗景泰年间，他在宣府管理军饷，不畏权贵，揭发上司刘琏侵占勒索的种种罪行。巡抚边疆时，弹劾玩忽职守、贪婪放纵的都指挥使杨文、杨鑑和都督江福，以及骚扰百姓的宦官弓胜等人。英宗天顺年间，在江南管理粮食储备时，揭发宦官金保利用职权收受贿赂、非法勒索等罪行。宪宗成化年间，在处理辽东到大同（今山西大同）的边关防务时，弹劾镇守宦官李良、总兵郑宏等人的违法行为。

成化三年（1467)，李秉担任吏部尚书，锐意整顿吏治，严格考核官员，罢黜淘汰许多平庸低能的官吏，因此也招致怨恨而诽谤四起。左侍郎崔恭早就垂涎吏部尚书之位，却被李秉得到，怨恨不已；右侍郎尹旻本来与李秉交好，后因他做官不正而被李秉疏远，也心怀不满；侍读彭华依附权贵宦官，多次向李秉请托，都被拒绝，心存怨恨；地方官吏进京接受考核时，因不合格而被李秉斥退人很多。在这些人中有许多是大臣权贵的同乡旧友，众人的怨恨就汇集起来了。而大理卿王槩（gài）也想除掉李秉以取代他的职位，于是和彭华勾结谋划，唆使担任给事中的同乡萧彦庄弹劾李秉十二条罪状，并诬陷说他勾结权贵企图独揽大权。崔恭、尹旻等人也乘机落井下石上疏附和。宪宗非常生气，就罢免了李秉，令他退休返乡。李秉在家闲居了二十年，其间虽有不少大臣上疏举荐，但最终没有被起用，于孝宗弘治二年（1489）去世。

李秉一生保持着正直刚强的气节，不畏权贵，严格执法，抑制贪官污吏，为世人所敬佩，却遭权奸弹劾而被罢官。

181. 王复在经略边疆方面有什么贡献？

王复（1416～1485），字初阳，固安（今河北固安）人，英宗正统七年（1442）进士。英宗天顺年间，历任兵部左、右侍郎。宪宗成化元年（1465），因上疏劝阻延绥（军镇名，明代九边之一，在今陕西北部）总兵官房能追击流窜在河套（今内蒙古南部）地区的鞑靼军队，以免挑起争端，为宪宗所赏识，升任兵部尚书。他在经略边疆方面，做出了突出贡献。

成化年间，毛里孩侵扰边疆，宪宗派王复巡视陕西的边防守备情况。他从延绥到甘肃，通过仔细观察地形，向朝廷提出多条整顿边防、加强防务的策略。宪宗听从了他的意见，下令付诸实施。首先，针对延绥防线过长，而险要关口又都在内地，境外毫无屏障，再加上关口之间距离太远，烽火不能相连，讯息不够通畅的实际情况，将府谷（今陕西东北部）、响水（今陕西横山县东）等内地十九个堡垒迁移到边境上的重要地区，并且每隔二十里就修筑一座墩台，还根据地势修筑壕沟和城墙，便于军队之间互相联系，加强防守。其次，在宁夏地区也像延绥那样建置墩台，便于互通音信。再次，针对凉州（今甘肃武威）四面空旷，敌人容易攻入，官军不易防守的地理形势，在甘州（今甘肃张掖）五卫（设在甘州的左、右、中、前、后卫）之外增设一个凉州中卫，加强防御。并让士兵一边耕种，一边训练，既有利于防守，又解决了粮草问题。最后，针对河套地区长年不稳定的情形，增加驻守延绥的军队，增派两员参将，统领士兵九千人，驻扎在边境险要地段，便于各个卫所①之间的互相支援。

王复在边疆的建置，大多数都符合时宜，加强了边疆地区的防御能力，有利于边疆地区的安定发展。

182. 林聪为什么在朝廷中声望颇高?

林聪（1417～1485），字季聪，宁德（今福建宁德）人，英宗正统四年（1439）进士。他是明朝中期的名臣之一，声望颇高。

代宗景泰元年（1450），林聪在任吏部都给事中时，不畏权势，秉公执法，弹劾畏惧权贵、纵容奸邪的都御史陈镒、王文等人，并把不称职的宋瑮、谢琚二人调出京城，又弹劾并严惩纵容家仆杀人放火、侵占百姓产业的宦官单增。

林聪以纠察官司、公正刑罚为己任，景泰三年（1452），把逍遥法外的副使邢端投入监狱，把虽然侵吞粮饷而罪责相对较轻的刘琏释放，给依附宦官王振而罪不致死的犯人徐南减去死刑。不让犯人逃脱法网，又平反多宗冤假错案。景泰五年，他上疏直谏，要求代宗杜绝玩乐嗜好，亲近贤臣疏远小人，停止设置斋坛，淘汰僧人道士，慎用刑罚，禁止权贵大臣奴役士兵等，都切中时弊。

林聪还非常关心民生疾苦，曾于景泰三年屡次上疏要求减免福建银场的赋税，最终被采纳。英宗天顺年间，受命到山东救济灾民，保全饥民一百四十五万人。又受命到江、淮地区捕捉走私食盐的强盗，抓住首领数人，维持了当地百姓生产生活秩序。英宗天顺四年（1460），宦官曹吉祥的侄子曹钦造反，将士为虚报军功而滥杀，甚至割掉乞丐的头来领赏，弄得人心惶惶。林聪下令活捉叛贼，释放无辜的人，才避免了官军的滥杀。宪宗成化二年（1466），淮河南、北发生饥荒，林聪出京巡视，采用借贷漕粮和江南余粮的方法来救济灾民，使他们平安度过了这场饥荒，由此深受百姓爱戴。

林聪为官秉公执法，严肃而不严厉，为人谦和，温和恭谨，贤能

---

① 明朝在京城和要塞地区设置，屯驻军队。数府划为一个防区设卫，根据军队人数下设千户所和百户所。

的人都愿意和他亲近。

183. 叶盛在朝廷政事方面有过什么功勋?

叶盛（1420～1474），字兴中，昆山（今江苏昆山）人。英宗正统十年（1445）考中进士。他为官清正，不畏权势，为国家政事出谋划策，尽心尽力。蒙古也先进犯京城时，为增加北京城的防守兵力，叶盛上疏建议取消内府工匠的差役，使他们作为后备力量，进行操练。同时，整顿土木之变后零散归来的士兵，发放武器；为增加粮食和草料的军备，又上疏建议征用朝臣们平时储备的粮食和饲料。由于准备充足，终于打败了也先的进犯。

代宗景泰年间，守卫京城的武官及其子弟大都骄纵懒惰，不习军事。叶盛上疏建议从他们当中选拔精壮的进行操练，使守卫京城。皇亲国戚每月从集市征收重税，却不上缴国家。叶盛以国家费用不足为由，上疏请求借用这部分财税，以补充军饷，得到代宗的肯定答复。当时，凡是六科联合署名的奏请建议，大多是以叶盛和林聪为首倡导的，都能够切中时弊。

叶盛在协助都督佥事孙安管理军务期间，安抚流民，整理作战用具，建立地方学校。经过两年时间，不仅恢复了先前迁往内地的四个卫所，还增建了两座城堡，为边关的防务做出了贡献。当孙安遭到宦官弓胜的陷害而面临撤职之时，叶盛仗义执言，弹劾弓胜公报私仇，最终使孙安留任，弓胜被贬。

叶盛仰慕范仲淹，不仅在居室中挂有他的画像，而且在行事、节操等方面都向他学习，公而忘私，做到了先天下之忧而忧。代宗景泰元年（1450），陈州（今河南淮阳）流民人数众多，情况复杂，叶盛上疏建议派遣专职官员进行安抚；针对京城附近发生严重的旱灾和蝗灾，请求减免京城附近百姓的赋税。英宗天顺年间，他参与了对两广的平乱，许多将士不敢作战，却杀死平民来冒充军功，同行的总兵官颜彪也滥杀无辜，叶盛多次劝阻，都未能制止。后来，大学士李贤等人误会是叶盛在滥杀无辜，他也不加辩解。不久，出任宣府（今河北宣化）巡抚，酌情降低本地的盐米价格，鼓励人们开垦田地，又购买战马，修筑城堡，从而有效地维护了边疆安宁，使百姓安居乐业。

184. 项忠在保卫边防方面建立过什么功勋?

项忠（1421～1502），字荩臣，嘉兴（今浙江嘉兴）人。英宗正统七年（1442）进士，经正统、景泰、天顺、成化四朝三帝，从政三十五年，是明代前期的名臣之一。他为人既洒脱又刚正，富于谋略，熟悉军务，是文官出身的优秀将领之一。

在土木之役中，项忠被瓦剌俘虏。敌首领威胁利诱，想使他归顺，项忠誓死不屈，日日念着回到朝廷。后来乘人不备骑上马就跑，马都累得跑不动，就弃马赤着脚走了七天七夜，终于到达宣府（今河北宣化）。

英宗天顺七年（1463），项忠巧施计谋，平定了洮（今甘肃临潭）、岷（今甘肃岷县）两地羌人的叛乱。宪宗成化四年（1468），固原（今宁夏固原）土达满俊发动叛乱，纠合部众攻入石城（在今甘肃固原西北）。石城易守难攻，而叛军多达两万人，关中为之震动。朝廷派遣项忠总督军务，前往讨伐。项忠率兵到达固原后，吸取前几次讨伐失利的教训，决定围攻石城。首先让熟悉石城地形的人画出山谷地图，根据地势兵分七路，他亲自率领中路进攻。经过殊死搏斗，迫使叛军退守石城。项忠便将石城围住，并切断敌军取水的道路，焚烧近城的粮草。一面紧紧围困，一面竭力劝降，并用计挟持了满俊的侄儿满寿。经过一百多天，许多被逼入城的人纷纷出来投降。满俊自认为罪不可恕，反而积极备战。项忠亲自领兵出战，打退满俊的多次反扑，前后经过大小三百余战。不久，满俊的爱将杨虎狸夜间出来取水被捉住，项忠免他一死，向他许诺捕获叛军首领后给与奖赏。于是，杨虎狸答应作内应，把满俊及其精兵诱骗出来，项忠率伏兵活捉了满俊，攻下了石城，并立碑记功。之后，项忠又向皇上建议在固原西北的西安废城增加一个卫所，并留下士兵戍守。从此，固原逐渐形成明朝西北方面的重镇，成为与甘肃、宁夏、延绥等一样重要的九边之一。而项忠也凭借满俊事件声望陡起，以畅晓军务闻名于朝。

185. 韩雍在督理军务方面有什么建树?

韩雍（1422～1478），字永熙，长洲（今江苏吴县）人。他豁达豪爽，颇有雄才大略，在督理军务方面很有建树。

韩雍见识不凡，常能料事如神。英宗正统十三年（1448），浙江发生了以叶宗留为首的叛乱，并很快由福建转移到江西，朝廷派韩雍和镇守侍郎杨宁指挥军民共同守卫江西。同时，在福建还爆发了以邓茂七为首的叛乱，福建巡按御史汪澄发布公文，要求邻省官府派兵共同讨伐。不久，又传说起事者准备投降，不必发兵了。韩雍不相信，说："如果他们真的投降了，再撤退也不迟。"于是继续进兵，起事者果然没有投降之意，人们由此非常佩服韩雍的见识。

代宗景泰七年（1456），广西瑶人侯大苟发动了瑶族、僮族的反叛，反叛势力急剧发展，蔓延到广东，引起朝廷的恐慌。宪宗成化元年（1465），朝廷派遣当时任右佥都御史的韩雍统率十六万大军前往镇压。他分析地形后，认为应当集中兵力直捣反叛者的巢穴大藤峡（今广西金秀瑶族自治县及武宣、象州、平南、桂平、贵县、藤县等周围几百里山区）。于是，分兵五路，首先向修仁（今广西修仁）、力山（今广西蒙山西南）进军，捉获一千多人，斩首七千多。接着又分两路进军，一路从北面的象州（今广西象州）、武宣（今广西武宣）方向分五道进攻，另一路从南面的桂平（今广西桂平）、平南（今广西平南）分八道进攻。十二月，率领各路人马水陆并进，攻打地势险要的藤峡。经过殊死搏斗，终于攻破了山寨，活捉侯大苟等人。山峡间有一条大藤像彩虹一样，横亘在两座山崖之间，韩雍派人用斧头把它砍断，改名为断藤峡，并刻碑记功。

每次战斗，韩雍总能身先士卒，不顾自身安危。他不但治军非常严格，更能做到严格自律，军中将士对他既佩服、又害怕，连那些镇守地方的宦官们在他面前都不敢放肆。

186. 余子俊任地方官期间有什么政绩？

余子俊（1429～1489），字士英，青神（今四川青神）人。代宗景泰二年（1451），考中进士。

英宗天顺年间，余子俊任西安（今陕西西安）知府，每逢饥荒，便通过借贷的方式开仓拨出十万石粮食进行救济。由于制定了切实可行的计划来偿还，所以不仅官府不受损失，百姓也得到了救助。宪宗成化初年，在有关部门考校上报的政绩卓越、应当旌表的十个知府当中，余子俊名列第一。

成化六年（1470），余子俊升任右副都御史，巡抚延绥（今陕西绥德）。先后多次与朱永、许宁一起打败入侵榆林（今陕西榆林）地区的敌寇。他不顾尚书白圭的阻挠，多次上疏朝廷请求重新修筑边地的城墙城堡。所修筑的城墙东起清水营（在今甘肃清水），西至花马池（在今甘肃盐池），绵延一千七百多里，在墙下挖掘壕沟，每隔两三里设置高台以备巡视警戒，又在空缺处建造短墙，以便瞭望敌情，躲避射击。如此浩大的工程，不到三个月便竣工了。在边地城墙以内开垦屯田，每年收获的粮食超过六万石，完全可以自给自足。这一措施，不仅增强了边关的防御能力，也解决了军粮储备问题。

成化十二年（1476），余子俊改任陕西巡抚。余子俊先前在任西安知府时，曾开凿水渠，把城西的潏河水引进城，解决了城里饮水咸苦的问题。而现在，由于时间过久，水满无法流出，于是又在城西的北面开凿水渠泄水，经汉代旧城流入渭水，号称“余公渠”。他还在泾阳（今陕西泾阳）凿山引水，灌溉田地一千多顷；打通南山的道路，一直通到汉中，方便人们出行；整修学校、官府倒塌的房屋；合理匀调南北方轮番戍守边关的士兵，尽量使他们靠近各自的家乡戍守。

187. 为什么说朱英为官清廉?

朱英（1417～1485），字时杰，桂阳（今湖南桂阳）人。英宗正统十年（1445），考中进士。他为官清廉，在当时颇有名气。

代宗景泰年间，被派往广东任职，经过老家探望母亲时，行囊中只有代宗赏赐的十两黄金，别无他物。

宪宗成化十一年（1475），朱英代替吴琛为两广总督，同时也继承吴琛谨慎廉洁的节操，把朝廷多次赏赐给的嘉奖诏书及金币等分别收藏起来和贮存在官库中。他在巡抚甘肃期间，积存了军用储备金三十万两，任两广总督期间，又积存了四十多万两，并认为这是守边大臣的分内之事，不值得夸耀，所以从不张扬。

他的威望虽比不上前两任总督韩雍和吴琛，但对当地的恩惠却远远超过了韩雍。早在景泰年间任广东右参议时，便安抚流民，救助孤病穷困的人，又订立均徭法，一定程度上减轻了百姓的负担。成化年间，任福建、陕西左、右布政使时，也坚持推行均徭法。到两广任职后，采用和平的手段平息瑶族 、僮族的动乱，禁止将士为邀功请赏而不惜滥杀无辜的行为。他安抚归顺的瑶族、僮族百姓，给予免除三年赋税的优待，还设立永安州（今广西蒙山）来安置他们。最终使四万三千余户、十五万余人口归顺朝廷，开始了安居乐业的生活。当时的人认为朱英明事理，识大体，非常佩服，称其为一代廉臣。

188. 罗伦为什么托病不愿做官?

罗伦（1431～1478），字彝正，吉安永丰（今江西永丰）人。他才华横溢，学识渊博，以维护道义为己任。他为去世的母亲服丧，过了两周年，在举行大祥祭礼之后，才开始吃盐和乳酪。宪宗成化二年（1466）参加廷试时，作对策一万多字，痛斥时弊，名动京城，录取为进士第一名。当他看到宪宗召回正在服丧的大学士李贤，并让他“夺情任职”时，立即上疏劝谏，表明这是关系纠正人情风俗、维护伦理孝道的大事。宪宗看后大怒，把他贬为福建市舶司副提举，李贤也耿耿于怀。事后，虽有多位大臣上疏解救，却始终得不到回应。李贤去世后，他虽官复原职，但是被安排在南京，不被重用。两年后，罗伦托病还乡，不再出任官职。

罗伦不愿为官，也与性格有关。他为人刚正，严于律己，对富贵名利看得很淡。他读书是为钻研圣贤学说，曾说：“科举考试并不能毁坏人，而是人自取灭亡。”当时知府张瑄同情他的贫穷，用粟米周济，被婉言谢绝。在家乡，他倡议实行乡约，并以身作则，大家相互遵守，没有人敢违犯。罗伦穿衣吃饭都比较粗劣，并不以为耻。有人送衣服给他，而当他看到路边有饿死的人，就脱下衣服掩盖尸体；如果要留客人在家饮食，就需要妻儿到邻居家去借贷钱米。罗伦曾在人迹罕至的金牛山上建筑房屋，著书立说，不为世事所扰。

189. 邹智是怎样一个人?

邹智（1466～1491），字汝愚，合州（今四川合州）人。他胸怀大志，一生渴望创造一个君明臣贤的盛世王朝。所以，早在做官之前，便以天下事为己任。当时，宪宗疏于政事，万安、刘吉、尹直把持朝政，邹智对此非常气愤，借外出旅行的机会拜见已退休的尚书王恕，直言责备了王恕曾经身为朝廷大臣却不能劝谏皇上、放任奸臣横行而隐居乡间、不问世事的行为，并表达了自己刷新吏治，救万民于水火的决心。

宪宗成化二十三年（1487），邹智考中进士，上疏请求皇上亲贤臣远小人，整顿朝廷纲纪。孝宗即位后，励精图治，改革了一些弊政。邹智非常高兴，又上疏对当时的贤臣、奸臣一一指名罗列，劝谏孝宗信任君子，罢黜小人，兴天下之利，革天下之弊。孝宗为此罢斥了万安、尹直，但刘吉仍然备受倚重。刘吉便对邹智恨之入骨，欲除之而后快。后来，刘吉借刘概的案子诬陷邹智是同党，将他逮捕入狱。在狱中，他的手脚上虽都被戴上刑具，仅能呼吸，却仍然慷慨陈词，不忘劝谏孝宗端正纲纪，爱护百姓，防守边疆。被贬广东后，先是奉总督秦纮之令编书，后往新会（今广东新会）听陈献章讲解道义，学问更加精粹。

邹智性格豪爽，自负奇才，常与汤鼐、吉人、李文祥等志同道合之人品评公卿、褒贬人物。还曾联络汤鼐、王恕等忠直之士，劝他们要时时向孝宗进谏言，革除弊端，尽心辅佐。

190. 王徽为什么反对宦官专权?

王徽（1428～1510），字尚文，应天（今江苏南京）人。英宗天顺四年（1460）考中进士，担任南京刑科给事中之职。

宪宗即位之初，王徽便与王渊等人呈上奏疏。在疏中，以自古宦官贤良的少、奸邪的多的史实为根据，阐明恢复太祖时的旧制度，即不准宦官参与朝政的道理。认为这样既有利于朝廷，也有利于宦官本人。

宪宗成化元年（1465），发生吴皇后被废事件，宦官牛玉因为擅自调换中宫，论罪当死，但由于处理此案的官员徇私枉法，他只受到被贬的处罚。王徽等人看不过，于是上疏弹劾，认为对牛玉判刑太轻，依据国法应该处死。并列举大宦官王振、曹吉祥等人危害朝廷的事为例，劝诫宪宗借鉴前事，不要轻信宦官。他还指出，宦官是皇帝身边的近侍，常常利用这种机会勾结朝中大臣，时时进谗言诬陷忠良之士，扩大自己的势力，干预国家政事，也使得宦官的兄弟子侄依仗权势，横行不法，欺压百姓。宦官虽然身在宫中，心却在宫外，内外互相勾结，这样极容易引发动乱。宪宗不但不听，还把他贬为州判官。宦官更是对王徽切齿痛恨，处处排挤，使他的仕途不顺，终于在宦官的陷害下被取消了官籍。

191. 魏元是怎样向皇帝进谏的?

魏元（1423～1478），字景善，朝城（今山东朝城）人。英宗天顺元年（1457），考中进士，曾任礼科给事中。

宪宗成化初年，万贵妃的兄弟骄横跋扈，魏元不畏权势，上疏弹劾了他们。成化四年（1468），慈懿太后去世，被安葬在英宗的裕陵之外，这是不合礼法的。于是，魏元便与同僚三十九人一起上疏竭力劝谏，甚至在文华门外伏地痛哭，最后使慈懿太后得以与英宗合葬。

同年九月，借彗星出现之际，魏元又率领各位任给事中的同僚向宪宗进言，建议不要专门宠爱后宫中的某一位妃子，应尽早确立东宫太子之位。当全国各地旱灾、涝灾不断，荆襄流民发生骚乱时，魏元建议宪宗减免赋税，赈济扶困；建议宪宗革除法王等称号，不再迷信异端之教，增加国库财富；建议宪宗封赏时有节制，杜绝淫巧之事，停止宴乐游赏；最后建议宪宗罢免斥退奸臣，重用贤能之士。宪宗对此虽下诏褒奖，却没有采纳并实施。

魏元虽经过多次升迁，但只做到给事中的位置，这与他的不畏权势、直言进谏不无关系。

192. 李俊的生平情况如何?

李俊，字子英，岐山（今陕西岐县）人。宪宗成化五年（1469），考中进士，曾任吏科给事中，经过多次升迁后担任都给事中之职。

成化十五年（1479），宪宗想任用李孜省为太常寺丞，李俊等人认为李孜省是犯过罪的官员，不适合担任如此神圣的职位，于是联合上疏劝阻，终于使宪宗改变了主意，改任李孜省为上林监副。

当时，大宦官汪直专权，诬陷马文升、牟俸等忠直之士，并把他们发配流放到边疆。等到真相大白之后，宪宗责怪李俊等谏官失职，没能及时纠察有关的失误，于是下令对李俊等人进行杖责。

那时，宪宗沉溺于宴会游乐，朝中大权被小人窃取，朝政混乱不堪。成化二十一年（1485），天空出现异象，宪宗非常害怕，于是下达旨意，要求大臣们直言进谏。李俊率领六科的臣僚们上疏，建议宪宗亲贤臣远小人，尤其是疏远宦官；晋升那些有才能的忠直之士，罢黜只知谄媚窃权的奸臣；停止修建耗费人力物力的土木工程，杜绝无限制地进献供品的奢侈之风；安抚百姓，减免赋税，以减轻天灾人祸所造成的种种伤害等等。宪宗下诏褒奖，并对部分不称职的官员予以降职或罢免的处分。

成化二十一年五月，李俊出京担任湖广布政司参议。孝宗弘治年间，多次出任山西参政，后来去世。

193. 屈伸是怎样揭露宦官败坏国事的?

屈伸（1460～1504），字引之，任丘（今河北任丘）人，宪宗成化末年考中进士，一直担任谏官。他坚持正义，刚正不阿，尤其对败坏国事的宦官，揭露抨击不遗余力。

孝宗弘治年间，以镇守广宁（今河北宣化）的宦官王振为首，总兵官蒋骥、巡抚陈瑶等人谎报军功战绩，明明在广宁一战中失败，却上报朝廷说是打了胜仗。屈伸等人上疏弹劾，孝宗却不追究。直到广宁再一次失守，王振等人又谎报，屈伸又上疏弹劾说这是欺君罔上的大罪，孝宗才下令立案审查。

宦官苗逵与成国公朱晖等人讨伐敌寇，捣毁巢穴，只斩杀了三个敌人，等到敌寇大举进攻固原（今宁夏固原）的时候，他们不敢出兵，也只斩杀了十二个敌人，却先后都以胜利上报朝廷，并向朝廷讨要封赏。对此，屈伸等人多次上疏弹劾，孝宗都不听。

镇守河南的宦官刘瑯，上疏要求拨给杂役人员，孝宗下令拨给了五十人。依照先例，担任尚书之职的宦官才有二十个杂役人员。于是，屈伸上疏竭力反对，孝宗下令减少了二十个。

194. 为什么说徐溥是正人君子?

徐溥（1428～1499），字时用，宜兴（今江苏宜兴）人。代宗景泰五年（1454）考中进士，历任左庶子、礼部右侍郎、礼部左侍郎、礼部尚书等职。后又进入内阁，成为首席大学士。

他沉着稳重，严守法度，与刘健、李东阳、谢迁等人同心同德，尽力辅佐孝宗治理国家。钦天监监正李华曾因罪被革职，后来由于他为昌国公张峦选择的葬地很符合孝宗的心意而复职，徐溥等人不同意，认为凭借侥幸之事而进身得利的先例一开，流弊将无法停止，而且遵照旧制，皇帝应当先与大臣商量后才能发出诏令。弘治八年（1495），安南（今越南）侵扰边疆，孝宗想派遣使臣去调解，徐溥从国家安定的角度出发，认为不必劳烦使臣，有关部门传递檄文进行晓谕就够了，而且万一出使失败，将会有损国体。于是，孝宗打消了派遣使臣的念头。同年十二月，孝宗下诏撰写三清乐章，徐溥上疏反对，认为三清之说乃是异端邪说，郊祀乐章是太祖所定，现在制定这些俗曲会亵渎神明，得到孝宗的赞许并被采纳。

弘治十年（1497）二月，因为孝宗懈怠朝政，宠信烧炉炼丹的宦官，徐溥等人上疏劝谏，认为皇帝应该遵循祖制，按时上朝听取大臣的意见，处理国家大事，而不应听信异端邪说，并列举历史上皇帝宠信妖邪之人而亡国丧身的史实，恳切的请求孝宗亲贤臣远小人，关注国家大事，关心民生疾苦。孝宗感动不已。

同年三月，孝宗亲临文华殿，召见徐溥、刘健、李东阳、谢迁四人，尊称为“先生”，与他们讨论各部门的奏章，结束后还赏赐了茶。这样的殊荣，宪宗时也只出现过一次，满朝传为盛事。

不久，天下发生了灾害异象，孝宗让大臣们上疏言事，但所呈上的奏章在过了一个月都没有回复，谏官也因为违背了孝宗旨意而待罪已久，徐溥为此进言，孝宗才把奏章发还，并且免除谏官之罪，不再追究。

徐溥为人稳重，颇有气度，在内阁任职二十年，严格按照法令办事。他严于律己，宽以待人，面对逮捕谏官和多起大案，都予以委婉的调解。孝宗仁厚，多采纳他的建议，使许多人受到了庇护。

195. 丘睿的一生有哪些主要经历?

丘睿（1418～1495），字仲深，琼山（今广东琼山）人。他幼年丧父，母亲教他读书，过目不忘。因为家境贫寒，曾走几百里路去借书读，一定要借到才肯罢休。代宗景泰五年（1454）考中进士，授予翰林院编修，见闻更广，尤其熟悉国家典章制度，以经世济民为己任。

孝宗成化元年（1465），两广发生战事，丘睿上疏谈论形势，洋洋数千字。宪宗下令抄录给当时带兵的赵辅和韩雍。后来韩雍得胜回朝，虽然没有完全使用丘睿的策略，但丘睿却因此在公卿中声名鹊起。任期届满，升为侍讲。参与编撰《英宗实录》，晋升为侍讲学士。《续通鉴纲目》编成之后，又被提拔为学士，升迁国子监祭酒。当时的考生作文章崇尚险诡怪异，丘睿主持南畿的乡试时，严格抑制这种文风，并恳切地劝诫考生，从而使文体回归到正道。不久，晋升为礼部右侍郎，仍掌管国子监事务。

丘睿认为《大学衍义》对于治国平天下的条目不完备，于是博采群书加以补充。孝宗即位后，丘睿进献这部书，得到赞赏，命令有关部门刊行。丘睿也升为礼部尚书，掌管詹事府事务。参与修撰《宪宗实录》，并担任副总裁。书编成后，加官太子少保，不久受命兼任文渊阁大学士，参与机密事务。丘睿认为《衍义补》所记述的都可以付诸实践，于是上疏请求把它下发内阁讨论实施，得到孝宗的批复同意。

第二年，丘睿上疏罗列当时的弊政二十三件，孝宗都采纳了。丘睿于大事上宽大忠厚，但性情偏颇狭隘，曾因与刘健议事不合，而把帽子扔在地上；谏官的谏议不合心意，也当面进行羞辱；同王恕不合，以至于见面不说话，经常在政事上针锋相对。后来，王恕获罪被罢官，怀疑是丘睿诬陷的，当时的人也认为他不够正直。给事中毛理等人上疏弹劾丘睿，但孝宗不予理会。弘治八年（1495）去世。

丘睿一生清廉耿介，言论奇异偏激但能够保持公正。他的住宅低下狭小，数十年如一日。生性好学，年老仍孜孜不倦，右眼失明也不忘读书。

196. 刘健任首辅期间有什么作为?

刘健（1433～1526），字希贤，号晦庵，洛阳（今河南洛阳）人。他入阁十九年，其间为首辅大臣八年，对明朝中叶弘治、正德两朝政治产生过较大的影响。

弘治时期，他辅佐孝宗，君臣上下同心，励精图治，使明王朝在经历了三代暮气之后又呈现出一派“朝序清宁，民物康阜”的中兴气象。

弘治十一年（1498），刘健代替徐溥为内阁首辅，与谢迁、李东阳等同心辅政，颇以政治清明、天下太平为己任。孝宗就内外政事经常召问刘健等，而他也总能用心谋划，极尽辅弼参谋之责。当清宁宫发生火灾，刘健等阁臣乘此恳请孝宗“戒谕臣工，广求直言”。从而促使朝廷广开言路，虚心纳谏。十三年，面对日益败坏的盐政，刘健以太祖杀驸马为例，力主严格执法，清除弊端，终于使孝宗下定决心整顿盐政。两宫太后好佛教、道教，孝宗也沉迷于此，不但花费钱财，更影响政务。十五年六月，下诏撰写《释迦哑塔像赞》，又下诏建延寿塔于朝阳门外，均因刘健竭力劝谏而得以废止。在军政方面，刘健亦多次提出合理建议，并与孝宗商议边将的甄别选用。十七年，面对鞑靼的侵袭，孝宗意欲派兵征讨，刘健等人分析利害，改变了对付这种情况的策略。孝宗对刘健颇为信任与器重，常以先生称之。孝宗临终握着刘健的手托孤，显示了极大的信任。

弘治十八年（1505），武宗朱厚照嗣位，作为顾命大臣的刘健不敢稍有懈怠，悉心恪尽辅臣之责，改变纠正各种弊政，凡孝宗生前想振兴或罢除的都按照遗诏进行。但是武宗宠信被称为“八虎”的随侍太监刘瑾、马永成、谷大用等人，怠于政事，整天“奢靡玩戏，滥赏妄费”。面对日益败坏的朝政，作为首辅顾命大臣的刘健痛心疾首，多次上疏条陈朝政之弊。即使在武宗充耳不闻，甚至表现出不耐烦的情势下，刘健仍坚持上疏要求皇上勤学勤政、亲贤远佞。

对于气焰日炽的宦官势力，刘健总是尽可能地予以抑制。宦官管理皇庄，对地方百姓侵渔甚大，刘健等人上疏要求召还，迫使武宗做出了让步。由于宦官干预政务，正德元年（1506）二月，吏、兵、户部及都察院等职能部门上疏痛斥其所主管的事务每每受到皇上宠信的宦官的干扰。刘健等极力向武宗上疏陈奏，甚至指斥是“不信大臣而信群小”。数日后，又历数政令十大失误，谴责贵戚、宦官。经过反复争论，终于使武宗依从了。九月，在给与宦臣盐引数量的问题上，刘健又与武宗所袒护的宦官发生严重冲突，经过据理力争，最终迫使武宗同意所奏请的，从宦官手中夺回其所得暴利，使地方百姓免受损害。在铲除“八虎”的斗争中刘健更是显示了嫉恶如仇、敢言直谏的大无畏气概。他联合九卿诸大臣上言，志在殊死一搏，要求武宗“奋乾纲，割私受，上告两宫，下谕百僚，明正典刑”。武宗此时也不能不为所动，于是，一日之中三次遣人至内阁商讨处理办法。虽然铲除“八虎”的斗争最终未获全胜，并由此直接导致刘健辞去朝官，但其始终持正敢言、不避凶奸的精神，则为世人所称道。

贤者被黜，奸佞得势。正德二年（1507），刘谨矫诏列出以刘健为首的前朝大臣五十三人为奸党，榜示朝堂。四年，又追夺诰命及所赐朝服、玉带等物，削籍为民。直至五年，刘谨被诛，刘健等才得以复职。

世宗嘉靖五年（1526），刘健逝世，在遗留的奏章上勉励皇上端正自身，勤奋学习，亲贤臣，远小人。世宗感伤不已，追赠为太师，谥号文靖。

197. 李东阳身居高位为什么节操如故?

李东阳（1447～1516），字宾之，号西涯，茶陵（今湖南株洲）人。英宗天顺八年（1464），考中进士，至武宗正德七年（1512）止，立朝五十年，历任翰林院编修，礼部、户部、吏部尚书，华盖殿大学士，直至内阁首辅，参与内阁政务长达十八年。

李东阳为宰相，与首辅刘健等同心协力辅助孝宗，凡时政阙失，都尽心劝谏。李东阳工于文笔，内阁奏疏多由他起草。奏疏文章一出，天下人赞不绝口，竞相传诵。孝宗临终时，以李东阳与刘健、谢迁为顾命大臣。

武宗继位后，大宦官刘瑾等八人掌握权力，称为“八虎”，经常矫旨胡作非为，打击排挤正直的朝官。

面对朝政腐败，李东阳、刘健、谢迁无力回天，又不愿同流合污，便于武宗正德元年（1506）十月上疏辞职。结果是刘健、谢迁离职，而独留李东阳。之后，李东阳又多次恳请辞职，都未得到钦准。此时，刘瑾变本加厉地摧残压抑朝廷官员，李东阳郁郁不得志，虽委曲避祸，但对宦官及其党羽危害天下的举动，还是挺身面对，猛烈抨击。凡刘瑾实行的乱政，李东阳总是找机会弥补，凡忠直之士为刘瑾所害的，也总是极力营救。如当时的崔睿、安奎、张彧等直臣就是李东阳从刘瑾的屠刀下救出的；又如刘健、谢迁、刘大夏、杨一清等大臣多次遭遇险境，也是仰仗李东阳而得以解脱。由于采取了暗中应变，李东阳保全了一大批老臣和忠直之士。当“贪官污吏，肆虐为奸，民为穷困，嗟叹交作”之时，李东阳更能慷慨陈词，为民请命。六年二月，武宗诏令在宫廷附近大兴豹房、寺观的营建，耗费大量人力物力财力，李东阳多次上疏直言劝谏。诸如此类为民请命的奏疏不胜枚举，受到世人的称赞：上抨乱政于京畿，下援黎民于水火。正因如此，李东阳便成了刘瑾之辈的眼中钉，痛恨切齿，屡屡图谋陷害。

李东阳在朝五十年，始终清正廉洁，晚年退休，家徒四壁，经常要靠为人作“诗文书篆”赚钱以弥补生计。忠直、清廉以至于此，足见其节操。

198. 王恕为官如何刚直？

王恕（1416～1508），字宗贯，三原（今陕西三原）人，是明代中叶有宿德重望的大臣。他为人“砥砺风节”，“具经国之远猷，蕴高君之正志”，且生性豪爽，遇到不合理的事情，总要仗义直言，敢于同贪官污吏尤其是宦官做斗争。

宪宗成化十二年（1476），王恕以右都御史身份巡抚云南。当时的云南镇守太监钱能非常贪暴，恣纵不法，派遣指挥郭景私通安南王黎灏，接受玉带、宝绦、蟒衣、犬马等彩绘珍奇诸物，并违背制度，企图让进贡的使者改道走云南。黔国公沐琮等镇守诸官都知道此事，但因畏惧钱能，不敢向朝廷报告。钱能又频繁派遣郭景及指挥卢安、苏本等人结交千崖孟密诸土官，接受贿赂无数，答应为其奏请朝廷授予宣抚之职。王恕得知钱能、郭景等贪婪的事实，一面参劾钱能，一面派人捕捉郭景。郭景畏罪自杀，钱能却因得到权贵的帮助而免罪，朝廷反而把王恕调离云南，到南京管理都察院。钱能回到北京，向宪宗进谗言，诋毁王恕，而宪宗自来对王恕心怀不满，于是让他以右副都御史身份巡抚南直隶（相当于今江苏、安徽、上海等地），等于贬职。

王恕在担任南京兵部尚书参赞守备期间，针对宦官暴横，扰乱地方，大量进献织造、缯帛及花卉禽鸟而劳民伤财等事，多次向皇上进谏。宦官王敬带妖人锦衣卫千户王臣，南行为皇上采集药物珍玩，借机伪造诏书，搜括金银宝石、玩器书画，挪移官钱，扣卖军粮，聚集白金十万余两。所到之处，城市店铺为之关闭，村落百姓无不惊骇，又收买妇女，逼死人命，骚扰地方官府，诬奏地方官。王恕多次上疏朝廷，弹劾揭发其罪行，终于把王敬投入监狱，并将其斩首。此事传开，人人称快，称赞王公有回天之力。

王恕后又改任南京兵部尚书，遇到朝中有事，总要发表意见，主动上疏三十九次，应诏上疏二十一次，多是指斥权贵幸臣的。因此受到天下人的仰慕和尊敬。

孝宗继位，征召王恕为吏部尚书，不久加官太子少保，依然保持着刚正清严、公正处事、直言进谏的作风。因病告假期间，听说皇上提升任用了很多宦官，甚至有赏赐蟒衣、给与田庄的事，于是上疏直言劝谏。宦官黄顺请求重新起用工匠潘俊为朝廷命官，王恕认为不可因小臣而败坏国家重典，两次坚持上奏反对，孝宗终于作罢。卢沟桥修复完毕，宦官李兴请求为工匠晋升官职，王恕认为营造是他们应尽的职责，不算功劳，所以，不可录功升迁官职，打击了宦官的嚣张气焰。

武宗正德三年（1508），王恕逝世，享年九十三岁。他为官数十年，光明磊落，谠论无隐，刚直不阿，砥砺风节，在当时享有盛名，民谣有“两京十二部，独有一王恕”的赞誉。这就是说内阁下属吏、户、礼、兵、刑、工六部，南北两京共为十二部，只有尚书王恕独立特行，为百官的楷模。

199. 马文升的生平情况如何?

马文升（1426～1510），字负图，号三峰居士，均州（今湖北丹江口）人，一生经历了明宣宗、英宗、代宗、宪宗、孝宗、武宗六朝皇帝。他有文武之才，建功于边防，闻名于外国，尤其注重气节，具有端方不苟的品性，为人处事，遵循正道而行。

马文升在巩固边防上屡建功勋。宪宗成化四年（1468），由于采纳马文升的建议，项忠平定了满四的叛乱。之后，马文升在任陕西巡抚七年多的时间里，逐渐成为处置边防事务的专家。其中取得一项重要成就，即整顿与蒙古各部的茶马贸易，换来战马八千余匹。这时候，孛罗忽、满都鲁、加思兰等连年侵犯边疆，马文升便在韦州（今宁夏韦州）驻兵，加强军备，随时迎击来犯之敌。先是败敌于黑水口，擒拿一员大将；后又败敌于汤羊岭，大获全胜而还。

成化年间，马文升三赴辽东，制订边防治理办法，整顿辽东军政事务，抑制监军的宦官、带兵的将官对军民的剥削克扣。由此提高了部队的战斗力，受到了士兵的拥戴，也使他的声望倍增。

孝宗弘治八年（1495），朝廷调遣罕东等部士兵夜袭哈密城（今属新疆），马文升推举陕西巡抚许进等率明军随后跟进。吐鲁番（今属新疆）的敌方守将弃城而去，明军进入哈密。自明初以来，这是官军第一次深入西域，马文升功不可没。

马文升作为一名文臣，不仅能纵横边疆，立下赫赫战功，使敌人闻风丧胆，而且对于朝廷内政，也能坚守政治信念，表达自我的见识。即使由此而遭到陷害挫折，也始终没有退缩。早在处理辽东边防事务的时候，由于不向主管西厂的大太监汪直示好，落入大狱，被发配到重庆（今四川巴县）。宪宗成化二十一年（1485），战功显赫的马文升是兵部尚书的当然人选，但方士出身的通政司左通政李孜省不愿与这位性情耿介、敢于直言的大臣共事，暗自做下手脚，使马文升担任了南京兵部尚书，等于逐出京城。

即使如此，当他被继位不久的孝宗皇帝召回京城后，却丝毫也没有收敛直言敢谏的政治锋芒。那时，逢迎拍马、明哲保身成为官场上的一种风气。而他仍然坚守政治品德，回到京城，就提出将一切邪佞之臣逐出京城的建议。任兵部尚书期间，针对兵政废弛的状况，采取有效措施加以整顿，如严格考核将校等。还采取强硬措施，严厉打击宦官干政的行为。

孝宗在位的弘治年间，出现了政局稳定、朝序清宁而内外无忧的大好形势，被史家称为“中兴令主”、“中兴之世”。不难看出，这个中兴之世的政治核心，是由孝宗与其臣僚组成的群体，一个君明臣贤的群体，而马文升正是这个群体中至关重要的人物。

200. 为什么说刘大夏为官清正？

刘大夏（1436～1516），字时雍，号东山，湖广华容（今属湖南）人。他严于律己，刚正不阿，曾说："做官以端正自己为先。不仅要戒除利，还要远离名。"并以此为座右铭。

宪宗成化十七年（1481），安南（今越南）侵犯老挝，反被老挝打败，元气大伤。朝中握有大权的太监汪直想乘此机会收复安南，便要求兵部找出有关安南的军事资料。刘大夏认为，战争一开，不仅会破坏西南的安定，而且会对整个国家局势产生不利，于是将资料藏匿，不肯交出。

孝宗弘治十年（1497），刘大夏被派往宣府（今河北宣化）清理兵饷。户部尚书周经忠告他说，边塞军队的粮饷买卖一向由世家子弟操纵着，务必要小心从事，不可因刚直而取祸。刘大夏称："处置天下之事，是以正理计量，而不是以势力。"当时，边防军需的采购，是以粟千石、草万束为单位的，大都由宦官、武臣的家属操纵牟利。为了打破垄断，刘大夏改变计量办法，凡有粟有草的，粟十石、草百束以上都交纳。这样一来，一般的商人民户也可以直接报纳，不必受势家子弟的控制，使普通百姓受益不浅。他还杜绝贿赂，禁止内外的镇守将官随意奴役兵士。

弘治十五年（1502），刘大夏任兵部尚书，成为孝宗最信任的心腹大臣之一。他上奏弹劾权奸幸臣，揭露四方镇守宦官谋取私利的行径，从而在节约军费开支、减少勇士虚冒等方面取得成效。他还向孝宗讲述兵政十害，列举了许多触目惊心的事实：南北军士轮番转运粮草苦不堪言；边防军士极端疲困；将官贪污，克扣粮饷和虐待兵士等。

刘大夏经常为了国家利益而舍身忘己，所以敢于对宦官权臣实行裁除和抑制。曾因要求严格考察勇士，而得罪了大宦官刘瑾，被诬陷下狱，后又被判罚去极远的边地戍守。赦免返回后，在家教导子孙致力于农耕，财务微有剩余，便分给贫穷族人，受到当时和后世之人的高度评价，认为他是一个无私奉献的人。

201. 何乔新是怎样一位官员？

何乔新（1427～1502），字廷秀，广昌（今江西广昌）人，代宗景泰五年（1454）考中进士。他为官不畏权势，刚强正直，清名廉洁，在朝野中声望极高。

何乔新为官正直，为朝廷办事尽心尽力，任广东司郎中时，曾逮捕了一名犯法的锦衣卫士兵。当时锦衣卫权势极大，都指挥使袁彬出面求情，希望赦免那个士兵。何乔新不为所动，坚决严惩了他。袁彬非常生气，派人四处搜罗何乔新的罪名，却什么也没有查到。何乔新由此声名大起。

担任福建副使期间，针对所管辖的寿宁（今福建寿宁）银矿经常发生聚众盗采的事，募兵打击，抓住了盗采的首领。为了安定沿海地区，设置归化（今福建明溪）县，使当地百姓接受朝廷的行政管理。巡抚山西时，上奏禁止边地的军民出关伐木打猎，以防泄露边关军情。因为佥事尚敬、刘源延误断案，他上疏弹劾，并请求命令天下的断案官，不得拖延办案，拖延半年以上的都论处罪刑，得到宪宗的赞同。孝宗弘治年间，因受万安、刘吉的嫉恨，被委任为南京刑部尚书。任职期间，不畏权势，处置了占夺百姓田产的宦官，将田产归还给百姓。后经王恕推荐，接替杜铭任刑部尚书。当时，刘吉仇视正直的人，频频制造大案冤案，何乔新大都依据法令予以纠正。刘吉更加怨恨他，不断搜集材料进行诬陷。后来，大理寺丞空缺，邹鲁意图谋取这一职位，何乔新却推荐了魏绅，邹鲁非常不满。恰逢何乔新的外亲与乡人打官司，邹鲁就诬告何乔新收受贿赂偏袒外亲，刘吉趁机报复，将何乔新的外亲捕入监狱，逼得何乔新上疏请求辞官回乡。后来经追查没有证据，邹鲁被罚停俸，但也同意了何乔新辞职的请求。

何乔新做官期间，爱护百姓，深受爱戴。任福建副使时，曾多次上疏请求减免百姓赋税。任河南按察使时，发生了大饥荒，按照旧例，赈灾到秋天停止，何乔新根据实际情况，一直到第二年麦收后才停止，救活了一大批人。后来，还帮助都御史原杰招募流民六万余户，使他们都能够安居乐业。任湖广右布政使时，因荆州的百姓苦于徭役，于是查验人口贫富，分为九等，根据等级安排徭役，百姓因此受益。任刑部右侍郎时，山西发生大饥荒，甚至出现人吃人的现象。何乔新前往赈灾，救活了三十余万人，使流散在外的十四万人回归家乡。

何乔新为官廉洁。如出使淮西时，巢县令阎徽因为曾经受学于他的父亲何文渊，就馈赠金币给他，何乔新不接受。阎徽说："这是给老师的礼物，只是请你转交罢了。"何乔新回答："你想向我的父亲献礼，通过别人可以，但是通过我就不可以。”最终没有接受。

何乔新的风范为当时的人所景仰，罢官归家后，朝廷内外多次议论举荐他，但终不再被起用。

202. 彭韶为什么能够名重当时?

彭韶（1430～1495），字凤仪，莆田（今福建莆田）人。英宗天顺元年（1457）考中进士。他为官清正，同宦官、奸臣作斗争不遗余力，在朝中声名显著，曾与何乔新为同僚，当时称为“何、彭”。

他在任四川副使期间，正确处理了长期不能决断的疑案，把罪犯绳之以法。在任广东布政使期间，先后多次上疏弹劾宦官以进贡为名而行扰民之实，坚决要求制止他们四处搜刮、任意索求的行为。其中，宦官梁芳的弟弟锦衣镇抚梁德因广东是他的故乡，回乡采集禽鸟花木时，大肆骚扰百姓，危害尤其严重。彭韶直接上疏，极力弹劾，言语激烈，冒犯了梁芳。梁芳恼羞成怒，向宪宗进谗言诬告，被贬到贵州。

巡抚应天府（今江苏应天）时，借星象异变的机会向宪宗上疏，请求施行仁政，亲贤臣远小人，尤其是四方镇守宦官。宪宗非常不高兴，打消了要任命彭韶为大理卿的念头，让他仍担任原职。彭韶并不气馁，巡抚顺天府（今北京）、永平（今河北卢龙）时，根据实际情况协调各县徭役，上疏弹劾镇守宦官陶弘。

孝宗弘治年间，巡视嘉兴（今浙江嘉兴）时，消灭了长期作乱的私盐贩子陈辅，并整顿盐法，还制定折价额度，减轻商人负担，改善盐工的困苦生活。调任吏部后，与尚书王恕甄别人才，查核政绩，选拔调任，清楚明白。多次上疏要求减少宦官人数，限制宦官权力，严格选官制度。

孝宗弘治四年（1491），彭韶代替何乔新为刑部尚书，秉持节操，不徇私情，与王恕、何乔新并称三大老，却被贵戚、宦官所憎恨。后因抱负不能施展而辞职。

203. 周经是怎样一个人物?

周经（1440～1510），字伯常，为人刚强耿直，不畏权势，喜好强谏，即使违背皇帝旨意也不顾，因而被宦官、贵戚所嫉恨。

任吏部左侍郎期间，有宦官趁尚书王恕正在休假，便假传圣旨，提拔皇后的姑婿沈禄为本司参议。周经认为这不是当面奉旨，也无皇上亲笔诏旨，不予执行，并与王恕上疏谏诤。虽然最终没有被制止，而朝臣公论认为是对的。宦官李广接受奸邪小人的贿赂而求利，户部坚决反对，却未能制止。周经于是倡导九卿上疏谏诤，最终将奸邪之人治罪。又继续上疏建议孝宗要限制外戚、宦官权力，注意开源节流，清除官场弊病，减轻百姓负担等等，大都被采纳。

孝宗弘治八年（1495），文武大臣因发生灾异而陈说时政，周经草拟好奏章，其中有斥责戏乐一事，言辞激烈。孝宗命令查访草拟奏章的人，尚书耿裕承揽是自己草拟的，周经说："奏书草拟出自我手，如果有罪，就治我的罪。"当世认为他们两个都是贤人。第二年，代替叶淇任户部尚书。当时孝宗宽怀仁厚，户部是奸人聚集之处，其中依仗权势营私舞弊的人非常多。周经到任后，一概按照祖宗成法处理，没有什么顾忌，缓征拖欠的赋税，裁处冗员，一遇到灾害，就上疏要求免除赋税，使风气渐渐好转。后来，多次上疏弹劾赵瑄违犯法制，侵占民田。孝宗听从周经的建议，将田地还给百姓，并治赵瑄的罪。孝宗多次答应将田地赐给诸王，周经屡次上疏谏止。宦官传旨索取太仓银三万两作为灯费，周经坚决不给。

后因星象变异请求退休，大臣争相上疏挽留，朝廷内外议论举荐的奏章多达八十余封，都没能留住。武宗正德年间，由于女婿与大宦官刘瑾交好，被召为礼部尚书，虽然坚决推辞，也没得到许可，于是勉强就任，几个月后病死。

204. 倪岳在政治上有什么作为?

倪岳（1444～1501），字舜咨，上元（今江苏江宁）人，英宗天顺八年（1464）考中进士，身经英宗、宪宗、孝宗三朝，历任翰林院编修、侍读学士、礼部左侍郎等职。

孝宗曾下诏从四川召国师领竹占（人名）进京，倪岳极力劝谏，不听。后来给事中夏昂、御史张祯等相继诤谏，孝宗被迫将此事搁置。当时，各地建造王府，规模形制宏伟壮丽，超过了永乐、宣德年间的旧制，倪岳上疏请求颁布固定样式以遏制这股奢靡之风。恰逢灾异天象出现，礼部在年终把各种奏章分类，写成文章，援引经史，鼓励孝宗勤于讲学，广开言路，宽缓赋役，谨慎刑罚，罢黜奸邪小人，提拔忠直之士，淘汰冗员，停止斋醮，减少营造，抑制滥赏等，多被孝宗采纳。改任吏部尚书后，积极整顿吏治，严禁收受贿赂，不徇私情，颇受好评。

倪岳善于决断大事，每当朝臣们聚集讨论政事时，他只以片言决断，就能使人心悦诚服。他的奏疏言辞恳切，阐述军国弊政毫无遗漏，很多人传抄读诵。论述西北用兵弊端的那篇奏疏为最佳，陈述增加将领权限，增设城堡，招募壮丁，严明赏罚，充实屯田，恢复边防漕运等。但当时兵部正主张用兵，不能完全被采纳。

205. 戴珊的生平情况如何?

戴珊（1437～1505），字廷珍，浮梁（今江西浮梁）人。他幼年好学，英宗天顺末年考中进士。曾任御史，提督南畿学政。宪宗成化十四年（1478），升任陕西副使，仍然提督学政。后历任浙江按察使，福建左、右布政使，清正廉洁，任期满后甚至不带走一样土产。由于能够以身作则，士人都很敬仰他。

孝宗弘治二年（1489），被任命为右副都御史，巡视郧阳（今湖北郧县）地区。调集川、陕官军讨伐流窜于四川的盗贼，捕擒了其首领，其余都以协从论罪，保全存活了一大部分人。后入朝，历任刑部左、右侍郎，查明宁化王朱钟鈵荒淫暴虐不孝等罪行，并处以夺爵禁锢的处罚。升任南京刑部尚书，又被召为左都御史。

弘治十七年（1504），负责考核京官，给事中吴蕣、王盖担心被罢黜，就先发制人，上疏诋毁礼部尚书马文升，并弹劾戴珊纵容妻子儿女收受贿赂。戴珊等请求辞官，孝宗安慰挽留，罢黜了吴蕣和王盖。

孝宗晚年召见大臣答问，戴珊与刘大夏接受召见的次数最多，孝宗非常信任他们，经常私下赏赐白银，为防止其他大臣嫉恨，还告诉二人不要在朝堂上谢恩。戴珊因年老多次请求退休，孝宗都极力挽留，并派遣御医诊视，赏赐食物，抚慰有加，继续委以重任。戴珊感激涕零，不再提起退休之事。孝宗去世后，戴珊又因武宗刚继位，不忍心提出辞职，带病努力处理政务。后来，疾病发作去世。

206. 周洪谟是何许人?

周洪谟（1420～1491），字尧弼，长宁（今四川长宁）人。英宗正统十年（1445）考中进士，授予翰林院编修。他为人博闻强记，善于写文章，为官忠于职守。

代宗景泰元年（1450），周洪谟上疏鼓励代宗亲临御前讲席，勤奋处理国政，陈述当时要务十二件，两次升迁侍读学士。宪宗继位，他又上疏陈述当时政务，说到君主保国之道、致力圣学的重要性、整顿内政等事，宪宗赞许并采纳了。

宪宗成化元年（1465），朝廷讨论征伐四川贼寇的事，周洪谟上疏陈奏六条策略，宪宗下令交给军队的指挥官施行。升为学士，不久迁任南京国子监祭酒。向朝廷上疏建议修复南京国子监红板仓二十间，得到批准，十一年，鉴于士风浅薄浮靡，上疏请求恢复洪武年间的学规，宪宗赞许，并下令礼部张榜宣告。崇信伯费淮入国子监学习礼制，却迟迟不到，周洪谟上疏弹劾，夺取他的冠带，让他穿戴儒巾赴国子监，并停发一年俸禄的一半，才使学校的学规得到较好的贯彻。鉴于祭祀活动中的舞佾豆笾的数量不合乎先圣的礼法制度，于是上疏请求完备有关皇帝祭礼的制度，遭尚书邹干反驳，再次上疏，据理力争，最终使宪宗同意了。孝宗弘治元年（1488），天寿山发生雷电冰雹等自然灾害，楼房瓦屋多被毁坏。周洪谟据此上疏劝谏孝宗修身反省。

后来虽辞官回乡，但忠君之心不变，临死前还递上奏章陈述有关安定中原、平定四方等十件事，他喜好讨论朝政，达到如此程度。

207. 李敏是什么人？

李敏（？～1464），字公勉，襄城（今河南襄城）人。代宗景泰五年（1454）考中进士。曾任御史，宪宗成化初年，被举荐为浙江按察使。后来，两次任职湖广，又历任山西、四川左、右布政使。

成化十三年（1477），他在巡抚大同（今山西大同）时，发现由山东、河南运送粮饷到大同不仅路途遥远，而且花费巨大，于是合计每年所需支出的粮食外，其余的都命令折换为银两输送，这样，百姓可以轻松携带，很容易运送到，而将士也能够以盈余置办军事装备，对双方都有利。于是上疏请求把北方两种税收折合成银两，再按当时市价折合成军饷，有余额便买粮食储存以备军需。宪宗听从了。他还设计打败了敌人骑兵的入侵，并修理城墙壕沟 ，使得敌人不敢再侵犯。

李敏抨击弹劾奸邪的贵戚、宦官，是不遗余力的。崇文门宣课司的税赋，多被权贵要人窃取，中饱私囊，李敏通过马文升建议增设御史掌管，进行监视。贵戚请求空闲地及鹰房、牧马场一千顷，李敏坚持认为不能给，这才作罢。成化末年，宦官和受宠信的近臣大都拥有赏赐的庄田，即使他们在获罪后，庄田也不分给百姓。李敏极力上疏陈述庄田之害，请求宪宗将庄田交给百姓租种，征收税银，既能够充实国库，又能够缓解百姓负担。却不被宪宗采纳。当时，在南京担任御史的官员与南京守备宦官蒋琮相互攻讦，由于宪宗偏袒宦官，御史们都被逮捕问罪，而蒋琮照样做官。为此，李敏两次上疏谏诤，宪宗都不听。

孝宗弘治四年（1491），在多次请求退休后，孝宗下令让他乘坐公车回乡，还没有到家便去世了。

李敏一生德行忠厚，为国尽心尽力，在当时颇有名声。

208. 韩文是怎样弹劾“八虎”的？

韩文（1441～1526），字贯道，洪洞（今山西洪洞）人。他为人凝重敦厚，平时谦虚谨慎，但在面临大事时，则坚决果断不妥协。他做官期间，竭力遏制权贵幸臣，其中尤以弹劾“八虎”最为有名。“八虎”是以大宦官刘瑾为首的马永成、高凤、罗祥、魏彬、丘聚、谷大用、张永等八名宦官。他们整天给武宗送上鹰、犬等捕猎动物，诱导并陪伴武宗出宫骑马射箭、耍枪弄棒。自此，武宗纵情娱乐，荒于朝政，而“八虎”则掌握朝政，横行不法。

由于武宗不理朝政，韩文每次退朝，对同僚谈及此事都要伤心落泪。一次，郎中李梦阳对他说：“你是大臣，按理应当与国家休戚与共，光哭有什么用呢？谏官上疏弹劾这些宦官，执政大臣予以有力的支持，你如果在此时能率领群臣坚决抗争，除去‘八虎’是很容易的。”一语惊醒梦中人，韩文于是昂首挺胸，毅然说：“好！即使不成功，我也死而无憾，不死不足以报效国家。”于是携同诸大臣直接上《代劾宦官状疏》，斥责“八虎”弄虚作假，惑乱圣心，并引据历代史实，劝诫武宗亲贤臣远小人，将“八虎”明正典刑，除去祸乱的根源，以保国家长治久安。武宗看后很受震撼，哭泣着不能吃饭。刘瑾等人得知后大为惊恐，围绕在武宗旁边哭泣，终于使武宗改变了主意，赦免“八虎”的罪行，不予追究。“八虎”掌握朝中大权，更是气焰嚣张。

刘瑾特别痛恨韩文，天天派人探查韩文的过失。一个月后，有人把假银子输入内库，于是以此作为韩文的罪状，先是被降职，后被罢免。转年三月，公布所谓“奸党”名单，除刘健、谢迁外，任尚书职位的以韩文为首，他的两个儿子也被牵连，都削除了官籍。韩文出京时，乘坐一辆破车，行李只有一车。刘瑾还不解恨，又把韩文等人逮捕关入钦犯监狱，几个月后才释放，并罚米一千石，不久，再次罚米，致使韩文家业荡然无存。

209. 雍泰为什么遭到刘瑾的排挤?

雍泰（1435～1514），字世隆，咸宁（今陕西西安）人。宪宗成化五年（1469）考中进士。他为人正直有气节，为官清正廉洁，无论在何处做官，总要打击当地豪强。武宗正德三年（1508），被举荐提拔为南京户部尚书。当时，大宦官刘瑾得势，是炙手可热的人物，雍泰虽与他是同乡，但看不上刘瑾的为人，不仅不贿赂巴结，甚至不与之交往。刘瑾对此非常恼怒，雍泰上任才四天，便被责令退休。这还不够，又声称举荐过雍泰的吏部尚书许进偏袒雍泰，将二人的官籍革除。又追究马文升和以前曾推荐过雍泰的尚书刘大夏、给事中赵士贤、御史张津等人，都革职为民，其他被罚米输送边关的有五十多人。雍泰回乡后，居住在韦曲的别墅里，不进入城市。直到刘瑾犯罪被诛杀后，才官复原职。

210. 何鉴是怎样镇压农民暴动的?

何鉴（1442～1521），字世光，新昌（今浙江新昌）人。宪宗成化五年（1469）考中进士。

武宗正德六年（1511），任刑部尚书。当时，各地纷纷发生暴动。刘宠、刘宸、杨虎等人在京城近郊活动；方四、曹甫等人纵横四川；汪澄二、罗光权等人搅扰江西，都各自称王。四方告急，朝廷于是派何鉴、陈金、马中锡率军分路讨伐。何鉴选拔将领，操练士兵，下令乡村全部高树栅栏，深挖沟堑，团结互救，命令河南、山西的官军守住黄河，阻断太行山，并派士兵守护漕运河道，保障行旅往来。又请求武宗下令，凡使贼寇逃脱的一律处罚，而对于破贼有功的予以奖赏。何鉴事先得到农民军要趁武宗到京城南郊进行祭祀的机会行刺，火速奏明武宗，日夜做好防备。农民军功败垂成，只好向西撤退。河南巡抚邓璋请求援军，何鉴趁此上疏，认为山东的官军中有权贵要人充当头目，阻挠军令，抢夺战功，有失人心，兵士众多却没有战功，请求将那些人全部遣返，对玩忽职守的斩杀无赦，并请求多派遣一些边关的军队去支援邓璋。武宗全部听从。不久，捷报频传，加封何鉴为太子少保。

第二年，农民军突袭霸州（今河北霸州），京城戒严。何鑑命令边防军迅速截击，农民军大败而走。农民军首领杨虎、朱谅死后，残余势力进入山东、河南。何鑑派遣边将许泰等去镇压，又派遣边将冯祯等人前往河南镇压刘惠。不久，毛锐大败，和谷大用一起被召回。何鑑于是请求任用彭泽，和仇钺共同镇压河南农民军，而把镇压山东农民军的任务交给陆完。这一年五月，河南的农民军被平定。七月，山东的残余农民军也被平定。陈金等人也陆续平定了江西、四川等地的农民军。武宗非常高兴，加封何鑑为太子太保。何鑑认为长久以来百姓经历战乱之苦，应该酌情减免田租、徭役等，罢免贪官污吏，停止没有什么用的土木工程，使百姓能够休养生息，都得到武宗的赞许。

211. 马中锡为什么被下狱处死？

马中锡（1446～1512），字天禄，故城（今河北故城）人。宪宗成化十一年（1475）考中进士。他为官清正廉洁，可在参与镇压农民军的事情被人弹劾，最终入狱并被处死。

武宗正德六年（1511），爆发了以刘宠、刘宸兄弟为首的农民暴动，马中锡和惠安伯张伟受命统帅禁军出征，先后在彰德（今河北安阳）一带和河南击败农民军。然而农民军声势浩大，气势正盛，将领们都畏惧不敢出战，还有人同农民军勾结，使征战过程困难重重。

当时，刘宠、刘宸等从京郊进入山东、河南，又向南到了湖广，直抵江西。再从南向北返回，直逼霸州（今河北霸州）。另一股农民军在杨虎等人的带领下由河北进入山西，又向东抵达文安（今河北文安），与刘宠等人会合，攻破城池上百座，纵横几千里，所到之处如入无人之境。马中锡虽然颇有声望，但不熟悉兵法，张伟也是纨绔子弟，见农民军势大，诸将领怯懦，两人便议定实行招降政策。他们认为参加农民军的本来都是善良百姓，只是因酷吏、宦官的贪婪残暴而被激起事，如果能做到推心置腹，就可以使他们不战而降。于是下令：农民军所在之地不要搜捕，所过之处不要截击，为农民军提供饮食，只要投降就免于死刑。农民军听说后，便打算归顺朝廷，但仍犹豫不决。这时，朝廷因为久战不胜，便派遣边关上的军队来助阵。马中锡也陷入了两难的境地，想作战，官军还没有聚集；想招抚，但农民军却举棋不定，于是也拿不定主意了。刘宠等人听说边关上的军队要来，便撤退了，盘踞在德州的桑园（今山东吴桥）。马中锡乘轿进入农民军营地里，备酒相待，开诚布公，劝慰告谕。农民军感激涕零，赠送马匹，以示祝福。刘宠慷慨陈词，表示愿意归降，而刘宸却仰天长叹，担心宦官专权，马中锡不能做主。不久，朝廷下诏悬赏捉拿农民军首领。刘宠等人非常害怕，不仅不提投降之事，还大肆活动，与官军对峙。只是到达故城时，念及马中锡对他们一片赤诚，为官又清正廉洁，于是下令不要侵犯他的家。从此，有关马中锡的流言四起，说他因家人的缘故纵容农民军，谏官争相弹劾，武宗下诏对他进行了严厉地斥责。但马中锡仍然坚持已见，请求对农民军免罪招抚，可刘宠等人再也不肯投降。朝廷便将马中锡、张伟召回，关入监狱，判处死罪。马中锡死于狱中，张伟被革除爵位。直至正德十一年（1516），巡按御史卢雍为马中锡鸣冤，才恢复生前官职。

212. 陆完有大功为什么却被流放？

陆完（1458～1526），字全卿，长洲（今江苏苏州）人。他才智过人，但热衷功名，善于结交权贵。早在武宗正德初年，就得到宁王朱宸濠的器重，赠给金银，他也不推辞，都收下了。正德二年（1507），他为了保住官位，不惜贿赂大宦官刘瑾。后来，代替马中锡和张伟去镇压刘宠、刘宸等农民军，立了大功，升为兵部尚书。刘晖、许泰、江彬都曾是他的部将，后来这些人因受到武宗宠信而弄权，陆完从中也得到了很多好处。

当时，宁王朱宸濠已有谋反之意，听说陆完做了兵部尚书，便写信给他，极力渲染往日的友情，要他帮忙恢复自己的护卫及屯田。陆完出主意，让他先凭借祖宗制度拟写奏章呈上。朱宸濠派人把大量的黄金丝绸分赠给当权的大臣，陆完得到好处后，便上疏为宁王说情。因为屯田的事务归属户部，于是交付朝臣审议，任六科给事中的有关官员都极力反对，使宁王的奏章长时间没有回复。陆完再次上疏，武宗终究没有回应。

后来，宁王反叛，被逮捕。宦官张永到南昌（今江西南昌）搜查罪证，得知陆完以前同宁王勾结的事，便上奏朝廷。武宗大怒，逮捕陆完及其家人，打算处以极刑。恰逢武宗去世，世宗继位。司法官再次上奏陆完的罪行，主张判处死刑。陆完上疏陈情，最终因镇压农民军有功，免除了死罪，流放到福建靖海卫戍守，后来就死在戍守之地。

213. 洪钟的生平情况如何?

洪钟（1444～1524），字宣之，钱塘（今浙江钱塘）人。宪宗成化十一年（1475）考中进士，曾任刑部主事。他任刑部郎中时，奉命安抚江西、福建的流亡百姓，针对当地百姓流动迁徙过多，容易作乱的情况，建议朝廷设立学校，教习礼学，加以约束。

孝宗弘治初年，升为四川按察使，到任后，逮捕当地人恨之入骨的马湖（今四川雷波）土官知府安鳌，并处以死刑，改由朝廷派遣官员，使一方得以安定。后又历任江西、福建左、右布政使。

弘治十一年（1498），升为右副都御史，巡抚顺天府（今北京），整治蓟州（今河北蓟县）边防，加固城墙，修复城堡，淘汰冗兵，每年可减少数万两的军费开支。又冲破重重困难，在不易防守的潮河平原开凿山丘，既能有效的阻挡敌人突然袭击，又可以屯田种地。

武宗正德元年（1506），负责监督漕运兼江北巡抚。第二年，就地升为右都御史。针对河道不浚，漕运不畅，上疏请求开挖疏通河道，从而使漕运更加便利。后改调南京都察院，升为南京刑部尚书。正德四年（1509），加封太子少保兼左都御史，掌管都察院事务。

正德五年（1510），各地爆发了农民暴动，他受命以左都御史的身份管理军务。在麻穰滩一战中，打败以杨清、丘仁为首的农民军，斩杀七百多人，平息了动乱。当初，洪钟掌管都察院事务，大宦官刘瑾的气焰正盛。刘瑾被诛后，他被弹劾曾经依附刘瑾，朝臣讨论后，认为洪钟平乱有功，于是不予追究。

之后，他凭借过人的谋略及与各路将领的密切配合，平定了陕西、湖广境内的蓝廷瑞、鄢本恕等农民暴动，因功加封太子太保。不久，另一股以廖麻子、曹甫为首的农民军占据营山（今四川营山）、蓬州（今四川蓬安），声势浩大，洪钟便商量着实行招抚。但农民军发生内讧，廖麻子杀了准备归降的曹甫，兼并了他的部下，转而进入四川东部。官军不敢追击，偷偷尾随其后，以杀无辜的平民来邀功请赏。土兵尤其残暴，当时有歌谣唱道："贼如梳，军如篦，土兵如剃。"听了令人心寒。巡按御史王伦、纪功御史汪景芳因此弹劾洪钟放纵土兵，不加约束，以及他本人饮酒作乐、纵情游玩，玩忽职守，致使农民军攻破许多州县。武宗于是召回洪钟，令彭泽代替他。洪钟辞官后去世。

214. 陈金是怎样一个历史人物?

陈金（1446～1528），字汝砺，应城（今湖北应城）人。他作战勇猛，有谋略，多次打败强敌，镇压农民军，但因用人不当，常常失策，且贪慕名利，因而被时人看不起。

孝宗弘治初年，陈金任云南左布政使，平定了竹子菁苗人的叛乱。弘治十三年（1500），又讨伐孟养酋长孟禄，使其恢复了向朝廷进贡赋税。此外，还出兵接连打败了农民军女首领米鲁，因功升任南京户部尚书。

武宗正德元年（1506），给事中周玺等人弹劾不称职的大臣，陈金就在其中。但武宗因陈金有战功而不予追究。不久，以右副都御史的身份管理两广军务。平定了马平（今广西柳江）、洛容（今广西洛容）的僮人叛乱，斩杀七千多人，升为左都御史。断藤峡苗人经常出外劫掠，陈晋认为苗人喜欢鱼盐，可以通过交易约束他们。于是下令当地百姓与苗人交易，并改断藤峡为永通。苗人却将计就计，开始假装接受约束，而后变本加厉地杀戮抢掠。对此，浔州（今广西浔州）人编成歌谣讽刺责怪陈金的失策。

正德七年（1512），借土兵和目兵的力量，不到半年的时间，镇压了江西农民暴动，几乎消灭了全部的农民军，斩杀数万人，每次上奏捷报，武宗都赐诏书慰劳，赠给银两锦帛。在东乡（今江西东乡）战役中，由于陈金吝惜金钱，不舍得分赏金给部下，下部将领便故意放走农民军几千人。陈金贪恋功名，便下令实行招抚。等到打败姚源（今江西万年一带）农民军，又得意忘形，以为成功在早晚之间，便与将官们设酒宴饮，致使农民军残余势力逃走，转而攻入衢州（今浙江衢州）、徽州（今陕西徽县）等地。陈金尽管知道策略有误，仍下令招降。农民军首领王浩八等故意诈降以延缓官军进攻，实际上依然四处活动。因而终究不能完全彻底地平息动乱。纪功给事中黎奭和北京、南京的谏官纷纷呈上奏章弹劾。武宗于是召回陈金，用俞谏代替，陈金便请求离职。

陈金虽然有战功，但所用的土兵、目兵贪婪残忍，杀人成性，抢掠比农民军更厉害，有时近数百口的大族人家全遭杀害，所抢掠的妇女都谎称是叛贼的家属，用几千艘船运载而去。所以百姓对他们非常痛恨。民间谣曰："土贼犹可，土兵杀我。"陈金也知道百姓痛恨，但因为正需要他们出力，为自己建功，便不加禁止。而且作为领兵将军，他不能保持廉洁，军需物资多占为己有。故而战功虽多，却为士兵、百姓所怨恨。

215. 周玺是何许人？

周玺（？～1507），字天章，庐州卫（今安徽合肥）人，孝宗弘治九年（1496）考中进士。他为人慷慨，做官不畏权势，喜好议论国事。

武宗刚继位，周玺便上疏请求毁掉新建的佛寺道观，驱逐法王、真人等骗子，弹劾以前的宦官齐玄炼丹浪费钱财的罪行。后趁星象异变，上疏弹劾侍郎李温、尚书熊冲、崔志端、都御史金泽、徐源等人，熊冲、李温、金泽因此被罢免。还偕同同僚上疏劝谏武宗要勤于政务，关心国事，不要袒护宦官。

武宗正德元年（1506），又弹劾大臣贾斌等十一人，宦官李兴等三人，功臣外戚张懋等七人，边关将领朱廷等三人。后又上疏指责武宗沉溺于声色犬马而荒废政务，御史何天衢等人也趁此进言。武宗虽不加谴责，却也没有采纳。

第二年，升任顺天府（今北京）丞。因为周玺议论政事深入直接，切中要害，而且大多针对宦官，引起当时备受宠信的大宦官刘瑾等人的怨恨。于是派党羽锦衣卫都指挥杨玉与周玺等大臣一起勘查附近的皇庄，回来后杨玉便诬告周玺侮辱怠慢皇上的使臣，刘瑾就假传圣旨将周玺逮捕关进钦犯监狱，鞭笞拷打致死。直到刘瑾被杀后，才恢复生前官职，赐予祭祀，并抚恤他的家室。

216. 张钦为什么反对武宗驾幸边塞？

张钦，字敬之，顺天通州（今北京通州）人。武宗正德六年（1511）考中进士。他为官正直，能尽谏官之职。

武宗正德十二年（1517），武宗听信江彬的谎言，打算出关巡幸宣府（今河北宣化）。张钦上疏劝阻，认为目前国事繁忙，应该专心处理政务；而且目前关外有外族之患，流寇扰乱，时局不稳，皇上身系江山社稷，不应轻易涉险；还列举了英宗不听臣下劝告出关而造成“土木之变”的史实。随后，听说朝臣的进谏都不被采纳，又继续上疏，列举出三条理由，认为：第一，皇上出关容易造成人心动摇，且沿途供给繁重；第二，北方敌寇正在扩展势力，出关不安全；第三条理由则以自己的谏官身份，以死进谏。奏疏呈上去，却没有回复。

武宗一意孤行，张钦便闭上关门，手持宝剑守住，并说："敢说开门的，斩！"并连夜上了第三道奏疏，认为自古天子要亲自出巡，事先必须与朝廷大臣商议，要六军护卫，百官随从，而皇上现在什么也没有，所以不合体制。还公然以死相抗，若皇上一定要出关，必须具有太后与皇后的宝印诏书，否则宁愿一死。武宗虽怏怏不乐，也迫不得已，只好从昌平（今北京昌平）返回宫。

217. 李文祥为什么一贬再贬？

李文祥（约 1464～约 1493），字天瑞，麻城（今湖北麻城）人。他非常熟悉国家政事，却因直言上疏，批评皇上所为，反对权奸宦官，因而一再被贬谪放逐。

他在宪宗成化末年考中进士。当时由大学士万安执掌朝政，本来非常推重李文祥的才能，有一次在家中设宴款待，李文祥因对他不满，便借题诗的机会表达讽刺之意，万安因此怀恨在心。孝宗刚继位，李文祥便上疏指责宦官之祸、佞幸之害，希望孝宗能够端正国家法制，罢黜奸邪小人，甚至指出孝宗诏书的不合理处，希望能够重新颁布诏书，广泛征求朝臣们的意见。这次，不仅宦官和执政大臣万安、刘吉、尹直等人都怨恨他，孝宗也非常不满。不久，被贬为陕西咸宁（今陕西西安）县丞。后来，朝廷大臣多次推荐他，但都被刘吉、尹直等阻挠。

弘治二年（1489），在王恕的推荐下，李文祥被任命为兵部主事。他为官清廉，监司以下赠送的财物都不接受。上任不到一个月，又因为吉人的事被捕入狱，贬为贵州兴隆卫（今贵州黄平）经历。后溺水而亡，年仅三十岁。

218. 黄巩给皇帝的上疏中提出什么建议？

黄巩（1480～1522），字仲固，莆田（今福建莆田）人。孝宗弘治十八年（1505）考中进士。武宗正德年间，入京担任刑部主事，掌管各司奏疏。

正德十四年（1519）三月，武宗颁布诏书准备南巡，黄巩上疏劝阻，并根据当时的形势提出了六条建议：第一，尊崇正学。希望皇上通过学习圣人学问而熏陶性情，疏远奸邪小人，从而振兴政事；第二，疏通进言渠道。希望皇上能够广开言路，接受并鼓励臣下直言进谏；第三，端正名号。希望皇上能够端正体统，昭显自己的名号，不要无故自贬；第四，除去游历嗜好。希望皇上不接触声色犬马的生活，取消南巡，收取民心，在政治上有所作为；第五，清除小人。认为自古小人执政，大都亡国丧身，希望武宗能够远离奸邪小人，除江彬以向天下人谢罪；第六，设立太子。希望皇上能够及早立皇太子，稳固祖宗江山的基业。武宗看到奏疏后，非常恼怒，把黄巩及与他联名上疏的员外郎陆震关入钦犯监狱，又在午门前罚跪五天，然后仍拘禁在狱中，二十多天后，黄巩在朝堂被施以杖刑，贬为平民。

219. 杨廷和在武宗朝具有什么地位?

杨廷和（1459～1529），字介夫，新都（今四川新都）人。宪宗成化十四年（1478）考中进士。武宗在位期间，德行不佳，佞幸小人常盘踞左右，政事混乱。杨廷和在武宗朝尤其是做内阁首辅期间，虽然不能完全改变武宗的行为，但在镇压农民暴动，平定宁王朱宸濠叛乱等方面立下功劳。又诛杀大奸臣江彬，果断地做出拥立新皇帝的重要决策，匡扶社稷，功不可没。

正德二年（1507），他进入东阁，掌管草拟诏书、敕书，因在皇上面前讲解经史时斥责奸佞小人，触犯了大宦官刘瑾，被改任为南京吏部左侍郎。后来召回朝廷，升为文渊阁大学士，参与机密事务。三年，加封为太子少保兼太子太保。当时刘瑾横行霸道，又与奸臣内外勾结，横行不法。杨廷和与内阁首辅李东阳虽在其中尽力周旋调和，也只有小小的补救而已。后来，安化王朱真鐇造反，杨廷和推荐仇钺为大将，平定了叛乱。适逢张永揭发刘瑾的罪行，刘瑾伏罪被诛，杨廷和加封太子少傅兼太子太傅、谨身殿大学士。杨廷和推荐的陆完、彭泽等人先后平定了刘宠、刘宸、齐彦名等领导的农民暴动。论功行赏，被一再加官。在李东阳退休后，杨廷和成为内阁首辅。

除去刘瑾后，大宦官张永日益骄横，甚至企图封侯，在杨廷和的阻止下，才没能得逞。后来乾清宫发生火灾，杨廷和就趁机上疏要求武宗下诏作自我批评，征求正直之言，又劝谏武宗要早上朝，尊敬皇太后与皇后，勤于学习，勤于政事等，虽切中弊端，但武宗不听。

后来，杨廷和的父亲去世，他回家守孝，孝期刚满，便被武宗召回。杨廷和主持朝政时，镇静稳重，为朝廷内外所推重。武宗经常不理朝政，纵情游乐，政事也常常出现问题。杨廷和多次上疏劝谏，都得不到回复，因此忧心忡忡，不能自安，多次称病请求退休，武宗都不允许。

正德十六年（1521），武宗去世。因为武宗没有儿子，朝臣便讨论由谁继承皇位。杨廷和以《皇明祖训》为根据，推荐兴献王长子朱厚熜继承皇位，得到大臣和皇太后的赞同。在世宗即位之前，由杨廷和总理朝政，派人守住京城南北要害之地，以防外乱；废除豹房，遣返番僧，放回各地进献的女子；释放南京关押的囚犯；停止京城不急需的工程；并设计诛杀了天下人人切齿痛恨的大宦官江彬。江彬被除掉后，朝廷内外都非常高兴。

世宗即位之初，在杨廷和的辅助和建议下，正德年间的弊政几乎全被革除。朝廷内外称新皇上是圣人，并且赞颂杨廷和的功绩。

220. 梁储在朝廷政事上有什么作为？

梁储，字叔厚，顺德（今广东顺德）人。宪宗成化十四年（1478）参加会试，录取为第一名。

武宗正德十年（1515），任首席大学士。当时，武宗正在大兴土木，修建乾清宫、坤宁宫等，梁储联合同僚极力劝谏阻止。因武宗没有儿子，梁储多次上疏请求从皇家宗室中挑选贤能的人立为太子，都没有得到回复。武宗纵情游乐，沉溺于声色犬马的生活，梁储多次上疏劝谏，都不听。于是，梁储请求召回德高望众的杨廷和，而自己居于下位。

正德十三年（1518），武宗听信江彬的谎言，准备到边地游玩。适逢杨廷和告假，梁储等人哭着劝谏阻止，武宗不听。于是，连日当廷力谏，武宗终究没有听从。

秦王曾上疏请求将关中闲置的土地做为放牧地，江彬等人也替他说好话。梁储上疏极力陈述关中土地的重要性，若为坏人所得，图谋造反，将危及江山社稷。武宗才把这事搁置起来。武宗想巡视南方，梁储等大臣纷纷上疏劝谏阻止，才取消此行。宁王朱宸濠谋反，武宗亲自出征，梁储等护卫随从。平定叛后，武宗不及时返回京城，却在小人的怂恿下想游览浙西等地。梁储亲手上疏，跪在行宫外哭泣，从未时一直到酉时哭了三四个小时，武宗答应不久便回京，他才起身。

武宗去世，杨廷和等人决定迎立兴献王的世子继位。按照惯例，应当由内阁一员和宦官及有功勋的皇亲国戚偕同礼仪官前往迎接。杨廷和怜惜梁储年老，不想让他去，梁储却自告奋勇，说："没有比这更大的事情了，怎么能以衰老为借口呢?"于是和定国公徐光祚等人前往迎接。世宗即位后，有人弹劾梁储结交权奸，梁储便三次上疏辞职，世宗令他乘公车返乡，并派人护送，每年仍旧按照有关制度发给俸禄。

221. 毛澄在武宗、世宗朝有什么作为?

毛澄（1461～1523），字宪清，昆山（今江苏昆山）人，孝宗弘治六年（1493）考中进士。他为人正直，坚持遵循礼法行事。

武宗继位后，毛澄被提拔为左庶子，后任礼部尚书。武宗时常微服出巡，有时在外长达半年之久，政事荒废，还荒唐地加封自己为威武大将军、总兵官、太师、镇国公等，毛澄屡屡上疏请求改变那些不合礼法的举动，但武宗都不予理睬。

宁王朱宸濠谋反，武宗亲自出征，留在南京一年多，毛澄多次上疏请求返回北京。到了通州（今北京通州），武宗听从江彬之言，要立刻赐死朱宸濠，毛澄依据旧例，请求回京祭祀过郊庙后，再杀他做为祭品，武宗不听。宦官王堂镇守浙江，请求建造生祠，西蕃阐化王的使者请求额外赏赐茶叶九万斤，毛澄都极力反对，请求按照礼法行事，武宗都不听。

世宗即位不久，发生"大礼"之争，即世宗想为生身父母追立尊号，毛澄等人多次上疏论争。世宗仍坚持己见，但见大臣论争不已，只好让步，追加兴献王为帝，王妃为后。对此，世宗并不满意，想追加生父为皇帝，毛澄上疏力争，加上很多朝臣也上疏劝谏，这才作罢。

毛澄正直坚贞，论事侃侃而谈，不屈不挠。世宗想推崇生身父母，曾经派宦官借传达圣旨之机给毛澄送金子，毛澄非常生气，坚决不收，为此，他上疏称病请求退休达五、六次，世宗总是安慰挽留。嘉靖二年（1523），又因病请求退休，世宗才答应。还没回家乡便去世了。

222. 杨慎为什么遭到明世宗的嫉恨?

杨慎（1488～1559），字用修，新都（今四川新都）人，是杨廷和的儿子。武宗正德六年（1511）参加殿试，考中第一名。世宗嘉靖三年（1524），因世宗破格提拔在"大礼之争"中极力支持他的桂萼、张璁等人，杨慎等人不服，上疏劝阻，并请求辞职。世宗非常生气，严厉斥责了他们。过了一个月，又上疏劝谏，得不到回复，便同朝臣们跪在左顺门进谏，世宗大怒，逮捕为首的八个人关入钦犯监狱，并在朝堂上施以杖刑。事后，杨慎被贬，发配流放到云南永昌卫，直至三十八年（1559）去世，都没能返回京城。

杨慎博学多才，但因为在“大礼之争”中，杨廷和是反对一方的首领，因此世宗对他们父子非常憎恶。杨慎被贬后，世宗经常询问他的情况，听说年老多病，怒气才渐渐缓和。杨慎听说后，更加纵酒狂放。

223. 孙交是怎样一个人物？

孙交（1453～1532），字志同，安陆（今湖北安陆）人。宪宗成化十七年（1481）考中进士。曾任南京兵部主事。孝宗弘治初年，担任稽勋员外郎。在吏部十四年，推举引荐了很多贤良之士。后受命治理黄花镇（今北京附近）边防，增加垣壁沟堑，遍地种植树木，以防止外敌突然袭击，并上疏请求免除了每年缴纳的用来顶替薪炭费用的两万两白银，解决了军队长期困顿的问题。

武宗正德三年（1508），在吏部任职。尚书张綵依附大宦官刘瑾，孙交多次直言规劝，张綵恼羞成怒，把他调到南京任职。后刘瑾被诛，召为户部尚书。当时，各地官军正镇压农民暴动，加上连年发生灾荒，上交国库的赋税不足，而调度又紧急频繁，孙交却安排得井井有条。对于饥荒严重的地区，孙交立刻上疏请求免除田租，并派人前往赈灾。因此，百姓不至于过分疲困，但触怒了当权的小人。武宗想把太平仓赏赐给受宠信的大臣裴德，云南镇守宦官张伦请求开采银矿，主管南京织造的宦官吴经请求拨给经费，孙交都极力谏诤。正德八年（1513），被迫辞职。谏官多次上疏请求挽留，武宗都不听。

世宗即位后，令他官复原职。上任后的第一件事便是请求世宗勤读《祖训》，凡事以法为准则，得到世宗的嘉奖。武宗在位时奢侈无度，导致国库空虚。孙交裁减冗员，制定法规，革除弊政，大多被世宗采纳，然而涉及宦官的事，世宗也不听从。曾经与大臣商议调用国库的钱财供给军队费用和官吏薪俸，世宗本来已经答应了，却被宦官梁谏等人阻止，孙交多次上疏，世宗也不听。因监督仓场的宦官人数过多，他上疏建议罢免了一多半，但后来又逐渐增加。于是他建议全部撤掉，却不被采纳。镇守珠池（今广西北部湾一带）的宦官安川违反规定结交权贵，孙交弹劾惩罚了他。因皇庄内宦官人数过多，且多有侵占公私土地的现象，孙交上疏建议淘汰冗员，并全部归还侵占的土地，都得到世宗的批准。锦衣卫百户张瑾从通仓中支取薪俸，横取无度，主事罗洪载要按律治他的罪。张瑾主动请求杖责，事后却诬告罗洪载擅自鞭打拘禁锦衣卫军官，世宗非常生气，逮捕罗洪载关入钦犯监狱，并贬到外地。孙交与林俊、乔宇先后上疏营救，世宗都不听。

孙交从不仗势凌人，言论谨慎，始终清廉慎重，诚实正直。世宗的生父兴献王一向爱惜尊重他，曾分割自己的土地扩建他的住宅。世宗即位后，宦官说孙交侵占土地，世宗却说："这是先皇赏赐的，我怎敢夺回呢?"非常器重他。后来孙交多次请求退休，世宗都不答应，安慰挽留他，并派御医前往诊视。后来才答应了他，命他乘驿车返乡，并关照有关部门按时慰劳问候，供给粮米奴仆，又赐给路费。八十岁时去世，谥号荣僖。

224. 林俊任地方官时有什么政绩?

林俊（1452～1527），字侍用，莆田（今福建莆田）人。宪宗成化十四年（1478）考中进士。他性情耿直，直言敢谏，遵守礼仪，始终保持节操。任地方官期间，颇有政绩，深受百姓爱戴。

孝宗弘治元年（1488），任云南副使。当时鹤庆玄化寺宣称有活佛，每年到了一定季节时都吸引男女达万人前去参拜，争相往佛的面孔涂抹金粉。林俊到任后，下令烧了它，所得的金子全部用来偿还百姓欠缴的赋税。又毁掉了不合礼仪而设置的祠庙三百六十处，拆除下来的材料全部用来修建学校。这些举措受到了百姓的欢迎。

弘治五年（1492），调到湖广。借雨雪灾异之机上疏陈述当时政治的得失，又说在德安（今江西德安）、安陆（今湖北安陆）等地修建王府，工程浩大，浪费钱财，百姓苦不堪言，请求遵循旧例，一切从简，但孝宗不听。

后来江西爆发王武等人领导的农民起义，巡抚韩邦问不能平定，便派林俊前往巡视。林俊不顾自身安危亲自到王武的居住处劝说，王武归降，因功代替韩邦问巡抚江西。到任后，林俊更改制定重要的条约，各种政务焕然一新。王府的俸禄大都向百姓成倍索取，因林俊进言而大大减省。宁王朱宸濠贪婪暴虐，林俊多次裁制压抑他，宁王非常愤怒，多次上奏弹劾他，后被罚停发俸禄三个月。

武宗正德四年（1509），巡抚四川。平定了蓝廷瑞、鄢本恕等领导的农民起义。后因与总督洪钟不和，辞官还乡。离开时，百姓都哭泣着相送。

225. 秦金一生有什么政治作为？

秦金（1467～1544），字国声，无锡（今江苏无锡）人，孝宗弘治六年（1493）考中进士。

武宗正德初年，他先后在河南、山东等地为官，致力于恢复因战乱而遭破坏的生产、生活。正德九年（1514），巡抚湖广时，把各王府侵占的田地归还给官府，并且平定了贺璋、罗大洪及瑶人龚福全的叛乱，论功行赏时，升为户部右侍郎。世宗即位，改任户部左侍郎。在户部任职期间，为国效力孜孜不倦。上疏建议把皇庄的田地全部归还百姓；并请求严格限制外戚、宦官侵占庄田，永福长公主请求武清（今属天津）、宝坻（今天津宝坻）的土地，因秦金的进言才有所裁减。

世宗嘉靖二年（1523），升为南京礼部尚书，率领大臣上疏，请求世宗按时上朝，亲近贤臣疏远小人，察纳雅言，推崇正道。不久改到南京兵部任职。后又改为户部尚书。世宗想尊称生父兴献王为皇考时，他偕同朝中大臣极力谏诤，并上疏分条陈述张璁建议的谬误之处，多次遭到世宗的斥责。

嘉靖六年（1527）时，他请求退休。后因不断有人举荐，起用为南京户部尚书，又任工部尚书。世宗曾与大臣在谈到秦金时，认为他虽然贤明，只是年龄大了。过了几个月，又改到南京兵部任职，一年后辞官还乡，二十三年（1544）去世，享年七十八岁。

226. 赵璜有什么政治作为？

赵璜，字廷实，安福（今江西安福）人，孝宗弘治三年（1490）考中进士。

他任济南知府七年，政绩显著。有些奸诈狡猾的小吏借舞文弄墨的机会为祸乡里多年，赵璜挑选了一些老实的百姓，教他们律令，等他们熟悉法律后便驱逐并取代那些不法的小吏。汉庶人的牧场长久以来属于官府，赵璜便招募百姓租种，一定程度上减轻了百姓负担。

武宗正德初年，升任为顺天府丞，因得罪刘瑾而被削去官籍。直到刘瑾被诛，才官复原职，不久又调到山东任职。他鼓励流民开垦河滩地数百里，并且免交租税。曲阜城由于战争被毁，上疏请求将县城移到阙里。后提升为工部右侍郎，管理河道。因边防有警报传来而改为治理京郊战备。战争平定后，又受命到顺天等府赈济饥荒。

世宗即位后，他升任为左侍郎，期间裁减宦官赐葬费和御用监的料价，革除内府酒醋面局每年征收的铁砖价银数万。世宗嘉靖元年(1522)，升为尚书。上疏建议把当初刘瑾耗资数十万修建的玄明宫还给百姓，并为减轻百姓负担，建议与石景山众房舍一起卖出以供修建仁寿、清宁宫的费用，得到世宗的赞许。三年（1524），又因显陵的形制及地理问题多次上疏，使显陵得以避免改建及迁移。

赵璜任尚书六年，正值世宗初理朝政，决心革除弊政、大有作为之时，因此得以施展才能。他有才干，有智谋，处事果断，令人叹服。但后来，因过于坚持自己的意见，得罪了很多权贵幸臣，世宗也渐渐疏远了他。

227. 为什么说蒋瑶为官清廉？

蒋瑶（1469～1557），字粹卿，归安（今江苏吴兴）人。孝宗弘治十二年（1499）考中进士。他为官清廉正直，颇有声望。

武宗正德年间，蒋瑶在扬州（今江苏扬州）任职。武宗南巡到扬州，蒋瑶只提供基本的备办而已，没有额外的赠送，引起当时正受宠幸的宦官们的不满。江彬想夺取当地富裕百姓的房舍作为他的将军府，蒋瑶执意不许，江彬就把他关在空房里折磨侮辱，并用武宗赏赐的铜瓜威胁他，蒋瑶宁死不屈。恰逢武宗捕获一条大鱼，开玩笑说值五百金，江彬立即送给蒋瑶，并索要银两。蒋瑶无奈，拿着妻子的首饰送给武宗，说："府库里没有钱，我只有这些。"武宗笑笑，还给了他。武宗下令征收奇异物品，蒋瑶都以不是扬州特产为借口回绝。后来，武宗想到扬州特产苧白布，不得已，蒋瑶才进献五百匹。当时权奸幸臣们因扬州繁华，到处搜刮，无所不至。幸亏有蒋瑶尽力阻拦，否则扬州百姓会困顿不堪。武宗回京时，蒋瑶跟随到宝应（今江苏宝应），却被宦官丘得私下用铁绳捆绑起来，数日后到了临清（今山东临清）才被放回。扬州人见到蒋瑶无不感激涕零。等到他升任为陕西参政，又争相出资建生祠拜祀他，由此名声大振。

世宗即位，非常器重蒋瑶。当时大量兴建土木工程，耗资甚巨。

蒋瑶上疏请求停止不急需的工程，所耗费用大减。后因年老辞官回乡，居住在非常偏僻简陋的巷子里。去世时八十九岁。

228. 理学大师王守仁的生平情况如何?

王守仁（1472～1528），字伯安，余姚（今浙江余姚）人。曾在会稽山阳明洞隐居养病，故自号“阳明子”，世称“阳明先生”。他是明代著名的理学大师及教育家、书法家，也是明代出身于文人的著名将领之一。

王阳明于孝宗弘治十二年（1499）考中进士，随后在兵部、刑部任职。武宗正德元年（1506）冬，因反对宦官刘瑾，被责打了四十棍，贬谪为贵州龙场驿（今贵州修文）丞。刘瑾被朝廷处死后，王守仁由庐陵知县，历任南京刑部主事，考功郎中，南京太仆少卿，升迁为鸿胪卿。正德十一年（1516），王守仁任右佥都御史，巡抚南安（今江西大余）、赣州（今江西赣县）、汀州（今福建长汀）、漳州（今福建龙溪）等地。当时，南、赣等地有多处农民起义，王守仁在巡抚此地时，联合福建、广东两省军队，镇压了大庾（今江西大余）、乐昌（今广西乐昌）、郴州（今湖南郴州）等地农民起义。十四年，率吉安知府伍文定等平定“宸濠之乱”。世宗嘉靖元年（1522），升任为南京兵部尚书，封新建伯。六年，王守仁总督两广兼巡抚，赴广西田州（今广西田阳）平息当地少数民族骚乱，又指挥官军击破八寨、断藤峡的土匪。最后，他病死于往返江西南安府大庾县（今江西大庾）的路途中，时年五十七岁。赠新建侯，谥文成。

王守仁是明中叶著名的教育家，从三十四岁开始讲学活动，直至去世，历时二十三年。在这期间，除六年是专职从事讲学之外，其余均是一面从政，一面讲学。他所到之处，除热心于讲学外，还热心于教育设施的建设，并且不拘形式，既建书院，也设置社学和兴办学校，这在客观上对明中叶以后书院学校的发展、讲学之风的兴起起了积极的倡导作用。

在哲学方面，他是宋明时期主观唯心主义的集大成者，认为“心外无物，心外无理”。他的学说以反传统的姿态出现，流行达150年之久，形成阳明学派，谓之“阳明心学”。不仅在本土影响极大，还流传到日本等国。他的学说虽然起过某种冲击圣贤偶像的积极作用，但空谈心性之风的流行，也影响了明中叶以后学术的发展和社会的进步。

他一生著有《传习录》、《大学问》、《阳明先生文录》等，后人辑成《王文成公全书》三十八卷传世。

229. 嘉靖皇帝为什么赏识张璁？

张璁（1475～1539），字秉用，永嘉（今浙江温州）人。后因“璁”字与世宗皇帝朱厚熜的“熜”字同音，为了避讳，世宗特赐名孚敬，字茂恭。

武宗正德十六年（1521）考中进士，踏入仕途。当时，武宗无子，在世时下诏让堂弟朱厚熜继位，是为世宗。世宗即位才六天，即下诏追封自己的生父兴献王为皇考，奉迎生母来京。这道诏书遭到内阁大学士杨廷和、礼部尚书毛澄等大臣抵制。他们援引汉代定淘王、宋代汉王等类似的事为例，不予认可。

这时，张璁在礼部观政，上了一道《正典礼》的奏疏，阐明汉代定陶王和宋代汉王的儿子是先入宫承嗣为皇子，而后继承皇位，这是继嗣。而当今皇上是以伦序而立，是为继统。统与嗣不同。并据“孝”和“尊亲”传统，说明礼法的核心是人情；申明世宗登基后就商议“追尊圣考”、“奉迎圣母”，合乎大孝之道，顺乎人情之理。世宗听说之后，非常高兴，说：“这番议论一出，我父子都可以获得保全了。”之后，世宗授张璁、桂萼为翰林学士，与其他持反对意见的大臣展开激烈的争论。随着事态愈演愈烈，朝臣中有二百多人甚至跪在宫门前哭谏。世宗一怒之下逮捕了为首者，打死十七人，下狱一百九十人，发配戍边八人。

嘉靖三年（1524）九月，“大礼之争”落下帷幕，世宗尊其生父为皇考，生母为皇太后。这一场大礼仪之争，实质上是前朝权臣与新继位的年轻皇帝的权力之争，张璁就成为这场争斗中新皇帝政治集团中的先锋与主力，从而得到赏识与信任，一再擢升。六年十月，以礼部尚书文渊阁大学士参预机要决策，两年后晋升为首辅。

张璁任首辅以后，刚正廉洁，一心奉公，并身体力行、以身作则，来实行种种改革措施：针对官场上贿赂公行、贪赃枉法的积弊，竭力推行廉政，加强监察权力，巡按御史与地方官员进行相互监督，不许结党营私、私下进谒、请托与馈赠，违者由缉事衙门访捕拿问；针对宦官干预朝政，张璁上奏明确揭露其种种劣迹及其产生的危害，使世宗下决心改革，罢免撤除天下镇守太监；针对权贵侵占民田，张璁与杨一清上疏，坚决请求清理权贵大臣的庄田，一律归还百姓。此外，张璁还请得旨意，裁减锦衣卫官兵三万一千多人，其他部门冗官、冗兵四万多人，罢黜不称职御史二十余人。这些措施，虽然得罪了不少人，但客观上有利于维护皇权统制，所以得到世宗的支持与赞赏。

张璁生病时，世宗曾派遣锦衣千户刘昂前去探视，并带着手诏说："卿以赤诚辅联，朕亦以腹心是托"，并催促还朝辅政。他逝世后，特赐谥号文忠，追赠为太师。

230. 桂萼是如何陷害朝臣的?

桂萼（？～1531），字子实，安仁（今江西东乡）人，武宗正德六年（1511）考中进士。他性情刚烈，常常意气用事，在做丹徒（今江苏镇江）知县时，屡次顶撞上司。后来调任武康（今浙江武康）知县，又冒犯上级官员，遭到御史白简的弹劾。桂萼不但经常处理不好与上司的关系，与一般同僚及下属官吏的关系也不和谐。

在世宗嘉靖初年的"大礼之争"中，桂萼揣测世宗心意，多次上疏表白个人心迹，坚决支持世宗要给自己的生父生母追加尊号的愿望，深受世宗的喜欢。嘉靖四年（1525），他与张璁联手，屡次上奏章中伤、攻击压制自己的费宏和石珤，迫使二人辞职。六年，朝廷下令考核京城官员，南京的谏官在查处有关官员的过失时牵涉到桂萼，桂萼就上疏弹劾那些谏官，指斥他们是杨廷和在朝廷中的残余势力。世宗相信了桂萼，便罢免了储良才等几名担任给事中之职的官员。

之后，桂萼更得世宗宠信，可以直接密封上疏，地位与内阁辅臣等同，便开始对那些曾经对自己不好的官员进行报复。王守仁曾被罢官，经过桂萼的推荐而重新起用。可在对待朝廷大事上，王守仁并不依附桂萼，桂萼因此愤恨不已，极力陷害他。直到王守仁死，桂萼还要丑化诋毁，剥夺世代封赏。"大礼之争"时，武定侯郭勋对桂萼和张璁有救命之恩，三人关系一直很好。后来，郭勋所做不法事败露，张璁上疏极力为郭勋开脱。而桂萼探知世宗已厌恶郭勋，竟落井下石，上奏揭露郭勋所谓凶暴贪婪的几件事，使郭勋被捕治罪。桂萼与张璁关系在"大礼之争"中可算盟友，关系一直较融洽，但进入内阁共事后，就互相猜疑而争斗不休了。

桂萼虽锐意革新，也有所建树，但性情残忍，猜忌凶狠，排斥异己，所以受到世人的非议。

231. 方献夫是何许人？

方献夫（约1486～1541或1544），字叔贤，南海（今广东南海）人。孝宗弘治十八年（1505）考中进士。

和明代许多士大夫一样，方献夫热衷词章，也有志于圣人之道，经常与王阳明一起交流学问。当时，他的官职虽高于王阳明，但自认为学问不及王阳明，于是投在王阳明门下，恭恭敬敬，执弟子之礼。武宗正德年间，请病假回到家乡，在西樵山中读书十年。

世宗嘉靖初年，他在“大礼之争”中支持世宗的意愿，认为世宗应该继统而不是继嗣，因而深受世宗的喜欢。嘉靖四年（1525）冬，升任少詹事。然而，大臣们对他在大礼议中的言论鄙视，认为是个奸邪之徒，所以心中始终不安，又告病假返回家乡。后来应诏参与编修《明伦大典》，完成后，加封太子太保。

方献夫性情宽容平和，遇到事情有时也会保持自己主见，不完全依附他人。因此，同样因“大礼之争”而受世宗信任的张璁、桂萼等人得势之后，或结党营私，或借机报复，他却能坚持正义，尽力营救了一大批被诬陷的有志之士。如在与张璁、桂萼等人重审李福达一案时，桂萼等人为私人恩怨而商议着给马録定重罪，方献夫极力争取公道，才使马録免于死罪。

桂萼在重翻陈洸一案时，审案官叶应骢等人全部逮捕，也是由于方献夫的住持公道而使大部分人免除牢狱之灾。他还能审时度势地提出一些有利于国家的策略，如思恩、田州发动叛乱时，由于他在朝中的支持，使得王阳明无后顾之忧，终于平定了叛乱。他排除众议，大力支持王阳明提出的为巩固边疆而修筑城墙的建议。

他认为道姑、尼姑的作为有伤风化，上疏给世宗，要求使她们还俗出嫁，并且淘汰那些没有剃度证明文件的僧人和道士，拆毁私自建立的寺庙道观。方献夫还认为，对外戚的封赏不应该是世袭的，并举汉、唐、宋代的史实为例来说明，请求世宗予以决断。世宗认为建议很好，于是废除了外戚世袭封赏的规定。

方献夫不满朝廷中的勾心斗角，加上自己曾做过的违法之事被人揭露，内心惭愧，更有感于世宗德恩威难测，于是多次上疏恳求退休，世宗终于答应，并安排驿车护送他回乡。

232. 夏言为何能当上首辅?

夏言（1482～1548），字公谨，贵溪（今江西鹰潭）人。武宗正德十二年（1517）考中进士。他任兵科给事中时，于世宗嘉靖二年（1523）受命巡查各地皇庄。回京后，在上疏中极力主张归还被侵占的百姓田产，禁止外戚侵吞庄田，受到世宗的赞许。七年，调任吏科都给事中。由于支持世宗祭祀天地之举，并建议分别祭祀天、地而得到世宗的信任。当时，张孚敬是内阁首辅，权高势重，朝中百官谁也不敢得罪他。夏言揣测世宗的心意，认为皇上不想让臣下结党营私，加上自己深得世宗信任，于是不逢迎张孚敬，甚至处处与之对抗。而张孚敬也不提拔夏言，两人矛盾渐渐加深。世宗虽认为夏言不结私党而更加宠信，但还是从中调和，升他为侍读学士，充任纂修官，仍旧兼吏科都给事中。十年三月，又升他为少詹事，兼翰林学士，掌管翰林院事务。夏言的迅速升迁，使张孚敬更加不安，于是捏造罪名，把夏言抓了起来。世宗看出其中的隐情，便将夏言释放。同年八月，任命夏言为礼部左侍郎，仍旧掌管翰林院事务。九月，取代李时为礼部尚书。

对于张孚敬专权跋扈，朝中百官都十分憎恶，而夏言敢于和他对抗，深得大家的支持，威望逐渐提高。世宗喜欢作诗，写好后就交给夏言看。而夏言总是能及时地写诗酬和，使世宗十分高兴，也就更加得到宠信，张孚敬等人再也不敢小看他。不久，张孚敬等人就退休了。后来，世宗因皇子降生，加封夏言为太子太保，又提升为少傅兼太子太傅。嘉靖十五年（1536），兼武英殿大学士，进入内阁参与机务。在当时，李时虽是内阁首辅，但是他为人小心谨慎，遇事不轻易做出定论，所以，内阁政事大都由夏言决断。同年冬，李时病死，夏言便成为首辅，终于登上朝臣中的最高位置。

233. 席书在“大礼之争”中持什么立场?

席书（1461～1527），字文同，遂宁（今四川蓬溪）人。所谓“大礼之争”，表面上是“继统”与“继嗣”的礼仪形式之争，实质上是前朝权臣与新继位的年轻皇帝的权力之争。武宗朱厚照无子，由内阁首辅杨廷和草拟遗诏，立武宗叔父朱祐杬（yuán）长子朱厚熜为帝，是为世宗。朱厚熜以藩王入主皇宫后，朝廷内部在皇统问题上发生了论争，斗争的焦点是如何确定世宗生父朱祐杬的尊号，而实际上是世宗想通过议礼之争，打击杨廷和等先朝阁臣，确立和巩固自己的皇位，推行新政。这一事件从世宗即位之初的正德十六年（1521）四月开始，至嘉靖十七年（1538）以世宗为首的一方获得胜利而结束，前后延续了近二十年。其中包含着孝宗、武宗系统的顾命大臣与依附于世宗的中下级朝官之间的利益冲突，同时又有首辅与世宗的权力斗争。随着议礼的进行，统治集团内部相应发生变化，反对抬高朱祐杬地位的阁臣元老权力日益丧失。张璁、桂萼、席书、方献夫、霍韬等一批新科进士和地方官员主持政务，对嘉靖朝政治、经济的变革，以及明代后期的历史发展产生了深远影响。

席书为官很有建树，在开垦农田、兴修水利、兴办教育、平定叛乱等方面功绩显著。朝中争论“礼议”之初，席书虽远在湖广，却揣测出世宗的意思，上疏极力支持抬高世宗生父兴献王朱祐杬的地位，认为应该称尊号为“皇考兴献帝”，并设立宗庙，以祭祀天子的仪礼祭祀，由此得到赏识。“大礼之争”结束后，他又力主改革，上表献新政十二事，世宗颇为赞许，下诏命令逐条执行，并被“倚为重臣”。

234. 霍韬在朝廷党争中的处境如何?

霍韬（1487～1540），字渭先，南海（今广东南海）人。

霍韬在“大礼之争”中，提出的礼学主张及设计的依礼办事的具体步骤，都很符合世宗及张璁、桂萼等新贵们所预想的模式。在此过程中，他表现出坚强的决心和信念。霍韬曾给学者毛澄写信，表明自己的见解，可毛澄不为所动。于是，他请求自削门籍，不再以毛澄为师。这种反传统的做法，在当时被看作是怪诞之举，属于忘恩负义的。

他还深刻地分析了杨廷和、毛澄及其追随者在“大礼之争”中的礼学主张的本质，首先对他们引用古礼的论据进行彻底批判；其次引用宋仁宗传位于英宗的事例来说明宋儒的表现是“天下重而父母轻”，而汉代的定陶王、宋代的濮王都是预先养育在宫中作为皇太子的，与世宗的情况不同；第三方面看今日之事例，帝王继承皇位原只是继统，不是继嗣，所以不必拘泥于父子之称。

这尽管迎合了世宗而让他非常高兴，但朝臣们却受到极大刺激，愤怒异常，更有人就直接进行攻击，指责张璁是提倡邪说，迷惑皇上，而霍韬是依附张璁，败坏典礼，荒谬绝伦。在这种情形下，张璁被排挤到南京，霍韬也迫于压力而告假回家。之后，世宗屡次下诏要霍韬回朝担任官职，他都坚决推辞。

世宗嘉靖七年（1528）六月，“大礼议”完成，张璁、桂萼等新贵专权，霍韬越级升任礼部尚书。当时，世宗十分赏识杨一清，霍韬等人深为不满，就极力攻击杨一清，处处陷害，终于夺去了他的官职。

后来，世宗准备分别祭祀天地，建立两个郊坛，霍韬上疏极力劝止，与支持世宗这一举动的夏言不和，甚至互相攻击。夏言掌权之后，霍韬依然想借事陷害他，屡屡上疏，世宗都没有追究。在多次攻击夏言而不能取胜之后，便拉拢与夏言有矛盾的郭勋，联合一起来攻击夏言，世宗还是不予理会，但也不再信任他。嘉靖十九年（1540）十月，死在官位上。

霍韬虽学识渊博，才能出众，多有建树，但度量狭窄，所到之处必与人竞争，所以遭人非议。

235. 为什么说黄绾为人狡诈？

黄绾（1477～1551），字宗贤，黄岩（今浙江温岭）人。因继承祖上荫功出仕做官。在“大礼之争”中，他看到世宗支持张璁等人的意见，也连连上疏表示赞同，迎合世宗的心思。世宗非常高兴，就对黄绾很看重。

起初，黄绾与张璁等人交往很深，张璁打算引荐他为吏部侍郎，却被杨一清压制。黄绾非常愤怒，就上疏诋毁杨一清而不直接指出他的姓名。世宗嘉靖十二年（1533），黄绾任礼部左侍郎。当时，夏言主管礼部，而且很受世宗信任，黄绾便转而暗中依附夏言，与张璁对抗。礼部郎中邹守益敢于直言进谏，因而得罪了权臣，于是告病请求退休。吏部尚书汪鋐受张璁的指使，上疏弹劾黄绾与邹守益结党。黄绾就上疏为自己辩护，并趁机诋毁汪鋐是张璁的鹰犬，而世宗厌恶朝臣结党营私，于是把汪鋐调出京城任职。从此黄绾的权势更大，几乎可与张璁分庭抗礼。第二年，山西大同守军发动叛乱，如何处置这件事，张璁与夏言的意见针锋相对，而黄绾依附夏言，极力主张对叛乱者实行安抚。世宗派他到大同去做安抚工作，他只逮捕为首的数十人，并在当地树立木栅，设立保甲，创办社学，从而安定了人心。

嘉靖十八年（1539），安南（今越南）发生内乱，世宗任命黄绾为正使前去安抚。而黄绾担心这一次出使会发生什么不测，就假装有病推辞不去。第二年，他上疏请求为父母追赠官品，受到世宗的责骂，降为礼部侍郎。二十年，辞官回乡。

黄绾依靠祖荫起家，先依附张璁，后依附夏言对抗张璁，虽由此得到了高官，但为人狡诈的一面受到世人的非议。

236. 杨一清为什么在朝野中声望卓著?

杨一清（1454～1530），字应宁，安宁（今云南安宁）人，后来移居丹徒（今江苏镇江）。他小时候就很会写文章，以神童被推荐为翰林秀才。十四岁中举人，十八岁中进士，历仕成化、弘治、正德、嘉靖四朝，官至武英殿、谨身殿、华盖殿大学士，两次入阁预机务，后为首辅，官居一品，位极人臣，是明朝名臣，多有建树，在朝野中声望卓著。

明朝中期，随着国力的日益衰微，北方边地形势日益恶化。就是此时，杨一清主持西北边疆事务三十余年。他励精图治，针对种种弊病采取行之有效的措施，主要是赏罚严明，大胆使用才能之士；积极修复必要的边防设施，保障当地军民正常的生产生活；招募和选拔素质较高的边兵，加强训练，改善武器装备；通过屯田等多种方法筹措和增加边防储备；而且特别注意把整饬兵备与维持周边少数民族的和平睦邻关系结合起来，制定相应对策，促进边地安定。这些措施的顺利实施，使西北边防面貌为之一新，堪称功绩卓著。后来世宗把他比作唐朝的中兴名将郭子仪，给予极高赞誉。

武宗正德五年（1510），安化王朱真鐇反叛，杨一清统领军务，很快平定叛乱。在平乱期间，他巧妙劝导监军宦官张永剪除掌权大宦官刘瑾，张永依计乘进献俘虏的机会，向武宗揭发刘瑾的种种罪行。刘瑾因此被诛杀，为天下除了一大害，朝野上下拍手称快。

杨一清胸怀宽广，对贤能之士十分敬重，他在主持吏部尚书政务时，一方面恢复那些被刘瑾诬陷而遭排挤的朝臣的官职，另一方面，积极举荐贤才，一发现人才，就立即任用。所以，他的门生遍布天下，都是为国家培养的人才。

世宗早在为皇子时，就闻知杨一清与李东阳、刘大夏为楚地三杰。即位后，朝臣又纷纷推荐杨一清，因此，世宗十分重用杨一清。但当时是张璁和桂萼掌握朝政，杨一清遭到多方排挤。至嘉靖八年（1529），他只得辞去宰相职位。不久，背上发毒疮而死。

237. 王琼为什么遭到群臣的嫉恨?

王琼（1459～1532），字德华，太原（今山西太原）人。宪宗成化二十年（1484）考中进士。他颇有才略，任兵部尚书期间立下了不少功劳，督管边陲时，人们常把他与杨一清相提并论。但他为人阴险嫉妒，过分运用权术计谋，遭到群臣甚至百姓的嫉恨。

武宗正德二年（1507），王琼任户部右侍郎。当时衡王府有武宗赏赐的土地，荒芜不能耕种，强令百姓租种本是常事，衡王府反而诬陷百姓赵贤等人侵占他的土地。王琼前往调查，不仅把赵贤等人发配边疆，还强夺了附近百姓的土地给衡王，百姓因而怨恨不已。

王琼才能很高，也善于结交，但结交对象时不分忠奸。钱宁、江彬掌权时，他精心侍奉他们，因而得以施展自己的才能，所奏请的事也大都能够实行。他能在兵部建立功勋，也是靠江彬等人的力量。陆完被废黜后，王琼接任吏部尚书。他嫉恨彭泽平定流寇，声望超过自己，便在钱宁面前挑拨离间，中伤彭泽危害法纪。又陷害云南巡抚范镛、甘肃巡抚李昆、副使陈九畴等人，使他们被捕入狱，由此惹得朝廷内外人心惶惶，许多大臣都很畏惧他。当时的大学士杨廷和，因为王琼实行的责罚奖赏等事都不经过内阁而心怀不满。

1522年，世宗即位，因谏官交相弹劾，王琼被关入都察院监狱。在狱中，他极力上疏揭发杨廷和，世宗更加不看重他，便交由朝臣评议定罪。后以结交近侍罪被判死刑，命他戍守庄浪（今甘肃庄浪）。王琼上疏哀求，诉说自己年老，便改为戍守绥德（今陕西绥德）。

世宗嘉靖年间，张璁、桂萼、霍韬掌权，因王琼曾与杨廷和有仇，便极力推荐他。后终于被起用，在管理边塞军务方面立下了不少战功。嘉靖十一年（1532）秋去世。

238. 彭泽的生平情况如何?

彭泽，字济物，兰州（今甘肃兰州）人。孝宗弘治三年（1490）考中进士。他孝顺友爱，廉洁正直，声望很高。有权势的豪强杀了人，彭泽都依法处置，即使宫中权贵出面求情，也坚决不听。

彭泽任徽州（今甘肃徽县）知府时，因要嫁女儿做了几十件漆器，派小吏送到家中。彭泽的父亲见了非常生气，把漆器全部烧掉，又徒步走到徽州。彭泽大惊，出门迎接，用眼睛示意小吏接过父亲的行装。

父亲更加生气，说："我背着它走了几千里，你不能背着它走几步吗？"进屋后，在堂下杖打彭泽，打完，便背着行装径直离去。从此，彭泽对自己要求更加严格，砥砺节操，政绩卓越，人们把他与前知府孙迈并列。

武宗正德初年，彭泽任真定（今河北正定）知府。有些宦官多次违反法令，彭泽便在大堂放置一口棺材，以死吓唬他们，他们便不敢再放肆了。先后任浙江副使、河南按察使等职，所到之处以威猛著称。后与咸宁伯仇钺统领军务，征讨刘惠、赵鐩等人领导的农民起义。他赏罚分明，刚到任便大展军威，责斥将士怕死后退应当斩首。众将士心惊胆战，不断认罪后才得以宽释。之后作战时英勇杀敌，于是很快平定了叛乱。以功升为右都御史。

不久，彭泽代替洪钟统辖川、陕各军，先后平定了廖麻子、喻思俸领导的农民暴动，及内江（今四川内江）、荣昌（今重庆荣昌）等地的动乱。于是请求班师回朝，恰逢吐鲁番人占据哈密（今新疆哈密），并夺取了哈密知府的官印，他便前往处理哈密之事。他认为番人可以以利引诱，便派哈密都督写亦虎仙用两千两银币、银质温酒器一双贿赂，交换哈密城官印。还未得到答复便上疏说事情已经平息，但后来番人再次攻取哈密及附近城堡，烧杀抢掠，明军损失惨重。钱宁、王琼等人趁机落井下石，不断上疏弹劾，彭泽被贬为平民。

世宗即位，钱宁败落，王琼也获罪，经推荐起用为兵部尚书。当时，兵部事务荒废已久，彭泽到任后，核查功过，杜绝请托，使兵政为之一新。他的许多行之有效的建议都得到世宗的赞许，并采纳付诸实施。嘉靖元年（1522），又上疏建议整顿锦衣卫，淘汰不合格人员，许多锦衣卫官员都在被黜之列。后来有人弹劾彭泽阻挠进言之路，破坏祖宗成法。彭泽心中不安，多次上疏请求退休。锦衣卫百户王邦奇痛恨彭泽曾抑制自己，又借哈密之事上疏弹劾，彭泽再次被削官为民，在家中忧郁而死。

239. 毛伯温在政治上有什么作为？

毛伯温（1482～1545），字汝厉，吉水（今江西吉水）人。武宗正德三年（1508）考中进士。他为人刚毅，遇事果断机敏。

世宗嘉靖初年，宦官张锐、张忠被判处死刑，但他的党羽萧敬、韦霖暗中拖延。毛伯温上疏请求一并诛杀萧敬、韦霖。行刑后，宦官为之胆怯。

嘉靖十五年（1536），任右都御史，与仇鸾整顿军队准备讨伐长期不进贡的安南（今越南）。毛伯温呈上六条策略。后安南发生内乱，于是暂缓出兵。改命毛伯温协助掌管都察院事务。十八年，总管宣府（今河北宣化）、大同（今山西大同）、山西军务。当时，大同所管辖的五座城堡相距甚远，最边远的地区甚至挨近敌人的营帐。而且自从巡抚张文锦因修筑城堡而导致变乱后，就没有人敢再提修筑城堡这件事了。毛伯温认为变乱产生的原因不在于修筑城堡，而在于用人不当，于是下令修筑城堡，并招募三千士兵防守，给予他们闲置的田地，还永远免除他们的赋税。这些措施的实行，大大有利于巩固边防，稳定边疆。

同年，与安南议和不成，于是出兵讨伐。毛伯温等人分三路进攻。嘉靖十九年（1540），进驻南宁（今云南曲靖），通告安南臣民，进行安抚。安南国君莫登庸上表乞降，世宗非常高兴，改安南为安南都统使司，以莫登庸为都统使。期间，毛伯温授命一年多，不放一箭，而安南平定，且极力推荐翁万达、张岳等军事人才，使二人得以任用，为国家做出贡献。回朝后，论功行赏，加封为太子太保。

嘉靖二十一年（1542），接替张瓒为兵部尚书。张瓒任职八年期间贪污受贿，军备完全荒废。毛伯温到任后，会同朝臣商议呈上关于整顿边防的二十四件事，是军事法令焕然一新。并大力革除冗员及多余部门，锦衣卫、腾骧各卫等一向被宦官把持的部门都在革除之列。虽然改革了弊政，但引起受宠幸的人，尤其是宦官的不满。

嘉靖二十三年（1544），顺天府（今北京）巡抚朱方以秋天防卫结束为由，撤离外来部队，不料敌人趁机大举进攻，直逼京城。世宗大怒，用木杖打死朱方。御史舒汀趁机上疏说，朱方只不过是建议撤离蓟州镇（今河北迁西）的军队，而毛伯温却建议撤离宣府、大同的军队，乃是罪魁祸首。于是毛伯温被削去官籍，回乡后不久，背上毒疮发作而死。

240. 李钺屡次进谏为什么不被皇帝所接受？

李钺（1465～1526），字虔甫，祥甫（今河南开封）人。孝宗弘治九年（1496）考中进士，曾任御史、兵部侍郎等职务，在任职的地方都有声望和政绩。

武宗正德年间，宦官乱政现象十分严重，大宦官刘瑾更是权势煊天。武宗正德元年（1506），天象发生异常。李钺趁此上疏给武宗，列举了宦官李兴、宁谨、苗逵、高凤等人的罪状，并请求贬斥刘瑾的党羽尚书李孟旸、都督神英，但武宗没有采纳。刘瑾恨他弹劾自己的心腹党羽，就找借口将他贬职。刘瑾垮台后，才被重新起用。

世宗即位后，李钺历任兵部左右侍郎，出京总督陕西三边军务。世宗嘉靖四年（1525），代金献民任兵部尚书兼督团营。世宗宠信宦官，宦官刁永等人每有请求，世宗都答应。又录用司礼宦官抚安的八个亲人入锦衣卫任职。当时南京守备已有三人，世宗却又命卜春用添注的名目就职处理政事。御马监的阎洪在武官考核时向世宗请求让他考核腾骧四卫及牧马所的官员。这些都不合规矩礼制，李钺多次上疏阻止，世宗都不接受，反而斥责他违抗圣旨，命他当面陈述实情，直到他承认过错为止。已经被革职的锦衣卫百户李全上奏请求世宗恢复他的官职，李钺请求惩治他，世宗却不过问。于是就有很多任都模仿李全上奏请求恢复他们的官职，李钺又上疏加以阻止。世宗很不满，再次责令他当面陈述实情，还扣了他一个月的薪俸。

李钺多次进谏，但都不合皇帝的心意，又知道自己被皇帝宠信的任所嫉恨，就辞职返乡，还没有动身就去世了。

241. 胡士宁是怎样弹劾宁王朱宸濠的?

胡士宁，字永清，仁和（今浙江杭州）人，孝宗弘治六年（1493）考中进士。他性格刚直，不畏权贵，时常上疏陈述当时的政治得失，与李承勋、魏校、余祐一起被称为“南都四君子”。

武宗正德年间，宁王朱宸濠骄横跋扈，有谋反之心，但没有人敢说。胡士宁十分愤慨，于武宗正德九年（1514）三月上疏给武宗，指出江西尽管盗匪横肆，但其隐患不在盗匪而在宁王。宁王府的威势日渐扩大，聚集了很多不法之徒胡作非为，多次假借火灾强夺百姓的房屋基地，还以采办贡品为名侵扰附近的府郡，而地方官员却只知奉承不予制裁。他说这样会使得百姓不安，逼得他们群起作乱。针对这种情况，他请求武宗委派公允忠诚的大臣镇抚江西，同时让宁王只治理他的藩国而不要阻挠有关官员。他认为只有这样做，才能平定祸乱的根源，消除意外变故。武宗同意了派大臣前往江西镇抚的事情，至于他说的宁王府违反法制侵扰百姓的事，怀疑不是真的，就没有派人调查，只是命宁王好好管束下属。

朱宸濠得知后，恼羞成怒，几次上疏弹劾他，又以重金贿赂权臣和武宗宠信之人，一心想杀掉他。在朱宸濠的活动下，胡士宁的家人全部被抓，胡士宁走投无路，自投锦衣卫监狱。在狱中，他又三次上疏说朱宸濠谋反的情况，但武宗都不予理睬。他在狱中被关押了一年多，后经多位大臣的援救，被贬职流放到沈阳（今辽宁沈阳）。又过了四年，朱宸濠果然谋反，胡士宁才被重新起用。

242. 李承勋在朝政方面有什么建树?

李承勋（1473～1531），字立卿，嘉鱼（今湖北嘉鱼）人。孝宗弘治六年（1493）考中进士，由太湖知县升任南京刑部主事。历任工部郎中，迁任南昌知府。他为官清廉，忠心为国，深受皇帝的信任。

武宗正德六年（1511），赣州（今江西赣州）、靖安（今江西靖安）、华林（今属江西）等地都有贼寇作乱，声势很大，各地兵马都不敢前往。李承勋率领地方军队围剿，多次立功。后来又跟从都御史陈金斩杀了贼寇的首领罗光权、胡雪二，扫平了华林贼寇。

因为治行卓异，李承勋被提拔为浙江按察使，历任陕西、河南左、右布政使，后来以右副都御史的身份巡抚辽东。当时的边防守备长期松懈，开原（今辽宁开原）尤其严重。军队只剩原来的十分之二，城墙城堡烽火台坍塌殆尽，城外几百里地都成为各部族的射猎之地。李承勋上疏请求修筑，恰逢世宗继位，拨发了四十多万两库银。李承勋身先士卒，亲自背负畚箕扛起锄头干活，修筑城墙挖城壕各九万一千四百多丈，筑城堡报警台一百八十一座。又招回逃亡之人，开垦田地。还筑建了中固（属今辽宁）、铁岭（今辽宁铁岭）、蒲河（属今辽宁）、抚顺（今辽宁抚顺）等城，使得边防非常牢固。

兵部尚书胡士宁退休后，李承勋就代替了他的职务。当时世宗多命宦官出外镇守大镇，这些宦官都残暴凶横，欺上凌下，李承勋先后裁撤了二十七人。又革除了五百锦衣官和数千超出定额的监局差役，还向世宗请求将原来隶属于内廷由宦官统管的腾骧四卫划归兵部管理，以查实假冒，世宗都加以采纳。

世宗嘉靖十年（1531），天气发生异常，刮起的大风使得白昼昏暗。世宗担忧边防，李承勋详细分析了边疆的形势，指出相应对策，并说只有马上任用贤人，治理财政，才能使边疆没有忧虑。世宗非常赞赏并加以采纳。

李承勋沉着勇毅而有远大谋略，一心为国，忠心耿耿，深得世宗信任。他去世后，世宗大为叹息哀伤，赠少保官职，谥号康惠。除了常规礼仪外，又特地赐予白银、彩帛、米粮蔬菜等东西加以抚恤。

243. 王邦瑞有才望为什么却不受皇帝信任?

王邦瑞（1495～1561），字惟贤，宜阳（今河南宜阳）人，武宗正德十二年（1517）考中进士。他为人严正刚毅，有才识和气量，做官四十年，以廉正有节操而著称。

世宗嘉靖年间，俺答侵犯北京。王邦瑞当时为吏部左侍郎，受命总督九门。他把禁军驻扎在城外，把巡捕军驻守在东、西长安街，大开城门，接纳四郊逃来的百姓。后来兵部尚书丁汝夔下狱，他被任命代理兵部事务，兼督团营。俺答军退却后，他请求奖功罚过，又请求疏浚九门壕沟，世宗都同意了。他见军营制度长期松弛，弊端很多，就上奏给世宗。世宗于是下令废置十二团营，将其全部归入三大营，让咸宁侯仇鸾统管。王邦瑞改任兵部左侍郎，专督军营事务。不久，他上疏说宦官掌管兵权，是古今的大患，请求完全撤回监军的宦官，世宗同意了。不久，代替翁万达成为兵部尚书。

王邦瑞才识卓著，但却不为世宗的宠臣仇鸾所喜。仇鸾常常在世宗面前诋毁他，世宗也渐渐地不再信任他。仇鸾曾奏请将蓟州（今天津蓟县）总兵官李凤鸣、大同（今山西大同）总兵官徐钰革职，而举荐京营副将成勋、密云副将徐仁分别代替他们。世宗同意了，未经朝议便直接从宫中下令。王邦瑞认为这样的做法不合礼制，又说京营大将与各镇将领互不管辖，为了京营贬斥各镇守将的举动只会助长不良风气，会使九边将帅都奔走依附于权臣，这不是国家的福分。世宗很不高兴，下诏谴责了他。仇鸾又想节制守边的将领，停止修筑蓟镇（今天津蓟县）的边墙，王邦瑞极力阻止。仇鸾十分恼恨，更加肆意进谗言诬陷他，最后使他被免去官职，赵锦代替了他的位置。

王邦瑞离职后，仇鸾更加专横，第二年被杀，赵锦也因结党被贬职流放到边关，世宗又渐渐思念起他。过了十年，京营缺人，世宗说："非王邦瑞不可"，就起用他任原官。过了一年去世。

244. 郑晓是怎样分析倭寇之乱的原因的?

郑晓（1499～1566），字窒甫，海盐（今浙江海盐）人。世宗嘉靖二年（1523）考中进士，曾任职方主事、太仆丞、南京太常卿、刑部右侍郎等职务。他熟悉军事，尽知天下险要关塞，兵马虚实强弱的情况。任职于兵部时，兼副都御史总督漕运，曾多次击败倭寇的进攻，曾在狼山（今属江苏）围攻他们，斩杀九百多人，因此两次晋升官阶。

当时有许多百姓受了倭寇的贿赂而与他们内外勾结，为他们作向导，使得倭寇完全知道官军的虚实，还有很多人加入倭寇的队伍。针对这种情况，郑晓说："英武雄健有才识之徒，因为困顿没有地方显示才华，才会甘心作贼寇。除非国家广泛网罗人才，使他们有出路，不然恐怕其中就会产生像孙思、卢循这样的人，祸患就蔓延大了。洪武年间倭寇侵扰近海的州县，以高皇帝（明太祖朱元璋）的威灵，加上谋臣老将的帮助，修筑城堡操练士兵，经营几年，都还没有经营安定。于是招募渔夫、岛上居民、贩卖私盐受罚的刑徒、编入户籍的蜑人编成几万人的水军，又派使臣出海宣扬恩威。很久以后，倭人才不成为祸患。如今江北虽然平静，然而船只出没，转眼就是千里。倭人依恃华人作耳目，华人凭借倭人作爪牙，若不详细筹划，后患很不容易消除。"

郑晓对倭寇之乱原因的分析十分中肯，世宗对他提出的建议都采纳了。

245. 姚镆为什么遭到朝中权贵的排挤?

姚镆（mò）（1465～1538），字英之，慈溪（今浙江慈溪）人，孝宗弘治六年（1493）考中进士。曾任礼部主事、广西提学佥事、兵部左侍郎、右都御史等职务，任职期间，颇有政绩。他为人正直，不畏权贵，因而遭到排挤。

世宗嘉靖四年（1525），姚镆升任右都御史，管理两广军务兼巡抚。当时田州（今属广西）土官岑猛图谋不轨，他调集兵马分路征讨，又交结岑猛的岳父岑璋，让他做内应，大败岑猛，斩杀了岑猛的儿子岑邦彦。岑璋诱杀了岑猛，将其首级进献。岑猛之叛基本平定，姚镆令参将张经率兵一万镇守当地。但不久，岑猛的党羽卢苏、王受谎称岑猛没有死，率兵攻打明军所驻的城池，许多城池被攻陷。巡按御史石金弹劾姚镆失策欺君，世宗因为他之前有功劳，就允许他可以不经请求根据具体情况进行抚剿。卢苏、王受多次请求宽赦，姚镆都不答应，要大举讨伐。正值朝廷建议起用王守仁督率两广军队，命姚镆与他共同率领，姚镆就称病辞职还乡。

当初，广东提学道魏校削减各佛寺道观的土地数千亩，但没有收入官府，全部被霍韬、方献夫瓜分。姚镆到广东后，追回田地给官府。霍韬、方献夫非常恨他，就与世宗的宠臣张璁、桂萼一起合力排挤他。不久，姚镆上奏争辩石金的前次奏疏，指责石金阻挠拥兵，养成寇患。石金也再次上疏诋毁他。世宗听信了他们的话，将姚镆免职。

嘉靖十三年（1534），在大学士费宏的举荐下，姚镆被任命为兵部尚书，总管三边军务。还没上任，费宏去世，姚镆就推辞不去任职。世宗很不高兴，仍旧将其免职，在家几年后去世。

246. 刘天和在防守边疆中有什么功劳?

刘天和（1479～1545），字养和，别号松石，湖广麻城（今属湖北）人。他在防守边疆方面，功勋卓著，是一代名将。

明自建国以来就面临蒙古贵族统治集团的威胁，中期之后，蒙古入侵更加频繁。世宗嘉靖十五年（1536），刘天和任兵部侍郎，总督陕西延绥、宁夏、甘肃三边军务。他首先在边防线上修筑垒墙，深掘壕堑，巩固和增强了边疆防守能力。其次，积极向卫青、范仲淹等历代边防名将学习，以汲取作战经验，制定相应的战略、战术。并对秦纮的全胜车加以改造，增进了攻击和掩护的功能，使之更有利于在战斗中使用。又制造出随军而用的轻巧小帐，使士兵在行军途中不再露营。再次，在任期间，对蒙古鞑靼部侵犯凉州（今甘肃武威）、庄浪（今甘肃永登）、黑河墩（今榆林西南）、宁夏（今宁夏银川）等所进行的阻击战屡战屡胜，表现出非凡的军事领导才能。尤其是固原（今宁夏固原）一役，正赶上阴雨连绵，弓箭都粘结在一起，使得将士们缺乏斗志，畏缩不前。刘天和果断地斩杀两个负责指挥军官，激励将士奋勇杀敌，于是在铁柱泉（在今宁夏盐城境）大败敌寇吉囊，斩杀捕获四百四十多人。对于巩固边防、安定边疆做出了巨大贡献。

247. 廖纪的生平情况如何?

廖纪，字时陈，东光（今河北东光）人。孝宗弘治三年（1490）考中进士，被任为吏部考功主事，后升至文选郎中。

武宗正德年间，廖纪曾任工部右侍郎，主管采办柴炭的易州（今河北易县）山厂，但从不以权谋私。

世宗即位后，廖纪先后任南京吏部尚书、兵部尚书等职务。世宗嘉靖三年（1524），代替杨旦成为吏部尚书。当时，关于世宗生身父母封号问题的争论即“大议礼”已经确定，世宗的生父被尊为“兴献帝”。光禄署丞何渊为了讨好世宗，就上疏请求建立宗庙来祭祀兴献帝。廖纪认为不可以，说这样的做法破坏了君王与臣下的名分，蔑视祖宗定下的制度，但世宗没有采纳。很多大臣都上疏规谏，才使得争议平息下去。

不久，廖纪又上疏劝世宗爱惜人才。他说在武宗时期，宗庙社稷几乎败亡。自世宗即位后，那些年高有德的大臣接连离去，不断进入朝廷的新人不循法度，往往逾权行事，触犯礼制。他请求世宗重新起用那些辞官回乡的大臣，让那些受到降职、除名、充军处分的人有机会发挥自己的才能为朝廷效力，还向世宗推荐了彭泽、王守仁、灯璋、王宪等人。但对他的建议，世宗却不予采纳，他推荐的人，也只起用了王宪。

嘉靖五年（1526），祭祀兴献帝的世庙建成，御史张衮、喻茂坚、朱实昌向世宗请求宽恕那些在“大议礼”中因为违背他的心意而获罪的大臣，张璁、桂萼也替他们求情，廖纪将他们的名单列出来呈给世宗，但世宗最终也没有同意。

后来，廖纪以年老有病为由辞官返乡。去世后，受封赠为少傅，谥号僖靖。

248. 李默的一生有哪些主要经历？

李默，字时言，瓯宁（今福建建瓯）人。武宗正德十六年（1521）考中进士。

世宗嘉靖十一年（1532），任武会试同考官。参加兵部宴会时，占据客位，并想坐在兵部尚书王宪的上座，被弹劾越位不恭，贬为宁国府同知。后逐步升为浙江左布政使，主管南京国子监事务。后获世宗特殊礼遇，升为吏部尚书。

当时，严嵩执掌朝政，独揽官吏升迁降黜之权，但李默不畏权势，经常坚持自己的见解，因而遭严嵩记恨。后因推荐辽东巡抚一事被严嵩诬陷，削职为民。后又再度被起用为吏部尚书，颇得世宗赏识，命他入宫值日，并特许他在宫苑中骑马。不久，又命他兼任翰林学士。给事中梁梦龙弹劾李默徇私，反被世宗斥责。正逢考核各地官吏，李默告诫下属谢绝宾客，一同当值的大臣也不得私自见面。严嵩对此十分记恨。赵文华巡视军队回朝，气势凌人，李默却不屑一顾，处处与他作对。恰逢总督杨宜被免职，严嵩、赵文华想起用胡宗宪，李默却推荐王诰。严嵩、赵文华因此更加憎恨李默。后来，赵文华借事诬陷李默曾经诽谤世宗，并把剿除倭寇失利的罪过推到李默头上。世宗非常生气，命礼部及刑部等商议处罚李默。礼部与刑部都认为李默虽平时偏执专断，有失大臣礼仪，但罪不致死。世宗认为礼部尚书王用宾与李默是同党，夺去两人三个月的俸禄，并将李默关入监狱。嘉靖三十五年（1556），死于狱中。

李默博学多才，为人豪迈，不畏权势，凡遇官吏任免之事，必与严嵩针锋相对。但生性偏激，用人多凭个人好恶，偏爱自己的同乡故旧，所以不太受当时舆论的欢迎。

249. 周延是怎样一个历史人物？

周延（1499～1561），字南乔，吉水（今江西吉水）人。世宗嘉靖二年（1523）考中进士，任潜江（今湖北潜江）知县，后提升为兵科给事中。当时朝廷议论新建伯王守仁的罪行，想夺去他的爵位。周延上疏为他申冤，却因此获罪，被贬为太仓州（今江苏太仓）判官。后参与安抚安南（今越南）、讨伐黎族叛乱等事，并立了功，提升为广东左布政使，后任右副都御史，巡抚应天（今江苏南京），平定了沿海地区林成领导的叛乱。历任南京右都御史，吏、兵部尚书。

嘉靖三十四年（1555）任左都御史。当时，世宗命令朝中大臣和各地督抚官员举荐管理边疆事务的人才。前任侍郎郭宗皋等一大批有才能的人都获举荐，但都遭到御史罗廷唯的反对，世宗也认为吏部举荐过滥，采纳了罗廷唯的意见。周延认为这些获举荐的人都颇有名望，秉公无私，上疏建议任用这些人，反而遭到世宗的严厉责备。而被举荐的人也均未获任用。

周延面容冷峻，砥砺气节，一心奉公。当时佞臣专权，贿赂成风，周延却从未收受贿赂。但任御史职务七年，并没有直言进谏的名声。后在官任上去世。

250. 贾应春是何许人？

贾应春（？～约1558），字东阳，真定（今河北正定）人。世宗嘉靖三年（1524）考中进士。授官南阳（今河南南阳）知县。后升为陕西布政使司右参政。当时，宁羌（今陕西宁强）地区暴发农民起义，贾应春召集军队讨伐平定了叛乱。因功升为右副都御史，巡抚陕西。

嘉靖三十二年（1553）升为兵部右侍郎，总督三边军务。当时，俺答各部落经常侵扰边境，令边境军队防不胜防。贾应春上疏建议重赏报告敌情的人，并定下奖赏的数额，得到世宗的嘉许。同年秋，敌人大举入侵延绥（今陕西绥德），杀戮抢劫居民五千多人。贾应春率领军队截击，斩杀二百多敌人，世宗很高兴，为他记功。

嘉靖三十三年（1554），代替素有总督宣府（今河北宣化）、大同（今山西大同）军务。当时，河套地区的敌人入境抢掠，贾应春派总兵官姜应熊牵制敌人，另外秘密派遣精锐部队进攻敌营，大获全胜，论功升为右都御史。之后，敌人先后侵犯永昌（今甘肃永昌）、西宁（今青海西宁）、镇羌（今甘肃天祝）等地。但在贾应春的领导之下，都被击退。贾应春镇守边境数年，建筑边墙一万余丈，并在花马池（今宁夏盐池）一带开垦荒地，使军队粮草自给自足，有利地维护了边境的安定，使居民安居乐业。

后召任南京户部尚书，因国家经费不足，上疏建议凡征收赋税不到十分之七的官员，不得晋升。世宗采纳了他的建议。漕运事务废弛，很多运输船只都拖欠赋税，也因贾应春的建议而加重对他们的处罚。一年多后，辞官回乡。

251. 胡松的生平情况如何？

胡松（1503～1566），字汝茂，滁县（今江苏滁县）人。世宗嘉靖八年（1529）考中进士，授官东平州（今山东东平）知州。在任上，他努力维护治安，采取种种措施捕捉盗贼，百姓因而得以安居乐业。

嘉靖三十年（1551），上奏有关边防事务的十二项建议，因大都切合实际，而得到世宗的嘉奖，晋升为左参政。但当时掌权的人认为他侵犯他人的职权，非常记恨他。他们不给他兵权，只命令他到边关听候调用，企图伺机陷害他。不久，敌人大举入侵，抵达太原（今山西太原），给事中冯良知便弹劾胡松只会上奏邀功，却未建一点功劳。其他人也都趁机落井下石，于是胡松被贬为平民。在家多年，虽经多次推荐，却没有被起用。

嘉靖三十五年（1556），被起用为陕西参政，分守平凉（今甘肃平凉）。又上疏建议严格保甲制度，精简部队，平价赋税，设置常平仓以调节粮价等。后提升为江西布政使，以右副都御史的身份巡抚江西。因所管辖的地区盗贼猖獗，便上疏建议设置南昌（今江西南昌）、南丰（今江西南丰）、万安（今江西万安）三处军营，并派将领四处征讨、捕捉，逐渐消灭了盗贼，因功晋升兵部右侍郎。后因参与讨伐广东大盗张琏和支援福建攻破倭寇有功，两次受赐银币。

后代替郭扑任吏部尚书，上疏建议完善官员奖惩制度，澄清吏治，得到世宗赞许并采纳了他的意见。他洁身自好，任职期间，以提拔才高运蹇的人为己任，颇有声望。后因病去世。

252. 汪元锡是一个什么样的人?

汪元锡，字天启，婺源（今江西婺源）人。武宗正德六年（1511）考中进士。他不畏权势，直言敢谏，极力打击宦官佞臣。

陕西镇守宦官廖鸾的同族子弟廖铠冒充战功获得锦衣卫千户之职，随从廖鸾到陕西。汪元锡上疏反对，认为廖铠的父亲危害中州，不能让廖铠再次扰乱陕西。请求召回廖鸾，并将廖铠父子送交司法部门处理。偏头关之战获胜，论功行赏时记功过滥，汪元锡等上疏认为宦官张忠、总兵官刘晖等人不应接受赏赐。湖广镇守宦官杜甫奏请武宗允许他巡视各处守军，武宗同意了他的请求。汪元锡等人据祖宗制度竭力反对。汪元锡等还屡次上疏劝阻武宗出巡宣府（今河北宣化）、大同（今山西大同）等地。并极力打消武宗想亲自带兵前往平定农民起义的念头。应州（今山西应州）之役胜利后，武宗对文武群臣大加封赏，汪元锡等人上奏此次战争给百姓及军队带来的灾难，拒绝赏赐。朱宸濠叛乱，武宗准备亲自前往平乱，汪元锡等人极力上疏谏阻。朱宸濠被擒后，汪元锡等人又偕同六科给事中请求武宗回京，多次上疏，措辞十分恳切。

世宗即位，便上疏根据实际对宦官江彬的依附者及死党区别对待，分开处理。嘉靖六年（1527），世宗因李福达一案审理刑部、都察院、大理寺的官员。汪元锡心中不平，事后有所议论，被张璁听到，把他关入监狱，并革除官职。后因人推荐以原职起用，先后任户部左、右侍郎，退休后去世。

253. 唐胄为什么被视为岭南士人的表率?

唐胄，字平侯，琼山（今海南琼山）人。孝宗弘治十五年（1502）

考中进士。他孝顺正直，勤奋好学，著述丰富，任职期间坚持自己的原则，被称为是来自岭南的最优秀人士。

世宗嘉靖初年，上疏规劝世宗免除织造之职，并请求为宋朝守节而死的大臣赵与珞追加谥号，立祠祭祀。

后任广西提学佥事，命令当地土司和瑶族、蛮族都送子弟入学校学习。当地土著首领莽信暴虐残忍，唐胄设计将他擒获。古田（今福建古田）发生暴动，朝廷派人前往征讨，很久都未能平定。唐胄派遣使者前往安抚，人们一听说是那个曾经命令他们送子弟入学的官员，便纷纷投降。

世宗因安南很久未进贡，想派兵前往讨伐，唐胄上疏阐述七条不可施行的理由，极力劝阻，世宗不听，一意孤行，最终派毛伯温前往，安抚招降了安南。

后来世宗想在明堂祭祀上帝时附带祭祀生父兴献皇帝，以提高生父地位。唐胄竭力进言劝阻，世宗为此非常生气，把唐胄关入监狱拷打，并革去官籍。后遇赦恢复官职，不久去世。

254. 李中一生有哪些建树？

李中（1479～1542），字子庸，吉水（今江西吉水）人。武宗正德九年（1514）考中进士。

任工部主事时，武宗自称大庆法王，在西华门内建立寺庙，并用西番僧人任寺庙主持，如此荒谬的行为朝中大臣却无人敢反对。李中刚到任三个月便上疏反对，建议武宗毁去寺庙，驱逐番僧，勤于政事，重振纲纪。武宗非常生气，贬他为广东通卫驿丞。后得王守仁提拔，任参赞军务，并参与平定朱宸濠叛乱。

世宗嘉靖初年，提升为广西提学副使。在任期，他以身作则，挑选优秀学生汇集五经书院，每隔五天便到书院与学生讲论经义。

嘉靖十八年（1539），提升为右佥都御史，巡抚山东。当时山东遇灾歉收，于是李中下令给捕捉蝗虫的百姓加倍的粮食。这样，既消灭了蝗虫，又救济了饥民，可谓一举两得。后又捕获了横行已久的大盗关继光，功劳虽然被邻境的官员窃取，他也不争辩。

李中为官清廉正直。从广西归来后，家中一贫如洗。一次，想留客人吃饭，只能到邻居家去借米。米借来了，却没有柴薪，准备用洗澡盆来生火。这时天已黄昏，客人等不及吃饭，便告别离去了。

255. 潘埙为什么被罢官?

潘埙，字伯和，山阳（今陕西山阳）人。武宗正德三年（1508）考中进士。他生性果敢，尽职尽责，弹劾不称职官员，无所避忌，也因此得罪了不少人。

世宗嘉靖七年（1528），升为右副都御史，巡抚河南。当时，潞州（今山西长治）陈卿占据青羊山（今山西境内）作乱，山西巡抚江潮、常道先后前往讨伐均未获成功。世宗便命潘埙前往，一起平定叛乱。潘埙定计兵分三路，并招募当地人为向导，奋勇攻击青羊山，终于打败了陈卿，先后招降二千三百多人。前后只用了二十九天。恰巧河南发生大饥荒，潘埙未能及时赈灾，而河南知府范璁不等世宗批准便开仓发放粮食，百姓非常感激并称赞他，而怨恨潘埙。流言传到宫中，世宗严厉斥责相关官员隐瞒灾情，潘埙非常害怕，上疏请罪，但把罪过推到范璁的身上，因此遭到给事中蔡经等人的弹劾。于是世宗下诏罢免了潘埙，并下令永不再予任用。虽然在平定陈卿之乱中居首功，但因桂萼嫌恶他，从中作梗，只赏赐银币，终未再被任用。

256. 孙懋在朝廷政事方面有哪些主张?

孙懋（1469～1551），字德夫，慈溪（今浙江境内）人。武宗正德六年（1511）考中进士。

任南京吏科给事中期间，上疏营救被宦官史宣诬陷关入监狱的主事王銮、知县胡守约，并请求将史宣治罪，王銮、胡守约官复原职。后还与各科给事中一起进言，建议武宗勤于政事，防止奸臣结党营私。武宗一概不予答复。后上疏弹劾不尽职的官员，并劝武宗不要再出去游猎，恢复临朝听政，召回久守边境的士兵，削减锦衣卫多余的官员。

当时，朝廷内外大臣的奏疏，武宗一概不予审阅。规劝武宗回宫主持朝政的人，虽不致获罪，但也惹得武宗不高兴。因此很少有人上疏，尤其是武宗身边受宠幸的权臣，无人敢触及。大宦官江彬诱导武宗出游，孙懋冒死上疏谏止，武宗甚至连奏章都未看到。平定朱宸濠叛乱后，又屡次请求武宗返回北京，并与同僚跪在行宫前恳请，武宗都不加理睬。

世宗即位后，孙懋推荐因进谏而被贬的大臣周广等二十人，使他们的才能得以施展，又弹劾南京国子监祭酒陈霁、太常卿张道荣，使二人被罢免。后上疏建议起用谢迁和韩文时，要仿照宋朝起用文彦博的做法，不以琐碎的职事麻烦他们，遇大礼和要事才与他们商议，以利于革新朝政。世宗虽然同意，却并未采用。后因进呈的乡试目录名单违背世宗旨意而被迫辞官，不久去世。

257. 陈九畴戍边有功为什么却遭贬黜?

陈九畴，字禹学，曹州（今山东菏泽）人。孝宗弘治十五年（1502）考中进士。他生性豪迈，富有权谋，以勇武刚健闻名于朝。

武宗正德年间，任肃州（今甘肃酒泉）兵备副使。当时彭泽想与吐鲁番通好，便派遣哈密都督写亦虎仙前往办理。陈九畴不屑于彭泽的软弱迁就，积极训练士卒，修缮营垒，小心戒备。后来写亦虎仙果然叛变通敌，想与阿剌思罕儿等一起做吐鲁番的内应。陈九畴知道了他们的阴谋，于是逮捕了阿剌思罕儿等人，交由通事毛鑑等人看守。毛鑑等人原先就暗通吐鲁番，想将阿剌思罕儿等人放走，陈九畴再一次察觉他们的阴谋，将毛鑑等人斩首。失去内应，吐鲁番军队便拔帐退去。但兵部尚书王琼嫌恶彭泽，一并指斥陈九畴误事有罪，将他关入刑部监狱。后以囚禁失拜烟答（人名）致死的罪名，被革除官籍。

世宗嘉靖年间，升为右佥都御史，巡抚甘肃等地。嘉靖三年（1524），吐鲁番酋长苏丹满速儿率领两万多骑兵包围肃州。陈九畴连夜赶到肃州，率领将士用弓箭射杀很多敌人，随后出兵击退敌人。论功升为副都御史。陈九畴趁机上疏请求斩杀吐鲁番境内，并严惩包庇做吐鲁番内应的权臣。总制杨一清很赞成他的建议。但当时居住京城的番人为打击陈九畴散布流言，说肃州之围是由于陈九畴激怒了番人。世宗信以为真，恰逢百户王邦奇上疏告发杨廷和和彭泽，牵涉到陈九畴。吏部尚书桂萼也想借打击陈九畴排挤彭泽，因此上奏世宗准许吐鲁番进贡，同时追究陈九畴曾激起事变之罪，虽经杨一清和刑部尚书胡世宁求情，但因桂萼正当受宠，于是世宗下令把陈九畴关入监狱，后把他贬到极远的边界戍守，十年后才遇赦放还。

258. 翟鹏为什么被逮捕下狱?

翟鹏（1481～1545），字志南，抚宁卫（今河北抚宁）人。武宗正德三年（1508）考中进士。他正直刚强，在各官任上以操守清廉而闻名。

世宗嘉靖二十一年（1542），俺答各部落率军队大举入侵山西，由于翟鹏指挥得当，打退了进攻的敌人，并在边疆一带修筑城墙，设立哨所，训练士兵等，使敌人不敢入侵。

嘉靖二十三年正月，世宗下诏书奖励翟鹏，并赐他衣袍。之后，世宗依仗翟鹏歼灭敌人，多次给与翟鹏赏赐，并升他的官。翟鹏有所奏请世宗也多听从，但对他的要求也十分严厉，要他办事见效的心情非常急切。翟鹏虽竭尽心力，但遇事仍不能随机应变，也有失误之处。御史曹邦辅曾经弹劾翟鹏，翟鹏乞求罢官，世宗不同意。这年十月，俺答又率军队入侵，直达蔚州（今山西蔚县），进犯浮图峪（今河北涞源附近），直抵完县（今河北完县），京师为此戒严。世宗非常生气，多次下诏书斥责翟鹏。翟鹏在朔州（今山西朔县）听到警报，半夜赶到马邑（今山西境内），调集军粮，又赶到浑源（今山西浑源），分遣各将领阻击敌人。如此不辞劳苦，尽忠职守，却被御史杨本深弹劾“停留不前，以致敌人震动京师地区”，兵科给事中戴梦桂也接着弹劾，世宗便派人将翟鹏押解进京，关入监狱，并判他永远戍边，后来又被押解回京，死于狱中。

259. 曾铣为什么被皇帝下诏处死？

曾铣（？～1548），字子重，江都（今江苏扬州）人。世宗嘉靖八年（1529）考中进士。

嘉靖二十五年（1546），曾铣以兵部尚书侍郎的身份总督陕西三边军务。他积极抗击侵犯边境的敌人。当时河套（今属内蒙）附近经常有贼寇侵犯，扰乱百姓生活。曾铣便选出精锐士兵出击敌人，同时积极向世宗上疏请求收复河套，并进呈具体的备战措施及布阵图。这些建议都得到宰辅夏言的大力支持。世宗也都发布称赞的诏令并交付朝廷朝议。

然而，当时严嵩与夏言不和，于是极力向世宗进言说河套肯定不能收复，并暗地诋毁夏言，还故意请求世宗罢免自己。终于，世宗在严嵩的蛊惑下，下令逮捕曾铣。严嵩知道曾铣的同乡苏网是夏言继妻的父亲，于是上疏诬告曾铣曾掩饰兵败的消息而不上报，还大量克扣军饷，并派儿子曾淳和苏网贿赂当权官员。而疏中所说的事情并没有证据，但世宗却非常相信，于是世宗下令处死了曾铣。

曾铣死后，夏言也因连坐被斩首。

260. 丁汝夔的被杀与严嵩有什么关系?

丁汝夔（? ～1550），字大章，沾化（今山东沾化）人。武宗正德十六年（1521）考中进士。

“庚戌之变”发生时，京城十分危急，世宗催促众将领赶快出战痛击俺答。丁汝夔前去征求严嵩的意见。严嵩则说：“在边境上打了败仗或许可以掩饰，而如果在京城作战失利的话，皇上不可能不知道，到那时这个罪责谁来承担呢？贼寇不过是像老鹰一样吃饱了就会走的。”丁汝夔因此不敢主动出战，其他将领同样也坚守不出。俺答部因此得以大肆抢掠，之后，扬长而去。

俺答退走后，丁汝夔等人向世宗承认自己的失职，结果世宗将丁汝夔投入监狱，并想诛杀部分相关人员以惩戒后人。丁汝夔急忙向严嵩求救。严嵩说：“只要我在，必定不会让你去死。”但后来严嵩见世宗非常恼怒，因而就不敢为丁汝夔说情了。最终，世宗判了丁汝夔防守不力的罪名，将他在闹市中斩首，并将他的头颅悬挂起来示众。丁汝夔临刑前才后悔自己被严嵩出卖。

当初，朝廷在审讯丁汝夔时，郎中王尚学也被一起判死罪。丁汝夔为他求情说：“罪在我一个人，郎中并没有参与。”于是王尚学得以免去死罪，而改判为戍守边疆。在丁汝夔被押去行刑的路上，丁汝夔问旁边的人：“王郎中是否被免去死罪了?”恰逢王尚学的儿子在旁边，急忙向他致谢说：“承蒙您的恩德，父亲已经被免去死罪了。”丁汝夔叹息道：“你父亲当初劝我快速出兵，而我被宰辅耽误了。你父亲能免去死罪，我也就死而无憾了。”旁边听到的人都潸然泪下。

穆宗隆庆初年，丁汝夔才得以恢复生前的官籍。

261. 杨守谦勤于国事为什么反遭诛戮?

杨守谦（? ～1550），字允亨，徐州（今江苏徐州）人。世宗嘉靖八年（1529）考中进士，授予屯田主事一职。

后出任陕西副使，又改任提督学政一职，为官很有声誉；又被提升为右佥都御史一职，巡察安抚山西，向世宗上疏提出发展屯田的建议。世宗认为他很忠诚，立即批准了他的建议，同时他还积极向世宗推荐贤能，上疏请求重赏杀敌的士兵，都得到了世宗的允许。

二十九年（1550），“庚戌之变”发生时，杨守谦率兵日夜兼程进京增援。世宗听后非常高兴，任命仇鸾为大将军，杨守谦为兵部右侍郎，一同调度京城和各路援军，根据形势出战或防守。而仇鸾当时刚回到京城，持犹豫观望态度，并斩下六颗死人的首级为报功作准备。杨守谦孤军逼近俺答部大营，因没有后队增援，不敢接战。世宗得知杨守谦不敢出战，非常不高兴。

后来因为严嵩坚持“坚守营垒”的策略，因此众将领没有敢出战迎击敌人的。俺答部退走后，世宗非常恼怒，判杨守谦贻误军机罪，斩首市中。

杨守谦坦荡平易，胸无城府，对待部下也非常宽容，因此，当边境上的官兵得知他被处死后的消息后，没有不流泪哭泣的。

262. 王忬身为统帅为什么却被处斩?

王忬（yù）（1507～1560），字民应，太仓（今江苏太仓）人。世宗嘉靖二十年（1541）考中进士。

嘉靖二十九年（1550），俺答大举进犯时，王忬积极激励士兵防御。世宗知道后，非常高兴，破格提升王忬为右佥都御史一职。三十一年，王忬出任山东巡抚，上任刚三个月，朝廷因浙江倭寇猖獗，命令王忬提督军务，巡视浙江及福州（今福建福州）、兴州（今属福建）、漳州（今福建龙海）、泉州（今福建泉州）四府。王忬先后上疏陈说了十二条方案策略，并上奏请求解除对尹凤、卢镗的监禁，都得到准许。而抗倭战争在他的部署下也取得了连续的胜利。然而，当王忬在福建视察时，倭寇却乘机大批侵犯浙江，卢镗等人作战失利。御史赵炳然指控王忬有罪，世宗破例宽恕了王忬。后来王忬被提升为右副都御史，到大同（今山西大同）巡查。打来孙（人名）率骑兵侵入到广宁（今辽宁北宁）各处，总兵官殷尚志等人战死。王忬被罚停三个月俸禄。

当初，世宗非常器重王忬，认为他很有才干，但后来王忬作战失败的消息经常传到世宗那里，于是世宗就认为他不能担当防御倭寇的重任，渐渐王忬就失去了世宗的信任。而严嵩一向不喜欢王忬。王忬的儿子王世贞又与严嵩的儿子严世蕃结怨。嘉靖三十八年（1559），敌寇渡过滦河（今河北东北部），大肆掠夺遵化（今河北遵化）、迁安（今河北迁安）、蓟州（今天津蓟县）、玉田（今河北玉田县）一带，王忬没能击退敌人，致使敌人在关内驻扎了五天，京城大为惊恐。世宗也非常震怒，罚停发王忬的俸禄，并让他留任继续效力。到了五月，方辂又指责王忬犯有三处战略上的失误，有四处应予以问罪。而严嵩父子也趁机在世宗面前大肆诋毁王忬。最终，世宗判王忬死罪。三十九年，王忬在西市中被处死。

263. 朱纨的被杀与明朝东南海防的松弛有何关系？

朱纨（1494～1549），字子纯，长洲（今江苏苏州）人。武宗正德十六年（1521）考中进士。世宗嘉靖二十六年（1547）提督浙、闽海防军务，巡抚浙江，防御倭寇。当时，倭寇大肆侵扰东南沿海，而浙、闽海防却废弛不堪，战船、哨船仅剩下十分之一二。而且浙闽一带的海盗商人、豪门势家又多与倭寇勾结，假借摆渡为名，造双桅大船，运载违禁货物，当地官府也不敢过问。朱纨到任后，采纳佥事项高和当地士民的建议，裁除渡船，严格保甲制度，搜捕通倭奸民，整顿海防，严禁商民下海。二十七年，他指派都司卢镗率福清（今福建福清）兵由海门（今浙江萧山）进兵，攻克倭寇巢穴双屿港（在今浙江定海境），活捉日本人稽天和中国海盗许栋等，并在双屿港修筑要塞，堵击倭寇。又将捕获的通倭罪犯统统处死。朱纨的行动触犯了浙闽一带地主豪绅的利益，又因在日本贡使周良的处置问题上，与掌管事务的主客司的福建籍人林懋和发生矛盾，招致福建籍官僚们的仇恨。至七月，吏部采纳担任御史之职的福建籍人周亮及给事中叶镗的意见，改任朱纨为巡视官员，以削弱其权力。对此，朱纨非常气愤，于第二年春上疏，提出明国是、正宪体、定纪纲、扼要害、除祸本、重断决六项建议，义正辞严，坚持己见。二十八年三月，俘获海盗李光头等九十六人，全部诛杀。御史陈九德弹劾他擅自杀戮，朝廷便将其革职，朱纨悲愤自杀，朝野为之叹息。自此事后朝廷既不再设立巡视大臣一职，内外官员也不敢再谈海禁之事，致使海防更加废弛，倭寇更加猖獗，荼毒东南沿海数十年。

264. 张经御倭有功为什么却被处死？

张经（？～1555），字延彝，侯官（今属福建）人，武宗正德十二年（1517）考中进士，任嘉兴（今浙江嘉兴）知县。

嘉靖三十二年（1553），张经被任命为南京户部尚书，随后改任兵部尚书。三十三年，朝廷因倭寇猖獗，令张经总督江南、江北、浙江、山东、福建、湖广的军队，见机行事。十一月，倭寇两万余人占据柘林（今属江苏），其同党也相继而来。张经每天勤于选将练兵，又考虑到江苏、浙江、山东的军队同倭寇作战时多次都以失败告终。因此想组织附近各地的官军合力攻打倭寇，力图一举捣毁贼窝。那时恰逢侍郎赵文华前去，他与胡宗宪相互勾结，屡次催促张经出兵。张经坚持等到各地官军都会合后，合力攻打，赵文华再三催促，张经依然坚持己见，于是赵文华就秘密上疏控告张经耗费军饷，祸害百姓，畏惧倭寇，因此贻误战机等。而在赵文华上疏时，各地方的官军也都会集在了一起。五月初一，倭寇突袭嘉兴。张经派遣各路军队在王江泾合力作战，大败倭寇。这是平倭战争以来的第一次大捷。

而世宗收到赵文华的奏疏后，便向严嵩询问情况，严嵩的回答和赵文华的奏疏如出一辙，并说当地百姓都很怨恨张经。世宗听后，大怒，立即下诏逮捕张经。但不久就传来“王江泾大捷”的消息，世宗却认为这是张经听到赵文华弹劾自己后才打了一仗。而严嵩又时常在世宗面前进言说张经是冒领赵文华与胡宗宪的功劳，并极力称赞赵文华与胡宗宪。世宗对严嵩的话深信不疑于是下令逮捕张经。张经被带到京城后，向世宗详细陈述了进兵剿倭的原委始末，可世宗却始终听不进他的话，最终判张经死罪。

嘉靖三十四年（1555）十月，张经被判斩首。天下人都为他抱冤。

265. 胡宗宪是怎样勾结严嵩贻误国事的?

胡宗宪（？～1565），字汝贞，绩溪（今安徽绩溪）人。世宗嘉靖十七年（1538）考中进士。

嘉靖三十三年（1554），倭寇在沿海地区非常猖獗。世宗命令张经为总督，李天宠为浙江巡抚，又命赵文华督察军务，而赵文华依仗严嵩在朝内的支持，极为骄横。张经和李天宠不愿依附赵文华，只有胡宗宪依附他。赵文华与胡宗宪相互勾结，大力排挤张经、李天宠。“王江泾大捷”中，胡宗宪虽参与有力，但赵文华、严嵩却将张经的功劳全部抹杀而归于胡宗宪。张经因此获罪，被世宗处死。

在歼灭汪直、徐海的战役中，胡宗宪立下大功，但他为人有权术，又喜好功名。通过赵文华又结交到严嵩父子，每年都会向严氏赠送无数的金银、丝绸、女子、珍异物品等。赵文华死后，胡宗宪与严嵩结交更深，权力震动东南一带。胡宗宪还喜欢结交宾客，对各种身怀一技的人也都施以恩惠，因此名声大作。但他所侵吞的公款、聚敛的财物也不计其数。

胡宗宪又十分懂得谄媚世宗，经常向世宗进献珍品。因此遇到有人弹劾胡宗宪时，世宗也大都宽恕了他，不多追究。等到严嵩垮台后，御史汪汝正在查抄罗龙文家时，发现了胡宗宪在遭人弹劾时授意罗龙文向严世蕃求助的亲笔书信。汪汝正上呈给世宗后，胡宗宪终于被逮捕，并投入监狱。

胡宗宪在狱中上奏陈说自己在平定倭寇的功劳，又说自己是因为向皇上进献祥瑞物品而遭人弹劾，并说汪汝正有受贿行为。世宗终因怜惜胡宗宪，将汪汝正也一并投入监狱。胡宗宪后来死在狱中，汪汝正获释。

266. 曹邦辅击倭有功为什么受到贬黜?

曹邦辅，字子忠，定陶（今山东定陶）人。世宗嘉靖十一年(1532) 考中进士。

嘉靖三十四年（1555），曹邦辅被授予右佥都御史一职，到应天（今南京）巡查安抚。那个时候倭寇正聚集在柘林（今属江苏），部分倭寇则从绍兴（今浙江绍兴）窜出，转而劫掠杭州（今浙江杭州）、严州（今浙江建德）等地，又进犯南京，攻破溧水（今江苏溧水），直抵宜兴（今江苏宜兴）。曹邦辅率兵分兵围剿，大败倭寇。赵文华本想争夺他的功劳，但曹邦辅早已将捷报奏告给了朝廷，赵文华因此非常怨恨曹邦辅。

后来赵文华与胡宗宪，会同曹邦辅共同攻打占据陶宅（今属江苏）的倭寇，结果失败。贼军后退时，曹邦辅又进兵攻打，却再次战败，因此被罚夺去俸禄。而赵文华却上奏指责曹邦辅躲避强敌而攻打弱敌，延误军期。赵文华回京后，又向世宗进言说："倭寇不难消灭，但因总督、巡抚不称职，以致官军失败。"于是，世宗便下令逮捕曹邦辅，将他贬去戍守朔州（今山西朔县）。

267. 李遂的生平情况如何?

李遂（1504～1566），字邦良，丰城（今江西丰城）人。世宗嘉靖五年（1526）考中进士，授予行人一职。世宗立下皇太子后，大赦天下，李遂奏请将受"大礼"牵连的众臣列入赦免令中。此事虽然没有获得准许，但很受舆论赞赏。

不久，李遂调任礼部郎中，触犯了礼部尚书夏言。夏言借故弹劾他，世宗下令将他关进监狱，后贬官任湖州（今浙江吴兴）同知，又屡次升官至衢州（今浙江衢县）知府、苏松兵备副使、广东按察使、山东右布政使，又因为长江及沿海经常有盗贼出没，朝廷便升任他为右佥都御史，负责提督长江一带军务。李遂治理军政纪律严明，因此盗贼不敢作乱。俺答侵犯京城时，朝廷召他督理苏州军饷，他还没有上朝谢恩就上奏请求在关防符验印中使用新衔，世宗发怒，革去了他的官籍。

嘉靖三十六年（1557），李遂被命以右佥都御史的身份巡抚凤阳（今安徽凤阳）四府。当时，淮、扬地区已三次遭受倭寇侵扰，当年又适逢水灾，而且民夫们每日忙于往京城运送大木材，李遂便上疏请求朝廷加拨军饷，招募士兵，节约开支，抚恤百姓，并依次筹划战守策略。

嘉靖三十八年，倭寇侵犯海门（今属福建），李遂部署得当，率兵大败倭寇，又相继在泰州（今江苏泰州）、丁堰（今属江苏）、海安（今江苏海安）、通州（今江苏南通）、淮安（今江苏淮安）与倭寇交战，都大获全胜。留守庙湾（今江苏阜宁）的倭寇依据险要地势不出战，官军攻打一个多月都未能攻克，李遂命令部下填塞沟堑，砍伐树木，堆积在倭寇营垒旁边，纵火焚烧贼船，倭寇仓皇逃走。至此，江北的倭寇全部平定。

后李遂被提升为南京兵部侍郎，到南京就任几个月，就遇到振武营发生兵变。督储侍郎黄懋官因奏请减少军饷引起振武营军士怨恨。嘉靖三十九年，振武营士兵全副武装进入黄懋官的官署，杀死黄懋官，并将他的尸体裸露在市中。李遂为安抚士兵，一面向振武营士兵许诺恢复原来的军饷，并声称黄侍郎是自己翻墙而死，还发给士兵免死券，同时又出其不意地拘捕了为首作乱的士兵，平息了兵变。

不久，江北池河营的士兵受妖僧蛊惑，又闹事。李遂前往镇压安抚。李遂首先把妖僧斩首，又严加整肃军纪，闹事士兵的气焰由此收敛。李遂又上奏请求调拨部分士兵守护皇陵，一天内就遣散一千名，南京从此不再有兵患。过了四年，李遂因年老辞官。

李遂博学聪明，擅长用兵，同时也非常善于逢迎皇上，因此，很受世宗信任。

268. 唐顺之有哪些事迹传世？

唐顺之（1507～1560），字应德，一字应修，武进（今江苏常州）人。世宗嘉靖八年（1529）参加会试，考取第一名。十二年任翰林院编修，负责校对各朝实录，后因得罪张璁被罢官，在阳羡山（在今江苏宜兴境）中读书十多年。三十三年倭寇屡屡侵犯沿海，他以兵部郎中的身份率军队在浙江一带抵御。他曾亲自率战船在崇明（今上海崇明）大败倭寇，斩倭贼首级一百二十颗，击沉倭船十三艘。以抗拒倭寇有功升为右通政，后又升为右佥都御史，出任凤阳（今安徽凤阳）巡抚。上奏有关海防善后的九条措施，对解决淮、扬地区的饥荒问题大有裨益。三十九年，不顾重病缠身，仍率船从太仓（今江苏太仓）出发，巡视江海，途中在通州（今江苏南通）病死。

唐顺之学识渊博，对天文、地理、数学、历法、兵法、乐律等皆有研究，喜欢穷根究底，又志在经世，喜欢论政谈兵，探究性理。收集大量古籍，剖析补遗，分门别类，辑成《左》、《右》、《文》、《武》、《儒》、《稗》六编流传于世。他是明代散文创作流派唐宋派的主要成员之一，在散文创作上强调本色，写文章强调要有真精神和千古不可磨灭之的见识，并应直抒胸臆，信手写出。作品以议论纵横、气势迂回曲折见称。有《荆川先生文集》。

唐顺之一生刻苦砥砺，自律而达到苛刻，清廉而近乎自戕。如睡眠时以门板为床，无被褥铺垫之类。又如为获得良知学说，就会整月地闭门静坐思索，废寝忘食。

269. 马录一生有哪些事迹见于记载？

马录，字君卿，信阳（今河南信阳）人。武宗正德三年（1508）考中进士，授予固安（今河北固安）知县一职。

世宗继位后，宦官黄锦上奏诬告高唐州（今山东高唐）判官金坡。马录上疏奏请世宗不要听信宦官之言。许复礼等人也为此事进言，此案因此得以略为缓解。

世宗嘉靖五年（1526）马录出任山西巡按一职，正碰上发生妖人李福达一案。李福达起初因为是妖人王良、李钺的同党，被判到边防戍守，后逃走改名为张寅，在徐沟（今属山西）一带活动。他通过炼丹化金银的道家方术拜见郭勋，郭勋对他大加宠幸。后来马录得知张寅就是李福达，于是将李福达逮捕，并弹劾郭勋包庇坏人，违法乱纪。奏章送到都察院后，经讨论，认为马录所言都是事实，于是世宗下诏判处李福达父子死罪。而对郭勋，世宗则没有问罪。

后来，朝臣纷纷上奏章弹劾郭勋，说他应与李福达一起判罪。郭勋于是乞求张璁、桂萼援救自己。张璁、桂萼一向厌恶朝臣攻击自己，便想趁机发泄自己的怒气，于是向世宗指控各大臣内外勾结，假借事端陷害郭勋。世宗对他们的话深信不疑。随着朝臣越来越激烈地弹劾郭勋，世宗越来越相信张璁等人的进言，于是下令重审李福达一案。几经反复，终将原案推翻，反而将马录等相关大臣关入监狱。桂萼等人于是对马录滥施刑罚，马录经不住严刑逼供，被迫承认自己是故意捏造他人罪名。桂萼等于是以此录定口供，向世宗进言说张寅不是李福达，马录等人是因为痛恨郭勋才制造冤案，并向世宗列举众臣的罪名。世宗全部听从了他的意见。马录被判戍守广西南丹卫（今广西南丹），遇有大赦也不得宽恕。最终，死于戍所。

270. 程启充是何许人?

程启充，嘉定州（今四川乐山）人，“嘉定四谏”之一，字以道、初亭，别号南溪。武宗正德三年（1508）考中进士，任三原县（今陕西三原）知县，不久被授予御史一职。

他非常正直，总能直言进谏。武宗时，他屡次进谏政事，斥责一些宠臣的子弟家人等滥冒军功；又斥责当时的冗官、冗兵、冗费等现象所造成的弊端，言词恳切，只可惜均未被武宗采纳。

世宗即位后，他依然敢于直言相谏，有时甚至直指皇上。世宗嘉靖元年（1522）正月，世宗郊祀天地刚完毕，清宁宫的小房间失火了。程启充便进言说：“火灾殃及寝宫，一定是由于皇上最近徇私情的事违背了天理纲常，僭越名分的做法是极不符合典章法则的”，接着他又痛陈宦官之害，恳请世宗亲近贤臣，整肃朝政。奏疏上奏后，世宗却只回复“知道了”。

由于程启充忠诚正直，因此得罪了不少奸臣，后被奸臣寻机弹劾，被贬往边界卫所戍守，嘉靖十六年（1537）才遇赦放还，不久去世。穆宗隆庆元年（1567）追赠为光禄少卿。

271. 郑一鹏是怎样向皇帝谏诤的?

郑一鹏，字九万，是莆田（今福建莆田）人。武宗正德十六年

(1521）考中进士。世宗嘉靖初年，官做到户科左给事中。他秉性耿直，刚正不阿，敢于言事，屡屡谏诤，或劝谏皇帝的不当行为，或仗义疏救直言的朝臣，都受到当时及后人的称赏。

郑一鹏非常关心民生疾苦，反对皇帝及群臣穷奢极欲的行为。例如世宗听从宦官崔文的建议，计划大兴土木，在乾清宫、坤宁宫等处建造用于祈祷神灵、祭祀宗庙等的高台。郑一鹏听到这个消息，连忙奏请世宗取消这项耗资巨大而又不利国民的工程。在奏疏中，他回顾了前代帝王因迷信僧、道之事而导致民怨沸腾的教训，并痛心疾首地讲说了自己在朝廷内外看到的巨大差别：朝内用于祈祷祭祀的饭食，每次都要花费成千上万的银子；而在朝外，由于天灾人祸，平民百姓饥不择食，边关战士食不果腹。在这样的情况下，作为一国之君，怎能为了这些荒唐事而如此大手大脚呢?

他对一些朝臣的营私舞弊行为深恶痛绝。如武定侯郭勋为了得到更大的宅院，竟在卫所驻兵的身上打主意，唆使指挥军队的王琬等诉苦说卫所[1]地方太狭小，住不下那么多兵士，刚好有一个叫郭顺的人，愿意用他的大宅院来交换。这看起来好像是两全其美的事，而实际上郭顺是郭勋的家奴，那个宅子更小。郑一鹏和同僚张嵩向世宗揭穿了郭勋的鬼把戏，并用汉代权臣窦宪因为侵占公主的沁水园而被诛杀的事来作比较，认为郭勋罪行更为严重，要求审讯定罪，使郭勋等人得到应有的惩罚。

当时，朝臣们进谏，往往遭到斥退，但郑一鹏对此毫不动摇，依然直言谏诤，如上奏极力陈述杨宏不适合担任宁夏总兵官、对朝臣们探亲养病的请假要求不应该采取一概不准的态度等等，都言之有据，极具说服力。

272. 唐枢是怎样一个人物?

唐枢（1497～1574），字惟中，归安（今浙江归安）人。世宗嘉靖五年（1526）考中进士，曾任刑部主事之职。唐枢年轻的时候，跟随著名学者湛若水学习，善于钻研，博闻广识。学习上不仅重视理论探讨，还非常重视亲身实践，曾四处游历，观察世情民生。在这个过程

---

① 明初在京师和各要害地方都设置卫所，驻扎军队。数府划为一个防区设卫，下设千户所和百户所。

中，风餐露宿，忍饥挨饿，凭借顽强的毅力，虽吃尽苦头，而从无畏惧。

唐枢不仅见识卓越，明白事理，而且能言善辩，文章绝妙。当年，张寅的仇家薛良揭发说张寅的本名叫做李福达，即李午，是权臣郭勋一党。谏官们就想利用李福达的案件来弹劾郭勋。但所递上的奏疏，写得辞不达意，不得要领，没能获得世宗的支持。后来，唐枢呈上奏疏，陈述李福达罪证确凿的理由。在奏疏中，他首先肯定了世宗体恤臣子之心，再进而指出作为皇帝应该防止被奸人佞臣蒙蔽，使是非不明。又详细指出世宗之所以犹疑不定的六方面原因，并逐一进行深入分析，将疑点一一破除，最后归结到一点上，即让世宗对李福达所犯罪行完全没有必要产生怀疑。例如分析指出，没有必要怀疑张寅是否就是李福达，因为可以通过各种途径来辨识，既可根据李福达说话的地方口音来辨别，也可让他的家人、亲属、朋友来辨认。在这篇奏疏的结尾，他再次希望世宗能够摒弃奸臣、明辨是非，只有这样才是国家社稷的大幸。尽管奏疏论证严密，有理有据，但是不仅没有被采纳，还招致世宗大怒，将他削籍为民。朝廷后来编撰《钦明大狱录》，将他的这篇奏疏删去不载。穆宗隆庆初年，唐枢虽恢复了官职，但年事已高，便告老还乡了。

273. 杜鸾在政事上有何作为？

杜鸾，字羽文，陕西咸宁（今陕西西安）人。武宗正德末年考中进士。曾任大理寺评事之职。他性格刚直，敢于谏诤，秉公执法，不畏权贵，因此而屡屡得罪权臣，多次遭到排挤打击，甚至差点被处死。

杜鸾对一些官员凭借权势作威作福、徇私枉法的行径深恶痛绝。当时，长沙（今湖南长沙）有一个大盗李鉴和其父亲李华到处打家劫舍，抢掠行人。后来，李华被官府除掉，李鉴却侥幸逃脱了。等到李鉴再次行劫时，被当场抓住。当时，席书巡抚湖广，听到这个消息，极力为之求情，声称李鉴并没有什么不法的行为，并诬陷说长沙知府宋卿徇私舞弊，是借故随便抓人。经过有关官员的认真审查，认定李鉴的罪证确凿，不容争辩，便被解送到京城。这时，席书再次上奏为之求情，并要求重新审理。于是，杜鸾会同御史苏恩再次审讯，查明李鉴的犯罪事实，认为是罪有应得，杜鸾将案情上报世宗，并劝谏世宗要防备奸佞小人因私枉法，败坏纲纪。但都未被世宗采纳，李鉴竟免除死刑，发配辽东充军而已。

不久，又发生一件与张寅有关的案件。张寅在当时担任山西太原卫指挥之职，其仇家薛良揭发他的原名叫李福达，是山西代州（治所在今山西代县）人，曾随从叔父李钺参与过弥勒教的叛乱，当李钺被官府杀掉后，李福达逃走而改换姓名了。经代州知州调查，认为事实确实如此，但巡抚毕昭则认为是仇家诬陷。此案上报朝廷后，由杜鸾与刑部郎中司马相、御史高世魁负责重新审理。当时的权臣郭勋故意袒护张寅，杜鸾非常气愤，上疏劝谏世宗要警惕奸邪之人混淆是非，蒙蔽皇上，危害朝政，但未被采纳。不久，桂萼等人极力为张寅翻案，以前审理过此案的四十多名官员大都被牵连进来定了罪，杜鸾也因此而被除名（除去名籍，取消其原有的身份、资格）。

274. 刘世扬的一生有何重要经历？

刘世扬，字实甫，是闽县（今福建闽侯）人，武宗正德十二年（1517）考中进士，选为庶吉士，进入翰林院学习候选。后历任刑科给事中、吏科左给事中、吏科都给事中、江西布政司照磨、河南提学佥事等职。

刘世扬敢于直言进谏，曾多次上疏反对那些违背祖制及礼法的行为。武宗死后无子，堂弟朱厚璁被立为皇帝，就是世宗。按照祖制和礼法，他必须过继给武宗的父亲也就是孝宗为子，称孝宗为父亲，称自己的生父为叔父。但朱厚璁坚持称孝宗为皇伯父，并想给自己的生父，也就是兴献王追加上皇帝称号。针对这一做法，以张璁为首的一部分大臣表示支持，以杨廷和为首的一部分大臣坚决反对，说是祖制和礼法不可乱改。在这个问题上，刘世扬属于杨廷和一派，所以上疏极力反对世宗的做法。经过长达两年多的争论，这件事以支持的一方获胜而告终。

他在任吏科左给事中、都给事中期间，与同僚李仁一起弹劾担任太子詹事的顾鼎臣是个奸佞小人，野心勃勃，必须提防他在日后控制大权。他们的建议不但未被听取，还被处以杖责并关入大狱。不久又被释放。后来，由于久旱成灾，世宗亲自参加求雨活动。刘世扬借此时机上疏建议释放那些由于直言劝谏而被关押在狱的臣子，以释天怨，求得风调雨顺，但还是没有被采纳。后来，他又因进谏而激怒了世宗，被贬为江西布政司照磨。不久，再贬为河南提学佥事。他借口老病无能而没有接受这一职务，就告老还乡了。

275. 魏良弼为什么屡遭贬黜?

魏良弼（1492～1575），字师说，新建（今江西南昌）人。世宗嘉靖二年（1523）考中进士。起先任松阳知县，后升任刑科给事中。他性格刚直，由于多次直言进谏，如揭露武定侯郭勋家奴企图把兵营占为自己的住宅，奏请发放银米以救饥荒等，声名远扬。为此后来被一些奸佞小人打击报复，甚至得罪皇帝，屡次遭到贬黜。

当时，吏部尚书王琼因被人弹劾而被逮捕入狱，魏良弼奏请世宗予以释放。世宗非常愤怒，下诏把魏良弼关进大狱。后虽免去罪责，恢复官职，但还是要扣除一年的俸禄作为惩罚。因为此事，他一连三次被贬。

嘉靖十一年（1532），天上出现彗星，光芒长达一丈多。魏良弼依据占卦书上的说法，指出世宗身边一定有奸臣在作祟，而大学士张孚敬专横霸道，作威作福，一定是他的行径导致出现这种天象，必须赶快罢免。张孚敬上奏说魏良弼是公报私仇，由于当时世宗已经怀疑张孚敬，加上任给事中的秦鳌也有同样的奏疏，张孚敬还是被罢免了。不久，魏良弼又与同僚一起上疏弹劾吏部尚书汪鋐，由于世宗仍很信任汪鋐，魏良弼反而遭到削夺俸禄的处罚。从此汪鋐、张孚敬都对魏良弼恨之入骨，一直寻找机会要进行报复。

第二年，副都御史王应鹏犯罪押入监狱。魏良弼为他求情，认为不应该因一点小过错就把大臣关入大牢。世宗不但不听，还连他也关进监狱。那些管监牢的狱卒都为他的不幸落泪。后来，尽管恢复了原职，但还是被扣除了俸禄。不久，张孚敬重新把持朝政，借吏部考核官员之机，给魏良弼以及秦鳌、叶洪等从前弹劾过自己的官员都安上罪名，予以惩罚，朝廷内外，一片哗然。其中，魏良弼是被撤掉官职，削籍为民。穆宗隆庆初年，已到垂老之年的魏良弼被起用为太常少卿。后告老还乡，不久去世。

276. 邓继曾为什么被皇帝贬官?

邓继曾，字士鲁，资县（今四川资县）人。武宗正德十二年（1517）考中进士。曾任行人（明代掌传旨、册封等事的官职）之职。明世宗即位的那年（1522），阴雨连绵，邓继曾上疏指出这都是因为宦官得宠专权，奸臣扰乱朝政，皇帝不亲近贤良，导致上天怨怒，从而降下霪雨，以示警戒。只要重新亲近贤良，严明纲纪，就一定可以消除天灾。不久，他升任兵科给事中，多次上疏陈述政事，受到世宗的信任。

嘉靖三年（1524），世宗渐渐疏远大臣，很多政事都不同大臣商议就自行决定了。邓继曾上疏反对这种违反常规的做法，指出为了避免出现个人考虑不周的情况，防止奸人搞阴谋，做手脚，混淆是非，按照祖先制度规定，凡对政事有重要的批示答复，皇帝就必须交给内阁商议，然后将处理意见上报。而如今却有一些不学无术的奸佞小人借草拟朝廷文书之机玩弄权柄，邀功取宠。如果不改变这种错误的做法，继续信任那些小人，国家可就有危险了。世宗读了这篇奏疏，不但不冷静思考，反而火冒三丈，立刻命人给他定罪，贬为金坛县（今江苏金坛）县丞。尽管给事中张逵、韩楷、郑一鹏，御史林有孚、马明衡、季本等朝官都为他求情，但世宗没有接受。后来，他又多次被贬，最后死在徽州（今安徽黄山）知府任上。

277. 杨名有什么事迹见于记载?

杨名（1505～1559），字实卿，遂宁（今四川遂宁）人。自小就聪明过人，很受当时任督学的王廷相的赞赏。世宗嘉靖七年（1528）他参加乡试①，获得第一名举人。第二年又参加会试②，考取第三名进士，选入翰林院为编修。后来被任命为展书官。

嘉靖十一年（1532），天上出现彗星，世宗询问群臣这种天象的出现是什么原因，是吉是凶。杨名应诏上疏，在奏疏中直接明言上天之所以有这种天象出现，完全是因皇上遇事喜怒无常，对大臣的任用不适当。世宗让他具体说明详情，杨名就指出，武定侯郭勋、太常卿陈道瀛、金赟仁等人都是奸佞之徒，都不应当重用而被重用，可见皇上是根据个人的喜好用人，而不是根据被任用之人的品德才能。在众多大臣中，有一些人由于直言而冒犯皇上，但用心是好的，尽管言辞可

① 明清两代每三年一次在各省省城举行的考试叫乡试，各省生员、监生、贡生等经考试合格者均可应考，考中的称为举人。

② 明清两代每三年一次在京城举行的考试叫会试，各省举人均可应考，考中者称为贡士。

能过激，实是情有可原。但皇上对他们的直言劝谏而冒犯自己都不予原谅，可见皇上往往是以一时之怒而排斥贤人。世宗看了奏疏后大怒，立即下令让有关部门逮捕审讯。杨名的仇人汪鋐趁机在世宗面前造谣中伤，说杨名是杨廷和的同乡，结为一党，平时出言又很放肆，实在可恶。听了这些谣言，世宗更加愤怒，命令有关部门继续深究，找出幕后主使。杨名遭受严刑拷打，几次都差点死亡。实在忍受不了酷刑折磨，就被迫招供说曾把自己草拟的奏疏拿给朋友程文德看过。于是，程文德也被关入狱中。侍郎黄宗明、候补判官黄直上疏，为他们讲情，也先后被捕。后来，杨名被判罚充军流放。第二年，被释放还乡。此后，他尽管受到群臣的多次举荐，但始终未被召回起用，在家闲居二十余年，侍候双亲。父母死后，和弟弟一起在墓前建起茅草屋守孝三年。

278. 刘世龙的生平情况如何?

刘世龙，字元卿，慈溪（今浙江慈溪）人。武宗正德十六年（1521）考中进士。曾任太仓（今江苏太仓）知州、国子监助教、南京兵部主事。

世宗嘉靖十三年（1534），南京太庙发生了大火灾。刘世龙应诏向世宗陈述了这场火灾的原因。他在奏疏中指出，火灾之所以会发生，首先是因为天下的风俗不正，人心大坏。因此，必须远离小人，亲近贤人，又必须避免权势大臣之间的相互排挤，朋党之间相互争斗。其次，要广开言路，鼓励大臣们直言进谏，绝不能动不动就压制由于直言而冒犯皇上的那些朝臣。第三，皇上在官吏任用方面必须三思而行，不能凭一时的喜怒而仓促做出任免的决定。只有这样，才能激励臣下效忠皇上，不生异心。同时，还在奏疏中陈述了张延龄由于受世宗宠信而为非作歹的事实，进而指出火灾与这种奸佞小人不无关系。他又指出，在天灾不断的情况下，皇上仍然大兴土木，建造宫殿，这是惹得上天大怒而降灾于人间的又一个重要原因。看了奏疏，世宗大怒，下令将他逮捕并押解到京城，关入监狱，严刑拷问。后来，刘世龙被判处梃杖八十，削籍为民。

279. 汪应轸出任地方官时有何政绩?

汪应轸（zhěn），字子宿，浙江山阴（今浙江绍兴）人。少年时期就很有志向操守。武宗正德十二年（1517）考取进士，选为庶吉士。汪应轸为人正直，敢于直言劝谏，尤其对武宗的荒唐行为都进行直言劝谏，因而引起了武宗的憎恶，将他派往地方为官，意图使其远离朝廷，钳制其口。然而，汪应轸并未屈服，在任地方官时不仅政绩颇多，同时仍运用智谋对武宗的荒唐行径予以抵抗。

正德十四年武宗下诏要去江南巡视。当时汪应轸还在翰林院任职，听说此事后，立即上疏反对。他认为皇上出巡，会扰乱民生，以汉代名臣谷永劝谏汉成帝出游为例来极力劝阻。武宗不听，还对汪应轸施以杖刑，几乎丧命。此后，武宗因此事对汪应轸怀恨在心，时时想着要把他赶出京城。

没过多久，朝廷有关部门通过考核而准备授予汪应轸给事中之职。武宗却借此调任的机会，特地下诏让他出京担任地方官，汪应轸便被改任做了泗州（今安徽泗县）知府。泗州本来就土地贫瘠，百姓又不善于耕作，生活十分艰苦。汪应轸上任后，看到当地气候适于种桑养蚕，于是一边鼓励百姓耕种，一边买来桑树种植，又招募江南的女工，教泗州人养蚕、抽丝、纺织的方法。泗州百姓在汪应轸的带领下，干劲十足，没几年就过上了丰衣足食的生活。

武宗出游南方时，从宫中派出的使者沿途骚扰，各地百姓苦不堪言。汪应轸带领一百多名精壮民夫排列在使者要经过的本地辖境内的河水岸边，一等到使者的船过来，就立即将它拉出境外，确保了境内百姓不受骚扰。

武宗驻留在南京，又命令泗州进献数十名善于唱歌奏乐的美女。汪应轸却上奏说："此处女子粗蛮，没有符合皇上要求的。臣过去曾招募了一些善于养蚕纺织的妇女，请收入宫中，传授养蚕纺织的技术。"武宗无奈，进献美女之事只得作罢。

280. 余珊向皇帝所上十事的内容是什么？

余珊，字德辉，桐城（今安徽桐城）人。武宗正德三年（1508）考中进士，授予行人之职，升为御史。余珊严于律己，为官很有威仪，深得人们敬重。世宗嘉靖四年（1525），他在给世宗所上的奏章中，陈述了朝廷潜在的十种弊病，行文洋洋洒洒，达一万四千字，反复陈述，极为痛切，内容概括起来是这样的：

正德年间，反贼刘瑾独揽政权，扰乱朝政，幸亏陛下振兴纲常法纪，然而不久又因循旧习，使纲常法纪废弛，此为第一种；陛下打击铲除了正德年间遗留下来的寡廉鲜耻、攀附权贵之徒，但是现在重富贵薄名节之风盛行，受贿之门重开，商贩往来如前，致使风俗败坏，此为第二种；正德年间国家权柄下移，王气不振，因此才有宁夏安化王和江西宁王的叛乱，全靠陛下奋起整顿藩王，然而陛下近来受腐儒姑息言论的迷惑，纵容部下犯上，致使朝廷的号令竟出于士卒之口，这是国威衰弱的表现，此为第三种；自从刘瑾掌权以后，用收受贿赂来更换将帅，所以边防遭受破坏，全靠陛下奋起而严加整饬，但是积病已久，边防松弛，外敌强大，此为第四种；陛下继位，虽有力地打击了刘瑾等敛财集团，但近年来，赋税沉重，百姓在田野中嗷嗷待哺，全没有乐于生存的心思，这是国家根本的动摇，此为第五种；近来朝中言路阻绝，偶尔有几个忠直之士，也被权奸排挤而离去，导致人才匮乏，此为第六种；刑法严酷，进言之士稍有不慎，即遭酷刑，致使言路闭塞，此是第七种；奸邪之徒以忠良的假像掩饰自己的奸诈，正是大奸若忠，大诈若诚，臣担心正不压邪，群奸日益得势，奸正混淆颠倒，此为第八种；自陛下继承皇位，一改武宗亲小人远贤臣之风，但是自从兴起有关“大礼”的议论以来，凡是不合陛下心意的，便加以贬斥，小人由此窥探机会，投机取巧，以迎合君主的心意，获取功名，因此使得大臣观望，小臣畏惧，上下相违，导致君臣产生隔阂，此为第九种；如今多次出现异常天象，成为灾害之兆，此为第十种。这十种，只要有一种，就难以保住天下，恳请陛下任用贤臣良将，这样可使朝政的弊病除去，国家可望大治。

281. 戚贤是怎样一位官员?

戚贤（1492～1553），字秀夫，全椒（今安徽全椒）人。他是一位有智谋，敢于弹劾贪官庸吏、大胆言事的正直而有作为的官员。

戚贤是在世宗嘉靖五年（1526）考中进士的，被授予归安知县。归安县里有座肃总管庙，香火很旺盛，每天都有人进庙祭祀祈祷。有一年干旱，戚贤就到庙里祈祷求雨，却没有应验，就把木偶像扔到河里去了。过了几天，有船经过，木偶像居然跳到船上，船中的人大惊。戚贤知道后笑着说：“这是因为没有将它烧掉。”于是派人将木偶像烧毁。暗中命令衙役躲在庙的附近，等着水里的人一出来，就逮捕他们。没多久，果然捕获了几个人，原来是当地奸人招募的善于游泳的人做出来的。戚贤运用自己的智谋使得真相大白。

知府万云龙为人性情急躁，对待下属很严厉，因此，戚贤好几次触犯了他。后来，万云龙被人诋毁，即将贬黜，而戚贤不计前嫌，为其诉冤。这样，万云龙才得以幸免。尚书桂萼因此而认为戚贤为人做事与众不同，十分欣赏他。

嘉靖十四年春，戚贤升任吏科给事中。进言说遭罢黜的官员有处理不当的，应该让谏议官上言救援。皇上听从了他的请求。

恰巧此时参议王存和韦商臣因上言论事触犯了朝中要人；前给事中叶洪弹劾汪鋐被贬职，后来这几人都被罢黜。戚贤此时正在陕西审事，给事中薛宗铠便根据戚贤所上奏疏的意思上言救援。但是吏部坚持不同意，皇上于是下令将他们罢免。

戚贤回朝廷后，认为汪鋐之所以敢恣意横行，其实是因为张孚敬包庇他，因此上奏，陈述了陈孚敬的种种罪状，说："宰辅张孚敬安插心腹掌握吏部大权，以利害相威胁钳制谏议官口舌。陛下听从臣的意见，允许谏议官申诉辩论，正是为了防止大臣行私。现在谏议官为叶洪上言辩白救援，孚敬却从中阻挠，曲意庇护吏部尚书。"

戚贤任刑部给事中时，夏言执掌朝廷大权，在选用翰林院庶吉士人员的事情上未能做到不徇私情，就对此事上奏，陈述有关徇私请托的害处，皇上接纳了他的意见。

太庙失火，戚贤借此弹劾贪污侵吞巨大的郭勋以及张瓒、樊继祖等人，并推荐许多贤能之士。夏言心生不悦，有意激怒皇上，将戚贤贬任山东布政司都事，被推荐的人也都被罚夺俸禄。

282. 杨最为什么被皇帝杖杀?

杨最（? ～1540），字殿之，射洪（今四川射洪）人。武宗正德十二年（1517）进士。他为人正直不阿，敢于讲真话，为官善于体察民情，一心为百姓着想。然而这样一位能为民为国着想出力的官员，最后遭遇的却是被皇帝杖杀的悲惨命运。

杨最担任工部主事之职时，奉命前往山西督察拖欠的赋税情况，他看到那里百姓的生活境况是食不果腹、衣不蔽体，很是同情，于是不顾自己可能被弹劾的危险，极力为百姓请命，请求朝廷缓收赋税。由于言辞恳切，用心真诚，终于打动了皇帝，批准了他的请求。

后来在任工部郎中的时候，他又审时度势地请求立即治理淮、扬水患，加修内河，修固河堤，以免久雨成涝，毁坏良田，阻挡航运，威胁百姓生命安全，破坏当地生产生活。

在出任宁波（今浙江宁波）知府期间，他请求罢除浙东上贡缯帛实物，而折换成银子充当，为百姓带来了很大的便利。

就是这样一位好官，后来却因为敢说真话而被皇帝杖杀了。世宗迷信神仙方术，一心想要成仙，于是就有弄臣投其所好，以进献灵丹仙药为名，伺机诱导皇帝，扰乱朝政。为此事，已有两位朝官存仁和王纳言对皇帝劝谏而获罪，于是朝中无人再敢上疏劝谏。这时，又有方士段朝用进献所炼制的一百多个银器，说是用它盛食物来祭祀神佛就可以成仙，并劝诱皇帝深居内宫不要与人接触，这样就可以得到长生不老之药。世宗很是迷信这些方士所说的话，于是下令让太子执掌国家政事，说："朕稍稍休息一两年后，再如当初那样亲临政事。"诏书一下，全朝上下无不惊愕惶恐，但都害怕被处罚而缄默不语。在这关键时刻，杨最挺身而出，不计较个人安危上疏直言劝谏世宗不要迷信这些骗人的假话，只要勤于政务，当一个好皇帝，自然会得到神灵的庇护，成为百姓的保护神。然而，这时的世宗哪里还听得进人劝，不仅将杨最投入监狱，还下令重重杖打，可怜的杨最还没等打完就一命呜呼了。

283. 冯恩为什么被称为“四铁御史”?

冯恩，字子仁，松江华亭（今上海）人。在他很小的时候，父亲就去世了，家境十分贫寒。母亲吴氏含辛茹苦地把他养大，敦促教导他好好学习。所以冯恩从小就知道奋发努力，刻苦用功。有一年的除夕夜，家里穷得没有米下锅，外面下着大雨，屋子因为年久失修，到处都漏雨，面对这么艰难的处境，冯恩无所动摇，仍泰然自若地用心读书。工夫不负有心人，于世宗嘉靖五年（1526）考中了进士。正是这一段艰难生活的磨练，造就了冯恩正直的个性，坚强的意志，在日后的为官生涯中，他进谏刚直坦率，不畏权贵奸邪，被百姓称作“四铁御史”。

当时，有大臣建议分别在南郊和北郊进行祭祀典礼，并让皇后主持北郊的祭祀活动。皇帝拿不定主意，就让朝廷众臣各陈己见。但天地合祀是一贯的传统，而且皇后作为后宫之主，执掌内宫之事，远出郊野是很不合礼法制度的，于是很多人上疏反对。但是，凡是持反对意见的大臣，都被诏书斥责为奸邪之徒。冯恩知道后，很是气愤，明明是皇帝要求大家说说自己意见的，现在怎么变得专断独行了，想来一定是有人为宣扬一己之意而左右了诏书①的起草。于是他上疏直言，陈述了自己的想法。当他写奏疏的时候，尽管自认为会受到责备，但还是勇敢地呈了上去。然而皇上并没有责备他，可见他的推测是符合事实的。此后，冯恩更加奋发，以直言进谏、针砭时弊为己任。

嘉靖十一年冬，有彗星出现，这在当时被视作不祥之兆，世宗便下诏要求众臣说真话。冯恩于是上疏一一指出大臣的正直奸邪。对于有才学、有能力的，则大力举荐，同时也不畏权贵，直言不讳地对奸邪之人极力指责，其中就弹劾了大学士张孚敬、方献夫以及汪鋐等，列举了种种恶行，说他们是朝廷中的三颗扫帚星，若不除去，将会给国家带来灾难。当时正值汪鋐等人当权，很受世宗宠信。奏疏呈上，世宗很生气，汪鋐等人又进谗言，冯恩便被关进了监狱。然而，汪鋐等人仍不罢休，企图置冯恩于死地。等到朝廷审讯的时候，汪鋐做主审官，有意侮辱冯恩。冯恩则誓死不向他下跪，正义凛然地立于朝堂之上，大骂汪鋐，一一数落他的罪行。汪鋐气急败坏，冲下审讯席来殴打冯恩，被陪同审讯的人拉住。尽管避免了一场闹剧的发生，但汪鋐还是怒不可遏，判处了冯恩死刑。冯恩大笑而出，一点畏惧都没有。观看的人都叹息道："这个御史不但口如钢铁，他的膝、胆、胃都是钢铁做的。"由此而称他为"四铁御史"。

后来，冯恩的儿子上血书请求替父去死，感动了世宗，才得以幸免。

284. 杨爵因何事而屡次被皇帝下狱?

杨爵（1493～1549），字伯珍，富平（今陕西富平）人。幼年家境贫寒，没有钱上学，直到二十岁才读上书。他经常一边在田里耕作，一边利用休息的时间来读书。经过一番刻苦努力，终于在世宗嘉靖八年（1529）考中进士，进入仕途。杨爵为官，体恤民生疾苦，对朝廷颓废衰败的局面直言进谏，因言辞激烈，触怒了皇帝，多次招致牢狱之灾。

---

① 在当时，诏书并不是由皇帝亲自写的，一般是由一个秉笔太监来撰写，所以很容易被人钻空子利用。

世宗中年以后沉迷于神仙方术，荒废朝政，亲小人，远贤臣，致使奸臣当道；再加上连年干旱，百姓生活贫困，世宗又大兴土木，搜刮民脂民膏，更使得民不聊生。在这种情况下，杨爵以国家兴亡为己任，上疏直言劝谏皇帝，请求罢黜奸臣，任用贤能，广开言路，减轻赋税。他的奏疏写得情思恳切，句句精当。然而因为言词过于急切直率，世宗看后大发雷霆，立即将他关进监狱，并严刑拷打。周天佑、溥锐等官员因替杨爵求情，也先后被打死在狱中。群臣惊恐，无人再敢出面营救。

于是，杨爵被一关就是好几年。然而，他并不怨天尤人、自怨自艾，而是不忘学业国事，整天与狱友切磋学问、议论时政，完全忘了自己的困境。他所著述的《周易便说》、《中庸解》，就是在狱中完成的。

后来，世宗扶乩时，有神仙降临，说杨爵是好人，世宗对这些很迷信，于是也不再追究杨爵的对错是非，赶快将他释放了。但出狱还不到一个月，尚书熊浃上疏说扶乩大仙是个骗子，世宗很是气愤，迁怒于杨爵，又把他关进了监狱。

嘉靖二十八年又发生了一件怪事。那年十一月，大高玄殿起火，火光中有人大声呼喊杨爵是忠臣，世宗惊恐，以为是神仙显灵，赶快将杨爵给放了。杨爵出狱没几年就去世了。

285. 沈束为什么被关押长达十几年?

沈束（1514～1581），字宗安，会稽（今浙江绍兴）人，世宗嘉靖二十三年（1544）考中进士，任徽州（今甘肃徽县）推官，提拔为礼科给事中。他因为秉持公道，与严嵩意见不和，遭到迫害，被关押长达十八年之久。

当时严嵩专权，事无大小，决断均自其出。大同总兵官周尚文去世，家属请求丧葬善后的仪式，严嵩把持大权，不予批复。沈束知道后，十分气愤，上疏为周尚文抱不平，批评执政大臣是任意封官夺职，赏罚不明。严嵩得知后十分恼怒，借机故意激怒世宗，将沈束关进监狱。闻渊、屠侨、赵贞等人先后为其求情，都被治罪，从此再也没有人敢上疏为他申冤了。

沈束被关入狱中之后，衣服饮食都是由妻子张氏以纺织为业来供给的，生活十分艰苦。等到严嵩倒台，沈束已经被关了十六年。张氏于是上疏，以夫家双亲年事已高为由，请求代替丈夫坐牢，以全沈孝忠孝之名。然而世宗始终没有准许。

其实，沈束并无大过，不幸被关进监狱只是因为他触犯了严嵩，但被关得如此之久却是因为触犯了世宗的大忌。世宗十分痛恨言官，因为梃杖、流放都不能遏制他们进言，所以就以长期关押来压制他们。沈束秉性刚直，敢于进言，自然被世宗看作大麻烦，关起来清静多了。所以无论别人怎么求情，世宗都不释放沈束。

直到有一天，喜鹊在沈束面前聒噪，沈束骂道："哪有喜事到罪人头上的?"狱卒把这件事奏报给世宗，世宗心动，才将沈束释放。至此，沈束在牢狱中已经度过了十八个春秋。

286. 沈炼是怎样的一位历史人物?

沈炼（1501～1557），字纯甫，会稽（今浙江绍兴）人，世宗嘉靖十七年（1538）考中进士。他个性狂放，嫉恶如仇，行为豪放不羁。有一件事可以看作他性格的写照。当时，俺答进犯京城，索要贡物。国子司业赵贞吉建议不要答应他们的无理要求，满朝大臣畏惧俺答的势力，害怕发生冲突，竟没有人敢赞成赵贞吉的意见。这时，沈炼勇敢地站出来说："我同意。"大家都很奇怪，这是哪里的小官，竟如此胆大。吏部尚书夏邦谟责问道："你是个什么官，敢在这胡言乱语?"沈炼理直气壮地说道："我是锦衣卫沈炼。大臣不敢说，那么就让我这个小吏来发言。"文武大臣无不惊异于他的大胆狂放。

当时，严嵩父子专权，做了许多坏事。沈炼十分憎恨他们的所作所为。有一天，他和别人一起喝酒，提及严嵩，就慷慨激昂地痛骂他，直骂得泪流满面。回家后奋笔直书，列出严氏父子十大罪状，请求皇帝将其治罪。然而，皇帝深居内宫，被严嵩所蒙蔽，不辨忠奸，看了奏疏后反而生沈炼的气，在朝堂上下令责打沈炼，并贬到保安（今陕西榆林）垦田。

保安百姓知道了沈炼获罪的原因后，都很敬重他，给他房子住，每天送柴送米，还派子弟跟着他读书学习。沈炼就以忠义大节教导他们，并每天对学生数说严嵩的罪行，以痛骂严嵩为乐。言语传到京城，严嵩十分恼怒，发誓要置沈炼于死地。于是，他吩咐亲信杨顺和李凤毛合计对付沈炼。恰逢此时白莲教作乱，杨顺等人就诬陷沈炼是白莲教的头目，把他的姓名写进被抓获的白莲教徒的名单里面一起上呈。

严嵩大喜，立即斩杀了沈炼。可怜义胆忠肝的沈炼就这样被奸人害死了。

287. 杨继盛有什么事迹传世?

杨继盛（1516～1555），字仲芳，容城（今河北容城）人。幼年家境贫寒，而他奋发好学，于世宗嘉靖二十六年（1547）考中进士。他一生为公，心系国家，忧念百姓，坚持不懈地与误国权臣、奸邪小人作斗争。

当蒙古部族俺答进犯京城之时。世宗任命咸宁侯仇鸾为大将军，抵御来犯之敌。可仇鸾畏惧俺答，害怕打仗，不但不敢予以迎头痛击，反而请求开放相互交易的市场，以求与俺答达成媾和条件。杨继盛认为敌人无故进犯的耻辱未雪，就急于议和示弱，这不但助长了敌人的凶残气势，更是辱没了国家的尊严。于是，写奏章请求世宗奋发图强，选将练兵，击退敌寇。奏章呈上，世宗看了，很是心动，便召众臣商议。仇鸾害怕上战场，气急败坏地在朝堂上大骂杨继盛轻视敌人势力。又秘密上呈奏疏，蛊惑世宗。世宗本来就不坚定，就听信了谗言，先将杨继盛关进监狱，后贬为狄道（今甘肃）典史。然而，杨继盛并不因为受此打击而丧气，在狄道期间，积极资助贫困的生员，教导民众，得到百姓的爱戴，被亲切地称为“杨父”。

不久，俺答多次违约进犯，仇鸾的奸情暴露，被朝廷处死，并陈尸示众。世宗这才想起杨继盛的意见是对的，于是把他调回京城，升任刑部员外郎。

严嵩父子非常嫉恨在此之前的仇鸾凌驾于己之上，所以对于杨继盛痛斥仇鸾感到很高兴，出于私心，便想用荣华富贵来笼络他。然而，杨继盛厌恶严嵩更胜于仇鸾，不为金钱权势所诱惑，上任才一个月，就起草了弹劾严嵩的奏状。在奏状中，他列举严嵩毁坏祖制、盗窃君权、掩盖别人功绩、纵容奸邪、冒充军工、引荐小人、贻误军机、专权独断、败坏风俗、涣散人心等十大罪状，请求世宗为国除奸，为民除害。可是，当时世宗正宠信严嵩，看到这样的奏章很生气，再加上严嵩给杨继盛编造很多罪名而密奏世宗。世宗大怒，不辨是非就将杨继盛关进监狱。至此，严嵩还是不解气，一定要置杨继盛于死地。于是，杨继盛的名字加入将要处斩的犯人名单里上奏，世宗疏忽，没仔细看就批准了，就这样，杨继盛被糊里糊涂地杀死了。

临刑时，杨继盛毫无惧色，正气凛然地赋诗一首：“浩气还太虚，丹心照千古。生平未报恩，留作忠魂补。”天下人都流着泪传颂。

288. 杨允绳的生平情况如何？

杨允绳（？～1565），字翼少，松江华亭（今上海）人，世宗嘉靖二十三年（1544）考中进士，授予行人之职，提拔为兵科给事中。杨允绳虽是文官出身，却胆识过人。有一次，他奉命与英国公张溶、抚宁侯朱岳、定西侯蒋传等人在阅武场挑选袭任的弟子，忽然传报敌人来犯，张溶等人听了大惊失色，抱头鼠窜，只有杨允绳镇定自若，岿然不动。自此，杨允绳威名远扬。

不久，杨允绳调任谏议官。他做事有魄力，多次上疏，对不合理之事进行大胆批评，提出中肯公正的意见，大都被采用。因功升任户科给事中。神宗万历三十四年（1606）九月，杨允绳上疏议论倭寇祸患，并推论弊端缘由，指出倭寇作乱是因为都督巡抚玩忽职守，疏于防范，官员们不是以政绩来取得信任和权利，而是以行贿受贿为钻营的手段。都督巡抚向主管官员索取钱财，主管官员就压榨百姓，百姓穷困，必然铤而走险。这样一来，原先的倭寇没有受到有力的打击，而新的祸患又不断产生。杨允绳的意见可谓是一针见血。

然而臣虽贤，而主不明，就是这样一个有胆有识的难得的人才，竟因为一件小事，被稀里糊涂地杀害。万历三十四年冬，杨允绳奉命巡视光禄寺。光禄寺官员胡膏虚增物品价值，企图从中渔利。杨允绳发现后，立即将他交付司法部门审查。胡膏窘迫，害怕事情败露引来杀身之祸，就反咬一口，说：“杨允绳憎恨我对祭祀物品挑选得过于谨慎，斥责说祭祀用品，大体过得去即可，他竟敢如此诽谤皇上修炼仙道。”神宗晚年很迷信神仙方术，向来重视祭祀大礼，听到这样的话，当然十分生气，将两人一并打入钦犯监狱。后来，胡膏被调任地方官，而杨允绳却在五年之后被斩于西市。

289. 王宗茂一生有哪些重要经历？

王宗茂（1511～1562），字时育，京山（今湖北京山）人。他的父亲是广东布政使王桥。世宗嘉靖二十六年（1547）王宗茂考中进士。嘉靖三十一年他被提拔为南京御史。当时，权臣严嵩父子飞扬跋扈，专横作恶，朝廷内外有一些为人正直的官员上疏弹劾他们的罪行后，不是被贬就是被杀。自此以后，迫于严嵩父子的权势，大臣们愈加沉默，不敢多言，任由他们在朝中胡作非为。王宗茂看到这种情形，内心愤愤不平，虽然刚刚担任南京御史，但为了正义宁肯被罢官砍脑袋，也决心要上疏弹劾。奏疏中历数严嵩八大罪状：一是卖官鬻爵，其二是专权独断，三是聚敛钱财，四是私吞土地，五是害民虐吏，六是营私结党，七是蒙蔽皇上，八是蠹害国家。当今的天下都成为严嵩的天下，家财竟比国库多，对此再不警醒，国家只怕要财尽人空了。

这封奏疏呈上不久，被严嵩的亲信赵文华拿去先给严嵩过目，几天之后才呈给世宗。此时的严嵩自然是应对如流，毫无破绽，不但无罪，反而倒咬一口，说王宗茂这样做是污蔑大臣，将他贬到平阳县（今浙江平阳）。王宗茂到任大约半年，便以老母年迈为由而辞去官职。可严嵩的内心还愤恨未平，便以削去他的父亲王桥的官职作为报复。王桥一生为人为官清正谨慎，竟落得如此下场，不免抑郁成疾而亡。

严嵩被罢官之后不久，王宗茂也去世了，未来的及被重新起用。穆宗隆庆初年，王宗茂被追赠为光禄少卿，以嘉奖他正直不屈的品格，激励后人。

290. 周冕是怎样弹劾权臣严嵩的？

周冕，资县（今四川资中）人，世宗嘉靖二十年（1541）考中进士。起初任太常博士，后提拔为贵州御史。他做官向来有正直的名声，有两件事为例证。当时，太庙的重建竣工，世宗想要派遣有关官员代替自己前去祭祀祖先。御史鄢懋卿认为这样做不可以，祭祖是国家大事，必须皇帝亲自前去。世宗十分生气，下了一道谕旨，上面明写着若再出现这种想要通过劝谏君主来谋取自身声名的人，必将判重罪。文武百官听说之后，都惊恐不安，哪里还敢管闲事，唯独周冕仍然据理力争。世宗大怒，立即将他逮捕入狱，想要重罪责罚。但事后又被周冕直言进谏的品格所感动，最终还是释放了，复派原职。祭祖风波之时，太子已经十一岁了，但还没有开始系统地学习如何为人为君的圣贤道理。周冕出狱之后，首先提出的建议是要世宗早日为太子选定名师，教化品性。世宗本来就余怒未消，对此更是怒不可遏，下令用棍棒将周冕赶出京城，贬为云南典史。虽然遭此远逐，可周冕依旧心怀豁达，没有怨恨之情。

几年之后，周冕调回京城任兵部武选郎中。此时，发生了杨继盛上疏弹劾掌握朝政数十年的权臣严嵩及严效忠的事件，并牵扯到欧阳必进等有关大臣，他们纷纷上疏为自己辩护。一时间，朝中乌烟瘴气。世宗心中烦躁，命令兵部调查事情真相。周冕经过调查后上奏直言严效忠是依托严嵩，伪称姓名，谎报军功，并细细指出严嵩之子严世蕃所递送材料中的种种可疑之处：

“假若严效忠曾考中过武举人，那为什么没有原籍官府举荐选送他们的文书？如今又为何自称平民而不称作武举人？严效忠自称是严鹄之兄，严世蕃之子，但严世蕃之子大都年幼，并没有起名叫做‘效忠’的。假若严效忠真是斩杀敌人首级七颗，那为什么其他将领没有一人上报斩杀敌人首级之功，难道在三军之中唯独宰相之孙骁勇善战吗？况且他当时才十六岁，怎能担当大将之任？在前方大捷与朝廷得知消息之间不到一个月，为什么万里之遥的军事情报传递得如此迅速？”

奏疏陈述事实清楚明白，一针见血地指出了种种破绽处。周冕虽官职卑小，但并不因为严嵩父子的权势而故意为他们遮蔽掩盖。

这封奏章震惊了朝野内外，就连严嵩父子也为其中所列出的种种破绽感到惊恐不已，私下连忙托人弥补漏洞。然而，世宗昏庸，故意偏袒严嵩，反而斥责周冕是蓄意报复，下诏将他逮捕入狱，严刑拷打，贬为庶民。

穆宗隆庆初年，朝廷录用那些在世宗一朝敢于劝谏的直臣，周冕就被任命为太仆少卿。但周冕忧虑母亲年迈，始终没有上任。

291. 赵锦因何事被罢官?

赵锦（1516～1591），字元朴，浙江余姚（今浙江余姚）人。世宗嘉靖二十三年（1544）考中进士，官授江阴（今江苏江阴）知县，后任南京御史，又调任云南。他为官心怀民生疾苦，清正廉洁。

世宗嘉靖二十三年元旦，发生日食。赵锦借此机会，把异常天象比做严嵩，上疏指出他权奸乱国，罪当处死。天下大事，严嵩先知，然后皇上朝廷才知道。朝中事务，如文武官员追赠谥号，袭封爵位，调任官职等，全都取决于各个官员贿赂严嵩的多少。自从严嵩当政以来，官场风气越加腐败，朝中阿谀之词不绝于耳。忠诚正直的臣子往往因为一点小事便得罪了严嵩，从此遭受迫害与排挤。朝政日益混乱，百姓日渐贫困，给国家造成内忧外患，长此以往，大明江山就危险了。

赵锦上疏之时，正值杨继盛因弹劾严嵩而遭重责，周冕因查办严效忠冒功之事也被捕入狱。因此，他的奏疏一呈上，世宗就大怒，认为这其中一定有人刻意中伤严嵩，便在奏疏上亲手批写了“欺天谤君”四个大字，下令派人迅速将他逮捕押入京城。赵锦在奏疏中说：“严嵩为人机敏阴柔，深得逢迎谄谀之术，心机很不容易被发现。”世宗本就宠信严嵩，哪里听得进这些话，更何况是在杨继盛、周冕等事尚未平息之时递上奏疏的，自然引起世宗的大大不满。赵锦长途万里被押送入京，早已奄奄一息，几次都差点倒毙在路上。入京下狱之后，先被鞭打四十，后来就整天拷问。然而就在此时，严嵩却过着皇帝好言抚慰、百官谄媚逢迎的生活。

赵锦出狱之后，被贬斥为庶民，父亲也遭到牵连，被降职。由于皇帝昏庸，奸臣当道，一代忠直臣子讲了真话却差点招致杀身之祸。

292. 吴时来为什么晚节不保?

吴时来（？～1590），字维修，仙居（今浙江仙居）人，世宗嘉靖三十二年（1553）考中进士。起初，他为人正直磊落，敢于弹劾贪官污吏，是一位爱民如子的好官。然而在晚年因官场上遭受挫折，沉沦十多年，复职后委曲求全，晚节不保。

吴时来最初官授松江（今江苏上海）推官。当时倭寇大举犯境，乡民携妻子儿女逃到松江避难。吴时来开城接纳他们，并派精兵良将修复毁坏的城墙，进行顽强抵御，保住了松江一方百姓的平安。

因功升任刑科给事中，此时，他更加勤于政事，为国事尽心尽力。一上任就弹劾了严嵩的同党兵部尚书许论、巡安御史路楷等人。严嵩因此十分痛恨吴时来，借机派遣他出使琉球国，想以此将他排挤出朝，以钳制其口。然而，吴时来并不畏严嵩的权势，上疏直言弹劾他的种种罪状。当时，吴时来弹劾严嵩的奏章与张翀（chōng）、董传策的奏章一起呈上，而张翀、董传策都是徐阶的门生，严嵩就疑心是徐阶指使他们这么干的，便秘密上奏诬陷说三人是受了别人指使故意陷害自己，并说吴时来畏惧出行琉球国，想借此事来拖延。世宗轻信严嵩，将三人打入钦犯监狱，严刑拷打，最后流放到西南烟瘴之地。

穆宗隆庆初年，吴时来被召回，恢复原职。此时的吴时来仍然秉持公正，大胆言事，弹劾贪官污吏。然而，他的刚直个性和做法遭到了小人们的非议，恰巧此时高拱执掌吏部，很不喜欢吴时来，于是借光懋等人弹劾吴时来滥行推举之机，将他贬为云南副使，直到罢官闲居于家。

神宗万历十二年（1584），吴时来才再次被起用。然而此时的吴时来已不复当年的坚贞正直，十余年的贬黜生活使他意志消沉，在执政时委曲求全，不能秉持操守和公道，接连被多人弹劾，不得已请求退职归家，终不能保其晚节。

293. 董传策为什么被皇帝罢官？

董传策，字原汉，松江华亭（今上海）人，世宗嘉靖二十九年（1550）考中进士，曾任刑部主事。他做官并无什么过错，只因禀性刚直，看不惯严嵩独断专行，贻误朝政，直言上疏弹劾，才遭到罢官流放的悲惨命运。

嘉靖三十七年（1558），董传策上疏弹劾严嵩，在奏疏中说严嵩罪恶深重，贻误国家大事，陛下英明，怎能不曾洞察他的奸恶，只是顾及他是辅政大臣的缘故，才姑且对他宽容以待，希望他能幡然悔悟，这是陛下的英明宽宏所在。然而，严嵩恬不知耻，不知悔改，反而变本加厉，作恶多端，有负陛下圣恩重望。严嵩在位一天，天下就受其毒害一天。臣看到这一切真是感到痛心疾首。

在奏疏中他还列举出严嵩的七大罪状：边防将士的粮饷大半用来贿赂严嵩，导致士兵饥寒疲困，敌人乘机入侵，这是在破坏边防，此为其罪之一；严嵩卖官鬻爵，官吏任免由他出，百姓愤怒，赠给外号“文武管家”，以示嘲讽，此为其罪之二；严嵩巧立名目，公然掠夺公私财产，尽入私囊，致使他个人财富比国库的还要多，这是在侵害国家财产，此为其罪之三；赵文华因罪被放逐，严嵩命人护送回南方，一路上恐吓州县官府，私自役使民夫，骚扰沿途驿馆，致使公私耗费，这是在偏袒罪人，此为其罪之四；严嵩所剥削的财产众多，用车船运回家乡，每月都不间断，所到之处索取供应，势如虎狼，沿途百姓和驿馆不胜其苦，此为其罪之五；严嵩久掌重权，炙手可热，无耻之徒，趋炎附势，聚集其门，以图钻营，致使朝中士风日下，官威渐衰，这是在毁坏国家人才，此为其罪之六；严嵩专权，与其子严世蕃大肆行凶，破坏国家纲常法纪，为朝廷内外人士所愤恨，此为其罪之七。朝中有如此大臣，完全是国法所不能容忍的，希望陛下能为天下苍生除此大害！

然而，同其他许多正直之士一样，董传策直言劝谏，并不能给昏庸的世宗敲响警钟，反倒给自己带来罢官流放之祸。

294. 邹应龙为什么要弹劾严世蕃？

邹应龙，字云卿，长安（今陕西西安）人，世宗嘉靖三十五年(1556) 考中进士。他为人有才气，为官清正廉洁，又因弹劾严嵩而得到盛名。

当时，严嵩专权已久，朝廷正直之臣如王宗茂、赵锦等人上疏弹劾都遭迫害。因此，朝中人人自危，没有敢再进言的了。但是邹应龙深知严嵩之所以恣意妄为是因为受到世宗的宠信，而如今世宗已不像当初那样听信于严嵩，更何况严嵩之子严世蕃贪婪成性，作恶多端，世宗对他已经产生厌恶之感。于是，邹应龙就想先从严世蕃下手，推倒他后，顺藤摸瓜，严嵩的日子也就不多了。

邹应龙上疏弹劾严世蕃的种种罪状，将他凭借严嵩的权势而做下的违法乱纪之事一一列举出来，并将他在母亲丧期仍行淫乱之事一并奏上。世宗本来就对严世蕃居丧淫纵之事有所耳闻，内心厌恶，还曾密问过一个占卜方士有关身边辅臣贤良之事，方士告诫说严嵩父子为弄权之臣，因此在心里已经开始疏远严嵩。正巧邹应龙的奏章呈入，世宗顺势将严世蕃关进钦犯监狱，勒令严嵩退休，并提拔邹应龙为通政司参议。

就这样，专权长达二十余年的严嵩终于被推翻。不久，严世蕃被诛杀，严嵩病死。

295. 马永为什么被视为良将？

马永，字天锡，迁安（今河北迁安）人。他体格魁梧，骁勇善战且熟识谋略，平日研习兵法，最喜欢读《左氏春秋》一书，颇有古之良将风范。武宗正德年间，马永继承世袭职位任金吾左卫指挥使，跟随陆完作战，屡建奇功，开始崭露头角。

正德十三（1585）年，马永因功升任总兵官，镇守蓟州（今河北蓟县）。他一上任，就大刀阔斧地进行改革，首先淘汰了营中老弱士卒，再以丰厚的军饷招募健壮的士兵，迅速提高了部下的战斗力，独自称雄边防各镇。接着，他又在要塞地段修建城堡，建筑城墙，这样使敌人再也没有可乘之机，确保了蓟州百姓安居乐业。世宗嘉靖初年，马永又接连平定了多颜把儿孙、大同兵变等叛乱。

马永虽是一名战将，却心系朝政，议论政事有理有义。当时，马永早年曾跟随作战的主将陆完为国捐躯，死于炎热烟瘴之地，因为家属没有权势可依，竟然很长时间没有得到朝廷应给予的封赠。马永于是上疏请求朝廷按照对待已故官吏的有关制度加以封赠，并且请求宽恕那些因议论“大礼”而得罪的大臣。这本是马永怜惜国家人才之举，但世宗不能体会这番苦心，竟将他废弃不用。朝臣纷纷上疏替他求情，世宗仍不悔悟。马永并不因此消沉，在家中闭门读书，清静简约一如寒士。很久以后，马永才被起用，再次为国平定多处叛乱。

嘉靖十四（1535）年，辽东发生兵变，马永受命于危难之时，领兵出征，辗转作战，奋勇杀敌，最终平定了叛乱。都御史王廷相赞扬马永说：“马永善于用兵，而且廉洁，他镇守蓟州，就可成为京城得一道屏障。”没过多久，马永去世，辽地和蓟州的百姓闻讯都痛哭不已，建立祠堂纪念他。

马永任将，厚待间谍，知晓敌人虚实，所以每战必胜，而且很会用人，经他提拔的军官，后来大多成为将帅。尚书郑晓曾称赞马永为一代良将，真是名不虚传。

296. 周尚文身为武将为什么能够仕至三公?

周尚文（1475～1549），字彦章，西安后卫（今陕西西安）人。他自幼读书，精通韬略，尤其擅长骑射之术。十六岁那年，继承了世袭指挥同知的官职，自此杀敌建功，立下赫赫功勋，成为明朝唯一一个以总兵官身份加封三公的人。

周尚文作为武将，曾多次与明朝西北边境最强大的敌对势力蒙古部族的交手，在岢岚（今山西岢岚）、红山墩等地打败敌军。在固原（今山西固原）一役中，他更是奋勇杀敌，斩杀无数，大大挫伤了敌人的气势，西北边境为之一振。大同（今山西大同）兵变之时，蒙古吉囊趁机率领数万骑兵进攻前卫，周尚文闻讯，迅速组织军队，与其大战于黑山（今内蒙古石嘴山市西），经过激烈的拼杀，亲手杀死吉囊之子满罕歹，大获全胜。尽管周尚文在与吉囊、俺答蒙古部落首领的交手中占了上风，但敌人的残余势力仍不时前来骚扰，边境仍是年年不得安宁。世宗便命令周尚文负责修筑自宣府（今河北宣化）至丫角山（今山西平鲁西北）一带长达四百余里的边防城墙，用来抵御外敌的入侵。于是周尚文在这四百余里的边境线上修建了哨塔千余座，屯田四万余顷，增加军人一万三千余名，在以后的战事中有效地保护了边境的安全。周尚文因这些卓越的功绩，被先后加封太师、太保、太傅三公，虽然三公在明朝并没有什么实际的权力，但仍然是大臣们所梦寐以求的至高荣耀。

周尚文是一名优秀的将军，他清廉简约，爱护士兵，深受拥戴，而且善于收集情报，因此，在作战中总能取得先机。自世宗嘉靖二十年（1541）后，朝中老将王效、马永、梁震等人相继去世，唯有周尚文担当镇守边关的重任，多次击败入侵敌人，保住了边境的安宁。

297. 马芳为什么被称为将帅之才?

马芳（1517～1581），字德馨，蔚州（今河北蔚县）人。十岁时被被人掳走，强迫为蒙古人放牧。马芳便在放牧的时候，用弯木做成弓，每日练习射击，箭术提高很快。一天，马芳正在放牧，发现一只老虎朝几个没有防备的猎人咆哮而去，马芳立即拈弓搭箭，射死了它。没想到那几个人正是俺答及其随从。马芳因箭术高超受到俺答的赏识，赐给精弓良箭以及好马，侍从于蒙古部落首领左右，结束了多年的放牧生活。然而，马芳是“身在曹营，心在汉”，虽得到了俺答的重用，但内心时时挂念着家乡和亲人，于是找个机会偷偷跑了回去。当时，正值周尚文镇守大同，听了马芳的事情之后，很是惊异，对他的才能也十分赞赏，便让他担任旗下的一名队长，随军打仗。

马芳有胆有识，经过几年的锻炼，迅速由一名小队长成长为可以独当一面的将军。他熟谙敌情，所到之处又身先士卒，作战勇猛，多次捣毁敌巢，立下累累战功。有一次，蒙古人侵犯威远（今四川威远），远远地先埋伏下精兵，只派二十几个骑兵来挑战。马芳深熟兵法，料定其中必有诈，便将计就计，派一百多名骑兵引开敌军埋伏的人马，然后集中兵力依次击溃敌军分散的人马。这时马芳带领将士们四处冲杀，打乱了敌军阵脚。敌军溃不成军，惨败而逃。

世宗嘉靖三十六（1557）年，马芳升任蓟镇（今河北迁西）副总兵。此时，他的威名已在敌军中十分显赫了。当时，蒙古土蛮部十万骑兵逼近边关，马芳带领明军，以少胜多，斩杀数十敌人，并俘获敌军骁勇之士猛克兔等人。这时，土蛮还不知道明军将领是谁，等到两军对战，及至马芳上阵，敌人惊呼：“原来是马太师！”于是撤军而去。

马芳起家于普通士兵，经数十年征战而成为大将，一生经历了百余场战事，身上负伤达数十处。每当作战，总能以少胜多，擒获敌人首领，名声威震边陲，为一时将帅之首。

298. 何卿是何许人？

何卿，成都卫（今四川成都）人，他从小勤习武艺，很有志气操守，立志要成为一个大将军。武宗正德年间，何卿世袭指挥佥事一职，开始了东征西讨的戎旅生涯，四处建功立业，实现儿时的梦想。

世宗嘉靖初年，何卿奉命讨伐叛变的陇政和支禄等人，一出马就斩杀叛贼二百余名，招降数百人，何卿乘胜追击，联合川、贵兵力继续合力讨伐，彻底歼灭了叛乱之寇。何卿因功升任副总兵，仍镇守松潘（今四川松藩）。此时陇政虽已被剿灭，但其遗党沙保再次叛乱，何卿于是迅速组织武装力量，以迅雷不及掩耳之势将贼寇全部歼灭。

在何卿镇守松潘期间，最应一提的战役当数讨伐威茂之战。威茂番有十余村寨的兵力，他们联合起来抢劫军饷，并且屡次进犯茂州及长宁诸堡，索取金银财物，气焰十分嚣张，扰乱得当地百姓民不聊生。何卿于是带领军队将茂州城团团围住，围困敌军于城内，待其焦躁之时，用计诱敌，屡战屡捷，逐渐削弱敌人的实力。叛军看到形势不妙，人心惶惶，仓皇而逃。何卿穷追不舍，一直打到叛军贼巢，烧其房舍，焚其碉堡，深责其不义之举，诸番见状窘迫，已无路可逃，便请求将功赎罪。何卿于是命令叛贼交出带头作恶的首领，不料叛贼顽固，不肯伏罪，何卿大怒，继续围剿诸寨，全歼叛贼，诸番惊恐，急忙捆了叛军首恶求降，并与何卿歃血为盟、刻木为证，发誓再不叛乱。从此松潘复归平静，百姓安居乐业。何卿镇守松潘十七年，保障一方平安，得到了当地军民的爱戴，就连番寨的部族也很敬重他，人们敬称为一代蜀中名将。

299. 沈希仪一生有哪些战功？

沈希仪，字唐佐，贵县（今广西贵县）人。他是一个有胆有识、计谋过人的智将，大半生都驻守在两广边境地区，打过的胜仗不计其数。

一次，嘉浦贼寇八千余名渡江向东掠夺当地百姓。沈希仪率五百兵卒驻守于白石寨，等待贼寇回巢。距离白石寨几里远处有两个河滩，其中滑石滩狭窄，如果敌人在此登岸，即使人数再多也施展不开，而蛟龙滩滩面宽广，若是敌军在此登陆，敌众我寡，则势必要败。于是，沈希仪在蛟龙滩后树林中广竖旗帜，虚张声势，而在滑石滩秘密布下精兵埋伏。敌人果然中计，他们看到蛟龙滩的情势，以为有重兵把守，就从滑石滩登岸。沈希仪待其大军渡河一半之时，命令埋伏在芦苇丛中的兵卒出击，贼寇惊恐，相互拥挤践踏，大多坠水而亡。沈希仪出其不意，以五百对八千，竟大获全胜。

沈希仪用兵没有定法，何时出兵，用何计策，就连身边的亲信也毫不知晓。他还常以厚禄收买当地居民为他收集情报，妇女贪恋财物，争相劝说自己的丈夫前去告密。这样沈希仪就对敌寇的行动了如指掌，经常乘其不备，在夜晚宿营之时驱兵攻打，又在其惊恐之中悄然撤兵，如此往复，那些反叛的人被他搞得焦头烂额、内心不安，没有再敢投靠贼寇的了。

沈希仪不仅战术卓越，而且很有战略眼光，他一直建议朝廷在两广边境少数民族地区设置土官，废除留官。土官世世富贵，不敢有他图，以国家力量控制土官，再以土官力量控制少数民族势力，则两广将世世无祸患了，可惜朝廷不能采用。世宗嘉靖十六年（1537）爆发的思恩变乱，就是对沈希仪建议正确的有力证明。

沈希仪为将用兵独奇，智谋犹为出众，堪称智勇双全的良将。他为人坦率，平时很爱开玩笑，善于安抚士兵，很受士兵拥戴，他曾身染重病，竟有士兵以自杀来为他祈福，更有甚者，竟以箭刺穿自己的喉咙，真是令人可叹。

300. 石邦宪为什么被称为名将?

石邦宪（？～1568），字希尹，贵州平卫（今贵州境内）人。他因作战多建战功，接替沈希仪镇守贵州。当时一黎寨发动叛乱，联络四川容山、广西洪江诸寨苗人反叛，骚扰当地百姓不得安宁，朝廷多次安抚剿杀，都不能平定。石邦宪受命于危难之时，与湖广各路兵马合力，分路讨伐，并传送檄文于十八寨，允许逮捕首恶来赎罪，诸苗寨畏惧石邦宪威名，才接受安抚，与石邦宪设盟立约，再不敢作乱，诸寨复归安宁。

石邦宪镇守的贵州是苗族的聚居地，他的大半生都是在与反叛的苗人进行战斗，先后平定了真州苗人盧阿项叛乱、地隆仟四寨苗人叛乱、答千诸寨叛乱等多次苗人反叛。石邦宪在这些战斗中很好地行使了自己的职责，维护了边防的安定。

石邦宪自幼生长于贵州，熟知苗人情况，善于作战，其一生经历了大小数百场战事，无不马到功成。他担任总兵官十七年，前后四次晋升官阶，受赏金银钱帛十三次，但他把所得的钱财全部用来犒赏士兵，家中一贫如洗。他以其卓越的战功和高尚的人品，与四川何卿、广西沈希仪一起，被称为一代名将。

301. 俞大猷在抗倭方面有什么贡献?

从明朝初年起，倭寇不断骚扰我国东南沿海。嘉靖时，倭寇为患更加严重，沿海百姓苦不堪言。为了维护沿海安宁，在嘉靖年间涌现出一大批爱国抗倭将领，俞大猷、戚继光等人就是他们中的杰出代表。

俞大猷（1504～1580），字志辅，晋江（今福建晋江）人，从小喜欢读书，尤其喜欢读《易》。他先后跟随王宣、赵本学等人学《易》，将易学与兵法相结合，体会两者的相通之处。他还跟随李良钦学习剑法，很有长进。虽然俞家家中贫寒，但俞大猷志向高远，从不被生活的贫乏所困扰。世宗嘉靖十四（1535）年他考中武会试，派赴金门上任，从此开始了抗倭救民的戎旅生涯。

起初，俞大猷官小言微，很多很好的建议都不被采用。直到嘉靖二十八年，他接连平定安南、海南两处叛乱，共计斩杀贼寇六千余人，这才声名鹊起。

嘉靖三十一年倭寇大肆扰乱浙东，朝廷以俞大猷有威名，命其率兵讨伐倭寇，俞大猷一到，便以风卷残云之势将倭寇驱逐出边境。然而浙东之地，向来是倭寇为患最为频繁之处，就在俞大猷刚刚将一伙倭寇击退之时，又有一伙新的倭寇乘三十余艘战船突然进犯，贼寇分兵两路，一路向北掠夺浒墅，一路向南掠夺横塘，一直蔓延到常熟、江阴、无锡境内，出入太湖。俞大猷于是与当地官兵联合，逐个将贼寇击败，然后一路追击，直捣贼寇老巢，焚毁其八艘巨舰，斩杀俘获贼寇无数。俞大猷因功升任浙江总兵官，并因其卓越的才干，被百姓们及朝廷众臣所称赞。俞大猷所领导的部队也被敬称为“俞家军”，常常能使倭寇闻名丧胆。后来，俞大猷又先后平定了潮州（今广东潮安）、河源（今广东河源）、翁源（今广东韶关市东南）等多处倭寇作乱。

俞大猷为将有奇才，常常能够出其不意，先发制人，数次平定倭寇之乱，威名震慑南方，当地居民为他建寺庙祭祀。一代名臣谭纶曾写信高度评价他说："节制精明，您不如我。赏罚分明，您不如戚继光。精悍勇猛，您不如刘显。然而这些都是小智，而您则是能承担大事者。"

302. 抗倭名将戚继光的生平情况如何?

戚继光（1528～1587），字元敬，祖籍河南卫辉（今河南汲县）。他出身将门，自幼喜读兵书，勤奋习武，立志效国。十七岁袭父职任登州卫指挥佥事，改任浙江都司佥事。戚继光一上任，摆在他面前的严峻问题就是倭寇为患严重。然而浙江军队常年疏于操练，士兵纪律散漫、懒散不堪，完全没有作战能力。戚继光于是从当地金华、义乌人中挑选慓悍勇猛之士三千，亲自教授各种兵器的使用方法和作战技巧，又根据当地多沼泽湖泊而倭寇又惯于用重箭、长枪作战的特点，创造了"鸳鸯阵"。这支新军，经过戚继光的严格训练，精通战法，作战勇猛，军纪严明，在日后的战斗中屡战屡胜，深受百姓的爱戴，被亲切地称作"戚家军"。

世宗嘉靖四十年（1561）倭寇大肆掠夺桃渚、圻头，戚继光带领"戚家军"迅速出击，倭寇闻风丧胆，四处逃窜，"戚家军"一路追击，先后九次作战，大获全胜，俘获斩杀一千多人，烧死溺死之人更是不计其数。"戚家军"首战告捷。第二年，温州、福宁、连江、广东、南澳等地的倭寇相勾结，大举进犯福州，贼寇实力雄厚，又根据地形在横屿结营，形成易守难攻之势，官军四处不能得手，不敢轻易进攻，两军对峙一年之久。倭寇乘机四处骚扰掠夺，当地百姓苦不堪言。福建各军无奈，向戚继光告急求援。戚继光得命，立即带领"戚家军"奔赴福建，一举拿下横屿，倭寇一听是"戚家军"来了，又失了大本营，惊恐慌乱，四处逃窜。戚继光乘胜追击，逐个击败，接连攻克六十余座贼营，斩杀数千人，福建长期滞留的倭寇几乎全部被消灭。戚继光凯旋而归，百姓们为了纪念他，在平远台立下记功石。

穆宗隆庆初年，南方边境因为有俞大猷、戚继光等人镇守，倭患基本被平息，然而北方边境蓟门接连出现险情。于是戚继光被召回，专门训练边塞士兵。隆庆二年，戚继光被任命为都督同知，总管蓟州、昌平、保定三镇训练兵事。戚继光审时度势，上奏请求加紧训练士兵、重新修筑城墙，并将三千"戚家军"调来以做示范。在戚继光的严格训练下，边塞士兵作战力迅速提高，边防城墙起到了有效的防护作用。戚继光在镇守期间，北方贼寇再也不敢进犯蓟门。

戚继光一生，不仅在南方抗倭斗争中立下了赫赫战功，在北方边境的固守上也立下了汗马功劳。他所著的《纪效新书》、《练兵纪实》，都被谈论兵法的人奉为宝典，遵守运用。

303. 高拱是怎么样取得首辅之位的？

高拱（1512～1578），字肃卿，新郑（今河南新郑）人，世宗嘉靖二十年（1541）考中进士，在太子朱载垕身边侍读九年，温柔敦厚、孝谨仁慈，很得太子的器重，赐予“怀贤忠贞”四字。

当时徐阶任首辅，以高拱有才能，举荐给世宗，很快便得到了重用，授予国子监祭酒、礼部侍郎等职，开始在世宗身边处理政事。起初，徐阶与高拱关系十分亲密，但是高拱显贵之后，就变得颇为骄傲，在很多事情的处理上与徐阶发生矛盾，两人关系开始恶化，经常相互弹劾。

穆宗继位，两人的权力倾轧更加激烈。高拱认为自己是少保兼太子太保，又自命是穆宗身边的老臣，所以并不把任首辅之位的徐阶放在眼里，处处与他作对，二人之间的积怨越来越深，在朝中分庭抗礼，互不相让。然而高拱性格倔强直爽，做事任意专断，很爱计较恩怨，因此得罪了很多人。在他与徐阶的对峙中，朝中的舆论更倾向于徐阶，高拱不得已于隆庆元年请求辞官归乡。隆庆三年，穆宗再次召回高拱，此时徐阶已告老还乡，于是高拱大权独揽，登上首辅之位。

高拱谙熟政体，怀有经世济民之才，在任首辅时的所作所为颇有可圈可点之处。在吏部的管理上，他全面了解官员品行德行，大力选拔举荐贤能的人才；在兵部，他储备和培养兵部尚书一类的人才，用专门的人才管理专门的事务；在边境问题的处理上，他派遣有智谋而又通晓军旅的专门人才去负责处理，以免贻误军情大事，等等。他的这些意见都得到了皇上的赞同，写成法令，批复执行。

304. 名臣张居正一生有何建树？

张居正（1525～1582），字叔大，江陵人（今湖北江陵），自幼聪明过人，十五岁便考中秀才。巡抚顾璘看过他的文章后，赞扬他必将成为主持国家大政的人才。世宗嘉靖二十六年（1547）张居正考中进士，得到徐阶、严嵩等执政大臣的器重，政治才能一步步展现出来。在严嵩、徐阶、高拱、李春芳等人先后离开首辅之位后，张居正登上了首辅之位，开始了大刀阔斧的改革。

当时官吏结党营私、贪污成风，办事拖拉，经常相互推卸责任。张居正看到这种情况，十分不满，决心进行改革。首先他从整顿吏治开始，明确责罚，要求政令下达后，无论什么情况都要立即执行，若是中间出了什么差错，立即按轻重缓急量刑定罪；若是有人相互包庇隐瞒，则加重处罚。张居正铁面无私，从不徇私情，无论是皇亲国戚还是达官贵人，在他的法令面前都一视同仁，因此，吏治之风逐渐好转起来。

其次，张居正知人善用，物尽其才，他先后选拔了李成梁、戚继光名将镇守边关要塞，使边防稳固，地方安定。此外，他还裁减了政府机构中的冗官冗员，提拔重用有才能的官员，有效地提高了政府办事效率，并减少了政府开支。

明朝发展到万历年间，已经是千疮百孔了，国家年年入不敷出，面对这一情况，张居正决定对经济也进行改革，这就是历史上著名的一条鞭法。所谓的一条鞭法，就是把各种赋税合并为一，按地亩征收银两。当时，地主官吏依仗封建特权，逃避税收的情况十分严重，一条鞭法就是针对这种情况而制定的。神宗万历六年（1578），张居正下令清丈全国土地，无论官僚地主，还是皇亲国戚的土地都一一丈量清楚，登记在册，依照土地多少征收赋税，大大提高了国家的税收。另外，张居正还兴修水利，疏通漕运，提倡节俭，这些措施很快就使国库充实起来。

张居正的这一系列改革都是卓有成效的，但是因为触及了封建贵族及地主的利益，得罪了很多人，再加上他自己大权独揽，专权跋扈，朝廷内外的怨言都很多。而神宗也因张居正对自己约束太多，心中渐生憎恨。在这重重阻力和压力之下，年仅五十七岁的张居正于万历十年（1582）不幸病重而亡。在他去世之后，他的这些改革措施也都被废除了。

305. 王治在朝政方面发挥了什么作用？

王治，字本道，忻州（今山西忻县）人，世宗嘉靖三十二年（1552）考中进士，任吏部给事中。他为人忠厚严肃，做官尽职尽责，对朝廷的事情能够辨别是非，以理劝导辅佐皇帝。

当时，官吏风气败坏，边防官员经常隐瞒边防战争不上奏，致使边患不断，一直得不到有效的解决。但若是在与敌人的交锋中取得了胜利，便又争先恐后地抢报军功。更有文官冒领军功的事情发生，官吏风气败坏，组织混乱可见一斑。王治于是上奏提议：要依据临阵斩获敌军的数量来记录将士们的功劳，停止对那些没有亲自上阵搏杀的将帅以及文臣的赏赐。这样一来，就可以有效地制止冒充军功，隐瞒战事的情况发生。世宗很赞同他的意见，都采纳了。

不久，王治上奏陈述四件事，对不合礼法的事情直言劝谏：一、献皇虽是现在天子的父亲，但并没有统治过国家；虽然亲密到是武宗的叔父，但也曾经是武宗的臣子，而现在他的牌位竟和祖宗各帝并列陈放在宗庙里，根据古代典章来衡量，终究是不合礼法的，乞求命令朝廷中的臣子广泛讨论，探求出合理的解决办法；二、皇帝深居内宫，左右花言巧语善于奉承迎合的人到处都是，时时以饮宴游乐引诱皇上，近些说损伤精神，疾病由此产生，长久了就妨碍政事，危乱由此兴起。近来人言纷纷，说陛下闲居时的举动，不是天子居丧时所适宜的。另外两件事则是劝谏皇帝勤于早上讲读，亲贤臣远小人。王治的奏章虽说所论及的都是敏感话题，但因为言辞恳切，意见中正，并没有激起世宗的愤怒，很快就得到了批复。

306. 骆问礼为什么被贬而死?

骆问礼，诸暨（今浙江诸暨）人。世宗嘉靖末年考中进士。曾任南京刑科给事中。他秉性耿直，敢于直言，因此得罪了不少人，甚至得罪皇帝。所以，屡遭贬谪，抑郁而终。

穆宗隆庆三年（1569），骆问礼和同僚张应治等上疏反对陈皇后移居别宫，认为这是不合礼法的，没有被采纳。后来他又上疏向穆宗陈述了皇帝处理政事时需要注意的问题：应当听从各个方面的意见，而不能独断专行；应当经常居住在便殿，而不应当常常入住宫闱之内；采纳意见时要综合各个部门的看法，而不能只局限于翰林院；应当广开言路，不要因人废言；不可让宦官参与传达圣旨、递送奏章之类的事，而应当委派使用文武侍从们；政令发布以后，应当坚决执行，不能懈怠推诿；要简化臣下当面陈奏的仪式，务求实用，注重实际，等等。他的奏疏呈上后，穆宗非常不高兴。后来，内侍宦官又捏造种种谣言来诬陷他，不久便被贬为楚雄（今云南楚雄）知事。第二年，在吏部考核官吏政绩时，骆问礼和御史杨松都被故意列入考核不合格而要贬职的官员名单中。神宗万历初年，骆问礼又多次被贬，最后死在湖广副使任上。

307. 陈吾德的生平情况如何？

陈吾德（1528～1589），字懋修，归善（今广东惠阳）人。世宗嘉靖四十四年（1565）考中进士。穆宗隆庆三年（1569），任工科给事中。当时两广有很多强盗扰民，一些将官隐瞒不报，欺骗皇上。陈吾德上疏向穆宗提出解决这些问题的建议，均被采纳。第二年正月初一，先后出现日食和月食天象，人心惶惶。陈吾德上疏指出，在年初就先后出现这些灾象，皇上应当放弃自己一切无谓的喜好，以求得上天的体恤。后来，穆宗听从宦官崔敏等人的建议，派人到各处去收买珍宝。户部尚书刘体乾、户科都给事中李已上疏劝谏，未被采纳。陈吾德也上疏说，当初在即皇帝位的诏书中，明确地说要停止采购珍宝玩物，减免捐税，而且对任何官员有违反这一承诺的，就以重刑处罚。天下人听到这个消息，欢呼雀跃。皇上现在又这样做，使得人心惶惶，大家都怀疑诏书是不讲信用的。现在国库空虚，民生艰难，皇上怎么能仅仅为了个人玩乐喜好就大肆挥霍？还指出崔敏等人以谄媚之言迷惑皇上，应当判罪处罚。穆宗大怒，将陈吾德先处以杖刑，关入刑部监狱，后削籍为民。

神宗即位以后，陈吾德又被起用。神宗万历元年（1573），升任右给事中。不久，内阁首辅张居正专权，要求所有谏官在向皇上劝谏奏事时都得先向他禀报，而众多朝官中唯独陈吾德从来不这样做，张居正非常气恼。后来，建昌王的印章丢失，陈吾德被指责有监督部下看守不严之过，再次受到贬职的处分。又被人弹劾他曾违反规定私自讲学，用公库银两购买学田，于是被削籍为民。张居正死后，虽朝廷重新起用他，但都以侍候父母、自己老病为理由不去就任。

308. 汪文辉有什么事迹见于记载？

汪文辉（1534～1584），字德充，婺源（今江西婺源）人。世宗嘉靖四十四年（1565）考中进士。曾任工部主事之职。穆宗隆庆四年（1570），被任命为御史。

当时，内阁首辅高拱权势烜赫，他的门生韩楫、宋之韩、程文、涂梦桂等人也都因此而得势。尽管汪文辉也是他的门生，但在内心里对这些人的行为很不满。第二年二月，他上疏陈述当时在谏官身上存在的四大弊病：颠倒是非，混淆视听；随意改变祖制，迁就一时，使天下人都无所适从；用人求全责备，过于苛刻；谏官本身无人监督。还请求穆宗要远小人，亲贤臣，消除党争，整饬国政。高拱认为这封奏疏是影射自己，怀恨在心，三天后就找了些借口将汪文辉贬为宁夏佥事，管理当地的屯垦田地、建造水闸等事务。

当时，宁夏在屯垦田地方面的政务有很严重的流弊。经过仔细的考察，汪文辉向朝廷奏请并获得批准将宁夏地区因崩压而已荒芜的田地的赋税免除了。他还致力于水利工程的革新，在汉、唐所建的水渠口上分别修建正闸和退水闸，先逼水入渠，增大流量，然后又开闸退水，以泄其势。这种水利调控系统在当时起到了重要作用，并为后世所效仿。

后来，御史孙丕扬因得罪了高拱而将要受到惩罚，汪文辉极力营救。不久，那些受人指使而弹劾过孙丕扬的人都被革去官职，孙丕扬因此而免了惩处。神宗继位后，高拱不再执掌朝政，汪文辉被召回京城任尚宝卿。不久，告假回乡。此后，朝廷虽多次召用他，但都没有就任。

309. 刘奋庸是如何弹劾高拱的?

刘奋庸，洛阳（今河南洛阳）人。世宗嘉靖三十八年（1559）考中进士。曾先后被任命为兵部主事、礼部主事兼翰林待诏。穆宗即位以后，被任命为尚宝卿。当时的任内阁首辅的大学士高拱专权，处理政事，独断专行，刘奋庸非常痛恨这种霸道行为。

穆宗隆庆六年（1572）三月，他上疏弹劾权臣高拱，说皇上即位六年以来，朝纲有所振饬，而朝廷大权却渐渐转移到某些权臣手中，过去的一些弊端也仍然存在。群臣都仰首期盼皇上能励精图治，但皇上的精神意志显然不如过去。并极力请求皇上收回朝廷大权，千万不可落入权臣之手。同时还要求广开言路，鼓励群臣发表对政事的不同看法，不能因为有些意见不够周全就打击他们的积极性，只有这样才能使他们乐于为皇上效力，避免奸臣祸国殃民。要大量任用有忠心而性情耿直的贤臣，远离奸佞小人。

穆宗读过刘奋庸的奏疏后，本来没有生气。可那些攀附高拱的大臣却坐不住了，就捏造谣言来诬告刘奋庸，说他是在造谣惑众，动摇人心。当时，给事中曹大埜（yě）也呈上奏疏，弹劾高拱有十大罪状，却被穆宗斥退。于是，高拱的死党就趁机诬陷说他们二人是串通一气来陷害高拱，罪责难免。高拱却假意为他们求情，实际上是巴不得都被处死才好。后来，曹大埜被贬为乾州（今陕西乾县）判官，刘奋庸被贬为兴国（今江西兴国）知州。被贬后两个月，神宗即位，刘奋庸被任命为山西提学佥事，后来又被任命为陕西提学副使。

310. 冯琦为什么反对朝廷派遣矿使？

冯琦（1558～1603），字用韫，临朐（今山东临朐）人。他从小就很聪明，十九岁便考中进士。冯琦为官既勤于公务，又不迎奉权贵，对朝廷政事是处处用心。神宗万历二十七年（1599）九月，冯琦与尚书李戴趁天象出现异常现象的机会，上疏劝谏神宗减免矿税，停止派遣矿税使者。

冯琦为什么要这样做呢？原来明朝自中叶以后武备松弛，经济不振，灾害频发，治安混乱，百姓生活是困苦不堪。而神宗却为了奢华享受，一而再，再而三地增加赋税，并且派遣宦官担任矿税使，到处搜刮民脂民膏。这些使者为了奉迎神宗，哪管百姓的死活，肆意榨取，又趁机收取贿赂，无恶不作。富人们若是不能满足这些宦官们的贪心欲望，随时都可能背上贩卖私盐、盗窃矿产、漏税不交等种种罪名。仅仅五天，宦官们搜刮的钱财就高达二百万两。神宗是很高兴了，可天下的百姓却陷入水深火热之中，势必引起社会动荡，各地官员为了自保，都不敢进言。长此以往，若是一方百姓因此起义，四方响应的话，天下必将大乱，社稷危在旦夕。面对这种情况，冯琦直言上疏，恳切地请求废除矿税，停止派遣矿使。可神宗只顾享乐，哪能顾及这些，仍然任由宦官们胡作非为，致使矿税之祸危害天下多年。

311. 蔡毅中是怎样得罪魏忠贤的？

蔡毅中（1548～1631），字宏甫，光山（今河南光山）人。他自幼十分聪颖，五岁时便能背诵《孝经》。有一天，父亲问他："你为什么要读书？"蔡毅中朗声答道："为了以后做一个圣贤的人。"神宗万历二十九年（1601）考中进士，满怀抱负地开始了官宦生涯。

当时，矿税的危害十分严重，已是民不聊生了。蔡毅中从记载明朝历代皇帝的祖训和典章制度的会典等书中摘录有关禁收矿税的条文加以注释，编成两卷资料后呈给神宗，想从侧面进行规劝。但是，他的苦心并没有得到应有的回报。不久，他又受到内阁首辅沈一贯的排挤，被派遣出京，担任地方官。万历四十五年（1617），蔡毅中对官场感到失望，于是辞官回乡。

等到熹宗继位，一大批先前受到排挤罢免的官员被重新起用，蔡毅中也在其中，经过几次调任之后，他被提拔为礼部右侍郎，兼国子监祭酒。一时间，朝中贤臣林立。然而好景不长，大宦官魏忠贤蒙蔽年幼的熹宗，独揽大权，贪婪横暴，紊乱朝纲。左副都御史杨涟对此十分气愤，上疏弹劾魏忠贤二十四大罪状。魏忠贤十分害怕，瞒着熹宗，假传圣旨，严酷地处罚了杨涟。这件事情激起了朝廷大臣们的公愤，他们联名上疏弹劾魏忠贤，蔡毅中就是其中的一个。他在奏疏中写道：国子监的学生们听到杨涟弹劾魏忠贤的事情后无不拍手称快。魏忠贤专权横行，早就应受到责罚。先朝已有过宦官乱政的先例，武宗时的大宦官刘谨干扰朝政，若是有人与他对抗，他便下毒手加以迫害。神宗时的大宦官冯保作威作福，恶名远扬。愿陛下吸取过去的经验教训，辨明忠奸，将魏忠贤绳之以法。

联名上疏之人多达七十余名，震惊朝野。无奈熹宗幼小，魏忠贤一手遮天，对那些反对他的大臣，轻则削去官职流放戍边，重则嫁祸株连。蔡毅中也未幸免，被罢免官职，遣送回乡。

312. 许士柔的生平情况如何?

许士柔，字忠嘉，常熟（今江苏常熟）人，熹宗天启二年（1622）考中进士。崇祯年间，他任左庶子，掌管左春坊事务，就是检查各种文书，监督史官记载正误，检查是否有遗漏的官职之类的事情。

在魏忠贤独揽大权的时候，编纂了一本名叫《三朝要典》的图书，其中与叶向高等编撰的《光宗实录》在许多方面有矛盾。魏忠贤便谎称叶向高等人编撰的不实，肆意篡改事实，攻击那些指正《三朝要典》记载虚妄的人。其实是《三朝要典》记载不实，谎话连篇。崇祯皇帝即位后，魏忠贤被发配出京，《三朝要典》自然也被焚毁，但已被篡改的《光宗实录》却没有改正过来。崇祯六年（1633），少詹事文震孟提出意见，认为《光宗实录》多被魏忠贤一伙曲意改写，如今魏忠贤已被惩罚，对那些记载谬误之处也应加以修改。这本来是件好事，却遭到执政大臣温体仁、王应熊等人的阻挠。许士柔听说这件事情以后非常气愤，严正指出：“如果不改正，还历史一个清白，那么跟不焚毁《三朝要典》这种邪书有什么区别呢?”极力要求改正《光宗实录》记载的错误。但由于官小职卑，他抗争的声音犹如石沉大海，杳无回应。可许士柔并不死心，仍坚持自己的意见，多次上疏，据理力争，终于引起崇祯皇帝的重视。但也因为此事，他得罪了当朝权臣温体仁，处处受到排挤打压。不久，便被调离北京，任南京国子监祭酒。后来又遭人诬告，被降职两级。

光宗在位仅一个月，《光宗实录》记载的便是那一朝的史事。就这么一本小小的史书，许士柔也可以将就马虎，不加深究，可他出于对历史负责的正义感，不让谬误流传，实为史官的典范。

313. 王家屏离任后为什么朝野人士无不惋惜?

王家屏（1536～1604），字忠伯，世宗嘉靖年间出生于大同山阴县（今山西大同）一个普通的农民家里。他自幼勤奋好学，穆宗隆庆二年（1568）考中进士，参与编撰《世宗实录》。王家屏为官正直，敢于负责，曾直言不讳地弹劾高拱的兄长高捷行贿之事，有人劝他不要因小事而得罪权贵，然而，他始终没有动摇。神宗万历初年，内阁首辅张居正又一次重病卧床，许多官员假惺惺地跑到寺庙里去为张居正的健康祝福祈祷，唯独王家屏不去。类似这样谄媚之事，他向来都不做。

神宗万历十二年（1584），在几经调任后，王家屏入东阁为大学士，参与决策政事。每次议事的时候，他秉持公正，不徇私情，不阿权贵，不枉国法。然而，神宗昏庸，耽于享乐。当王家屏奔丧守孝回来之后，三个多月都见不到神宗的面，又谈何处理政务？神宗深居宫中，不理国事，偶尔通过宦官传几道手谕给大臣。面对这种情况，王家屏感到无所作为，数次上疏请求辞官，都没有得到批准。

万历十八年内阁大臣都上疏请求神宗尽早册立太子。因为太子人选的尽早确立，既可以安抚民心，又可以使各位皇子之间不出现争夺皇位的混乱情况。几经波折，世宗总算答应在万历二十年的春季举行册立仪式。这一重大决定的做出，是与王家屏真诚劝告分不开的。

令人意想不到，神宗出尔反尔，册立仪式的日期几经变更，朝野人士议论纷纷，都不知道世宗心里是什么打算。王家屏身为内阁首辅，看到这种情况，自然是深感忧虑。这时，直言劝谏已不起什么作用。万历二十年春，给事中李献可就因为这件事而触怒神宗，遭到贬黜。王家屏等人越是为他争辩，神宗越是恼怒，一股脑地贬斥了一批与这件事相关的官员。王家屏内心忧愤，于是再次上奏辞官。

神宗看了辞呈之后十分不高兴，认为王家屏是在要挟，是为了给自己搏取忠直的好名声，就派人前去责问。王家屏答道："我与诸位同僚只是为了大明朝江山尽力而已，怎么会为了自己的名利而置国家皇上于不顾呢?"离去之意更加坚决了。他终于在神宗万历二十年秋担任首辅不过半年时间便辞官而去了。

314. 陈于陛有什么事迹见于记载?

陈于陛（1545～1596），字元忠，是大学士陈以勤的儿子，穆宗隆庆二年（1568）考中进士。陈家有很好的家学渊源，陈于陛很小的时候，父亲就教导他要重视历史知识的学习。长大后，他做了史官，学问更加精道。

他曾上奏疏建议编写本朝国史，说："臣参考宋朝编纂史料的制度，发现撰写本朝正史是有据可依的。宋真宗时，王旦等人参与编撰了太祖、太宗两朝正史；宋仁宗时，吕夷简等人增补真宗一朝国史，合称为《三朝国史》。然而我朝国史，只有历朝皇上的实录，却没有系统的史料编纂。如果再不抓紧时间进行整理编修的话，时间一长，文献散佚，就很难再准确地记载历史事实了。希望陛下下令编撰本朝国史，立万世不朽之功业。"皇上很赞同他的意见，就让他率领诸臣开始对本朝时事进行编纂。

神宗万历二十二年（1594）夏，内阁首辅王锡爵辞官，陈于陛进入内阁，参与处理国家政务。当时，神宗沉迷于享乐，荒废朝政，全国上下，满目疮痍。陈于陛一进入内阁就写了一封奏章，劝导神宗不要荒废政务，耽于享乐，要勤于国事，重振朝纲。神宗昏庸，哪里听得进去，只是口头应付，并不见有实际行动。可怜陈于陛等一批内阁大臣，虽每日苦苦劝谏，却始终无成效。看着国家一天一天的衰败，陈于陛内心忧愤，又束手无策，只能每日叹息，最后抑郁成疾。万历二十四年，一代忠臣竟病死在官位上。他死之后，编修国史之事也就不了了之。

在明朝二百多年的历史中，父子二人都登上宰辅之位的，只有陈以勤父子二人。后人十分敬重他们，认为可与古代名相媲美。

315. 沈鲤在明朝中具有什么政治地位?

沈鲤（1531～1615），字仲化，归德（今甘肃贵德）人。世宗嘉靖四十四年（1565）考中进士，成为太子的讲学官。有一次，太子命讲学官们各自书写一幅扇面进献。沈鲤书写了北魏卞兰的《太子颂》进呈，太子十分欣赏，赞叹不已。等到太子登上皇位，是为神宗，更加赏识沈鲤，常常称赞他举止端雅，言语不俗。

由于神宗的赏识，万历十二年（1584），沈鲤被提拔为礼部尚书。他为官清正廉洁，当时朝中贿赂成风，也常有官吏富商向他馈送钱财，都毫无例外地拒绝了。但是，沈鲤廉洁耿直的性格并不为当时的社会风气所容，朝中的权贵们更因他阻挡了自己的财路而纷纷诬陷他，甚至有同僚为了个人的仕途而处处排挤他。一时谣言四起，神宗面对众多的非议，也逐渐不再信任他。所以，沈鲤做官不过十年，在忧愤无奈之下，便于万历二十一年告病回乡。

万历二十九年（1601）众臣推选内阁人员，大家想到了几年前辞职而去的沈鲤。于是，年已七十的沈鲤被推荐入阁为相。进入内阁之后，尽管沈鲤个人是勤恳为国，忠贞清廉，可朝廷官员之间依然是互相诬陷，争斗成风。

有这么一桩可笑的事：沈鲤曾在书房的屏风上书写“谨无戒，恤民穷，开言路，发奏章，用大僚，礼庶官，起废业，举考选，释冤狱，撤税利”等十件政事，并在旁边写下“天启圣听，拨乱反治”八个字，用来勉励自己。每次上朝之前，必在这块屏风前烧香祝愿。有人知道后，便偷偷向神宗进谗言，说沈鲤在家里每天烧香叩头诅咒皇上。神宗跑去一看，顿时感到哭笑不得，反问那个人说：“这就是你说的诅咒么，简直是胡说八道!”由此可以看出当时朝中官员相互排挤倾轧的程度。

沈鲤入阁为相十年，深深忧虑当时的矿税害民，虽然屡次进谏，可都无效。有一天，大雨瓢泼，沈鲤对沈一贯和朱赓说：“今天我们向皇上进谏矿税一事，必能成功。”二人十分奇怪，深感不解，忙问原因。沈鲤说：“咱们以前呈上的折子，皇上根本没看，怎么谈得上治理呢？今天咱们几个冒雨前去朝见，皇上一定认为有什么重要的事情要禀报，咱们就趁此机会当面给皇上讲清矿税的利害关系，皇上一定会听从。”果然不出沈鲤所料，神宗接受了他们的建议。经过几番波折，矿税最终还是停收了。

八十岁那年，沈鲤再次辞官而去，临走之时，仍不忘上疏劝诫皇帝用心政务。

316. 申时行一生有哪些突出的事迹?

申时行（1535～1614），字汝默，长洲（今江苏吴县）人。世宗嘉靖四十一年（1562）考取进士第一名。他的文章写得很好，受到内阁首辅张居正的赏识。神宗万历六年（1578）三月，经张居正推荐，他被任命为左侍郎兼东阁大学士，开始参与机要政务。不久，升任礼部尚书兼文渊阁大学士，又历任太子少傅兼太子太傅、吏部尚书等。张居正死后，张四维、申时行相继执掌大权，对人极为宽容。由于张居正以前曾非常器重申时行，所以那些当初受到过张居正压抑的朝臣就说些风言风语，而神宗最厌恶朝臣议论这些事情，因此找理由将那些人贬出京城。于是，很多朝臣就认为申时行不能容人，他的威望也渐渐失去了。

万历十二年（1584）三月，御史张文熙上疏请求革除内阁制度，以免形成专权的局面。申时行予以驳斥，认为不称职的内阁大臣应当罢免，如果把内阁制度革除，就是因噎废食了。申时行还曾针对出现天灾的现象，极力建议减少对天下百姓的征派，禁止社会生活中的奢靡现象。当时担任评事的雒于仁进献《酒色财气四箴》一文，神宗对此很恼火，命申时行等人给他判处重罪。经申时行求情，神宗允许雒于仁以辞职来免除定罪。后来因为立皇太子的事，有人弹劾说他是表面上听从群臣建议，而实际上是用拖延时间的手段来等待变化。后来又有人弹劾他排挤同僚，申时行就请求离职回乡。万历四十二（1614）年，申时行八十岁时，神宗专门派人到他的家乡探望，诏书刚到家门口，他就离开了人世。

317. 王锡爵有什么政治作为?

王锡爵（1534～1610），字元驭，太仓（今江苏太仓）人。世宗嘉靖四十一年（1562）在会试中考取第一名进士，在廷试中考取第二名，授予翰林院编修，后历任国子监祭酒、侍讲学士、礼部右侍郎等职。神宗万历十二年（1584）任礼部尚书兼文渊阁大学士，参与朝廷机要事务。他曾经上疏提出禁止造谣阿谀、厉行节约，反对侈靡、精简办公程序等等建议，都被神宗所采纳，并受到高度赞扬。万历二十一年，王锡爵进入内阁为首辅后，力请撤消江南织造和江西陶瓷等专门为宫廷制造高档奢侈品的机构，要求减少云南的贡金数量和救济河南的饥荒，都得到许可而加以施行。

这年七月，出现了彗星天象。于是，王锡爵上疏请求神宗注意举止起居，戒除不良嗜好，对臣下宽大慈爱，对臣民多给予赏赐以表示恩义。后来他又建议，不能仅仅注意改革用人和行政方面的问题，而是必须很好地注意解决册立皇太子的事情。万历二十二年二月，神宗在王锡爵和群臣的压力下，不得不宣布于二月初四日让皇长子朱常洛出阁受学，使皇长子向皇太子的位置迈出了一大步。万历二十九年，朱常洛终于被立为皇太子。万历三十五年，王锡爵因病辞去了官职。

318. 沈一贯是一个怎样的历史人物?

沈一贯（1531～1615），字肩吾，鄞（今浙江宁波）人。穆宗隆庆二年（1568）考中进士。神宗万历二十二年（1594）被任命为南京礼部尚书兼东阁大学士，开始参与机要事务。沈一贯为人性情柔和，办事极为谨慎。

当时神宗的长子已经十八岁，急需议定有关举行加冠礼和婚礼的礼仪事项。万历二十八年，神宗下令建造慈庆宫让皇长子居住。第二年十月，在沈一贯的具体操办下，圆满完成了各项礼仪，大家对此极为赞赏。这年九月，长期养病的赵志皋去世，沈一贯继任内阁首辅，掌管朝政。当他进入内阁之时，朝政已经是大不如前，此后虽采取了一些措施，但收效甚微。

万历三十年二月，皇太子婚礼刚毕，神宗忽然生病，还很严重。沈一贯被召入启祥宫后殿西暖阁听命，神宗交代了取消矿税、释放囚犯等事，并确定了担任尚书职务的官员。后来一部分朝臣认为矿税不可取消，神宗也收回成命，保留了矿税。因此，神宗在位期间，矿税始终存在，成为天下一大害。于是，有很多朝臣都抱怨沈一贯不能坚持取消矿税，以致造成恶果。

自从神宗病重以后，政事日渐废弛，奸人乘机为非。沈一贯与沈鲤等大臣渐渐结怨，政治争斗频繁发生。万历三十一年，有人举报说楚王朱华奎是异姓子弟，不应当封为楚王。沈一贯接受了楚王的贿赂，命令有关部门故意将举报信压住不向上呈报，但纸包不住火，神宗还是知道了，命令进行调查。但神宗后来决定停止调查，认为楚王不会是假的。沈一贯在此次政治斗争重占了上风。

后来，不断地有人上疏弹劾沈一贯，使他觉得在朝廷难以容身，便于万历三十四年七月请求告老还乡。十年后去世。

319. 张四维是怎样一个官员？

张四维（1526～1586），字子雅，蒲州人（今山西永济）。世宗嘉靖三十二年（1553）考中进士。他为人超逸不拘而有才智，聪明而熟知时事，也很懂边防事务，得到高拱的器重。俺答封号和进贡的议论发生，朝廷上拿不定主意，张四维代为高拱前往陈说，议和的事就成功了。高拱更加认为他能干。而张四维在朝中也不住地营谋升官，受到其他朝臣的憎恨。后太子出阁，召张四维充任侍班官，给事中曹大埜上疏说张四维是因贿赂高拱才得到提拔的，张四维赶忙上疏辩白，乞求罢职，穆宗不允许，并催促他早日入朝。后来穆宗死去，高拱也被罢官，而张居正手握大权，张四维才托病没有就职。此后，逢年过节张四维都要赠送礼物给张居正，并结交慈圣太后的父亲作为自己的后援。

神宗万历二年（1574），张四维又被召用掌詹事府。第二年三月，又受到张居正的引荐，出任礼部尚书兼东阁大学士，进入内阁参赞机密事务。当时，朝廷的一切政事都由张居正裁决，而张四维也只是小心谨慎地去侍奉他，对政事常常不置可否，只是跟随其后以感谢他赏赐升官的恩德。张居正死后，张四维多次加官到少师、吏部、中极殿大学士。他在掌握大政后，知道朝廷内外长期受张居正压制，就想借机多方面地笼络人心。于是上疏向神宗进言，请求清除烦扰苛细的政令，广布惠泽于天下，以巩固人心，使国家能够长治久安。神宗赞许并采纳了这些建议。此后，国家政治稍微有所改变，进言的渠道也开放畅通，开始批评起张居正掌权时的事情。后来，张四维又在朝中彻底地击垮了张居正的党羽王篆、曾省吾等人及宦官冯保，渐渐开始推举朝廷内曾经被张居正严重压制过的正派人物，并且尽力平反旧事，从而在朝廷中获得了很高的声望。

320. 张位的生平情况如何？

张位，字明成，新建（今江西南昌）人。穆宗隆庆二年（1568）

考中进士，选为庶吉士，授予编修，参与编撰《世宗实录》。神宗万历元年（1573），张位上疏建议像前代那样修起居注，为将来编撰实录作辅助，受到张居正的赞许而上奏实行。后因援助吴中行、赵用贤而违反张居正的心意而被贬谪。在张居正死后的第二年，张位在给事中冯景隆、御史孙维城的推荐下，升为南京尚宝丞。随着被召为左中允，管司业事，升任祭酒。上疏陈述六件事，朝廷大多商议后施行。后任礼部右侍郎，教习庶吉士，托病辞职。张位后被拜为吏部左侍郎兼东阁大学士，和赵志皋同时任命。二人很要好，赵志皋衰老，张位精悍而敢于负责任，政事大多由他裁决。万历二十四年，两宫发生火灾，收取矿税的议论起来，张位等不能阻止。到了奸人建议征收煤炭税，在临清（今山东临清）开设皇家商店，张位和沈一贯上奏阻止而无效。后来，张位升为吏部尚书，调任文渊阁大学士，因甘肃破贼奖励有功，加衔太子太保，又因延镇的功绩，升为少保、吏部尚书，调任武英殿大学士。

张位起初在翰林院任官，声望很高，朝廷里的官员希望他能发挥大的作用。等进入内阁以后，他招揽权力而又逞威风，先前的声望逐渐衰落。给事中刘道亨弹劾张位邪恶贪污的几十件事，张位愤恨，竭力申辩，并将刘道亨降官三级。后来，赞画主事丁应泰弹劾张位竭力推荐杨镐升迁是因为受了贿赂，张位与杨镐来往密切，结成朋党欺君罔上。神宗发怒，就削去张位的官职让他闲住。不久御史赵之翰又进言张位实际上是妖书《忧危竑议》的主谋，神宗也疑心张位因怨恨而有反叛的想法，就下诏书将他削职为民，遇大赦也不宽宥。他那些在朝廷中任官的亲朋故旧也都受到贬黜。

张位有才能，凭自己的能力果断地处理事情，任意气而好骄傲。因此，当他陷于困境时无人援救，死后也无人替他洗雪冤屈。

321. 朱赓在朝中有什么作为?

朱赓（1535～1608），字少钦，山阴（今浙江绍兴）人，穆宗隆庆二年（1568）考中进士。选为庶吉士，授予编修。神宗万历六年（1578），以侍读的官职担任日讲官。当时宫中正在大兴土木，建筑花园和畜养禽兽的地方。朱赓因而向神宗谈论宋朝历史，竭力说明“花石纲”的害处，让神宗感到惶恐不安。神宗在大峪山营建寿宫，想摹仿永陵的规模，朱赓进言加以劝阻后被采纳。积功升官礼部尚书。万历二十九年，沈一贯独掌朝中大政，建议增设内阁臣子。就命朱庚以原职兼任东阁大学士参与机密事务。朱庚向神宗极力陈述矿税的害处，而不被采用。

万历三十三年（1605），考核京官，神宗留住被查核的钱梦皋等人，等到南京考核奏疏上来，也想留住一些。朱庚极力劝阻，认为这样做破坏了规章制度。谏官弹劾温纯和沈鲤，使臣传达神宗的意思要罢免温纯。朱庚进言大臣离开朝廷必定要采纳公众的意见，怎能对弹劾的奏疏批示同意呢？神宗批下南方考核的奏疏，而温纯最终被罢去。

万历三十四年，沈一贯、沈鲤离位，朱庚单独掌管大政，已七十二岁高龄。朝廷政事日渐松弛，内外涣散。朱庚奏疏报告每月多次上呈，十次不能批下一次。朱庚听从御史宋焘、给事中汪若霖的劝告，竭力请求神宗革新政务，增设内阁大臣，广开言路。神宗用嘉奖的诏书答复他而不实行。朱庚于是穿着白布衣到文华门恳切请求，无效。朱庚年老，勉强支撑病体，建议交付朝廷上推荐任用了于慎行、李廷机、叶向高，而从家里召王锡爵为首辅。因任用李廷机、王锡爵而受到诟病，遭人弹劾。后来朱庚多次乞求退休，于万历三十六年十一月在官位上去世。

322. 王遴在朝中为什么名望颇高?

王遴（1523～1608），字继津，霸州（今河北霸州）人。世宗嘉靖二十六年（1547）考中进士。他为人性格严直，重视气节，不乱交朋友。同僚杨继盛弹劾严嵩和他的孙子严效忠冒功的事，下到部里查核。严嵩的儿子严世蕃自己拟了稿托付给武选郎中周冕。周冕因揭发严世蕃而得罪了他。尚书聂豹因害怕就催促有关部门拿着严世蕃的拟稿交上去。王遴直接上去跟他争论，聂豹发怒，竟按严世蕃所说的话回复。杨继盛被判死刑，王遴为他供应食物，并将女儿许配给杨继盛的儿子。严嵩父子很生气，就以其他事为借口将王遴下狱。待事情查清之后又官复原职。等到杨继盛死后，王遴为他收尸埋葬。王遴后来升任山东佥事，又升为岢岚兵备副使。因有威名而被巡抚所妒忌，受弹劾而罢职。官民接连为他申冤，世宗命令允许重新使用。

神宗即位，张居正掌管大权。王遴和他意见不和，正逢商讨巡阅边防，就请求去陕西四镇。他严肃地拒绝赠送礼物，事情一完成，就立即托病回家。张居正死后，才被起用为南京工部尚书。不久调兵部，参与谋划机密事务。守备中官丘得用滥派驻守军士的差役，王遴上奏制止。并乘此上奏实行安定旧都的十二个办法。原先奉诏书免除以及织造议留的银子共一百七十六万多两，神宗又命令国库补进，王遴进言劝阻而被采纳。他曾向神宗陈述治理财政七方面的事，建议崇尚节俭，重视农时，督责逃税欠税，惩治贪污受贿，推广储蓄，整顿外邦进贡和贸易的事。后王遴调任兵部尚书。辽东总兵李成梁贿赂送礼遍及京城，但却不敢送到王遴的门上。

王遴在户部屡次坚持谏诤，被宦官所嫉恨。因为官清廉，坚持正道，而被一些朝中小人中伤而离职。他退休后，声望更高，因年龄大而受到神宗多次派人慰问的礼遇。

323. 舒化为什么要求辞官归乡?

舒化（1540～?），字汝德，临川（今江西抚州）人。世宗嘉靖三十八年（1559）考中进士。穆宗隆庆初年（1567），舒化任刑科给事中。穆宗信任宦官，诏令多由宫内下达。舒化进言说大小罪应当交给司法机关。不得当，臣等就陈述弹劾。而不应该由皇帝下命令施行，诏书赞同他的意见。冬天祭天地，听到穆宗咳嗽声，便推论阴阳逐渐往复遇合，请求依据自然法则培养阳气，言词非常恳切率直。穆宗有诏书说灾害和过失多次发生，是由于各部院的政治措施不整治，命令东厂、西厂和锦衣卫严密地侦察。舒化跟同僚一起进言，反对东厂、西厂和锦衣卫严密侦察文武百官，说指使百官是天子的权利，而纠察非法，责任却在于台谏①，不能让厂卫来干预。穆宗不从。后来校尉背着死尸从北安门出来，兵马指挥孙承芳看到了，猜测有奸伪，就将他拘禁在牢狱中审问，供词牵连到内官（宦官）李阳春。而穆宗却相信李阳春的片面之词，杖责孙承芳，并把他斥逐为平民。舒化建议将李春阳所奏下交到司法部门查核，穆宗也不采纳。

隆庆四年，暑天热审期间，舒化建议释放被拘囚的大臣郑履淳、李芳，到了朝审时，又建议释放李已，使这些人都得到了宽赦。当时高拱掌握大权，路楷、杨顺因陷害杀死沈炼而判死罪，高拱想替路楷留一条生路，就说杨顺是主犯，舒化与之争论说路楷确实是主犯。高拱又提议宽恕方士王金等人的罪，舒化不允许。因此触犯了高拱，被

---

① 掌管纠弹之御史、掌管建言之给事中、谏议大夫等统称。

外放为陕西参政。舒化两次上奏章请求退休。

神宗万历初年（1573），舒化升为太仆少卿。后又由南京大理卿召拜为刑部左侍郎。受到神宗的赏识而被擢用为刑部尚书。舒化进言要大小官吏都各自遵照律例不要滥施刑罚。建议修改律例，受到神宗的赞许同意。

万历十四年，舒化应诏命陈述意见，建议信守神宗命令，清理监狱案件，迅速审问定罪，严格检查验证，禁止冤枉滥刑，被神宗采纳。每当遇到皇帝因发怒而处理得不恰当的事，舒化都能进行谏诤规劝。第二年，考核京官欠缺，南京科道论列到舒化，于是舒化就多次上疏神宗乞求退休回家，神宗一直不答应，舒化就借口自己病重返乡。

324. 辛自修是一个什么样的人物？

辛自修（？～1593），字子吉，襄城（今河南襄城）人，世宗嘉靖三十五年（1556）考中进士。他为人正直，为官清廉，品行端正。先任海宁（今浙江嘉兴）知县，后升任吏科给事中，上疏建议吏部在选用官员时，应根据所管事务的难易繁简程度进行考核，得到赞许采纳。在巡视京城兵营时，他弹劾了主管营务的镇远侯顾寰和协理佥都御史李燧，建议警告顾寰，罢免李燧，被朝廷采纳。升任礼科都给事中，对诚意伯刘世延违法乱纪的行为予以彻底的揭露。不久，他托病辞职回乡。

神宗万历六年（1578），辛自修被起用为应天府丞，升任光禄卿，由右佥都御史任保定六府巡抚，上疏请求减去均徭和里甲的税银六万两，建筑加固雄县（今河北雄县）、任丘县（今河北任丘）堤防，以防御水灾。后调入朝廷历任大理卿，兵部左、右侍郎，升任南京右都御史，上疏弹劾贪官沈汝梁，受到神宗的赞赏。万历十五年考核京官时，内阁大臣有人想包庇亲信，除去异己，礼部尚书杨巍只是恭敬地承奉旨意。辛自修预先上疏，建议朝廷防止这类事件发生，受到神宗的赞许。但也因此得罪了内阁大臣及那些被内阁大臣看中的人。不久，张鸣冈等继续纠劾官员欠缺，为首的就是工部尚书何起鸣。何起鸣因过去监督工程和宦官张诚要好，平素又与辛自修有隙，于是借机攻击辛自修是因为要报私怨而主谋这件事，陈与郊和给事中吴之佳推波助澜。御史高维嵩等为辛自修抱打不平，弹劾何起鸣，但神宗先听了张诚的话，很怀疑辛自修。辛自修只得急忙托病辞官还乡。

325. 温纯为政清廉为什么却被迫离职归乡?

温纯（1539～1607），字景文，三原（今陕西三原）人。世宗嘉靖四十四年（1565）考中进士。由寿光（今山东寿光）知县召任户科给事中，后升任兵科都给事中。倭寇攻陷广东广海卫（今广东台山以南），大规模屠杀掠夺而去，总兵刘焘用击退上报，温纯弹劾刘焘欺君罔上。黔国公沐朝弼有罪，世宗下诏允许他儿子继承爵位。温纯进言事情尚未了结，不应仓促继承爵位。宦官陈洪请求封他的父母，温纯坚持不同意。言官李已、石星受到谴责，温纯上疏解救他们。赵贞吉更改兵营制度，由恭顺侯主管五军，由有功勋的臣子担任神枢、神机二营的主管，温纯建议广泛地征求将才，不要拘泥于世袭的爵位，不被采纳。不久，世宗又命令文臣三人分别督率，当时号称“六提督”。温纯认为这样政出多人，竭力陈说不适宜，于是恢复了旧的制度。俺答请求设立贡市，高拱裁定意见依许了。温纯认为这样会使边防松弛，对中原不利。后被外放为湖广参政，于是温纯就托病归家。

神宗万历初年（1573），温纯由于被人举荐起用为河南参议。万历十二年，由大理卿调任兵部侍郎兼右副都御史，任浙江巡抚。召入为户部左侍郎，升为右副都御史，总督仓场。母死去职。后调为左都御史。矿税使派往各地，官吏逮捕了许多人，温纯力陈此事的害处，建议全部释放，神宗不批复。后来各地品行不良的坏人纷纷起来进言谋利之法，神宗都高兴地采纳了，远近的人都惊骇而震动。温纯进言阻止，乞求依法处置这些坏人，尽快撤销危害百姓的税监。神宗又不批复。此时，朝廷内外争着请求罢除矿税，神宗全部搁置不省察。温纯就提议各大臣跪伏宫阙前涕泣请求。神宗大怒追查主使者，知道是温纯后就改颜息怒，派人安慰他奏疏一定批示下来，结果并不实行。广东李凤、陕西梁永、云南杨荣都因矿税激发民变。温纯直言上谏，希望即日罢除矿税，逮捕李凤等按法处置，神宗不采纳。后来温纯因仗义执言而受人倾轧，言语稍微冒犯到首辅沈一贯，受其党羽的弹劾。御史汤兆京抱不平，上疏斥责他们荒诞而无事实。温纯请求去职，奏章上了二十次，不上班已经九个月。神宗很器重温纯，下令挽留他，温纯不得已，勉强上班处理事务，到了妖书的事发生，他又尽力替沈鲤、郭正域申辩冤枉。从此，温纯与沈一贯的怨恨更加深了。

万历三十二年考核京官，温纯和吏部侍郎杨时乔主持这件事，沈一贯想庇护的钟兆斗以及钱梦皋等都列入贬谪名单中。奏章呈进去很久以后，忽然降下皇帝的命令要严词督责，全部留住被考核的科道官员，而察核的奏章却仍然不批下来。为此温纯更加坚持要求离去。钱梦皋、钟兆斗既已得以留住，就接连上疏攻击温纯。朝臣大惊，争着弹劾钱梦皋等人。钱梦皋等人再次上疏弹劾温纯。后来，南京给事中陈嘉训上疏彻底论列钱、钟二人背后有所仗持，朋比为奸，应当尽快地斥逐他们，并听任温纯辞官回家，以保全大臣的体统。神宗却批下钱梦皋等人过去弹劾温纯的奏章，让温纯退休，而钱梦皋、钟兆斗也罢职回家。

326. 赵世卿是如何得罪张居正的?

赵世卿（？～1618），字象贤，历城（今山东济南）人。穆宗隆庆五年（1571）考中进士，曾任南京兵部主事。当时张居正掌权，施政崇尚严峻。州县学官录取士子不得超过十五人；市政按察二司以下的官员，即使公事也不许骑驿馆的马匹；大辟之刑，每年有一定的数额；各地官员在征收赋税时以九成为标准，若是达不到这个数目的，就要接受处罚；又屡次严厉地责备那些敢于提意见的官员。

赵世卿就针对这些举措，提出匡正时弊的五要点。建议扩大录取士子的名额，放宽利用驿站交通工具的禁限，减少死刑，缓和催征赋税，尤其在末尾极力申诉应当开放言路，认为近来谏诤官员养成卑谄柔滑的习惯，以奉承迎合上级来取得宠信，事情一旦关系到军国大事，就缄默不语。只是拣一点无关紧要的琐事，姑且来应付言官应尽的职责。这些人过了几年，居然能身居高位，在读书人中夸耀自己。但他们并非都是没有志向和节操，不愿向国家君主尽忠的人，有的就是因为接受惩戒而不敢再开口。如往年傅应祯、艾穆、沈思孝、邹元标都是由于提建议而被流放边境，至今还和戍边兵卒在一起。这就是中等才能的士大夫，之所以内心自我顾念爱惜，宁可将自己等同于寒蝉的缘故。朝廷应当特别发出恩德的命令，释放他们回来，使天下人都明白地知道圣朝天子并没有厌恶直言的意思，那么士大夫就会仰慕正道而拿出诚意，向陛下效忠了。

张居正看后勃然大怒，就想马上重重治赵世卿的罪。吏部尚书王国光劝说道："治他罪正好成就他的名声，请让我来为你承担怨恨。"于是就把赵世卿外放为楚府右长史。第二年考核京官，王国光又以不谨治赵世卿的罪，并削掉官职。

327. 李汝华在政事上有何作为?

李汝华，字茂夫，睢州（今河南睢县）人。神宗万历八年（1580）考中进士。他为政老练而勤奋，在朝廷里没有私党。在户部任职时间很久，对于国家财政的盈亏，边防储备的虚实，以及盐漕屯牧各个方面的大政方针，都尽力做出决定。年成不好，往往主张宽缓怜悯，在朝中的威望和恩德都很显著。他最初被授任兖州（今山东兖州）推官，调任工科给事中，曾经弹劾兵部尚书郑洛不称职。李汝华历任吏科都给事中，举发了许多事。不久升太常少卿，提拔为右佥都御史任南、赣巡抚。税使到各地，主张搜刮关卡渡口各种税收入内库。李汝华认为税本来是作为军饷的，因此竭力谏诤阻止。后来皇帝命令各地税务全部由官员统领，将一半送税监，一半送户部。只有江西潘相命令官员全部由自己送，李汝华尽力论列潘相违反皇帝命令的罪，皇帝却同意了潘相的主张，并将它推行到各地。福王庄田要四万顷，李汝华多次和朝臣一起谏诤，只减去四分之一。等福王到封地后，又因派使督催租赋而扰民。李汝华建议遵守祖制将这些事交给有关官员负责，不被采纳。

万历四十六年，京城近郊、陕西大饥荒，李汝华请求朝廷救济，都不批复。后来辽东战争发生，突然增加饷银三百万，李汝华多次请求拿出内库银两不成功，就借支南京部里的银两，搜求各地库里的积余，征收历来的拖欠，裁减后勤人员，开拓收银先例。而辽东巡抚周永春请求增加兵员增收赋税，李汝华建议：全国的田赋，除贵州外，每亩增收银三厘五毫，得到饷银二百万。四十七年又主张增加兵员增收税赋如上次一样。又四十八年的四月，兵部因招兵买马，工部因制造机械，再次主张征收赋税。于是每亩增收二厘，得银一百二十万。先后三次增收田赋，总计五百二十多万，就成为每年的定额。

328. 谭纶在军事方面有什么作为?

谭纶（1520～1577），字子理，宜黄（今江西抚州）人。世宗嘉靖二十三年（1544）考中进士。曾任南京礼部主事。他沉着刚毅而熟悉兵事。朝廷商议训练乡兵来防御倭寇。参将戚继光建议以三年为期限然后使用他们。谭纶也训练了一千人。这批受训乡兵职分清楚，行动一致，很快就成为精锐的部队。倭寇侵犯栅浦，谭纶亲自率军迎击，三战三捷。后来与倭寇的多次交战中都取得了很大的胜利。晋升为右参政，遇见丧事离职回乡。由于尚书杨博推荐在服丧期间又被起用，率领浙江的部队，讨伐饶平（今广东饶平）贼林朝曦。俘虏了他。不久调任福建，乞求回家守丧而离去。

嘉靖四十二年春天，第二次在服丧期间起用谭纶，上任途中被任命为右佥都御史任福建巡抚。倭寇杀死都指挥欧阳深，占据平海卫（今福建平海卫），攻陷政和（今福建南平）、寿宁（今福建宁德），各自控制海路作为后路。谭纶围起栅栏断其后路，亲自率兵攻破贼营，收复一府二县。并建立水寨五处，扼守海口，推荐戚继光为总兵镇守。谭纶和戚继光一起平定广东境内的倭寇后，上疏请求再去守孝，世宗准许。四十四年冬天，谭纶任陕西巡抚，尚未到任而大足（今四川大足）地区发生叛乱，攻陷七座城。世宗将谭纶调任四川，到达时叛乱已平。云南叛乱头子凤继祖逃入会理（今四川会理），谭纶集合军队讨平了他。升任兵部右侍郎兼右佥都御史，总督两广军务兼广西巡抚。谭纶精熟军事，朝廷依靠他来对付贼人。逢有警报就调他去，在任没有满一年的。

穆宗隆庆元年（1567），给事中吴时来建议召回谭纶、戚继光操练军队。诏书征调谭纶回到部里，升为左侍郎兼右佥都御史，总督蓟（今河北迁西西北）、辽（今辽宁北镇）、保定（今河北保定）的军务。谭纶上疏建议练兵，并提出操练中的四种困难，提议授任戚继光以总理练兵的官职。诏书全部同意。仍旧让谭纶、戚继光商议分立三营的事。穆宗力排众议，将军中事务全部委任谭纶。

谭纶考察研究边境关口的地形和道路的远近，分蓟镇为十二路，每路设一小将，总共建立三营。各将领按时训练，互为掎角，管辖责任分明。谭纶后来又把自己的作战方略汇成图呈奏。从居庸关开始到山海关，建筑防备敌人的楼台三千座，扼守要害。经过谭纶的部署练兵，边境防备大加整顿，敌人不敢入侵。谭纶始终从事军事将近三十年，累积斩首共二万一千五百，和戚继光共事齐名，称为“谭、戚”。

329. 王崇古在对待俺答问题上持什么立场?

王崇古（1515～1588），字学甫，蒲州（今山西永济）人，嘉靖二十年（1541）考中进士。他一生历任七镇，功勋闻名于边境。世宗嘉靖四十三年调任右佥都御史、宁夏巡抚。王崇古爱好谈论军事，完全了解边境各险要关塞，亲自作战，修治进攻和防御设施，收纳投降归附的寇盗，多次出兵直捣贼寇老巢。穆宗隆庆初年（1567），任为右副都御史。这年冬天，被提拔为兵部右侍郎兼右佥都御史，总督陕西、延（今陕西榆林）、宁（今宁夏银川）、甘肃四镇军务。从河套以东宣府、大同边界外是俺答、昆都力驻扎放牧的地方。俺答收纳叛徒赵全等，占据古丰州（今属内蒙古）地，招收亡命之徒几万人，建筑房屋居住而且从事耕作。赵全等尊奉俺答为皇帝，替他筑起城墙宫殿；自己也筑起宅第，规制像王一样，并在大门上题着开化府。赵全又日夜教俺答治理军事，从嘉靖二十年（1541）开始，骚扰边境三十年。穆宗隆庆四年正月，诏命王崇古总督宣（府）、大（同）、山西。王崇古禁止边防兵卒随便出境，而放那些向来通敌寇的深入进去作密探。这年冬天，俺答的孙子把汉那吉来投降。王崇古就上奏朝廷优厚待他，封他官职以取悦于他，同时又严禁出入，以防备他有奸诈。王崇古打算用把汉那吉来牵制俺答，使俺答答应缚送赵全等叛徒，交还被掳掠去的人口来交换他的孙子。如果俺答凶蛮用兵，就以把汉那吉来要挟他，使他不敢轻举妄动。

俺答正在攻取西蕃，听到事变后赶紧回来，调派辛爱入侵，赶紧向明朝索取把汉那吉。后来得知把汉那吉在明朝受到优厚的待遇，就请求穆宗封他为王，互市通商。穆宗同意后，俺答就绑缚赵全等十多人献上，王崇古也派遣使者送把汉那吉回去。俺答派遣使臣答谢，发誓以后不再侵犯大同。王崇古让他邀土蛮、昆都力、吉能等人都来入贡，俺答答应了。穆宗发诏书封俺答为顺义王，把他所居之城定名为归化，授予昆都力、辛爱等官职，封把汉那吉为昭勇将军，仍任指挥使。俺答率领各部十分恭敬地接受诏命，派遣使臣进贡马匹，并捉住赵全的余党来献上。穆宗后来又采纳王崇古以及廷臣的意见，赐给王印，供给食用，加以安抚奖赏，从而使边境得以安宁。

330. 方逢时在巩固明朝北部边防上有什么贡献?

方逢时（？～1596），字行之，嘉鱼（今湖北咸宁）人。世宗嘉靖二十年（1541）考中进士。他为人有才略而明达老练，处置边疆事务，都能协调机宜，功劳名声和王崇古不相上下，人们称之为“方、王”。

穆宗隆庆四年（1570）正月，方逢时调到大同（今山西大同），伏兵打退蒙古俺答的骑兵。这年冬天，俺答的孙子把汉那吉前来投降，方逢时告诉总督王崇古机不可失，并派遣中军康纶率领五百骑兵前往接受他们。方逢时和王崇古定下计策，挟持把汉那吉向俺答索取叛徒赵全等人。派遣百户鲍崇德劝说俺答捉拿赵全去交换把汉那吉，见俺答犹豫不决，方逢时就把赵全过去送给他的信给俺答看。俺答看到赵全在信上说自己十分后悔造成祸害，思念故国，想再归服明朝，就十分生气，再加上后来俺答对明朝作战也不利，就带兵退回，下定决心捉拿赵全来议和。他的儿子辛爱尚不知道，带兵突然来到大同，方逢时就派人拿着把汉那吉的箭前去劝说他收兵，取得成功。于是俺答派遣使臣与明朝签订协约后，捉拿赵全送到大同。方逢时接受赵全等人，王崇古也将把汉那吉送回去。双方从此休战，和睦相处。神宗万历初年（1573），方逢时又代替王崇古，就申明协约的诚信。二人始终同心协力，边境于是安定。

方逢时巡视北口，时常亲自走到塞外，观察地形地势，认为从龙门盘道墩以东到靖湖堡山梁一百多里，山势相连，地势险要。如果整治开凿，向北可达独石，朝南可以接上南山，就可以成为陵园和京师的藩篱。上疏后就和巡抚吴兑经营修建，派兵驻扎防守。万历五年，召入掌理戎政。当时言官争论贡市的利和害，方逢时临赴朝廷时上疏说，处理边疆的事，不必拘泥于是贡市还是战守，只要朝廷使用之人，能处置机宜，使边疆和平就好了。他的建议被神宗采纳。

331. 郑洛是如何主持北部边防的?

郑洛，字禹秀，安肃（今河北徐水）人。世宗嘉靖三十五年（1556）考中进士。神宗万历七年（1579），以左侍郎总督宣府、大同、山西的军务。昆都力的儿子满五大指使银定入侵，郑洛上奏停止贡市贸易，派使者责成俺答罚驼马牛羊还赎罪，才再准许归服。当时俺答之妻三娘子协助俺答主持贡市，各部属都受她的约束。到了辛爱承袭封职，年老且有病，想依部落风俗娶继母三娘子为妻。三娘子不依从，率领部下向西出走，辛爱亲自追她，贡市长久不能进行。郑洛权衡利害后，就说服三娘子嫁给辛爱，保持了贡市正常进行。

万历十四年，辛爱前妻的儿子扯力克将要承袭王位，郑洛又劝扯力克娶三娘子为妻，承袭封号，并上奏封三娘子为忠顺夫人。郑洛上疏建议确定买卖马匹数额，命令将吏严密防备，以防被盗窃，而且不要随便阻止他们部落骑马打猎。皇帝赞赏地采纳建议。万历十八年洮河（甘肃省西南部黄河上游支流）发生战事，皇帝命令郑洛兼右都御史，经营谋划陕西、延绥镇（今陕西榆林）、宁夏卫（今宁夏银川）、甘肃以及宣（今河北宣化）、大（今山西大同）、山西的边务。郑洛都能审时度势恰当地处理。郑洛后来经略七镇，兼管总督梅友松的工作，认为洮河的祸患，是由于放纵敌人侵入了青海，才很快地进入甘肃，就下令说："北部从青海回归巢穴的，听任他们借路；由巢穴进入青海的，就部署军队抵御他们。"第二年，郑洛和梁云龙进入西宁（今青海西宁），扼制青海（今青海）。扯力克知道后，向西迁移二百里，交还洮河掳掠去的人口，和忠顺夫人认罪请求归服。郑洛就用恩德招抚附近的番人，使他们归服。这时候，扯力克还在观望着不立即回归北边，郑洛牵制着他，先派遣总兵尤继先赶走莽剌残余的贼寇。又趁扯力克北归请罪之机，进兵青海，赶跑火落赤、真相等人，烧了仰华，设置了西宁（今青海西宁）、归德（今青海贵德）的守戍而回军。

尚书石星因宣府（今河北宣化）、大同（今山西大同）形势紧急，请求迅速召回郑洛研究和战的计策。郑洛到了以后，和总督萧大亨、巡抚王世扬、邢玠等上疏建议与扯力克和解，让他绑缚反叛朝廷而屡次侵犯边疆的史二来献纳，然后考虑恢复贡市给以奖赏，才不为失策。他的建议被采纳，从而成功收服了顺义王扯力克。

郑洛在主持北部边防期间，能够审清形势，随机应变，采用恩威兼施、安抚笼络的手段妥善地处理好北部边疆事务。

332. 潘季驯在整治水患方面有什么突出的贡献？

潘季驯（1521～1595），字时良，乌程（今浙江吴兴）人。世宗嘉靖二十九年（1550）考中进士。至四十四年由左少卿升为右佥都御史，总理河道。和朱衡一起开凿新河，升为右副都御史，不久，因守孝而离去。穆宗隆庆四年（1570），黄河冲决邳州（今江苏邳县以南）、睢宁（今江苏睢宁）。潘季驯被起用为原职，第二次治理河道，堵塞决口。第二年，工程完成，因驱使运粮船只进入新的水急处而沉没了许多，被勘河给事中弹劾而罢去官职。

神宗万历四年（1576）夏天，潘季驯第二次起用，任江西巡抚。第二年冬天，召任刑部右侍郎。这时候，黄河在崔镇（今江苏泗阳西北）溃决，黄水北流。清河口泥沙淤积，整条淮水向南迁移。高堰湖堤大都溃坏，淮（扬安府）、扬（淮州府）、高邮（今江苏高邮）、宝应（今江苏宝应）地区都成为巨大的水泽。大学士张居正为此事深感忧虑。河漕尚书吴桂芳建议恢复老黄河故道，而总河都御史傅希挚打算堵塞决口。二人意见不一致。正碰上吴桂芳死了，万历六年夏天，潘季驯以右都御史兼工部左侍郎接替吴桂芳，治理黄河。潘季驯认为黄河故道长久淤塞，即使疏浚恢复，其深广也必定不如现今的河。建议在崔镇筑堤来堵塞决口。在距河岸较远的地方，修筑遥堤来预防溃决。淮水清，黄河水浊，淮水弱而黄河水强，应依靠淮水的清来洗刷黄河水的浊，建筑高堰约束淮水进入清口，以对抗黄河水的强水势。二水并流，海口自然疏浚。即使吴桂芳所开的草湾也可不再修治。此建议被世宗采纳。第二年冬天，两条河的工程完工。

万历十六年（1588），在给事中梅国楼的推荐下，潘季驯被起用为右都御史，总督河道。第二年，黄河水突然猛涨，冲入夏镇（今山东微山），毁坏了田地房屋，居民多被淹死。潘季驯又建筑堤坝堵塞它。

潘季驯共四次接受治河的命令，前后二十七年，不仅熟悉地形的险峻平易，而且连增添建筑堤坝的预防措施，设置官吏和建筑水闸，细到木料石块打桩以及护堤补隙材料，都综合管理得很仔细，从而在整治水患方面做出了很大的贡献。

333. 吴桂芳在水利上有什么作为?

吴桂芳（1521～1578），字子实，新建（今江西南昌）人。世宗嘉靖二十三年（1544）考中进士。他具有一定的军事才能，多次平倭有功，受到朝廷重用。穆宗隆庆初年（1567），吴桂芳转为左侍郎，因病乞求辞职回乡。

神宗万历三年（1575）冬天，吴桂芳起复为原职，总督漕运兼凤阳巡抚。第二年春天，吴桂芳因淮、扬洪水奔流，只有云梯关一条通道入海，以致海水涌上横陈的泥沙，河流泛滥，而使高（今江苏高邮）、宝（今江苏宝应）等各州县到处受灾，就建议增开草湾以及老黄河故道以拓广入海的河道，修建高邮东西两条河堤来积蓄湖水。都下交到有关部门商量实行。没过不久，草湾开河工程完成。这年秋天，河水在曹县（今山东曹县）、徐州（今江苏徐州）、桃源（今江苏泗阳西南）溃决，给事中刘铉上疏议论漕河，话里涉及吴桂芳。吴桂芳上疏辩护道："开浚草湾，是由于高（邮）、宝（应）发生水灾侵蚀了堤岸，疏浚来救援它，不能够使上游不再涨水。现今山阳（今江苏淮安）以南各州县，水落后播种，一斗米四分，那么臣这次举动已经成功了。至于徐（州）、邳（州）以上，不是臣所管辖，跟臣有什么相关呢。”借此机会，吴桂芳请求罢职。御史邵陛进言：“各臣将黄河涨水的责任推给草湾，压抑了吴桂芳担任工作的勇气，请求鼓励吴桂芳，以进一步实现他的功绩，而追究河臣傅希挚失职。”神宗同意了。

第二年，傅希挚建议堵塞崔镇的决口，约束水流归入漕河，而吴桂芳想冲刷成河以成为老黄河流入大海的河道。经廷议，因两人的意见不和，就调任傅希挚任陕西巡抚，用李世达接替他。没过多久，又调任李世达任其他职务，命令吴桂芳兼管河漕。六年正月下诏升任吴桂芳为工部尚书兼右副都御史，没过一个月，他就去世了。

334. 徐贞明在水利方面提出的举措为什么不能得到实施？

徐贞明（？～1590），字孺东，贵溪人（今江西贵溪）。穆宗隆庆五年（1571）考中进士。神宗万历三年（1575）征调为工科给事中，上疏神宗陈述有关水利方面的意见，建议朝廷在西北地区兴修水利，因势利导，既可为农业提供灌溉，又可以预防水旱灾害，从而使西北地区粮食储蓄经常充足，国家经济就无忧了。徐贞明还提议招募南方人来开垦京城东面靠海地带的芦苇地，筑坝防水，从事耕种。这些事神宗都下交有关部门商议，工部尚书郭朝宾认为水田劳苦了百姓，建议等到将来再说，事情就被中止了。

后来徐贞明被贬谪到潞河后，最终认为以前的意见可以实行，写了《潞水客谈》来谈自己的意见。认为西北地区耕种靠天收，只有兴修水利设施才能有效地防备干旱、水涝灾害，使存积田亩中的余粮成为仓库中的储积，从而达到自足，以减轻东南地区向西北地区供粮的负担。而且兴办水利也能使西北地区的百姓安居乐业，教化兴盛，民风纯朴自然。谭纶看到后就大加赞美，并认为这个建议一定能够实行。不久顺天巡抚张国彦、副使顾养谦在蓟州（今河北迁西西北）、永平（今河北迁安以南地区）等地推行，都很有效果。御史苏瓒、徐待竭力进言徐贞明的提议可行，给事中王敬民又特别上疏论列推荐，于是神宗升徐贞明为少卿，命令他会见巡抚、巡按各臣查看商议。徐贞明于是亲自巡视京东州县，察看地势，估计土地上适宜栽种的作物，仔细观察河水分合，一条条列举应办的事情呈上去。户部尚书毕锵等竭力支持，建议神宗采纳徐贞明的奏疏，并在一起共同商议成为执行方案的六件事。神宗全部同意他，这年九月就命令徐贞明兼理监察御史和垦田使，官吏有阻挠的就办罪。徐贞明先到达永平，招募南方人首先干起来，到了第二年二月，已开垦田地三万九千多亩。又遍历各河，弄清源流始末，准备大规模疏浚。然而太监、功臣和外戚中有以占有闲田为生的，害怕水田兴起而自己失利，争着进言不便利，散播流言蜚语给神宗听。于是神宗心里很是疑惑。三月，阁臣申时行等因风霾而陈述时政，竭力进言开田的好处。神宗则一直对这件事犹豫不决。后来御史王之栋进言水田一定不能实行，而且陈述开浚滹沱河的不利之处十二点。神宗于是召见申时行等人，命令徐贞明停止工程。

徐贞明见识敏锐而才能干练，有为世谋事的志愿。京东水田实在是对百代有利的事，可事情刚刚兴办就被无根据的议论所阻挠，实在令人可惜。

335. 孙钱是一个什么样的历史人物?

孙钱（lóng）（1525～1594），字文中，世宗嘉靖三十五年（1556）考中进士。曾任武库主事、武选郎中等职，兵部尚书杨博很器重他。世宗过着斋戒生活二十年，因谏诤获罪的人很多。孙钱请世宗上朝接见群臣，并极力谴责那些亲近世宗受宠爱的方士，援引赵高、林灵素作比喻，有权势的宦官隐瞒着不让世宗知道，于是孙钱就托病回家。在乡里闲居十年，后被起用原官，又升为大理卿。都御史吴时来议论律例，多有失误和矛盾，孙钱尽力辩驳。穆宗都依从他的意见。历任南京吏部尚书，不久调兵部，参预谋划机要事情，后被召调为吏部尚书。吏部自从宋纁和陆光祖掌权，权力才回归到部。到了孙钱，掌管的更加牢靠。张位等阁臣不能平服，想夺去他的权力。就建议大官员空缺，由九卿各推举一人，用分类启奏的办法听任皇帝决定，以此来杜绝个人专权。孙钱进言朝廷推举，大臣可以一起商讨是否妥当，而类奏的办法则开了贪求获取官位的途径，不符合制度。但诏命最后准许了张位的意见。

神宗万历二十一年（1593），考核京官，尽力杜绝请托。文选员外郎吕胤昌是孙钱的外甥。首先被斥逐。考功郎中赵南星也斥逐了自己的姻亲。一时间公论所不支持的官员差不多被贬黜光了。大学士赵志皋的弟弟也在被斥逐之列。因而执政者都不高兴。王锡爵则刚任首辅回到朝廷，因他想庇护的人也在贬黜名单中，心中有怨恨。正巧言官因拾遗弹劾稽勋员外郎虞淳熙、职方郎中杨于廷、主事袁黄。孙铑主张贬谪袁黄，留任虞淳熙、杨于廷。诏书认为袁黄正在赞划军务，也留任他。记事中刘道隆就进言虞淳熙、杨于廷不应当留任。于是发下诏书，严厉指责部臣专权结党。孙铑进言："虞淳熙，是臣的同乡，安贫乐学。杨于廷尽力负责西边事务，尚书石星极力称赞他的才干。如果知道他无罪，因谏官一言而去之，自欺欺君，臣主张正道而不忍这样做。"神宗认为孙铑不认罪，就削夺他的俸禄，贬谪赵南星三级官阶，虞淳熙等都被勒令罢职。孙铑于是乞求退休，而且辩白赵南星无罪。神宗不听，于是佥都御史王汝州、右通政魏充贞等朝臣一起上奏申诉赵南星的冤情。奏疏呈上后，神宗发怒，贬谪于孔兼、陈泰来等。李世达又直言上疏论列挽救，神宗非常生气，把赵南星、虞淳熙、杨于廷等都革职为民。孙铑于是上疏进言："吏部虽以用人为职责，然而官员的进退去留，必定等待圣上旨意。这权虽在，但不是臣部可以专擅的。现在认为留任二位官吏是专权，那么就没有不专权的，认为留两个部属是结党，那么就没有不结党的了。如果回避专权的嫌疑，畏缩柔弱，使得铨叙官员的职责从臣开始被看轻，那是臣的大罪。"于是坚持请求辞职回家，仍旧不允许。孙铑于是就托病不出门，奏章多次上去，皇帝仍旧下旨温言安慰挽留，赐给猪羊、酒浆、米物，而且命令侍郎蔡国珍暂时代理选官事务，等待孙铑重新任职。孙铑坚持不出门三个月，上奏章多达十次，于是允许他退休回家。

336. 陈有年的生平情况如何?

陈有年（1531～1558），字登之，余姚（今浙江余姚）人。世宗嘉靖四十一（1562）考中进士，授任刑部主事。调吏部，曾任验封郎中、神宗万历元年（1573），成国公朱希忠死，他的弟弟锦衣都督朱希孝贿赂宦官冯保乞求赠给王号，大学士张居正主张同意。陈有年拟奏章进言反对，认为这样做不符合制度。于是张居正就指使左侍郎刘光济删改他的奏稿，陈有年尽力争辩，最后拿原来的奏稿呈上去，张居正不高兴，他当天就托病离去。

神宗万历十二年（1584），陈有年被起用为稽勋郎中，历任考功郎中、文选郎中，谢绝请托。授官的诏书下来，朝廷内外都信服。后升为太常少卿，以右佥都御史任江西巡抚。皇室所需陶器，多奇巧难以制成，后有诏书允许减少数量，不久恢复原状。陈有年援引诏书去请求，神宗不依从。南畿、浙江遇上大灾荒，神宗命令禁止相邻地区封闭粮食买卖。商船都聚在江西，徽人格外多。而江西也年成不好，许多人乞求陈有年遏制外地人在江西买粮。陈有年上疏陈述济急六件事，其中请求稍放宽以前禁令，让江西百姓得以自救。就被人弹劾违背皇上禁令，神宗生气，就削去他的职务让他回乡。经过推荐重新起用为官，积功升任吏部右侍郎。后来调到兵部，又调吏部。万历二十一年和南京吏部尚书温纯共同主持京官考核，所贬黜的都得当。没多久就代替温纯的位置，又召拜为吏部尚书，引用的同僚和属吏都是当时最突出的人才。

第二年，王锡爵将要退休，朝廷推荐阁臣，神宗下令不要拘于资格品级。文选郎顾宪成等人因推荐名单不合神宗心意因而遭贬。王锡爵首先上疏营救，陈有年和赵参鲁等接着上奏章，神宗都不采纳。赵志皋、张位也假装进言，认为辅臣应当由特别任命产生，朝廷推举不可取法。陈有年耿直地上疏进言：认为阁臣由朝廷推举由来已久，并非从现今开始，至于不拘资格品级，则是皇帝的圣谕，臣下哪敢不遵从照办的。于是坚决乞求准予辞职。神宗得到奏章，见他言辞正直，就下诏温和恳切的加以安慰。陈有年从此多次上疏托病乞求辞职，神宗还是慰留，赏赐食物、羊酒。陈有年更坚决请求，并竭力请求神宗起用废置的人。最后，神宗准予告假，乘驿车回去。

陈有年高风亮节，为政清正廉洁，虽然两代都担任俸禄丰厚的官职，却没有住宅供妻子儿女居住，甚至用油帐篷来遮挡雨漏，生活非常艰苦，堪称一代名臣。

337. 李戴一生有哪些事迹见于记载?

李戴，字仁夫，延津（今河南新乡）人。穆宗隆庆二年（1568）考中进士。任兴化（今江苏兴化）知县，有仁政，升为户部给事中。广东因为发生战乱的缘故，增加民间赋税。到了神宗万历初年（1573）战乱平定，李戴上奏纠正它。升为礼科都给事中，出京任陕西右参政，升为按察使。张居正崇尚名法，四方大吏也施政苛刻，李戴独施政宽厚。由山西左布政使升为右副都御史，任山东巡抚。荒年，多次请求减免赋税，赈济百姓。调入京城任刑部侍郎，升为南京户部尚书，又召回任工部尚书。因继母的丧事而去职。

神宗万历二十六年，吏部尚书蔡国珍罢官，朝廷推举接替的七人，李戴居末名，神宗特别擢用他。第二年，考察京官，编修刘纲、中书舍人丁元荐、南京评事龙起雷曾经因上疏言事而触犯执政者都被列入考查不合格的对象，而李戴行事谨慎因而幸免。李戴常常发起朝臣直言谏诤，到了矿税的祸害严重，李戴率领九卿进言规劝，不被采纳。

山西税使张忠上奏调夏县（今山西夏县）知县韩薰去人少僻远之地任职。李戴认为宦官不应当自作主张提拔或者黜责官吏，上疏谏诤。湖广陈奉多次上疏逮捕有关官吏，李戴等又透彻地论述陈奉的事，并且进言请求追究陈奉等人的过错，神宗不听。不久，李戴又和同僚一起进言反对以矿税残害百姓之事，也未批复。万历三十年二月，神宗有病，下令停止矿税、释放关押的囚犯、录用提建议而被贬谪的朝臣。过了一天，神宗的病稍轻，就命矿税征收如故。李戴率领同僚尽力谏诤。当时释放罪犯、起用废置官吏两件事，李戴立即想上疏列名单请求，而刑部尚书萧大亨认为释放罪犯一定要上奏报告。正准备呈上奏章，太仆卿南企仲因这两件事长久延搁，弹劾李戴等不能顺势促成。神宗发怒，同时停止了以前的诏令，李戴认罪请求罢官而不许。从此请求起用废置官吏两次，率领九卿乞求停止矿税四次，神宗都不省察。后来部里因一向刚正耿直的稽勋郎中赵邦清被弹劾之事，大闹起来，李戴没有办法遏制。御史左宗郢、李培就弹劾李戴没有做好表率，李戴托病乞求辞职，神宗下令挽留。

第二年冬天，妖书案发生，李戴的外甥被锦衣官王之桢等所诬陷。会审时，李戴回避。神宗听到后就憎恨这件事。后因王士骐通书的事被暴露，下到刑部议罪，王士骐上奏申辩。神宗认为他不应当申辩，就指责李戴不能管束下属官吏。李戴认罪，两次在奏章上用错了印，神宗发怒，就命令他退休，削去郎中以下的俸禄。

李戴主持吏部六年，是个随和的长者，行事谨慎，对掌权阁臣不敢有异议，因而使吏部选拔官员的事更加颓废。

338. 海瑞为什么被称为“海青天”?

海瑞（1514～1587），字汝贤，琼山（今海南海口琼山区）人。他为人严峻刚直，生活俭朴，为官清正廉洁，以身作则，深受平民百姓的爱戴，被称为“海青天”。海瑞考中举人后，进入京城，就拜伏在宫阙下呈上《平黎策》，希望开辟道和设置县，用这种方法平定地方，有识之士赞许他志气豪壮。代理南平（今福建南平）教谕，御史到学宫后，下属官吏都跪在地上谒见，海瑞只是长揖。任淳安（今浙江淳安）知县，穿布袍子和吃糙米饭，让老仆人种蔬菜自给。对过往大官员及其亲属从不奉迎巴结，一切供应从简，因而得罪了都御史鄢懋卿，被贬为兴国州（今江西兴国）判官。很久以后，陆光祖任文选郎中，才提拔海瑞为户部主事。当时世宗在位日久，不临朝，深居西苑，专心斋戒做法事。督抚大臣争着呈送迷信的吉祥之物，礼官就上表祝贺。朝臣自从杨最、杨爵得罪以后，无人敢进言时政。世宗嘉靖四十五年（1566）二月，海瑞独自上疏议论朝政，劝勉世宗要早日醒悟，临朝听政，治理国家，放弃无益的斋戒和法事。世宗看了奏章，起初很生气，后来又读了好几遍，被感动得叹息。但仍将海瑞下到钦犯监狱，判死刑。世宗去世后，海瑞被释放，恢复原职。不久调兵部，升任尚宝丞，又调任大理寺丞。

海瑞历任两京左、右通政使。穆宗隆庆三年（1569）夏天，由右佥都御史任应天十府巡抚。属下的官吏畏惧他的声威，贪污的大多辞职而去。那些豪门大族及掌管织造事务的宦官都有所收敛。他不管做知县还是巡抚，所到之处都坚决实行清丈土地，公布一条鞭法，体恤百姓疾苦，打击土豪恶霸，安抚穷苦弱小，兴利除弊，使当地百姓从中获得利益。又裁减驿站系统多余的经费，士大夫出入其境一概不许设宴招待，因此怨言很多。于是给事中舒化、戴凤翔就先后弹劾他迂腐固执而不识大体，庇护坏人，欺凌官宦人家，于是就调去监督南京粮储。海瑞任吴地巡抚才半年，老百姓听说他将要离去，满路号哭流泪，家家画着像祭拜。

海瑞死后，灵柩抬到江上，白衣白帽送丧的人站满两岸，哭着祭奠的人百里不断。

339. 丘橓向万历皇帝提出的“八事”内容是什么？

丘橓（shùn），字茂实，诸城（今山东诸城）人，世宗嘉靖二十九（1550）年考中进士。他为人性格耿直，做官刚正不阿，对不合理的事敢于抨击。当时严嵩独掌大权，丘橓看不惯严氏父子的专横跋扈，曾多次上疏揭露他们的罪恶。宁夏巡抚谢淮、应天府尹孟淮等贪官污吏都是严嵩的同党，都因丘橓的弹劾而被罢免。

丘橓为官清正廉洁，有一次因触怒世宗而被贬谪戍边，随身带去的财产只是一箱破旧衣服和一捆书而已，他的节操因而受到同僚们的敬重。他有胆有识、敢作敢为的为官风格也受到神宗的赏识。他在奏疏中所陈述的有关吏治的八大弊病，就得到了神宗的称赞，并下令有关部门照着执行，改正弊端。

丘橓经过多年的官场实践，认为国家在官吏治事上存在着八大弊病：一、政绩考核成为官员们相互交易的资本，坏的得不到惩罚，好的没有给予鼓励，这是政绩考核的弊病；二、御史要去巡察地方官府，还没出京，就有官员暗中嘱托，请求保护某某，严重扰乱御史的公正性，这是请托成风的弊病；三、监察官员对于有关官吏所下的评语应该由巡抚按察使一级的官员亲自审定，然而，他们消极怠工，随便委托给其他官员，被不顾是非地胡乱加上评语，这是巡视察访的弊病；四、贪污受贿成为风气，而受到弹劾的只是一些势单力薄的贪官，那些大官即使贪污再多也不会被弹劾。对小吏严格，对大官宽松，对离任的详加审查，对现任的疏忽大意，这是检举弹劾的弊病；五、惩治贪污的办法在于严格的传讯审问，可在审讯贪官们时往往不得要害，导致用刑罚也不能有效地打击他们的罪行，这是传讯审问的弊病；六、举荐和弹劾，是用来鼓励和惩戒官吏的，但现在却不以能力为标准，而只看出身地位，这是列论资格的弊病；七、对于州县官员的副手，没有给予应有的礼遇和法制约束，致使自由散漫，缺乏工作效率，这是担任副职位多年来形成的弊病；八、科举考试，考生打着师生关系的旗号，公然贿赂考官，利用公开举荐的制度，大开贿赂之门，这是赠送礼品形成的弊病。

明王朝到了万历年间，政治衰败，已显千疮百孔之象，丘橓陈述的八点弊病，仅是大海一粟。不过，他能够做到身在庐山而识庐山真面目，的确是难能可贵的。

340. 魏学曾在军事方面有什么作为?

魏学曾（1525～1596），字任贯，泾阳（今陕西泾阳）人。世宗嘉靖三十二年（1553）进士。曾任户部主事、郎中、兵部右侍郎、吏部左侍郎等职。他在军事上很有作为，曾亲自歼灭入境掠夺的外族，并平定了大规模的叛乱。

神宗万历十八（1590）年，魏学曾被起用为兵部尚书，总督陕西、延、宁、甘肃的军务。河套（今内蒙古南部）部落首领土昧明安进入互市交易后，持兵要挟当地官员，要求更多的封赏，在遭到拒绝以后，兵犯边境。魏学曾果断地命令部下出其不意地袭击了明安的部队，杀死安明，俘获和斩杀敌人四百八十多人，缴获大量的马匹牲畜和器具。魏学曾因功加官太子少保。

第二年，总兵哱（bō）拜与其子承恩起兵煽动各部叛乱，杀死巡抚党馨及副使石继芳等多人，攻破了玉泉营、广武等地，河西一带望风颓败，整个陕地都受到震动。值此危难之际，魏学曾命令副总兵李昫（xù）带领游击吴显奔赴灵州，派遣游击赵武奔赴鸣沙州，在沿黄河一带扼制叛贼南渡，自己则坚守花马池（今甘肃盐池县西），抵御叛贼的前进要冲。李昫等人渡越黄河，贼将望风而逃，四十七处城堡都被收复，仅剩宁夏镇城未被攻克。贼兵受创严重，不得已祈求暂时休战，假称愿意交出带头作恶之人。恰逢此时官方军队粮草不足，于是撤退，于附近扎营休息。魏学曾日夜催促粮草，等待援军，准备再次攻城。不久，援军到达，于是重新对镇城发起进攻。然而敌军顽固抵抗，官兵不能得手。此时，皇上赐予魏学曾尚方宝剑督战。宁夏巡抚朱正色、甘肃巡抚叶梦龙、监军御史梅国桢等都来到军中，共同商议作战。然而仍是久攻不克。

从外不能攻城，魏学曾便想从内部瓦解敌军。于是派使者入城招降被怂恿作乱的前锋东旸、许朝，让他们杀死哱拜父子赎罪。然而前后派去的两个使者，一个被杀，一个被扣留。

等到七月，黄河水量充足，魏学曾便想到利用黄河水灌城，等到敌军疲惫，便能不战而胜。与众人商议之后就掘开黄河大坝，引导黄河水围住贼城，并从外路劫断贼兵援助。至此，哱拜等人已是山穷水尽，于是请求议和。然而此时，魏学曾却因前派使者劝降一事获罪被罢免。之后不到一个月，城镇因被水浸泡毁坏，明朝大军攻入，贼兵最终被全部歼灭，边境复归安宁。

341. 李化龙本是文臣却有何军事才干?

李化龙（1554～1611），字于田，长垣（今河北大名）人。神宗万历二年（1574）考中进士。他虽是文人出身，却是文武全才，并在日后的从政生涯中显示出卓越的军事才能。

万历二十二年（1594），李化龙任右佥都御史，巡抚辽东。上任不久，蒙古部族把兔儿和伯言儿勾结卜言台周入侵作乱。李化龙与总兵官董一元率兵快速奔袭把兔儿和伯言儿，伯言儿中流箭身亡，把兔儿负伤逃走，迫使卜言台周不得不退兵离去。之后，董一元率兵杀入大漠，直捣敌方巢穴，交战中，把兔儿伤重而亡。北部边境由此安定下来，李化龙因战功而升任兵部右侍郎。

第二年，蒙古部落首领小毒青表示愿意与明朝一扫旧怨而相互通好，请求开放边境木市，并私下里透漏朵颜里昂将要侵犯边界的讯息。不久，朵颜里昂果然来犯。由此，李化龙相信了小毒青的诚意，并且考虑到开放木市可以起到互通有无，稳定边境各部族等诸多好处，就同意了。他上的奏章里，充分论说其中的利弊，取得神宗的信任，便批准了他的意见。在木市开放期间，边境秩序良好，没有发生过战乱。

万历二十七年三月，李化龙受命总督湖广、川、贵军务，兼巡抚四川，讨伐播州（今贵州遵义）反叛官吏杨应龙。杨应龙生性凶暴多疑，酷爱杀戮，依仗先前所立战功，傲慢骄横。他得知四川地区兵力部署比较分散，便产生了割据蜀地的意图，与苗人勾结，杀害当地官员都司杨国柱、参将房嘉宠等人。

李化龙到达成都后，一方面用好言好语稳住他，一方面暗中招集兵马。临出征前，神宗赐予李化龙尚方宝剑，给予权衡时势、自行决断的权力。李化龙首先说服大将中不服从命令的人，然后聚集各路人马于第二年二月，分兵八路进军，亲自统领中军，指挥协同作战。经众将士奋勇拼杀，叛军拒守的城池被攻陷，杨应龙上吊身亡，七个儿子均被擒获。

从李化龙出兵到消灭叛军，共经历一百一十四天。他再次因战功而晋升兵部尚书，加官少保，并由一子承袭锦衣卫指挥使之职。

342. 刘台是什么样的官员?

刘台，字子畏，安福（今湖南永兴北）人。穆宗隆庆五年（1571）考中进士。当时的朝廷政局，正处在张居正专权之下，但刘台不畏权势，勇敢上奏弹劾其罪过。

奏疏中列举了张居正种种违背祖制礼法的做法，以及营私舞弊之事：一、张居正在朝中位高权重，大权独揽，俨然以丞相自居，肆意作威作福，破坏祖宗法制；二、张居正持权威胁众臣，先后排挤高拱、王大臣等人，使朝廷丧失对官员的礼遇；三、张居正凭借手中重权，随意进行封赏、惩罚，致使贿赂成风；四、张居正引荐人才，选用官吏，多有私心，安插亲信；五、张居正巧言惑上，等等。奏疏中还提到，朝中百官，无不愤怒感慨于张居正的行为，但是张居正位高权重，没有人敢对陛下直言进谏。我虽师承张居正，受其恩惠，而如今却敢于公开指责他，是因为君臣情谊更重于个人恩惠，所以就不能顾及了。希望陛下明察，亲揽朝政，不要过于信任张居正，致使败事误国。

奏章呈上，张居正十分恼怒，在朝堂上辩解说刘台是因为以前曾被自己治罪而怀恨，才这样中伤他的，并以辞职相威胁。神宗派司礼太监带上亲笔书写的诏书前去劝慰，张居正才同意出来参与政务。不久，神宗逮捕了刘台，在朝堂上杖打一百，发配戍边。然而，张居正仍然愤恨不已。下属官吏为了迎合张居正，便诬陷刘台曾私吞犯人上交赎罪的银钱。于是刘台又被发配戍守广西，刘台的父亲、弟弟也都因此获罪。刘台到浔州（今广西桂平）之后没多久就去世了，巧合的是，张居正也在同一天病重而死。

343. 王用汲在政治上有什么作为?

王用汲（1528～1593），字明受，晋江（今福建晋江）人。穆宗隆庆二年（1568）考中进士。他为人刚正，遇事敢作敢为，以天下为己任。

神宗万历六年（1578），首席大学士张居正回乡为其父下葬，湖广地区各级官署的官员都去奉迎，唯独巡按御史赵应元未去，张居正因此怀恨在心。张居正手下门客王篆为了迎合张居正的心意，利用赵应元因病请求辞官弹劾他有意躲避职责，乘势除去了他的名籍。

王用汲听说此事后十分愤恨，上疏进言，陈明事实：御史赵应元因不去参加葬礼，得罪辅佐大臣，才被弹劾，说是犯了托病欺骗罪而除去名籍。朝中因病请求辞官的人多了，为什么独独弹劾赵应元？陛下只看到王篆弹劾赵应元，以为赵应元是随意躲避职责，而这其中的真正缘由又从哪里知道？去年星象变化，视为不祥之兆，朝廷由此而考察京城官员得失，但实际上受到排挤的，半数是那些不攀附辅佐大臣的官员。下臣我没有想到陛下消除灾祸杜绝过错的做法，竟变成辅佐大臣个人营私的手段。如今朝中大臣处处迎合宰相，巴结权臣，王篆只不过是其中比较突出的罢了。在下臣看来，天下没有什么事不存在私情，没有什么人不谋私，只有陛下您一人能够秉公。陛下若再不亲自听取各方面意见而作出决定，只是将政务交付给大家所巴结奉承的大臣，那么，大臣营私舞弊的行为就会愈演愈烈，地位低下的官员就更加没有地方诉说其困惑，天下人就会更热衷于奔走寻私的门路。陛下为何不亲自审察各种政务来了解实际情况，亲自鉴别判明奏章的内容，然后再交付辅佐大臣商议？朝廷大权应是陛下独揽，若是将其托交别人，不是权力旁落，就是权力倒置。政权一转移，则积重难返。这又是臣下所日夜担心的，并不只是为了赵应元一事而已。

奏章进上，张居正大怒，打算将其关进监牢，并在朝堂上重重杖打。幸有张四维从中搭救，上疏建议解除王用汲的官职，神宗听从了他的意见。张居正因张四维给王用汲定的罪太轻而怨恨了他很久。

张居正死后，王用汲才被起用为尚宝卿，又晋升大理少卿。

344. 汤显祖的生平情况如何？

汤显祖（1550～1616），字若士，临川（今江西临川）人，少年时就善于作文，在当地很有名气。

张居正想让自己的儿子在科举考试中被录取，便为其子网罗海内名士，用来扩大名声。听说汤显祖很善于作文，就叫几个儿子前往延请。而汤显祖为人正直，不愿意附权贵，便推辞未去。神宗万历十一年（1583），汤显祖考中进士，授予南京太常博士之职，后晋升礼部主事。

万历十八年，神宗迷信星象变化，认为这是由于谏官欺上蒙下造成的，便严厉地指责他们，并停发俸禄一年。汤显祖进言说："难道真的是谏官的才德有问题么？因为陛下所据有的赏罚权利，暗中却被宰相窃取了，所以，谏官的意见都被歪曲了。御史带头揭露科场舞弊案，大学士申时行就指使人对他进行弹劾并罢免官职。只要大臣对宰相的行为稍有异议，便没有一个不被贬官到外地的。不知廉耻之徒，对当权者处处奉迎拍马。给事中杨文举奉诏赈济灾荒，却收受大量贿赂；在推举人才的过程中，又为自己谋取厚利。这样的人，宰相却将他提升为谏议官署的长官。陛下总是指责谏官的不对，却没有看到宰相才是朝政混乱的真正根源。臣认为陛下有四点值得注意：朝廷以爵位和俸禄养育的人才，如今仅成为替权贵培育下人；朝纲风气败坏，没有廉耻，贪贿成风；宰相乱用权力，扶植亲信，使得国家的法律成为一纸空文；陛下在位二十年，前十年是张居正强硬多欲，败坏朝政；后十年是申时行绵里藏针，扰乱纲纪。臣深为陛下感到惋惜，乞求陛下罢免杨文举、胡汝宁等一干小人，并告诫宰相，深刻反省自己以往的行为。”

奏疏呈上，神宗看过以后十分生气，骂他胡言乱语，贬官外地。后任遂昌（今浙江遂昌）知县。万历二十六年，汤显祖上交辞呈回乡，在家乡度过了后半生。

汤显祖为人意气激昂，同李化龙、李三才、梅国桢都有着很好的交情。这几位在仕途生涯中官位显赫，在政治上也很有所建树，而汤显祖在政治上却是潦倒不如意，但也许正由于此，他才能创作出举世闻名的《牡丹亭》等作品，从而成为中国文学史乃至世界文学史上不朽的瑰宝。

345. 姜士昌因何事而被贬黜？

姜士昌，字仲父，丹阳（今安徽当涂）人，自幼好读书，有奇才。神宗万历八年（1580）考中进士，任户部主事，后又晋升为员外郎，多次提出选贤用能的良策。

万历三十四年（1606），大学士沈一贯、沈鲤先后被罢免。

对此，姜士昌上疏说：“老百姓对沈一贯的罢免感到高兴，对沈鲤的离位感到惋惜。沈一贯独揽大权，排除异己，贪婪成性，严重破坏了朝纲风气以及政策的实施，所以人人知道他的不忠。罢官回乡时，他家中的财宝堆积如山，富可敌国。这样的大奸臣，应该早一些被绳之以法。沈鲤却不是这样的人，他行事处政，从不为自己着想，不拘一格地为国家选用贤才，家中清贫如洗，生活俭朴。两人相比，忠奸自然分明。但是，竟没有一个人为陛下辨明二人的不同，致使忠奸莫辨，黑白不分，臣看到这一切感到十分痛心。有人暗中议论陛下并不想真正的任用贤才，下达诏令其实只是表面上逢场作戏罢了。臣却并不这样认为，如当初陛下罢免邹元标、艾穆、李三才等人，不久，又再次任用他们。这说明陛下内心是渴慕贤才的，并不像有些人所议论的那样。造成这种情况的原因并不在于陛下，而是在于宰相的失职，没有任用清廉之臣，使得人人以投机为门，以铺金为路。于是，朝政混乱，忠奸不分，也就不足为奇了。”

姜士昌在奏疏中讥刺的是朝中大臣李廷机。李廷机闻知后十分恼怒，联结朱赓一起上疏为自己申辩。神宗本就昏庸，而当时党派之争又错综复杂，他哪里分得清楚，糊里糊涂地就治了姜士昌的罪，下诏降职三级，任广西佥事，后又再次降为兴安（今广西兴安）典史。

姜士昌自幼好学，砥砺名节，愤世嫉俗，本想凭一身正气为朝廷争得正义，却落得个贬官外调的下场。然而，这也是那个黑暗时期大多数耿直臣子的命运。

346. 顾允成为什么会遭到贬黜？

顾允成（1554～1607），字季时，是顾宪成的弟弟，为人清高，性格耿直，砥砺名节，对国家政事直言不讳。神宗万历十四年（1568）他参加殿试，在试卷上直言劝谏神宗不要过于宠爱郑贵妃，以免外戚专权，危害朝廷。阅卷的官员看了很吃惊，像这样公然在试卷上议论后宫敏感话题的，顾允成还是第一人。尽管考官怕惹祸，但无奈顾允成试卷的文采实在出众，也不得不将其列入进士甲等中的最后一等。

顾允成做官时间不长，就遇上房寰接连上奏攻击都御史海瑞，他十分气愤，上疏弹劾房寰说：海瑞作风正派、为官清廉，是时下了不起的人物；而房寰嫉贤妒能、憎恨正派人士，不知羞耻，并进而揭露了房寰的七大罪状。但由于房寰有当权者的偏袒，只是被降旨斥责，而顾允成则被斥责为越位胡乱进言，于是削去官职，遣送回乡反省过失。

很久之后，顾允成才被起用，任教授之职，后又调入国子监任博士，再升任礼部主事。然而不久，又因弹劾内阁大臣张位而牵扯到当权者王锡爵，触怒了神宗，被贬为光州（今河南潢州）判官。

经过多年的宦海沉浮，顾允成对官场已是心灰意冷，于是请假回乡，不再出仕做官，与哥哥顾宪成一起开办东林书院，主持讲学，宣扬大道，抨击时政。

347. 钱一本为什么被视为海内士林领袖？

钱一本（1539～1610），字国瑞，武进（今江苏常州）人，神宗万历十一（1583）年考中进士。他为官期间曾写过两份有名的奏章，成为天下正人君子学习的表率，同时，也因为直言进谏而触怒神宗，被罢官免职。回乡后，他专心学术研究，并主持东林学院的讲学活动，成为一代士林领袖。

他的两份著名奏章分别是关于大臣专权和册立皇太子的。在批评大臣专权的那份奏章中，他不畏申时行等人的权势，列举了他们独揽大权、排除异己、阻塞言路、营私舞弊、贿赂成风等十大罪状。奏章的言辞激烈恳切，行文潇洒流畅，有理有据，情文并茂，为天下有识之士竞相传诵。在议论册立太子的那份奏章中，钱一本直言劝谏神宗要早日册立太子，以免受郑贵妃母子迷惑而坏了朝纲。当时，有众多的朝廷大臣在争论立太子之事，其中只有钱一本所表达的意思最为刚正直接。然而，神宗为此心生怨恨，将他削职为民。后来，即使有多人多次举荐，也始终不被起用。

钱一本被贬回乡后，并不灰心丧气，转而专心研读《六经》及宋代周敦颐等人的著作，尤其对《易》学有精深的研究，成为名满天下的大学问家。他在主持东林书院的讲学活动时，被人们敬称为启新先生。

348. 魏允贞的生平情况如何?

魏允贞（1542～1606），字懋忠，南乐（今河北南乐）人，神宗万历五年（1577）考中进士，授为荆州（今湖北荆州）推官。其人刚毅果敢，具有高尚的节操，从不巴结权贵。当时张居正执掌大权，可谓是炙手可热，恰逢其父去世，张居正回乡殓葬，众官员赶赴丧礼唯恐落后，只有魏允贞没去，并且鞭打张居正家作恶的奴仆。

后来，因为其做官的政绩优秀，被晋升为御史。魏允贞得到重用，更加奋发图强，以天下为己任，针砭时弊，毫不懈怠。张居正位高权重，以权徇私情，朝臣多有对其不满，然畏其权势都敢怒而不敢言。魏允贞于是上疏，陈说时下弊病四件事，勇敢地指出张居正等一干执政大臣们的种种劣迹。言辞触及张四维、申时行利益，二人大怒，上疏辩解，并以辞官归乡相威胁，于是神宗震怒，斥责魏允贞言辞过当，贬为许州判官。

万历二十一年，魏允贞以右佥都御史巡抚山西。他同情民生疾苦，处处为百姓着想。当地因为土地贫瘠，百姓生活十分困苦，魏允贞便极力裁减地方军政大吏的供给和州县多余的费用；将因拖欠屯垦的田税而逃亡的军士召集起来，奏请减免赋税，让他们恢复旧业。魏允贞爱民如子，因此得到百姓们的爱戴，政治的声誉极为卓著，连神宗也多次赞许他的才能。因功升任右副都御史。魏允贞虽然身在地方，但心系朝廷，多次进言，议论众臣得失，劝导皇帝，然而神宗昏庸，都没能采纳。

万历二十四年，神宗下令开始征收矿税。宦官张忠得令前往山西负责开采矿山，魏允贞看到百姓安稳的生活遭到破坏，于是进言劝谏神宗，然而神宗都不予答复。后来孙朝又来征取税款，到处勒索，搞得民不聊生，魏允贞便组织百姓对其恶行进行斗争。孙朝发怒，弹劾魏允贞违抗命令进行阻挠。山西百姓得知后，害怕魏允贞被治罪，都跑到京城为他请命申冤。神宗害怕激起民愤，将此事不了了之。

后来，魏允贞因年事过高而辞职，士子平民念其功绩，建造祠堂以示纪念。

349. 明朝后期围绕李三才展开了什么样的斗争?

李三才（？～1623），字道甫，顺天通州（今北京通州）人，神宗万历二年（1574）考中进士。他是个富有才略的人，善于笼络朝廷官员，结交广泛，朋友遍布天下。然而，他的本性不够廉正，也往往受到人们的指责。明朝后期，在李三才的任用问题上，朝中展开了激烈的斗争。

李三才早年任右佥都御史，总管从水路运输粮食物资的漕运事物。当时，朝廷派往各地的矿税使者横行无忌，公然掠夺，致使百姓生活贫困，民不聊生，而有些饥民就借机起而为盗。李三才便暗用计谋，惩治了胡作非为的官吏，又逮捕了抢劫作恶的饥民，并上疏陈说征收矿税的危害性，请求废除矿税。李三才办事干脆利落，得到百姓的爱戴。

后来，李三才因资历深厚升任都御史，开始参预内阁机要事务。所谓“树大招风”，从此，妒忌他的人日益增多，诽谤他的话到处都有传闻。工部郎中邵辅忠、御史徐兆魁、南京兵部郎中钱策等人上疏弹劾李三才贪污受贿，并罗列出贪婪、虚伪、狠毒、蛮横四大罪状。不过，给事中马从龙、御史董兆舒、南京给事中金士衡等人却认为李三才很有才能，功大于过，便先后上疏替李三才辩护。一时间，在朝中兴起激烈的争论，好几个月还没罢休。顾宪成就写信给当权者叶向高，称赞李三才的才能，极力为他申辩。而神宗对于这两种意见却都不理不问，致使争论没结果，李三才被迫辞职离去。

李三才虽已离职赋闲在家，而妒忌他的人担心他被重新起用，于是弹劾说他盗用皇家木材建造私宅，折合银子达到二十三万多两。李三才非常气愤，请求清查登记自家的财产。但是，派去的使者调查了很长时间也没查出什么结果，没办法交差，就按照弹劾奏章上所说的那样上报了，李三才便被削职为民。

350. 何士晋是怎样的一个人？

何士晋（？～1625），字武莪（é），宜兴（今江苏宜兴）人。幼年遭遇家门不幸，生活艰辛，造就了他的刚毅性格，从而又影响到他的为官之道，刚正不阿，敢于直言。

何士晋的父亲何其孝老年得子，同宗族子侄们贪图他家的财产，勾结起来将何其孝害死，霸占了家产。幸好有继母吴氏偷偷将何士晋藏到娘家，才免于一难。后来，吴氏就在娘家养育何士晋。只要何士晋读书时稍有懈怠，吴氏就把他父亲的血衣拿来给他看。由于何士晋从小在忧愤中长大，与人说话时都从无笑容，一心刻苦读书，终于在神宗万历二十六年（1598）考中进士。这时，他拿着父亲的血衣告到官府，那些杀父仇人全都伏法。

做官之后，何士晋砥砺名节，一心为国事尽忠，曾劝谏神宗不要放任辅佐大臣，以免他们专权，又弹劾王锡爵、赵世卿等内阁大臣贻误国事，并且积极举荐贤能之人。当发生梃击事件后，朝廷内外都怀疑这一阴谋是出自郑贵妃的弟弟郑国泰，但因畏惧郑氏的权势，没有人敢正面揭发。何士晋看到这种情况，十分激愤，于是上疏直言，明确表达了群臣心中的疑惑，一一揭露郑国泰的可疑形迹，而且把以前郑贵妃恃宠做下的恶事一并写明上奏。

神宗当时最宠爱郑贵妃，当然护着郑国泰，看了这样的奏章十分生气，本来想要重重地处治何士晋，但考虑到这样做反而会更加激起人们的议论，于是将何士晋调离京城。

351. 李植为什么一生仕途坎坷？

李植，字汝培，幼年随着父亲从大同（今山西大同）迁居江都（今江苏江都），神宗万历五年（1577）考中进士。先选入翰林院为庶吉士，后授予御史之职。李植因敢于批评掌握朝政的权臣张居正、冯保等人而得到神宗的赏识和重用。由于年少得志，平步青云，遭小人妒忌，在复杂的官场斗争中起起伏伏，最终被贬黜。

万历十年冬，张居正去世，冯保执掌大权，其党羽徐爵住在宫中，代批奏章，拟定圣旨，气焰十分嚣张。神宗本来就怀恨张居正、冯保等人，一直没有发作的机会。恰巧在这时，李植上疏揭发冯保十二条大罪，神宗震怒，借机处死徐爵，并重重处罚了冯保。李植因此得到神宗的赏识。然而，好景不长，李植刚刚崭露头角，就遭到了当权者的嫉妒，害怕他得宠，迫使其离职。

神宗非常憎恨张居正，大臣们却相互庇护，也只有李植敢于揭发攻击他们，于是神宗故意要使李植显贵起来，以显示给大臣们看，于是亲手写下诏书，提升李植为光禄少卿，并委以重任。可神宗的这一特别待遇不仅没能改变李植的命运，反而招致更多的嫉妒和排挤。万历十三年天大旱，于是有人散布谣言说这是因李植引起的，并弹劾指责他的种种过错。好在有神宗庇护，李植才免于再次被贬的厄运。

不久，李植联合同样因批评张居正而受到神宗赏识的江东之、羊立可，弹劾掌握朝政的申时行，并且推举有名望的王锡爵进内阁。没料想王锡爵竟然上疏说自己因被李植等人推举而感到耻辱，申时行又上疏极力辩解，御史朝国桢、给事中王敬民等官员也交替攻击李植等人。一时间，朝中讨伐李植之声不绝于耳，神宗拗不过众人，只好将李植三人贬黜。

李植、江东之、羊立可三人，在权力争斗中被贬黜。在长年做地方官时，多有政绩，但终究不再重用。

352. 田大益与矿税之祸作了什么样的斗争？

田大益，字博真，四川定远（今四川武胜）人，神宗万历十四年（1586）考中进士。田大益为官之时，正值万历中后期，神宗懈怠朝政，一心敛财。万历二十四年，乾清宫、坤宁宫毁于大火，神宗乘机以重新修建为名，派出大批宦官为矿监税使，到处征收矿税，大肆搜刮钱财，迫害官民无数，开始了长达近二十年的矿税之祸。

万历二十六年，矿税的危害已使百姓处于水深火热之中，国家命运危在旦夕。田大益因此上疏，陈说征收矿税的危害：矿税的征收对象已不仅仅限于矿业了，而是遍及各行各业，这其实是在巧立名目敛财，陛下曾说征收矿税是为了富国爱民，而现在却是钱财都集聚在皇室，天下百姓穷困潦倒。当今世上，上至士大夫，下至农夫贩妇，没有一个不对矿税的危害充满憎恨的了。这样一来，即使聚敛再多的钱财，一旦天下人心背离，又有什么用呢？请求陛下迷途知返、悬崖勒马！奏章呈上去很久，都没有答复。

万历三十二年，田大益再次上疏，极力劝谏神宗不要贪迷财货，以免民众叛乱，颠覆国家。并且列举历代因聚敛钱财而招致国家灭亡的事例，恳请神宗废除矿税。然而，神宗终不醒悟。

田大益秉性耿直，做官别无他求，所以敢对不合理之事进行猛烈抨击，与矿税征收作了长期的斗争。

353. 为什么说李成梁为明朝之名将?

李成梁（1526～1615），字汝契。他的高祖父李英从朝鲜归附明朝，授予了可以世代继承的铁岭卫（今辽宁铁岭）指挥佥事之职，便定居在这里。到了李成梁这一代，已是家道中衰，穷得连进京承袭官爵的路费都没有。四十岁的时候，李成梁才受人资助进京继承了官职，从此，凭借一身本领，屡建战功，成为一代名将。

当时，边防松弛，常有外族入境骚扰，烧杀掠夺，边关形势极不稳定。李成梁上任之后，指挥壮士发起有效反击，打退土蛮、张摆失等入侵之敌，边关士气为之一振。

穆宗隆庆四年（1570）九月，敌人大举入侵辽东，总兵官王治道战死，李成梁被提拔为副总兵，受命于危难之时。当时辽东情况十分危急，分别有俺答、插汉部族土蛮、朵颜部族长昂、王杲等敌窥视，逐渐对辽东形成了包围之势。十年间，殷尚质、杨照、王治道三员大将都战死沙场，明军士气大挫。李成梁上任后，大修武器装备，选拔精兵良将，并招募勇士，给予丰厚的军饷，组成突击队，日夜操练。明军士气开始振作。第二年五月，土蛮率敌军大举入侵，李成梁见反击时机成熟，便率领精锐部队在卓山大战敌寇，并和副将赵完形成夹击之势，切断敌军首尾，敌军被打得溃不成军，抱头鼠窜。李成梁乘胜攻打敌人巢穴，斩杀首领两人和敌兵近六百人。从此，李家军声名大振。后来，李成梁又与土蛮、俺答、长昂等部族多次交锋，逐渐削弱了敌军势力，边关稳定了许多。

李成梁镇守辽东二十多年，先后上奏大捷十余次。每次接到捷报，皇帝都要祭告天地宗庙，赐予大量的锦衣玉石，并接受朝廷百官的祝贺。边疆将帅取得这样盛大的功劳，是明朝建国以来二百年都不曾有过的。

354. 李如松作为将门之后有什么战功?

李如松（？～1598），字子茂，是一代名将李成梁的长子，他自幼跟随其父南征北战，熟识兵法，骁勇善战，可谓是智勇双全。李成梁去世后，李如松子承父业，建立了赫赫战功。

神宗万历二十年（1592），哱拜在宁夏叛乱，李如松以大将之才被荐为提督，统领辽东、宣府、大同、山西各路军马，讨伐叛贼。在此之前，大将麻贵、董一奎等众将多次攻城而不能得手。李如松一到，加强攻势，并采用水攻，泡塌城墙，攻入城中，斩杀哱拜及其族人，迅速平定了叛乱。

当时，朝鲜倭寇为害十分严重，神宗以李如松作战勇猛有威名，诏令其统领苏州、辽东、保定、山东各军东征。李如松刚到军中，就传来了倭寇酋长行长请求议和，愿意接受封赏的消息，李如松于是将计就计，假装同意封赏而暗中偷袭，一举铲除贼寇。万历二十一年正月，大军浩浩荡荡开赴平壤。一开始，行长等人以为是封赏的使臣到了，因此并未防备，还穿着花衣夹道相迎。然而众将在平壤城下徘徊犹豫，不敢入城，暴露了形迹，倭寇于是登城抵抗。李如松果断地分兵三路攻城，并亲自率领大军攻打东南城，战事激烈，李如松的战马中炮而亡，他顾不得安危，换马继续指挥士兵加强进攻，将士们在李如松的带动下士气高昂，无不以一当十。在众将士的奋勇拼杀下，平壤城被攻克，杀敌一千二百多。李如松带领将士乘胜追击，一举收复失收的黄海、平安、江源、京畿等地，大捷而归。李如松因此更加得到神宗的赏识和信赖。

万历二十五年，辽东总兵董一元罢官，神宗特别下诏任用李如松。李如松感激皇帝的知遇之恩，意气更加振奋，镇守辽东一带毫不懈怠。第二年四月，土蛮进犯辽东，李如松率领轻骑兵直捣敌巢，因中埋伏而不幸身亡。神宗得此噩耗，沉痛不已，令备衣冠运回安葬，建立祠堂祭祀，并赐谥号忠烈。

355. 麻贵一生建立过哪些军功?

麻贵，大同右卫（今山西大同）人。麻氏家族多将才，麻贵与他的父兄多次立下战功，人们把他们与铁岭李氏相提并论，称作“东李西麻”。

麻贵以舍人身份参军，多次安定边疆有功，受到褒奖。神宗万历二十一（1593）年，宁夏哱拜叛乱，朝廷以麻贵英勇善战、通晓兵法而提拔他为副将，率兵讨伐叛军。叛军抵抗十分顽强，明军多次攻城而不克。于是，麻贵与众将分兵四路，迂回进攻，并将斩杀的一百多敌人首级悬挂示众，叛军恐惧，士气大挫，不久，城就被破，叛军全部平定。麻贵因功被提拔为总兵官，镇守延绥（今陕西榆林），并赐予世袭。

万历二十二年，麻贵又先后捣毁了蒙古卜失兔以及其他驻留内地贼寇的营地，杀敌共计六百余人，缴获牲畜一万六千余头。神宗得知后大喜，特地祭祀祖庙宣布捷报，并再次加封麻贵官阶，赐予丰厚的奖赏。

万历二十五年，朝廷和日本谈判封赏一事失败，麻贵被任命为提督，统领南北大军，讨伐倭寇。在麻贵的带领下，将士们克服种种困难，奋力拼杀，最终攻陷敌城，俘获斩杀敌军二千二百多人，全胜而归。

万历三十八年，麻贵镇守辽东，平定了蒙古炒花、宰赛等部族的叛乱。第二年，麻贵因病请求退休，神宗特别恩准他乘驿车回家。

麻贵果敢坚毅而骁勇敏捷，擅长用兵，在东西边境上都战功卓著，先后七次受到皇帝的特别赏赐，被尊为一代良将。

356. 董一元作为战将其战绩如何？

董一元，宣府前卫（今河北宣化）人。他的父兄均为名将，镇守边关，以勇敢著称，而董一元兼其勇猛，而于智谋更胜一筹。他一生多次立下战功，镇守边关要塞，更有一夫当关万夫莫开之势。

世宗嘉靖年间（1522～1566），董一元担任蓟镇（今河北迁西）游击将军。土蛮、黑石炭等蒙古部族一万多骑兵入侵，董一元配合总兵胡镇抵挡敌军，立下头功。穆宗隆庆初年（1567），董一元在棒槌崖打败敌军，功劳又是最大。像这样的战绩对董一元来说是不胜枚举，而其一生最为世人瞩目与称颂的战功还是建立在镇守辽东之时。

辽东自李成梁之后，连年战败，溃不成军。于是战功卓著的董一元被举荐为统帅，镇守辽东。当时，蒙古把兔儿与其伯父妙花、姑父花大相勾结，并与西部卜言台周相呼应，多次侵犯边境，长期骚扰。卜言台周扬言要攻占广宁，把兔儿等人的军队驻扎在辽阳（今辽宁辽阳），企图入侵劫掠镇武、锦州和义州（均位于今辽宁省东部边界）。董一元审时度势，认为只要首先击破离边境最近而势力较弱的把兔儿，卜言台周等势力将失去内应而不战而退。决策已定，董一元迅速命令副使孙守廉火速前往右屯牵制海西部，自己率领大军藏在镇武城外，留下空营以诱敌深入。敌军鲁莽，果然中计，以为官军胆怯逃跑，便全军入城。正当敌军懈怠之时，明军从营中跃起，里外加击，奋力冲杀，敌人死伤惨重，大败而逃。海西部知道把兔儿失利，也望风而逃，明军大获全胜。捷报传入京城，世宗十分高兴，祭告于天地祖庙，加封董一元官爵，给予丰厚的奖赏。

虽然敌军各部受创严重，但董一元并不放松警觉，一旦忽略了防备，就会使贼寇有机可乘，于是亲自率军跋涉四百余里，抵达敌巢，斩草除根，一举歼灭贼寇。至此，辽东边关才得以彻底安宁。

357. 叶向高执政期间在政事上有何作为?

叶向高（1559～1627），字进卿，福清（今福建福清）人，神宗万历十一年（1583）考中进士。他为人光明厚道，有涵养，做事果断，对国事竭尽忠诚，在神宗、光宗、熹宗三朝担当国家重任，深受信任。

叶向高为官二十年，因政绩卓著，升任礼部尚书兼东阁大学士，与王锡爵、孙慎行、李廷机等一同主持国家大事。当时神宗在位已久，逐渐懈怠朝政，常年不临朝，上下隔绝，而朝中大臣结党的趋势逐渐形成，相互攻击，朝政十分混乱。执政大臣们有的因年迈去世，有的避乱引退，剩下叶向高单独执掌政事。叶向高位居相位，深孚众望，事事考虑周到，为国事竭尽忠诚。他直言不讳地上疏陈说朝政之衰败，请求神宗振作起来。神宗深知他的一片忠心，因而更加信任，国家大事全都交由他处理。

叶向高做事果断，善于处理大事。当时，神宗宠爱郑贵妃，而郑贵妃所生之子福王恃宠骄横，常年滞留京城，不肯前往封地。大臣们担心福王母子作乱，谋夺太子之位于是多次请求神宗下令让福王前往封地，神宗都不予答复。恰逢有人揭发郑贵妃的内侍勾结妖人用巫术诅咒皇太后、皇太子，企图拥立福王，神宗震怒，深怕此事惊吓皇太后和太子而祸及贵妃、福王。叶向高于是乘机进言，请求把福王迁往封地，这样便可阻止那些有关福王阴谋篡权的议论，不但保全了贵妃母子，又不会伤害皇太后与太子。神宗这才听从了，下诏命令福王搬离京城，国本之争这才得以平息。

明朝后期，朋党之争纷起，叶向高身为内阁首辅，调和不同意见，从中周旋，才使双方矛盾没有激化。

熹宗即位，叶向高再次出任内阁首辅。他大力扶植贤良之才，当时贤臣布满朝廷，天下人都盼望着太平盛世。然而熹宗年幼，不能识别忠奸，大宦官魏忠贤欺上瞒下，逐渐窃取大权，陷害忠臣良将。叶向高极力上疏劝导熹宗，大力营救被陷害的大臣。叶向高在朝期间，魏忠贤始终有所顾忌，这对阉党起着很大的牵制作用。后来，叶向高因年事过高，请求退休回乡，熹宗特别派专人护送回乡，给予了他无尚的殊荣。

358. 刘一燝是怎样和阉党斗争的？

刘一燝（1567～1635），字季晦，南昌（今江西南昌）人，神宗万历二十二（1594）年考中进士。他历经神宗、光宗、熹宗三朝，担当国家重任，深得皇帝信赖。到熹宗时，刘一燝、叶向高、左光斗等德高望重的大臣共同主持朝政，朝中遍布贤臣良将，天下人都企盼着国家太平昌盛。然而，大宦官魏忠贤利用熹宗年幼，以花言巧语进行蒙蔽，排挤驱逐贤臣，渐渐窃取了大权，朝政越来越腐败。刘一燝十分憎恶魏忠贤的所作所为，身为辅政大臣，怎能容忍奸人当道，于是和阉党展开了激烈的斗争。

当初，光宗宠妃李选侍被迫移出正宫的时候，伺候她的宦官刘朝等人趁机偷盗内宫秘藏的宝物，经过乾清门时，由于慌乱而跌倒，金银珠宝散了一地。熹宗知道后很生气，要判处死罪，但一直都没有执行。到这时，魏忠贤当权，那些宦官便用重金贿赂他，请求疏通关系。魏忠贤得了好处，便上疏替他们辩解求情，熹宗宠信他，便听信了，免除了刘朝等人的死罪。宦官们由此更加迎奉魏忠贤，以为他已控制了皇帝，而魏忠贤也愈发的狂妄自大，篡改诏书、陷害贤良，无恶不作。刘一燝知道后，很是气愤，心里明白此案一定又是魏忠贤从中做了手脚，于是上疏，言辞激烈地申辩事实，要求依照原来的判罚，立即处死刘朝等人。熹宗很器重刘一燝，觉得他所说的有道理，如果出尔反尔会失掉皇家的颜面，就听从了他的意见。这样，才使魏忠贤的阴谋没能得逞。魏忠贤也因此开始记恨刘一燝，时时谋划着要除去这个心腹大患，只是顾忌他的权位重，声望高，一直不敢下手。

修建神宗陵墓的定陵工程完成后，魏忠贤又把功劳揽在自己名下，厚颜无耻地要求赏赐加封。刘一燝坚决反对，上疏向熹宗说明事实，并责备魏忠贤滥求封赏。这样才使讨要封赏的闹剧收场。而到此时，刘一燝与魏忠贤之间的矛盾已经是水火不容了。

慢慢的，宦官的势力壮大起来，清廉正直的大臣都受到迫害，使刘一燝孤立无援。魏忠贤认为时机成熟，便让手下亲信上疏攻击刘一燝。众口铄金，刘一燝不得已，请求辞职，但熹宗很信赖他，多次安慰挽留，不让离去。魏忠贤很是恼怒，为了除去这个眼中钉，便不择手段，假传圣旨，让刘一燝回家养老。

虽然这场与阉党的斗争，以刘一燝的失败而告终，但刘一燝对阉党的抑制还是起了作用的，使他们不至于为所欲为。

359. 韩爌为什么会遭到魏忠贤的排挤？

韩爌（kuàng）（1565～1644），字象云，蒲州（今山西永济西南）人，明神宗万历二十（1592）年考中进士。他为人正直，老成持重，在光宗、熹宗两朝担任要职，举荐贤才，任用能士，而抑制奸邪党徒，受到人们的称赞。然而，正因为他廉洁正直，不与奸邪为伍，遭到魏忠贤的排挤和陷害。

熹宗即位之初，韩爌与叶向高等人共同主持朝政，国家政局大有好转。这时，为人阴险狡猾的魏忠贤作恶多端，破坏朝政，杨涟等人联合上疏弹劾他，列举了二十四条罪状。魏忠贤害怕被治罪，便向德高望重的韩爌求救，请求替自己辩解说情。韩爌向来憎恶魏忠贤，耻于与其为伍，便严词拒绝了。魏忠贤于是怀恨在心，一心要报复。

后来，叶向高罢官，韩爌担任首辅，依然是秉持公正，任用贤良，打击奸邪，多次制止了魏忠贤党羽的恶行。魏忠贤更加恨他，就与魏广微勾结，假传圣旨，责备韩爌独揽大权，命令他与魏广微合作，借此削弱他的权力。而此时朝中的正直之士如杨涟、左光斗等人都先后被排挤迫害了，朝廷上下遍布魏忠贤的党羽亲信。韩爌势单力薄，无力进行抗争，于是上疏请求辞职。魏忠贤早就盼着这一天，便立即传旨批准了。

虽然韩爌已被排挤出朝廷，但魏忠贤还不肯罢休，又指使亲信上疏诬陷韩爌贪污，直害得韩家家破人亡。

360. 周嘉谟一生有何作为？

周嘉谟（1546～1629），字明卿，汉川（今湖北汉川）人，穆宗隆庆五年（1571）考中进士。其人有胆有识，曾多次平定叛乱，并严惩地方恶霸。在朝廷担任要职期间，面对动荡不安的政局，能够冷静地主持大政，成为朝廷内外的中流砥柱。

神宗万历十年（1582），周嘉谟任四川副使，负责巡视泸州（今四川泸州），当地有个地头蛇叫杨胜霄，为非作歹，作恶多端，十分嚣张，官府都不敢招惹他。周嘉谟知道后，就派人秘密搜集杨胜霄作恶的证据，等到证据充足，就立即将其处死，除去大患。不久，当地发生兵变，周嘉谟单枪匹马闯进军营，以大义相劝，士兵们被他的胆识和真诚所感动，骚乱就平息了。周嘉谟因功升任右副都御史，奉命巡视云南，正遇上陇川（今云南）发生叛乱，他果断出兵，率领将士奋勇杀敌，在很短的时间里就平定了叛乱。

周嘉谟开始担任朝中要职之时，正是神宗去世至熹宗即位之际，短短几年时间，朝中频频发生事故，国家局势动荡不安，而内阁首辅方从哲处理政事犹豫不定，刘一燝、韩爌又刚刚主持大政，周嘉谟神色严正地立于朝中，全力主持大政，朝廷上下都很倚重他。

万历四十八年七月，神宗刚刚去世，生前宠爱的郑贵妃却要求封为皇太后，并赖在乾清宫里不搬。这时，朝中一边要料理神宗的后事，一边要筹划光宗的即位典礼，再加上郑贵妃这么一闹，真是乱成了一团麻。对此，周嘉谟采用抽丝剥茧之法，找来郑贵妃的侄子郑养性，以大义相劝，告诉其中的利害关系。郑养性在周嘉谟的有力开导前不停点头说好，回去之后，赶紧劝说姑姑不要再执迷不悟。郑贵妃一看，连最亲信的人都背离自己，真是大势已去，只好移居慈宁宫，求封皇太后的事也就平息了。

可一波未平，一波又起。光宗即位不到一个月，就因病而亡，遗诏让年幼的熹宗即位。这时，光宗生前宠爱的妃子李选侍又上演了一幕霸占乾清宫的闹剧，而且她的野心更大，企图挟持熹宗，把持朝政。朝中大臣都在担心会发生意外之时，周嘉谟趁着朝见的机会，一再恳请熹宗无论有什么行动都要等大臣们到齐了再说，以免被李选侍控制，熹宗含泪点头答应了。接着就立即草拟奏疏，率领大臣们坚决要求李选侍迁出乾清宫。李选侍迫不得已，只好迁出乾清宫，从而使熹宗顺利即位。

361. 张问达在审查宫廷三大案时有何作为?

张问达（？～1625），字德充，泾阳（今陕西泾阳）人，神宗万历十一（1583）年考中进士。曾出任地方官，有很好的政绩，因功升任刑部右侍郎，多次担当大任。当时正值宫廷风波迭起、动荡不安，接连发生了“梃击”、“红丸”、“移宫”三大案，张问达参预了三案的调查审讯，主持公道，不偏不倚。

首先是震惊朝野的“梃击案”。事情是这样的，有一天早晨，有个叫张差的人手里拿着大棒子突然冲进宫里，见人就打，一直打到太子的宫殿里，幸好太子躲避及时，才没受伤。经过审问，牵扯出神宗宠妃郑氏宫中的宦官庞保和刘成。当时，神宗特别宠爱郑贵妃，她亲生的儿子福王恃宠专横，长期留在宫中，不肯出京到封地去。对此，朝臣中有人在担心福王母子勾结，威胁太子的正统地位。现在又发生了这件事，就更怀疑是郑贵妃等人干的。一时间人心惶惶、议论纷纷。神宗害怕事件扩大成宫廷斗争，有意包庇郑贵妃，仅下令处死张差。张问达认为，奸人闯宫，事关国家安危，如果这样草率地处理，不仅有失公正，还会影响朝廷尊严，丧失天下人心，要求将两名宦官一同审讯，查明事情本末。张问达的意见中正恳切，但神宗怕议论会更加激烈，就在宫中秘密处死庞保和刘成，对外宣称他们因受刑过重而亡，这件事就算平息了。

神宗去世，光宗虽然平安地继承了皇位，可不到一个月，就暴病而亡。传说是在光宗病重时，有个叫李可灼的人进献了几粒红丸药，光宗吃后没多久就去世了。于是，人们怀疑光宗是被毒死的，但究竟是谁指使的，却一直没有答案，这就是谜团重重的“红丸案”。据调查，李可灼进献的红丸药确实不对病症，无论是不是受人指使，他对光宗的死都负有责任。然而，当时执掌大权的方从哲对他定得罪很轻，张问达便上疏陈说事情的经过原委，要求对李可灼依罪定刑。这样，才使李可灼得到了应有的惩罚。

光宗死后，年幼的熹宗即位。光宗生前宠爱的妃子李选侍却占据正宫，不肯搬出，企图要挟年幼的皇帝，把持朝政。朝中大臣怎能容许这样荒唐的事情发生，便接连上疏要求李选侍搬离正宫。这就是所谓的“移宫案”。然而，在众大臣为了国家利益积极上疏争辩时，身为首辅大臣的方从哲却迟迟没有动静，直到李选侍被迫移出正宫的大局已定，才呈上奏疏，这难免有“墙头草”的嫌疑。于是，张问达不畏方从哲首辅的权势，上疏责备他不为国事尽力，没有果断地为百官做表率。

从万历末年（1619）到天启初年（1621），短短的几年时间，接连发生三大奇案，多少人在这复杂的宫廷斗争中丧失原则、丢弃正义，而张问达却始终能够秉公处理，维持公道，是难能可贵的。

362. 赵南星在明末党争中持什么态度？

赵南星（1550～1627），字梦白，高邑（今河北大名）人，神宗万历二年（1574）考中进士，他为官清廉公正，以天下为己任，日夜操劳国事，在当时与邹元标、顾宪成一起被天下人敬称为“三君”。

当时的政局形势是，年幼的熹宗身居内宫，而朝廷大权被以魏忠贤为首的宦官们把持。他们勾结成党，打击异己，扰乱朝政，从而激起了东林党人的强烈不满，和阉党展开了多年的斗争。在这场斗争中，赵南星坚定地站在东林党人一边，不畏魏忠贤的权势，始终支持处于劣势的东林党。

开始的时候，魏忠贤很看重赵南星，想加以笼络，多次在皇帝面前称赞他善于理事，还派亲侄子拿着礼品上门拜见。而赵南星十分憎恶魏忠贤，耻于和他有什么关系，给魏忠贤的侄子吃了个闭门羹。

赵南星的好朋友魏允贞有个儿子叫魏广微，向来被赵南星当作亲生儿子抚育教导。可是魏广微后来竟认贼作父，投靠了魏忠贤。赵南星很伤心，从此拒绝再见魏广微，并说魏允贞的儿子已经死了。

后来发生了一件事，促使赵南星和魏忠贤彻底决裂，而魏忠贤就放弃拉拢的手段，开始残酷地迫害赵南星。有一天，两人一起办公，赵南星严肃地对魏忠贤说：“皇上年幼，我们这些宫内宫外的臣子应努力做好自己分内的事，不要有非分之想。”魏忠贤没有想到赵南星竟敢这么大胆地正面批评自己，一时噎得说不出话来。然而表面保持沉默的魏忠贤，心里已经开始盘算着迫害赵南星了。

在这之前，魏忠贤就经常假传圣旨，而现在每次传达圣旨，都要把赵南星当作首恶，假借皇帝的名义进行打击。凡是赵南星举荐的人都被贬斥，凡被赵南星斥退的人都被提升，还唆使党羽上疏弹劾赵南星，说他徇顺私情，用人唯亲。在逼迫无奈之下，赵南星只得请求辞职，这正中魏忠贤的下怀，立即传旨放他回乡。

然而，心肠歹毒的魏忠贤还是不放过赵南星，命令手下人进行诬陷，栽赃说他贪污白银一万五千两，还在朝廷大堂上对他进行羞辱。赵南星虽为官多年，但一直保持着清正廉洁的作风，家里哪有钱偿还所谓“赃款”。好在亲戚朋友们敬重他的人品，同情他的遭遇，多方捐款资助，才得以结案。最终，赵南星被遣到边关去戍守，贫病交加地死在流放地。

363. 邹元标为什么多次被贬谪?

邹元标（1551～1624），字尔瞻，吉水（今江西吉水）人。他自幼聪颖好学，九岁便通晓《五经》，长大后又跟随得到王守仁真传的胡直学习，有志于做学问。神宗万历五年（1577）考中进士，开始了从政生涯。邹元标为人正直，为官刚正，政治上颇有作为。然而，也正是因为他勇于直言进谏，针砭时弊，常常得罪于当权者，故而多次遭到贬谪。最初，邹元标在刑部实习政务，恰逢内阁首辅张居正的父亲去世，而他却未按礼制回家守孝，再加上平时专横独断，对朝政大包大揽，造成许多弊端。邹元标愤愤不平，于是草拟奏疏，指责张居正学术偏执、刚愎自用、用人唯亲。奏疏写成，邹元标怕人知道是弹劾张居正的而被扣留，就揣在怀中，呈上时假称是请假的奏疏。然而，张居正一手遮天，朝中之事无不经由其手，所以，邹元标的奏疏根本就没给皇上看，而是被张居正作了批复，在朝堂上杖打八十。好在邹元标年轻力壮，没有立即毙命。但是张居正还不解气，又把他流放到边关去戍守。邹元标面对困境，并不气馁，还怡然自得地专心研究心性理学，学问大有长进。

六年之后，张居正去世，邹元标才被召回，任吏科给事中。邹元标终于得到再次实现政治抱负的机会，在上任伊始，就陈上奏疏培养圣德、亲近贤臣、严肃法规、崇尚儒行、整治群臣等五件事。不久，慈宁宫发生火灾，邹元标上疏直言，劝神宗自我反省、清心寡欲。神宗昏庸，不辨忠奸，以为邹元标是在讽刺自己，十分恼怒，降旨斥责。邹元标就这样被贬黜。此后，虽多次被人举荐，但神宗怀恨不已，始终没有起用，邹元标赋闲达三十年之久。不过邹元标坚守“达则兼济天下，穷则独善其身”的信条，在乡里讲学，跟他学习的人日益增多，成为名满天下的大学问家。

直至光宗即位，邹元标才被召回，任大理卿，又升为刑部右侍郎。这时的邹元因年事已高，为人处事少了些张狂，多了些稳重，先后辅佐光宗及年幼的熹宗，成为朝廷中的肱股之臣。

364. 孙慎行在明末政治中有何作为?

孙慎行（1564～1635），字闻斯，武进（今江苏常州）人，神宗万历二十三（1595）年考中进士，授予翰林院编修之职。孙慎行小的时候就很好学，做官之后也曾多次请假回乡，潜心钻研理学，有很好的人品和学养。他为人重操守，严峻高洁，做官为国为民，呕心沥血，力矫弊政。

神宗末年，朝政荒废，产生了很多不合礼法制度的事，却长期无人过问，例如祭祀祖宗天地这样的大事，神宗二十多年都没有亲自主持；为东宫太子讲学的制度已停止了达八年之久；将来要继承皇位的皇长孙已经九岁了，还没开始接受教育，等等。这都是长治久安的大事，可群臣都知道神宗沉迷享乐，根本没有心思顾及，也都睁一只眼闭一只眼。而孙慎行认为“千里之堤溃于蚁穴”，这些问题如果得不到及时解决，将会影响到国家安危，于是接连上疏，直言进谏，终于引起了神宗的注意，事情才得到圆满的解决。

神宗、光宗接连去世，年幼的熹宗登上皇位，孙慎行升任礼部尚书。此时，朝中议论“红丸”一事，大臣们纷纷上奏弹劾给光宗献药丸的李可灼，而内阁首辅方从哲所拟写的旨意只是让李可灼回乡，并没有给予处罚，还暗地里送给他很多金银珠宝。群臣愤愤不平，觉得方从哲和“红丸”一事有染，再加上追究此前发生的“移宫案”时，方从哲也是摇摆不定，没能起到带领百官维护正统的作用，大家就更加对他不满。但方从哲位高权重，没有人出面弹劾，孙慎行禀性刚直，对于国家大事的态度从来都是一丝不苟，于是上疏，抨击方从哲，揭露事实真相，要求严厉处罚。孙慎行的奏疏呈上后，朝臣都争相赞成附和。

自此事之后，朝臣们更加敬重孙慎行的胆识和勇气，把他当作为官的楷模。

365. 左光斗具有什么政治影响?

左光斗（1575～1626），字遗直，桐城（今安徽桐城）人。神宗万历三十五年（1607）考中进士，任中书舍人。曾捕捉惩治吏部强横的恶霸官吏，震惊京城。出京管理屯田时，认为北方天荒，百姓迁移，需兴修水利，减少天灾，于是呈上三种十四条建议，所述的方法明确完备，神宗皇帝诏令全部允许施行。从此，北方人才学会种植稻田。当时，有位宦官刘朝声称太子命令索要外戚的废置庄田，左光斗没有启封就还给了他，说："尺土都是殿下所有，今日怎敢私自授予？"宦官愤怒地离去。

光宗去世后，李选侍占据乾清宫，强迫皇长子封其为皇后。左光斗不满，进言讲："李选侍不是嫡母，也不是生母，却居处正宫，地位尊贵，而殿下退居慈宁宫，不能守灵座，行大礼，按名分该怎么说？她侍奉先皇没有脱簪报晓警睡的德行，没有抚慰养育的恩义，怎么可以把皇上托付给她这样的人呢？"并且说："现在不早断决，将会借抚养的名义，行专制的实事，武氏的祸害在今天再现，将来会出现不忍心述说的事。"当时，李选侍想专擅大权，朝臣笺奏，命令先送进乾清宫，然后进呈慈宁宫。当看到左光斗的笺奏后，非常愤怒并严辞斥责，多次派使者宣召左光斗。左光斗反问："我是天子的法官，不是天子的召见能前去。你们是干什么的人？"李选侍更加恼怒，便邀请熹宗到乾清宫评议此事。熹宗不愿意前去，心里一直赞同左光斗的说法，催促李选侍择日移宫，左光斗才免受斥责。当时，官府互相倾轧怀疑，左光斗与杨涟两人出力最多，因此朝廷、民间并称他们为"杨、左"。

不久，御史贾继春向内阁上书，说皇帝不应当薄待庶母，左光斗听后，继续进言，熹宗皇帝宣谕百官，详细叙述李选侍欺凌虐待生母的各种情状，到召见时又说："朕与李选侍有仇。"贾继春也由此而得罪离去。

当时，朝臣商议改用新年号纪年，朝臣提出不少建议，左光斗极力排斥，认为从当年八月以前为万历，以后称作泰昌，议论便由此确定下来。第二年二月，左光斗升任右佥都御史。当时，韩爌、赵南星、高攀龙、杨涟、郑三俊、李邦华、魏大中等人身居要职，左光斗与他们彼此投合，用公正深刻的评议鉴别一些事情，正直的人都倚靠他，嫉恨他的人逐渐不能容忍。最终被魏忠贤一党陷害致死。

366. 魏大中在政治上有什么作为？

一代忠臣魏大中（1575～1625），为官清正廉洁，秉公执法，正直厚道，爱民如子，憎恶奸邪，坚决与奸邪势力抗争，置自己的个人利益生命安危于不顾。神宗万历四十四年（1616）考中进士，授予行人，多次奉命出使，从没打扰过百姓。熹宗天启元年（1621），升任工科给事中。当时杨镐和李如桢已被判处死刑，因佥都御史王德完说情，大学士韩爌马上拟写圣旨减免死刑，魏大中对此愤怒至极，上疏谏诤，抨击王德完为官晚节不保，丢弃榜样形象，话语中同时伤及了韩爌，因而遭到皇帝的斥责及御史的弹劾。过了很久这件事才平息了。第二年，魏大中又与同僚周朝瑞等接连两次上疏弹劾奸臣阉党，得罪了大宦官魏忠贤和熹宗的乳母。到议论“红丸”事件时，又极力请求诛杀内阁大臣方从哲、崔文升以及献药丸的李可灼等人，并追查郑贵妃之弟郑国泰阴谋加害太子之罪，言论严直正切，遭到阉党的嫉恨。在提任礼科左给事中之时，针对抚恤去世官员过滥、攀附权贵的严重现象，魏大中就按照典章制度裁决，严惩腐败。天启四年升任吏科都给事中。他上任后，从不带家属，只叫两个老奴跟着做饭，每到上朝之时就锁上家门。如有地方官前来送礼，他就检举揭发，使行贿说情的人不敢进他家的门，有时还帮助大臣们处理一些棘手的问题，很受欢迎，但同时也得罪了另一部分人，有人通过弹劾来诽谤魏大中，说他长相丑陋，心地险恶，表面恭顺，实际邪恶，与人勾结为奸，谋取私利，于是被罢免，后来在众多大臣的极力辩护下才得以复职。

不久，正逢杨涟上疏弹劾魏忠贤，魏大中也率领同僚进谏，言辞犀利地谈到了奸党祸害、帝王安危、国家兴亡，最后指出：“只要魏忠贤、客氏一日不除，恐怕宫内到处都布满着魏忠贤和客氏的同党，而不是陛下的人，陛下就会真的是孤立无助了。”魏忠贤看到奏疏后十分恼怒，就与魏广微内外勾结起来，势力更加扩张，当遭到朝臣的交相弹劾时，只是表面上收敛暂时屈从，暗中却窥伺时机下手，斥逐了很多正直之士，魏大中也被贬出京城，到外地任职。第二年，依附魏忠贤的梁梦镮又弹劾汪文言等人，受牵连的人很多，魏大中也被诬陷受贿三千，投入钦犯牢狱。同乡人听到他的遭遇，数千人号泣相送。魏大中被押到镇抚司后，被严刑拷打得血肉模糊而死。崇祯皇帝即位后，魏忠贤一党受到严厉处置，魏大中才被追赠为太常卿，谥号忠节。

367. 周顺昌的生平如何？

周顺昌（1584～1626），字景文，吴县（今江苏苏州）人。神宗万历四十一年（1613）考中进士，授予福州推官之职。熹宗天启年间（1621～1627），历任文选员外郎，代理文选事务。他上任后，竭力杜绝请托，抑制侥幸，表现出刚正高洁的品行。巡抚周起元因触犯大宦官魏忠贤而削去官籍，周顺昌为之不平，做文章赠给他，在文中指责斥骂之声不绝。听说魏大中被捕要经过吴门（今江苏吴县）时，周顺昌立即出城饯行，与他同卧同起三天，而且许诺把女儿嫁给魏大中的孙子，押解的官吏多次催行，周顺昌怒视着说："你不知道世间有不怕死的男子吗？回去告诉魏忠贤，我就是吏部的周顺昌。"还伸出两根指头，如戟似的对着押解的官吏直呼魏忠贤的名字，骂不绝口。魏忠贤的义子倪文焕听到后很恼怒，奉迎魏忠贤的心意进行弹劾，诬陷他贪赃受贿，魏忠贤顺手假传圣旨削夺了他的官职。

周顺昌还喜欢在乡里做善事，替百姓申报冤屈，无论读书人还是一般平民都非常感激。当民众听说要逮捕周顺昌的人来了，都愤怒地堵在路上喊冤，数万人拿着香为他请命。又听说是"东厂"的人来逮捕，众人便对他们纵横殴击，势如山崩，还是在颇得民心的陈又瑞的婉言劝解下才平息了。之后，周顺昌自己来到官府，被投入钦犯牢狱。魏忠贤的同党许显纯又罗织罪名，诬陷他贪赃三千，每五天就拷问一次，无论如何拷打讯问，他不但不屈，反而还大骂魏忠贤。许显纯恼羞成怒，狠狠地把周顺昌的牙齿敲掉，然后捡起来再问："看你还能骂魏上公不能？"周顺昌直接将嘴里的血唾到他脸上，骂得更厉害，结果在当晚就被残忍地杀害。第二年，崇祯皇帝即位，魏忠贤一党被处置之后，给事中瞿式耜为他讼冤，称赞是清正忠贞之臣，于是下诏追赠，谥号为忠介。

368. 李应升如何同阉党斗争?

李应升（1593～1626）以清正廉洁闻名，很得民心。当时有民谣说："前林后李，清和无比。"（林指晋江林学曾，以清廉慎重著称）。九江（今江西九江）、南康（今江西星子）间有柯、陈两大族，相传是陈友谅的后裔，倚恃险阻，抗拒官兵。官府商议想要发兵围剿，而李应升请求前往晓谕劝说，结果没费力气，就使他们叩头听命，交出匿藏的罪人，使一方百姓得到安宁。

熹宗天启二年（1622），皇帝正当年幼，昏庸懦弱，朝廷各种政务都松懈废弛，李应升针对这种弊病上疏直言："现在天下破敝衰败到极点，取决于君臣奋发振兴而竭力图谋，陛下振兴纲纪，则一片纸如同迅雷；大臣捐弃私心，则千里运筹如在手掌中；言官勇于检举弹劾，则百官受命从政，为国忧心。现在议论增加官职，为他们营建避护所，纷纷升迁调任，名不副实。”又说：“现在把政事交付各部，十分之八九被搁置起来，应重申国家法律，公开惩处败将的罪行。”主张严明执法，惩处恶弊。不久，又弹劾南京都御史王永光庇护下属官员范得志，颠倒公理。王永光吓破了胆，立刻引咎离职。

天启四年（1624）正月，李应升上疏陈述外藩、内盗、小人三大祸患，把讥讽谴责的矛头直接指向熹宗身边的奸人。李应升知道魏忠贤必将是国家的一大祸患，就秘密草拟奏疏，罗列出十六条罪状，正准备呈上时，被他哥哥发现，奏疏被烧毁。后来杨涟弹劾魏忠贤，反而遭到皇上的严厉斥责。李应升极其愤怒，就继续上疏弹劾，说：“从来宦官之祸，开始时没有不是用小忠来取信于君主的，待根基扎牢之后才下毒手。现在陛下明知道他们的罪行，却曲意包庇。当时势缓和之时，他们就采用保全自己的谋计，当事情紧急之时，他们就拿铤而走险的手段，萧墙之内，能无隐患？所以，魏忠贤一日不去，陛下就一日不得安宁。”万燝因抨击魏忠贤致死，李应升对此深感不平，就极力进谏，说不可在朝堂上使用梃杖之刑，不可摧折士人的志气，用来斥责魏忠贤。之后，又严辞弹劾崔呈秀等人。崔呈秀窘迫，夜晚敲门，长跪哀求，李应升不为所动，坚决拒绝。十月初，正逢熹宗祭祀宗庙、颁布日历之时，李应升又直言弹劾魏广微，告诫他要保全家族名声，不要倚靠奸猾的宦官而去为难谏官，以后才有脸与地下的父亲相见。魏广微听到后非常恼怒，便与魏忠贤合谋陷害他，李应升最终因受酷刑折磨而死，年仅四十三岁。

369. 满朝荐为什么被列入“东林同志录”中？

满朝荐（？～1629）有廉洁能干的美誉，他为官正直，严行守令，奋力以死对抗凶顽之敌，即使幽禁囹圄也不改悔。神宗万历三十二年（1604）考中进士，授予咸宁（今陕西西安）知县。当时，担任税监的宦官梁永放纵部下横行，掠夺他人产物，满朝荐逮捕处罚了他们。因此遭到弹劾，降职一级。恰好巡抚顾其志在这时上疏陈述梁永的贪婪残暴，他才得以恢复官职。没多久，梁永继续胡作非为，满朝荐为了追查恶党，有动武的行为。梁永怕了，就设计让人将诬告信藏在头发中，然后入京控告他劫持上贡物品，杀人无数，抛尸河中。神宗听后大怒，立即派人逮捕他并长期关押。经过朝廷内外人士的极力营救，到四十一年秋才获释放。

光宗即位后，任用满朝荐为南京刑部郎中，后来升迁为尚宝卿。熹宗天启二年（1622），辽东之地为异族侵占，天下发生多起变故，朝中大臣却各自结党，借议论这些事情而相互攻击。满朝荐很是忧虑，上疏陈述当前的时事形势有可忧的十条、可怪的七条，并指出了是谁造成政令颠倒、危机四伏的原因："陛下造成的只占十之一二，由掌权大臣造成的占十之八九。"奏疏呈上后，皇上得悉魏忠贤的条条罪状，震怒万分，开始下诏严厉追查他，满朝荐也因此被削职为民。事过不久，魏忠贤的死党开列黑名单撰成了《东林同志录》，满朝荐就被列入其中。

370. 江秉谦是怎样一个人物？

江秉谦（？～1625），字兆豫，歙（今安徽歙县）人。神宗万历三十八年（1610）考中进士，先后任知县，以廉洁能干被召回京，授予御史之职。他性情刚烈，对政事一有看法就上疏直言。

沈阳失守后，朝野人士都怀念镇守边关的名将熊廷弼，唯有给事中郭巩弹劾他丧师误国，并要求处罚。江秉谦很是愤慨，上疏称颂熊廷弼保守边疆的功劳，并且说："如今熊廷弼的案件已调查核实，明白无罪，却有人仍用一己私情来湮没天下公论，宁可败坏国家的有功大臣，也不愿忘掉胸中私怨。"奏章交给朝臣讨论，正逢辽阳又一次失守，熊廷弼被起用为经略使，郭巩也因妄议朝臣而获罪，被削夺官职。当熊廷弼镇守山海关时商议派使者前往朝鲜劝说他们发兵牵制敌人，副使梁之垣请求前往。熊廷弼大喜，请求朝廷支付二十万银子作军费，兵部尚书张鹤鸣不给，江秉谦就上疏争论。张鹤鸣压制熊廷弼，其实是为了袒护巡抚王化贞，朝中大臣也多附和他。熹宗因镇守边关的经略使、巡抚等文武官员不和而十分烦恼，就下诏书让群臣讨论，江秉谦递上奏疏说："熊廷弼和王化贞的事，并不是任经略使、巡抚官员之间不和，而是喜欢不喜欢经略使、巡抚的人的不和；不是战或守的议论不和，而是反对和支持经略使、巡抚的人议论不和。"话语恳切，十分在理。结果使熊廷弼被撤换，王化贞临阵逃跑，张鹤鸣等依旧排斥熊廷弼，导致大片疆土丢失。江秉谦极为愤慨，上疏请求将张鹤鸣绳之以法。熹宗却认为张鹤鸣正在巡视边地，不应轻易诋毁，反而罚扣他半年俸禄。但他依旧坚持继续上疏，于是被调出京城。居家四年，在听说大宦官魏忠贤等更加败坏朝政之后，忧愁愤慨，郁郁而终。

371. 毛士龙是怎样逃脱魏忠贤的迫害?

毛士龙（? ～1644），字伯高，宜兴（今江苏宜兴）人。神宗万历四十一年（1613）考中进士。他为人正直，善恶分明。熹宗即位，任刑科给事中。当时朝内奸党肆意胡为，不守法律。毛士龙多次上疏弹劾，毫不讳言，得罪了魏忠贤。天启元年（1621），毛士龙又弹劾顺天府（今北京）丞邵辅忠奸诈贪婪，邵辅忠十分恐惧，就听从别人的坏主意，诬陷毛士龙盗窃国库，接纳妓女。大宦官魏进忠不听谏官的劝阻，指使有关官员削除毛士龙的官职。魏进忠后来改名魏忠贤，扩张势力，窃取大权，而对毛士龙依旧怀恨在心。四年冬，暗地里命心腹亲信张讷再次弹劾毛士龙。第二年三月，毛士龙又被扯入汪文言的案件中，说他收取贿赂三千，下令当地巡抚和按察使提审毛士龙追缴赃钱，并流放到平阳卫（今浙江平阳）戍守。六年二月，御史刘徽又诬告毛士龙接收被侦查通捕犯人的一万两银子，交由司法部门逮捕治罪。毛士龙明白魏忠贤非要置自己于死地，半夜时分，翻墙而逃，连他的小妾都不知道，还以为是主管官吏杀了他，就披头散发地在路上大哭，那些主管官吏拿她也没办法。毛士龙于是偷偷回到家中带着妻儿潜浮在太湖里，才免一死。崇祯皇帝即位后，魏忠贤被诛杀，朝中有人才替毛士龙鸣冤，皇上下诏赦免了他。崇祯四年（1631），毛士龙被起用。

372. 刘綎征战一生战绩如何?

刘綎（? ～1619）是都督刘显的儿子，骁勇善战，有勇有谋，作战时使用一百二十斤的镔铁刀，在马上轮转如飞，天下人称为“刘大刀”。他一生征战无数，战绩显赫，威震海内。

神宗万历初年（1573），刘綎跟随父亲讨伐九丝蛮，率先登城，活捉九丝蛮的酋长阿大，令军中将士十分钦佩。十年冬，缅甸势力逐渐强大起来，经常扰乱边境，并且与勇猛狡诈的岳凤勾结在一起，联合抢掠杀戮无数。巡抚刘世进军楚雄（今属云南），征集数万汉士兵分路出击，刘綎也参与了这次战役，在强大的军事威慑下，岳凤十分惊恐，令妻儿及手下乖乖投降。刘綎乘胜大规模出击，敌人走投无路，连首领在内全部俘虏。这次战役中他率领父亲部下的勇士，称雄于金沙江边，又在王骥旧址修筑将台，威名远播。没多久，发生了罗雄（今云南罗平）兵变。罗雄是曲靖（今云南曲靖）的属州，当地大族者氏世代袭任知州。至者继荣继位之后，用符术炼六丁六甲，聚集党徒，煽动抢劫，无恶不作。刘綎受命讨伐，直捣入敌人巢穴，攻取了山寨，捉住者继荣的妻妾数人，者继荣逃脱。又连续攻破敌人三座营寨，追赶逃兵，终于杀死者继荣，平息了兵变。这次战役，斩下敌人首级只有五十多颗，而招抚投降的有一万多人，舆论称颂他不乱杀人。

万历二十年（1592），被授予五军三营参将。恰逢此时，日军进攻朝鲜，刘綎自荐请求率兵赶赴救援。于是让他以副总兵的身份从军出征。在战斗中，他率兵直逼敌阵，日军很惊恐，主动求和。后来，大军返回，刘綎和游击将军吴惟忠一起统领七千六百人扼守险要关口。第二年五月，朝鲜再次发生战争，刘綎在形势极端不利的情况下，拼命奋战，打败敌人。二十八年正月，在平定播州（今贵州遵义）酋长杨应龙的叛乱中，刘綎亲自上阵，三面围攻敌营，左手拿着黄金，右手挺着长剑，大声喊："拼命的有赏，不拼命的杀头。"在李江灞大战中活捉敌军首领，攻克三峒，仅战死四十人就取得大胜。三十六年，云南阿克造反，刘綎担任讨伐总兵官，还没到达，叛乱就平息了。四十年，他又担任总官兵讨伐四川叛乱，经过大小五十六次战斗，斩下敌人首级三千三百多颗，敌军巢穴一扫而空。

作为将官，刘綎一生战绩显赫，多次平定叛乱和打败入侵之敌，大小战役数百起，威名远扬。但他性情骄纵不羁，由此也多次被罢黜。万历四十六年（1618），刘綎在与清兵的交战中战死，全军覆没。

373. 朱燮元的军事生涯如何？

朱燮元（1566～1638），熹宗天启元年（1621）任左布政使，将要准备入朝拜见，恰逢永宁（今属四川叙永）奢崇明反叛，各城多失守，指挥周邦太叛降，冉世洪、雷安世、瞿英战死，成都只剩官兵两千，粮饷又短缺。当时情况紧急，蜀王命他立即率军征讨。朱燮元立即下达军令，征集石柱（今属四川）、罗刚（今属四川）、隆安（今属四川）、松（今属四川）、茂（今属四川）诸道的士兵援救，收集二百里以内的粮食进城，并同几位将军分城防守，奢崇明部下用皮革裹着竹排钩梯附在城墙上做遮挡，垒积土山，上面架起篷蔽，弓箭手伏在下面，向城里射箭，朱燮元采用火攻击退他们，又派兵挖开都江堰，斩杀城中通敌的两百人。敌人从四面修起望楼，与城墙一样高。朱燮元命敢死之士冲出城，斩杀叛乱的首领，烧掉望楼。随后，援兵逐渐聚集，朱燮元采用巨木作机关，转索发炮，飞起石子击打对方，敌军溃败而去。又听说叛军将领罗干象想要投靠，朱燮元就将他招来，热情款待，并且一起同卧酣睡。罗干象非常感动，决定誓死报效，由他做内应，被围困了一百零两天的成都城，最终顺利解围。当初，朝廷听说重庆（今重庆）发生兵变，就任命朱燮元为右副都御史，巡抚四川，官军还没到，成都之围就已经解除，官军趁机收复州、县、卫、所等共四十多座城镇，之后，又派遣将领收复建武（今属重庆）、长宁（今属重庆），俘虏了伪丞相何若海。不久，泸州也收复了。

那时，奢崇明的反叛尚未平息，贵州的安邦彦又起兵作乱。朝廷以朱燮元守城有功，加封兵部侍郎之衔，总督四川及湖广荆（今属湖南）、岳（今属湖南）、郧（今属湖南）、襄（今属湖南）、陕西汉中（今陕西汉中）五府军务，并担任四川巡抚。同时，又命令杨述中总督贵州事务。但是，两位督抚分别同率官军，川、贵之间，不相呼应，使叛军更加猖狂。天启三年（1623），朱燮元商议直取永宁，调集各军汇合到长宁（今属重庆），连续攻击敌寨，焚毁营垒，打败了叛军。奢崇明父子率残余的部下逃到深山野林，他的妻子安氏、弟弟奢崇辉都被活擒。朱燮元因立功被升为右都御史。崇祯元年（1628）六月，朝廷命朱燮元代替张鹤鸣，同时兼任贵州巡抚，并赐予尚方宝剑。当时，民间萧条，朱燮元招抚流民，扩大开垦，招募勇敢之士。随后，采用闵梦得的计议，传发军令文书，约定云南的官兵走乌撒（今贵州威宁）一路，四川的官兵从永宁出发，走毕节（今贵州毕节），自己率军驻守陆广（今属贵州），逼近大方（今属贵州），以便倾覆叛军巢穴。二年八月十七日，安邦彦、奢崇明投降，捷报上传，崇祯皇帝大喜。之后，朱燮元收复乌撒，认为境内叛军大致已剿灭，就传下文告，晓谕招抚。叛军首领安位十分恐惧，于三年春，派人请求投降，朱燮元与他们约定了四件事。随后，安位就按照和约，带领四十八人出来投降，贵州从此安定下来。四年，阿迷州（今云南开远）土官（古代称少数民族的首领为土官）普名声作乱，朱燮元派兵前去安抚。

崇祯十年（1637），安位死，安位没有子嗣，亲属争着继位，朝廷大臣决议要在这一地区设置州县等地方政府，朱燮元极力争辩，认为不可，崇祯皇帝也赞同他的意见。于是，朱燮元传下文告，晓谕土目，宣扬皇上的威德。各个蛮族抢着归顺而献出土地，并且贡上贵重之器。

朱燮元于是划分土地，建立许多的蛮族部落，并上奏分割水西地，授给酋长及有功的汉人，咸俾世守。崇祯皇帝批复可行。但是没多久，所安抚的土目有的反叛，诸将方国安等兵败，朱燮元因此事被贬官一级。随后，消灭叛军。十一年春，死于任上。

374. 雄才大略的孙承宗是怎样死的?

孙承宗（1563～1638），字稚绳，保定高阳（今河北高阳）人。他相貌奇伟，胡须张开如戟，谈话时声音可以震动墙壁。熹宗即位后，任左庶子充日讲官，满腹经纶，才华横溢，很受熹宗欢迎。在任督师的四年间，清正廉洁，大刀阔斧地整顿关外防务。天启二年（1622），任兵部尚书兼东阁大学士，自请经略蓟（今河北蓟县）、辽（今属辽宁）。到任后，亲自勘察关外的山川关隘，支持袁崇焕、祖大寿等抗清名将，屯田练兵，加强军纪，逮捕审讯失职的边防将官，警诫在职的那些曲意依从而无骨气的将官，朝廷官员大都敬畏他，同时也招致了部分人的怨恨。三年九月，孙承宗命袁崇焕、祖大寿等前往宁远（今辽宁兴城）筑城，距山海关二百里，进可以攻退可以守。孙承宗广泛征询拓边的良策，五年派兵遣将分赴锦州（今辽宁锦州）、大小凌河（今辽宁锦州）诸战略要地，修缮城郭，练兵屯粮，开拓土地四百余里，使天启初年的失地全部收复。

当时朝廷内部，以大宦官魏忠贤为首的阉党与东林党之间的斗争空前尖锐，而熹宗不理朝政，使大权旁落。魏忠贤掌权后，私自派他的同党带十万银子及神炮、甲仗、弓矢等军需物资犒赏边防将士，趁机侦察军情。当时，孙承宗正在巡视宁远，听到消息后，立即上疏："宦官观兵，自古有鉴戒。"等他们到了关上，孙承宗只备茶水接待，这伙人非常嫉恨，就一起攻击排挤他。孙承宗计划在回朝向熹宗贺寿之时揭发魏忠贤陷害杨涟、赵南星等人的事实，不料这一计划被魏广微查知，魏忠贤很害怕，跪在熹宗床前哭个不止。熹宗被感动，也就不再追究。加上孙承宗也是东林党干将，魏忠贤早就视为眼中钉，于是勾结同党接连上疏诽谤，孙承宗在无奈之下，不得不解甲归田。

后来，辽东巡抚丘和嘉商议夺取广宁（今属辽宁）、义州（今辽宁义县）、右屯（今属辽宁）三城。当初，孙承宗在右屯、大凌河两地已设兵守卫，不料在高第接替他的职务后，撤去守兵，二城被毁，只得重新兴建。刚刚完工，清兵就攻破山海关，入侵都城。崇祯二年

(1629)，在清兵压境的情况下，朝廷又恢复了孙承宗的官职，并兼任兵部尚书守卫通州。他接到任令后，立即派兵救援，由于将领之间互不配合，会师日期又多次变动，结果粮尽援绝，两座刚筑好的城又被毁掉。朝中谏官上疏弹劾，说在大凌河筑城不是良策，攻击孙承宗“丧师辱国”。孙承宗很气愤，一边呈上边防大计十六项，诉说丘和嘉军事谋略相抵触的过失，一边上疏请求辞职退休。最后被削官，回家闲居。

崇祯十一年（1638），清兵深入内地，进攻孙承宗的家乡高阳（今河北高阳）城。他便率领家人及全城居民奋力抵御。终因寡不敌众，城被攻破，孙承宗也做了清军的俘虏，但决不投降，望着京城叩头后，上吊自杀。

375. 文震孟的生平情况如何？

文震孟（1574～1636），字文起，吴县（今江苏苏州）人。他出身于书香门第，吴门画派创始人、“明四家”之一文徵明是他的曾祖父，幼承家学，擅长诗文，很早就以文采品行闻名海内。熹宗天启二年（1622），考中状元，授予翰林院修撰之职。他为官正直，操持清介，光明正大，终身与权奸斗争。

刚刚踏入官场的文震孟就向熹宗呈上了一道奏折，用语尖刻，一针见血地批评皇上没有真正承担起经国大任，虽按时上下朝，事实上不过是一具傀儡，被人所操纵。大宦官魏忠贤看了奏疏大怒，但没有立刻发作，而是等熹宗观看戏时，摘取文震孟奏疏中“傀儡登场”一语，说这是把皇上比作戏中木偶，不杀他不能警示天下。熹宗同意了。魏忠贤就传旨要在朝堂上杖打文震孟八十板，最后在朝臣们的坚决反对和大力救护之下，才幸免了梃杖之刑，被贬职调出京城。崇祯元年（1628），他被召为侍读，又改任左中允，充任日讲官。三年春时，他又呈上奏疏弹劾当时正受宠信的魏忠贤遗党王永光，结果自己反招责怪。五年任右庶子，后又升为少詹事。魏忠贤专权时派党羽重修《光宗实录》，颠倒是非。文震孟上疏请求更正，崇祯帝特意亲临平台，召朝臣面议，最后被内阁大臣温体仁、王应熊阻止。不久，农民军进攻凤阳皇陵，崇祯帝闻讯大惊。文震孟乘机上疏，指斥当权的大臣误国，并提出要追究失职者的罪行，采取切实可行的安抚、绥靖政策，放宽对黎民百姓的征派，先收人心以遏制叛逆，慢慢地再筹划增加税收的方法，切毋竭泽而渔，把那些患得患失的官员都赶出朝廷，集思广益，群策群力，以定国乱，如此，国家尚可挽救。但他的建议没有得到实行。

经筵①向来不讲《春秋》，崇祯帝认为《春秋》有裨治乱，命内阁择人进解。文震孟精通《春秋》，为当时名家，无疑是最佳人选。但温体仁嫉恨他，摒而不用，而内阁大臣钱士升盛赞文震孟，温体仁无奈，才假装说："差点漏了这个最佳人选！"遂列名奏上。文震孟进解《春秋》，很合崇祯帝的心意。过了数月，崇祯帝准备增加内阁大臣，召廷臣数十人，考试票拟②，文震孟列名其中，但他自知得罪了内阁首辅温体仁，难以共事，就称病不入，两次上疏辞谢，崇祯帝不许。于是，文震孟成了一名内阁大臣，任礼部左侍郎兼东阁大学士，参与朝政。在任期间，由于不肯谄媚讨好权阉魏忠贤，做大学士仅仅三个月被罢官回家，半年后去世。

376. 如何评价杨嗣昌？

杨嗣昌（1588～1641）饱览群书，颇有才能，工于写作，口才很好，曾六次上疏陈述边防问题，提出解决办法，很受思宗器重，有相见恨晚之慨。当时，李自成、张献忠率领的义军很有声势。崇祯十年（1637）三月，当他担任兵部尚书之后，提出了"四正六隅，十面张网"的战术。所谓"四正"是把陕西、河南、湖广、凤阳四镇作为重点地区，"六隅"则是把延绥、山西、山东、应天、江西、四川作为六处边地，十面罗网，各有侧重，协同配合，"随贼所向，专任剿杀"。还要求增兵、增饷，并相应地提出筹措办法，令思宗非常满意。这些军事措施曾使义军受到挫折，但由于明军各部没有期望的那样严密配合，使他提出的原来限定于崇祯十一年（1638）二月前取得成功的"四正六隅"的办法，到了三月还没有奏效，只得上奏请罪，并且推荐别人替代自己，思宗不同意，弹劾他的官员反而受到处分。

这时清兵攻入墙子岭（今属河北）、青口山（今属河北），蓟辽总督吴广衡正喝得醉醺醺的，无法率兵作战，最终战败而死。京城危急，思宗对于和与战的态度摇摆不定，杨嗣昌任礼部尚书兼东阁大学士，

---

① 中国古代皇帝研读经史而举行的御前讲席。

② 内阁大臣的建议写在一张纸上，贴在奏章上面。

力主议和，而卢象升主张坚决抵抗，就率领诸将分道出击。然而，杨嗣昌手握兵权，事事牵制，使卢象升屡战失利最后战死沙场。崇祯十二年（1639），朝中部分官员弹劾杨嗣昌，可思宗仍然很信任他。十三年，张献忠等重新造反，思宗大为震惊，特命杨嗣昌为大学士督师，并赐予尚方宝剑，赴湖广前线指挥围剿。思宗还亲自设宴为他送行，并赠诗一首，把他比作周朝的方叔和汉朝的周亚夫，盼望着他马到成功，“一扫寇氛从此清”。杨嗣昌感慨涕零，虽然取得一些战绩：“大破之，斩馘三千六百二十，坠巖谷死者无算。”但此时的明朝军内部矛盾重重，诸将大多不服从命令，贺人龙与左良玉更是拥兵自重，不听指挥。

杨嗣昌虽有才能，却喜好自行其是，每件事都要亲自过问，部下作战时都要先向他报告后方可行动，往往错失良机。又固执己见，不听别人意见，诸将反过来也不听从他的命令，进退不一，使明军很难对付上下齐心、作战灵活机动的义军，因此，义军的烈火不仅未被杨嗣昌扑灭，反而愈燃愈烈。崇祯十四年（1641），李自成攻下洛阳，杀了福王朱常洵。张献忠出了四川，一天一夜奔驰三百多里，杀了襄王朱翊铭。朝野震惊，杨嗣昌也忧惧交加，旧病复发，不吃东西，三月初一死去。

377. 吴甡在军事方面有什么建树?

吴甡（shēn），字鹿友，扬州兴化（今江苏扬州兴化）人。神宗万历四十一年（1613）考中进士，历任邵武、晋江、潍县知县。熹宗天启二年（1622），召至京城为御史，在任期间，始终与大宦官魏忠贤抗争，屡屡为民请命。后升任大理寺丞，晋升左通政。他不仅民政方面取得政绩，而且在军事方面也颇有建树。

崇祯七年（1634）九月，吴甡被破格提拔为右佥都御史，巡抚山西。上任后，详细地向朝廷陈述了防御、边寇、练兵、巡抚百姓的四难以及议兵、议奖、议饷、议用人的四事。每年末，严密扼守黄河沿岸，防备陕西和河南的农民军。农闲时，修筑边防城墙，接连三年，没有一支农民军能偷渡过黄河。另一方面，他忠于职守，体察民情，上疏讲述山西地区百姓之苦，请求减免破败之地的租税，都能较好地落实。当年秋天，后金占领察哈尔国（今属内蒙古），回兵时攻占朔州，一直深入到忻（今山西忻县）、代（今山西代县），守卫当地的将领屡次战败，吴甡也被降五级戴罪立功。在此之前，定襄县（今山西定襄）两次地震，吴甡预见此地必有伏军，就提前做好防备，使百姓免受兵火之苦，果然歼灭了在此活动的农民军。在山西任职的四年间，受到军民的深情爱戴。

崇祯十四年（1641），吴甡受命协助处理军政事务。崇祯帝询问他如何妥善裁减军队，使受训练的士兵都成为精兵，使淘汰掉的士兵不会发生骚乱。吴甡提议实行分别训练法，技术精的散兵就提拔为边勇，技术不精的边勇就降为散兵，等老弱的士兵淘汰完以后，再对兵员进行补充，革除弊端，要缓慢进行，不可使他们知晓有裁兵的意图。另外，对如何设置战营也提出了合理建议，都被采纳。

崇祯十六年（1643）三月，崇祯帝因襄阳（今湖南襄樊）、荆州（今湖南金陵）、承天（今湖南钟祥）接连失陷，召见大臣询问对策，并且流着泪对吴甡说："你一向在山区任职，可前往督湖广军队。"吴甡上疏要求得到三万精兵，然后从金陵（今南京）前往武昌（今湖北武汉），扼制农民军南下。崇祯帝正挂念湖北形势，看了吴甡的奏疏，很不高兴，就将奏疏留在宫中，没有回复。最后以拖延发兵被定罪，流放到金齿（今云南保山）戍守。

378. 王应熊一生有哪些主要经历？

王应熊（？～1647），字非熊，巴县（今四川重庆）人。神宗万历四十一年（1613）考中进士。崇祯四年（1631）冬天，崇祯帝派遣宦官出外守卫边镇，王应熊上疏很迎合旨意，也因此受到关注。他博学多才，熟悉典故，但性格苛刻，刚强凶狠，人多怕他。周延儒和温体仁都与他亲近，援引来帮助自己。六年冬天，朝廷举荐内阁大臣，王应熊因声望不高而不能参与推举，但得到皇上特别旨意而提拔为吏部尚书兼东阁大学士。任命传下，朝廷上下都感震惊，给事中章正宸因弹劾他被关进钦犯牢狱，削除官籍归家。崇祯帝对于众臣对王应熊的弹劾根本不予理睬。

崇祯八年（1635）正月，农民军攻陷凤阳（今安徽北部），毁坏皇陵。由于巡抚杨一鹏是王应熊的主试官，巡按王振缨是温体仁的姻亲，王应熊和温体仁害怕崇祯帝发怒，就压下二人的奏疏不上报，并拟旨下令巡抚、巡按戴罪立功。大臣纷纷上疏谴责王应熊、温体仁朋比为奸，贻误国家。崇祯帝对王应熊十分顾念，根本不理这些人的奏疏，反而惩罚他们。另外，还下谕旨安慰王应熊。何楷更加愤怒，继续弹劾，列出他的条条罪行。王应熊这时才感到害怕，立即上疏请罪，崇祯帝只好下令将他的家人及值班的中书七人关入狱中。罪名判定后，他的家人被流放边关戍守，中书降两级官阶。王应熊多次上疏请求退休，崇祯皇帝知道群臣对王应熊的不满是由于自己对他的提拔，不想因此而让他离职。当时周延儒为内阁首辅，担心谏官攻击自己，想到王应熊刚强凶狠，可借助他来控制谏官，就在崇祯皇帝面前极力推荐。十五年，崇祯帝派人召回王应熊。次年六月，王应熊还没有到京，周延儒已经罢官回家。给事中龚鼎孳秘密上疏陈说周延儒和王应熊私下互相攀援牵引，崇祯帝看了很有触动，留在宫中没有批复。不久，周延儒被逮捕入京，但没有立即动身，等王应熊到来后，才跟着上路。崇祯帝由此更加怀疑王应熊。九月，王应熊到京，但就在朝房住宿，并请求入宫对策，皇帝未允许，他只好羞惭沮丧地回到自家住宅。

崇祯十七年（1643）三月，京城沦陷。八月，张献忠攻下四川，王应熊任命为兵部尚书兼文渊阁大学士，总督川、湖、云、贵军务，专门对付四川农民军，随后张献忠及他的余党势力独自称雄，王应熊无法控制，最后逃到永宁山（今四川叙永）中，不久在毕节卫（今贵州毕节）死去。

379. 梁廷栋是怎样一个人物？

梁廷栋（？～1636），鄢陵（今河南开封）人。神宗万历四十七年（1619）考中进士。曾任南京兵部主事、仪制郎中、西宁布政司参议、永平兵备副使。熹宗天启七年（1627），总督、巡抚以下的地方官员都为大宦官魏忠贤建祠堂，唯独梁廷栋不愿意，便请假回家。崇祯元年（1628）被起用，第二年又升任右参政。十一月，后金攻占遵化（今河北遵化），梁廷栋被任命为右佥都御史，在召见时，从容陈述如何应对敌人的谋略，很受崇祯帝的赞赏。不久，又升任兵部侍郎任总督蓟、辽、保定军务及四方援军。他通晓军事，在奉答皇上的询问时，应对得明白爽利。三年正月，崇祯帝特召他回京，掌管兵部事务。当时，兵部的紧急公文错综复杂，梁廷栋果断分析情况，及时加以处理，毫无积压。五月，永平（今云南永平）等四城克复，崇祯帝为奖赏他的指挥功劳，加封太子少保，世代因袭锦衣卫佥事。

当年秋天，因军饷不足，梁廷栋想要增加赋税，就向崇祯帝上奏讲明情况，说今日百姓的贫穷不是因为征收赋税，而是官吏贪污严重所致。崇祯帝同意他的建议，交由户部商议。而户部尚书毕自严也迎合他的意思，于是增加赋税一百六十多万，天下怨声载道。不久，他又陈述清除弊端的五件事，并请求严惩贪官污吏以平息军民愤怒，堵塞叛乱之源。

梁廷栋任兵部尚书一年多，陈述有关战事的意见多切中要害，崇祯帝很倚重他，但他又经常依靠权谋追求私利，受到公论的抨击。他曾弹劾弘勋及锦衣卫张道濬互相贿赂的事，而这两人是吏部尚书王永光的亲信。梁廷栋谋划着将王永光一并除去，自己就可以代替他的职位，从而摆脱担任军事的职务。王永光因此而离职。御史水佳胤是弘勋的同乡，多次上疏弹劾攻击梁廷栋，公开他纳贿营私的证据。梁廷栋处境很危险，幸亏有宦官从中周旋，才得以回家闲住。

崇祯八年冬天，梁廷栋被召入京任兵部右侍郎兼右都御史，代替杨嗣昌总督宣、大、山西军务。第二年七月，后金军由小路翻越天寿山（今属北京），攻陷昌平（今北京昌平），逼近京城。山后面就是梁廷栋的管辖区，崇祯帝命令他戴罪赶赴京城救援。梁廷栋和兵部尚书张凤翼怯懦不敢出战，京城近郊地方多遭战火毁坏，监察官纷纷上奏弹劾。两人更加害怕，预料敌军撤退后必定会遭到严格的处罚，就每天吃大黄药以求一死。八月十九日，后金兵撤出边塞。九月初，张凤翼和梁廷栋相继去世。不久，司法部门判定罪行，梁廷栋被处以死罪，因为人已死去，不再行刑。

380. 陈新甲在政治上有什么作为？

陈新甲，长寿（今四川长寿）人。神宗万历年间（1573～1619）考中举人，曾任定州（今河北定县）知州。崇祯元年（1628）调任刑部员外郎，后又升迁宁夏前卫兵备佥事。他有超常的才能，通晓边防事务，对保卫疆土有所贡献。但他不能保持清廉，用任的多是靠钱财贿赂朝廷大臣的人，又密切结交有权势的宦官作为后援。所以，谏官们的弹劾对他多不起作用。

起初，陈新甲因为南北交困，私下和傅宗龙商议想派遣使者与清人议和，傅宗龙又把这件事告诉了大学士谢升。后来，边疆情况危急，谢升就把傅宗龙的话告诉皇帝。崇祯帝立即召见陈新甲加以责问。陈新甲非常害怕，在崇祯帝面前叩头认罪。谢升上前提议说：“倘若对方答应议和也是可以信赖的。”崇祯帝没有作声，事后暗地里告诉陈新甲秘密策划议和，并让他不要声张。结果谢升把这件事告诉了谏官，谏官纷纷上疏弹劾，谢升也因此事被驱逐离去。后来，崇祯帝把议和的事情完全委托给陈新甲，并亲自起草诏书，往返数十次，一再叮嘱不可泄漏。朝外逐渐听到此事，屡次上疏争辩，但得不到证据。一天，陈新甲把派遣出去的职方郎中马绍愉的密语报告放在几案上，他的家童误以为是紧急军情报告，就交人抄写传布，于是舆论哗然。崇祯帝知道后非常生气，就颁布严厉的诏旨，狠狠责斥陈新甲。陈新甲不肯认罪，反而夸耀自己的功劳，崇祯帝更加愤怒。到了七月，给事中马嘉植再次弹劾，陈新甲便被关入狱中。他在狱中上疏乞求宽恕，没有得到允许。后来，就用金银广泛贿赂内外大臣，大学士周延儒、陈演也在极力营救，说：“按照国法，敌兵不进逼城下，不杀大司马。”崇祯帝特别痛恨他泄露机密大事，并张扬君主的过失，所以怒如雷霆，说：“其他事情姑且不论，杀戮侮辱我七个亲王，不比敌军进逼城下更加严重吗?”于是押赴闹市，执行死刑。

381. 杨镐的一生是什么样?

杨镐，商丘（今属河南）人。神宗万历八年（1580）考中进士，历任南昌、蠡县知县及御史之职。因事故受到处分调任大理评事。后来又升为山东参议，分守辽海道，曾派兵袭击蒙古炒花部的驻地而取得战功，并率军民垦荒一百三十余顷，每年积粮一万八千多石。

万历二十五年（1597）春天，他被提升为右佥都御史，策划处理增援朝鲜的有关军务。十二月，杨镐和总督、提督等将官商讨进兵方略，决定分三路一起向蔚山（今属山西）进攻。游击将军陈寅身先士卒，英勇奋战，接连攻破敌人两座营寨，第三座营寨即将攻破之时，因为杨镐的好友李如梅还没赶到，杨镐不想让陈寅独占头功，就立刻鸣金收兵，敌军也闭城坚守，等待援兵。待到明军四面包围再攻时，由于土地泥泞，地势险恶，连战十昼夜，都无法攻破。这时正是冬季，风雪凛冽，冻裂肌肤，官兵们丧失斗志，而守城的日军却日夜发炮，并且炮弹是用毒药煮过的，一旦中弹，就无法救活。日军了解到明军斗志懈怠，便假意乞降，以缓和明军的进攻。等到第二年正月，日军援兵赶到，杨镐很是恐惧，自己首先狼狈逃走，各路军队也相继溃退，损失惨重。这次战役经过长年谋划，竭尽国内全部力量，会合朝鲜全国人力，结果一败涂地，朝廷上下都嗟叹愤恨。杨镐却虚报胜利，不提士兵死亡近三万的事实，只说战死一百多人，并出示内阁大臣张位、沈一贯的亲笔信以及起草好而未正式颁发的圣旨，得意洋洋地夸耀征战功劳。而担任谋划军中事务的主事丁应泰上疏详尽地讲述了杨镐失败的情形，罗列罪状数十条。神宗震怒，要施刑罚，但在几位大臣的庇护之下，仅仅罢免官职。不久，朝鲜战事结束，有关部门评定杨镐的功劳，神宗才允许复用。

万历三十八年（1610），杨镐担任辽东巡抚。当时辽东多事，他大力推荐李如梅，请求再次用为大将，结果受到给事中麻僖、御史杨州鹤的弹劾，便上疏申辩，并乞求退休。神宗对此没有理睬，后来就主动离职。

四十六年，努尔哈赤率后金军攻破抚顺（今辽宁抚顺），张承荫和副总兵颇廷相等都战死，朝廷大震，认为杨镐熟悉辽东情形，就任命他为兵部右侍郎，经略辽东。上任后，他申明纪律，招募四方勇士，大举进攻。神宗赐给他尚方宝剑，可以斩杀总兵以下将官。杨镐就斩杀了在战斗中逃跑的将领陈大道、高炫等人。这年冬天，四方援军大批集结，号称有四十七万人。

第二年正月，明军分四路向后金都城赫图阿拉（今属辽宁抚顺新宾满族自治县）进攻，杨镐任总指挥，坐镇沈阳，原定二月十一日誓师，二十日出塞，三月二日在二道关会合。这时恰逢天下大雪，行军不便，发兵的日期和进军的情况也被泄露，有人提议不可轻易出动。杨镐将尚方宝剑悬于军门，发怒道："国家养士，正是为了今日，如果有人临阵阻扰，只有军法从事！"从此再没人敢提出异议。三月初一，山海关总兵杜松率西路军出抚顺，第二天到达萨尔浒（今辽宁抚顺东）。由于他莽撞轻敌，急功近利，结果全军覆没。马林无将才，胆小怯弱，听说杜松战败，就结营自保，在后金军的攻击下，这一路人马也大败了。杨镐听到战败的消息后非常震惊，紧急发令阻止李如柏、刘綎两路人马的行动。李如柏没有前进，而刘綎深入敌后三百里，后金军没有实力攻击他，就巧设计谋，打着杜松的旗帜，穿着明军的衣甲，诱骗刘綎进入营中，结果军中大乱，刘綎也战死了。杨镐指挥的各路大军损失惨重，只有李如柏的一路人马保全下来。战败的消息传到京城，神宗震惊，谏官纷纷上奏弹劾，杨镐被捕入狱，定为死罪。崇祯二年（1629），执行了死刑。

382. 名将熊廷弼的生平如何？

熊廷弼（1569/1573～1625），字飞百，号芝冈，湖广江夏（今湖北武昌）人。万历二十五年（1597），在乡试中考中第一名举人，第二年又考中进士，授予保定（今河北霸州南）推官之职，很有政绩。万历三十六年，升任御史，又在巡按辽东期间，严明军纪，考劾将吏，使法度和纲纪大振。后来因杖责打死生员的事情与巡按御史荆养高发生分歧，回家听候审讯。

万历四十七年（1619），杨镐三路丧师，朝廷任命熟悉边防事物的熊廷弼为兵部右侍郎兼右佥都御史安抚辽东，替代杨镐任经略使。神宗答应了他的奏请事项，并为了加强他的权威，还赏赐尚方宝剑。开原（今辽宁开原）失守，铁岭（今辽宁铁岭）丢失，沈阳（今辽宁沈阳）及各城堡的军民纷纷逃窜，辽阳（今辽宁辽阳）城一片混乱。熊廷弼兼程前进，亲临战地，果断地采取了一系列措施来抚慰军民，安定人心。几个月后，防守设施大为巩固。接着又上奏拟好的策略，即安抚沈阳、抚顺，炫耀兵威，召集流亡移民，修理防守器具，安排布置人马。由此，人心更加稳固。在辽阳的防御巩固之后，熊廷弼计划着进一步的进取。正在这种形势下，给事中姚宗文、兵部主事刘国缙因事向他请托而没有得到满足，心怀怨恨，就相互勾结，在朝廷散布流言蜚语，煽动阉党一起攻击。当时，熹宗刚刚即位，朝廷中多事，给事中魏应嘉对引起边疆军事的争论接连进行弹劾。熊廷弼自请罢免，朝廷派袁应泰接替他。

天启元年（1621）三月，沈阳、辽阳相继失守，袁应泰自杀身亡，京城为之大震。于是，熹宗决定再次起用熊廷弼，在诏书中，肯定了熊廷弼前段守辽的功劳，对罢免他的官职表示悔恨，最后恳切提出“勉为朕一出，筹划安攘”。熊廷弼接到诏书十分感动，扶病而起，拜过祖坟，告别家乡的官吏、亲人，又踏上了去辽东的征程。当时，辽东的形势已经很严峻了，熊廷弼主张防守，奉行积极防御的方针，增加登（今属山东）、莱（今属山东）、津（今属天津）的守兵，把重兵驻在山海关等地，等兵马大集，各方面都有了充分准备，然后分三路出兵。而巡抚王化贞不了解当时的形势，一味主张发兵进攻，收复沈、辽。两人在军事观点上发生了分歧后，各自呈上奏疏，王化贞的计划没有被采纳，就把军中事务全部推给熊廷弼，经略和巡抚之间文武不和的议论也随之兴起。当时，正值王化贞的部将毛文龙收复镇江（今江苏镇江），朝廷大喜，认为局势有好转，加上兵部尚书张鹤鸣的支持，使王化贞拥兵十三万，气势凌人，一意孤行。而熊廷弼虽为经略使，却只有士兵五千人，向朝廷提出的各种作战方案也都被搁置或者否定。

正当经略和巡抚之间的矛盾不断加深之时，天启二年（1622）正月，努尔哈赤调动五万人马，分三路向河西进攻。王化贞一意孤行，向朝廷请求率六万人马迎战，说要一举荡平，根本听不进熊廷弼的忠告。没多久，西平（今河南西平）被包围，王化贞又听从中军孙得功的计策，发动广宁的全部军队，却没料到孙得功蓄意投降后金已久，明军不战而溃。两天后，努尔哈赤进到广宁，山海关以外的整个辽东地区弃之于敌。战败的消息传到京城，朝廷内外大为震动，王化贞被捕，熊廷弼被罢官听候审查。天启五年（1625），由于阉党的陷害，熊廷弼被处斩，传首九边示众，弃尸荒野，株连全家，查抄财产。三年后，朝臣中有人为他诉冤，于崇祯二年（1629），下诏允许他的儿子持头归葬故乡，才被昭雪。

383. 王化贞对辽东的丧失负有什么责任?

熹宗天启元年（1621），在沈阳、辽阳被攻破的严峻形势下，熹宗起用熊廷弼为经略使，任命王化贞为巡抚。当时，王化贞缺乏对辽东形势的清醒认识，轻视敌军，主张进攻，收复辽、沈，而熊廷弼主张采用积极防御的方法。奏疏呈上后，王化贞由于自己的计划未被采用就把全部军事推给熊廷弼，两人因意见分歧而产生矛盾。王化贞不懂军事，不整饬军队，也不做进攻的实际准备，而是把恢复辽、沈的希望寄托于蒙古虎敦兔憨的出兵和叛将李永芳的内应，认为努尔哈赤无意久居辽阳，防守兵力单薄，出兵袭击，势在必克。他一次次率兵出击，一次次无功而返。又派部下毛文龙袭取镇江（今江苏镇江），过早地暴露了三路并进的军事策略，使辽南四卫反努尔哈赤的势力遭到重大损失。熊廷弼反对他的这些做法，从而使经略使与巡抚之间的矛盾日益激化。而兵部尚书张鹤鸣、内阁首辅叶向高对王化贞积极支持，言听计从。王化贞不受熊廷弼的节制，四方调来的援军，张鹤鸣自行派遣，熊廷弼询问情况，张鹤鸣却置而不答。当时，王化贞拥兵十四万，而熊廷弼只有五千，要兵无兵，要权无权，十分恼火，动辄说出十分愤激的话，朝廷大臣多支持王化贞，反对熊廷弼，甚至要求撤掉他的经略使之职，至此三路并进的策略成了泡影。

天启二年（1622）正月，努尔哈赤调动五万人马，分三路向河西进攻。二十日，渡过辽河，进攻西平堡（今河南西平）。熊廷弼命令守卫镇武堡（今属辽宁）的刘渠增援。王化贞听到西平被围后，轻率地采纳孙得功的计谋，全部撤走了广宁（今属辽宁）、闾阳（今属辽宁）的守兵，却没有想到孙得功已蓄意投降后金很久了。双方一交战，他就在阵后大喊："兵败了！"率先骑马逃跑，明军大乱，三万余人全部覆没。孙得功逃回广宁，立即封存府库及火药库，声言要捉住王化贞投降后金。王化贞狼狈逃出广宁，在大凌河遇见熊廷弼，失声痛哭，准备守卫宁远、前屯。熊廷弼说："已经晚了，你要是不撤广宁的守兵，不会出现今天这个样子，只好保护溃退的百姓入关罢了。"他把所带领的五千人马交给王化贞作为殿后，向山海关退去。两天之后，努尔哈赤率兵才进入广宁。至此，山海关以外的整个辽东弃之于敌。

辽东陷落的主要责任在于王化贞。他不了解实际情况，却一心想着进取，一意孤行，急功近利，又轻信他人奸计，使辽东轻易地落入敌军之手。支持王化贞的张鹤鸣和叶向高，也难逃脱罪责。但作为经略使的熊廷弼在辽西危急时刻，意气用事，匆忙后退，也是有责任的。

384. 袁崇焕既为"国之长城"却为什么被杀掉？

袁崇焕（1584～1630）是明末杰出的军事家，有谋略胆识，熟悉和了解边防形势，曾任兵部尚书、右副都御史、蓟辽督师等。神宗万历四十五年（1617），努尔哈赤起兵攻明，逼近山海关。熹宗天启二年（1622），明军在广宁（今辽宁北镇）大败，十三万大军全军覆没，四十多座城池失守。袁崇焕临危受命，出镇山海关。后又受命守卫宁远（今辽宁兴城）加强边关防御。袁崇焕到任后，首先设法加固宁远城墙，定出标准：城墙总高三丈二尺，城上矮墙高六尺，城基宽三丈，城上端宽二丈四尺。第二年完工后，他坚守城内，不离半步。六年正月，努尔哈赤派兵围攻宁远。他奋笔写下血书激励将士，誓与宁远城共存亡。经过三百天的激烈战斗，敌军伤亡惨重，撤围而退。在明末时期明军与清军的长期交战中，这是明军取得的首次大胜。捷报传到京城，熹宗喜出望外，称誉袁崇焕为"国之长城"。

思宗即位后，让袁崇焕接任关外军务，并赐予尚方宝剑。崇祯二年（1629），因防守边关有功，升为太子太保。当时，总兵毛文龙驻军皮岛（今属辽宁），常常袭扰后金的后方，起着牵制作用。但他为人比较傲慢，还拜魏忠贤为义父，被认为是魏党。袁崇焕很不满，就借机用尚方宝剑处斩了他。对此，思宗很惊讶，但想到毛文龙已经被杀，现在急需袁崇焕，就优诏赞扬，把毛文龙的罪名宣示天下。毛士龙死后才三个月，清兵数万人分路进攻龙井关（今属河北）、大安口（今属河北），袁崇焕闻讯后率军星夜驰援京城，驻扎广渠门（今属北京）外。这时，士兵已经疲惫不堪，袁崇焕请求入城稍加休息，却遭思宗拒绝，只得立刻投入战斗，与敌军决战，结果互有伤亡。当时进入的关口是蓟辽总理刘策的管辖区，袁崇焕听到变故后就奔赴千里援救，自认为有功无罪。京城中的一些人却埋怨他"纵敌拥兵"，有些朝臣因他曾派使者与后金议和，就诬陷他的这次行动是"引敌胁和，将为城下之盟"。正在这时，皇太极设下反间计，故意放回两个被俘的宦官，让他们向朝廷报告说袁崇焕和敌军暗中有勾结。思宗本来就好猜忌，听了这两个宦官的谗言，更加信以为真，就把袁崇焕逮捕入狱，定为谋叛罪。崇祯三年（1630）八月，袁崇焕在闹市被凌迟处死，兄弟妻儿流放三千里外，抄没家产。袁崇焕被后代史学家誉为"明朝第一将军"。

385. 毛文龙是怎样一个人物?

毛文龙（？～1629），仁和（今浙江杭州）人，明朝一名武将。曾以都司的身份率兵驻扎朝鲜，并以此为据点与后金军对抗，保障供给明军粮饷的水路交通，同时还袭击后金的后方，牵制其西进。由此导致后金对朝鲜出兵，毛文龙领兵支援朝鲜，驻守辽东。辽东丧失后，毛文龙就乘虚直入，杀死后金的镇江守将。以此立功，巡抚王化贞授予毛文龙总兵官，又升任左都督，挂将军印信，赐尚方宝剑，在皮岛（今属辽宁）设立军镇。皮岛也称东江，在登（今属山东）、莱（今属山东）的大海之中，绵延八十里，不生草木。朝廷对他在此驻军的评价是："灭奴虽不足，牵奴则有余。"

毛文龙驻守东江，虽能起到牵制敌方的作用，但缺乏谋略，作战常失利，耗费军饷不可计数，加上有贪功、冒饷、不受节制、难以调遣等问题，明军统帅袁崇焕对他越来越不满。等到他前来拜见时，袁崇焕用宾客的礼节招待，他却依然表现得非常傲慢，这更坚定了袁崇焕要处置他的决心。

崇祯二年（1629），袁崇焕以阅兵的名义乘船到皮岛与毛文龙相会，设宴豪饮到深夜。毛文龙到这时仍无觉察，一阵盘问之后，袁崇焕拿出尚方宝剑，列举毛文龙的十二条罪状：一、兵马钱粮不受经略使、巡抚的管理核算；二、冒领功劳；三、无人臣礼，叛逆作乱；四、侵占偷盗边海钱粮；五、私通外族，自开马市；六、滥发文书，差役、轿夫都佩戴金印紫绶；七、抢劫商船，亲自做盗贼；八、强抢民间女子；九、草菅民命；十、交结宦官；十一、遮掩败绩虚报为功；十二、领兵镇守八年，没能复辽东一寸土地。列举完毕，袁崇焕就面向京城方向叩头请命，抽出剑来在帐前斩杀了他。当时，毛文龙的部下畏惧袁崇焕的威势，不敢吭声，只用棺材收殓了尸体。崇祯帝虽然对袁崇焕擅杀毛文龙非常不满，但念及形势严峻，还需倚重他，也就不加追究，并颁发优旨褒奖。

毛文龙的被杀可以说为后金军南下解除了后顾之忧，他的部将后来在登州发动兵变，投降皇太极，成为后金的一支强大的军队。这些都是袁崇焕杀毛文龙所始料未及的后果，同时也成为袁崇焕悲惨结局的一个潜在因素。

386. 杨鹤的生平如何？

杨鹤（？～1635），字修龄，武陵人（今湖南常德）。神宗万历三十二年（1604）考中进士，任雒南知县，调任长安，升为御史。他为官清廉，又敢于直言弊政，严惩奸邪。当时，杨镐四路人马失败，杨鹤举荐熊廷弼、张鹤鸣、李长庚、薛国运、袁应泰，并且说："辽战事失利，是因为不能知己知彼，丧土辱国，错误在经略；不熟悉事理和时宜，错误在辅臣；得不到及时的指挥调动，束手无策，错误在兵部；皇上犹豫迟疑不能决断，又是皇上的错误。"执掌朝政的大臣讨厌他的正直，想要借别的事把他排挤走，于是杨鹤自己称病离去。

崇祯元年（1628），杨鹤被召回担任左佥都御史，升左副都御史，他提出"谋求长治久安的要点在于培植元气"的观点，认为士大夫结党，相互倾轧，才使得宦官可以乘机杀害铲除善良之士，才使得士大夫的元气损伤。这些话在当时成了名言。由于关中地区连年发生自然灾害，地方官府又不体恤民情，农民军的气焰也因此而起。第二年，杨鹤被推举前去总督陕西三边重镇的军务。他虽以"清正廉洁、抚恤将士”为己任，但并不懂军事。这两年冬天，京城戒严，延绥（今陕西榆林）、宁夏、甘肃、古原、临洮五镇总兵官都派兵援救京城。延绥的官兵半路逃回，甘肃的官兵害怕，约期与农民军会合，使农民军的气焰更加高涨。三年，王嘉胤带领农民军掳掠延安（今陕西延安）、庆阳（今陕西庆阳），杨鹤隐匿不报，私下给投降的农民军王虎、小红娘等人免死的文书，并把他们安置在延绥、河曲之间，但造反仍像以前一样，流寇的祸患从此形成。第二年正月，农民军放弃宁塞（今陕西吴旗北），攻陷保安（今陕西志丹）、合水（今陕西庆阳西），杨鹤又移驻宁州（今陕西宁县），农民军请求招降。杨鹤轻信，就在城楼上设皇上御座，农民军跪拜高呼万岁。杨鹤宣读圣旨，命令让农民军发誓或者归入官军，或者回家务农。投降的农民军就假装答应，杨鹤立刻赦免了他们的罪行，而农民军从此把总督所为当作儿戏。后又赦免了农民军首领杨一魁，并给了官职，安置他的部下四千余人。五月，杨鹤移驻耀州（今陕西耀县），农民军又开始暴动，一部分农民军攻陷中部，杨一魁的同党茹成名桀骜不驯，杨鹤想让杨一魁用诱骗的办法在耀州把他杀掉，由于他的部下猜疑畏惧，反而挟制杨一魁叛变。御史谢三宝说：“杨鹤说庆阳的安抚局势已实现，贼军全部遣散，中部的贼寇难道是从天上降下来的?”奏疏交给巡抚按御史吴甡核实，吴甡奏说杨鹤主张的安抚策略是误国的。崇祯帝发怒，立即发令让杨鹤入狱，后发配到袁州戍守。八年冬去世。

387. 卢象升是如何壮烈殉国的?

明王朝即将覆亡之时，出现了一位力主抗清的名将——卢象升，他智勇过人，率领明军屡战屡捷，直至壮烈殉职。

卢象升（1600～1639），字建斗，宜兴（今属江苏）人，自幼胸怀大志，虽是一名文士，但善骑射，娴将略。崇祯三年（1630），曾整顿大名（今河北大名）、广平（今河北广平）、顺德（今河北邢台）三府兵备，严明军纪，军容大振，人称“天雄军”。七年，任右佥都御史，巡抚郧阳（今湖南北部）。八年，任右副都御史、兼湖广总督、兵部侍郎，曾打败李自成的农民军。

崇祯十一年（1638），当清兵入关威逼北京之时，以内阁首辅杨嗣昌为首的一些大臣力主先安内，提出与清军议和，可以加紧对农民军的镇压，而卢象升坚决主战，反对议和，宁可捐躯断颈，死得其所。

崇祯帝命他与杨嗣昌及监军高起潜商量，但是意见始终不合。在朝堂议论中，卢象升慷慨陈词，认为“敌骑纵横，长驱直入，大明江山，朝不保夕”，若不“一战以挽危局”，将“重蹈南宋覆辙”。朝议未有结论。第二天，崇祯帝发放万金犒劳军队，又赐御厩的马百匹，太仆寺的马千匹，银铁鞭五百条，决定进行抗战。然而，决策多遭杨嗣昌、高起潜破坏，卢象升在名义上总督天下军队，实际上连二万人马都不到，驻扎在顺义（今北京顺义）。当年冬天，清军分兵三路南下，卢象升命令各将领分道出击，自己率军驻守昌平（今北京昌平），与进犯的清军多次作战，都取得胜利，但部下死伤也有一万五千多人。杨嗣昌对卢象升战胜清军的消息不但不报告崇祯帝，反而诬告说是按兵不动，免去卢象升的兵部尚书衔，并且命令巡抚张其平关闭城门断绝粮饷。十二月十一日，卢象升部下不到五千人马，被数万清军包围，在一没粮草二没援军的情况下，孤军血战，炮尽矢绝，亲手杀敌数人，身中四箭三刀后阵亡。三府百姓听到噩耗失声痛哭，朝廷追赠太子少师、兵部尚书，赐祭葬的礼仪，世代因袭锦衣卫千户。

388. 傅宗龙与农民军作战的胜负如何?

傅宗龙（？～1641），字仲伦，昆明（今云南昆明）人。神宗万历三十八年（1610）考中进士，历任知县、户部主事、御史、贵州巡抚、顺天巡抚及总督蓟、辽、保定军务。

熹宗天启元年（1621），辽阳（今辽宁辽阳）失守，朝廷下令招募兵士，傅宗龙自告奋勇担当这项任务，一个月就招募到五千精兵。第二年，安邦彦造反，包围贵阳（今贵州贵阳），省内各地纷纷起兵，傅宗龙为朝廷镇压叛乱献计献策。四年正月，贵州巡抚王三善被先前投降的叛贼首领陈其遇所骗，战败而死，朝廷任命傅宗龙为贵州巡抚兼监军，专门镇压叛军。当时，叛军多在黔、川、滇交界处活动，此起彼伏，相互呼应，单靠一省之力很难对付。傅宗龙是滇（今云南）省人，比较熟悉西南的情况，经过仔细分析，提出了一系列平叛的方针和策略，得到朝廷的认可。六年，傅宗龙彻底打败安邦彦，为稳定西南立下汗马功劳。崇祯三年（1630），由孙承宗推荐，升任右佥都御史，巡抚顺天（今北京）。不久，担任兵部右侍郎兼佥都御史，总督蓟、辽、保定事务。

崇祯十年（1637），李自成的农民军大规模进入四川，攻下三十多个州县。崇祯帝想起了傅宗龙，激动地拍着大腿说："如果使傅宗龙巡抚四川，贼寇的势力哪里会到这种地步啊！"傅宗龙受命后抵达四川，与总兵罗尚文一起打退了农民军。十二年五月，经杨嗣昌推荐，傅宗龙被起用为兵部尚书。傅宗龙自从平定贵州叛乱后，十四年间总是不断地任用后被罢免，不久又被起用，升迁不定。他为人耿直任性，在皇上面前不仅直言"民穷财尽"，还喋喋不休，既使皇上觉得有道理又使皇上感到不高兴。所以，他奏请的诸事，大多不被采纳。

崇祯十四年（1641），杨嗣昌死后，尚书陈新甲推荐傅宗龙，崇祯帝在犹豫了好长时间后，还是决定起用他为兵部右侍郎兼右佥都御史，总督陕西三个边镇的军务。当时，李自成的五十万军队攻占河、洛，又进攻开封（今河南开封），罗汝才从南阳（今河南南阳）方向直奔过来，与李自成会合。崇祯帝命令傅宗龙专门征伐李自成，然而当时所属州县遭遇旱灾，几乎不能供应士兵军饷。九月四日，傅宗龙率川陕官兵两万人出潼关，驻扎在新蔡（今河南新蔡），与保定总督杨文岳的军队会合。六日，两路官军齐头并进，到达孟家庄（今河南平舆北），刚下马解甲，把兵器插在地上，分散到村落之间去寻找饲料牧草，忽然有尘土从树林中扬起，农民军突袭而来，官军全都溃败，只得守在城中，等待救援。而贺人龙、李国奇两位明将都违抗命令不愿相救。十一日，营中的粮食吃完，傅宗龙就下令杀骡马供士兵吃。第二天，营中骡马也杀完了，就取敌人尸体"分啖之"。十八日，营中的火药、铅弹、箭也全部用光了，傅宗龙就挑拣精兵，乘着夜色突围冲出，率领部下一边战斗一边撤退。十九日，在距项城（今河南南部）八里的地方，傅宗龙被农民军抓住。农民军就利用他向守城官军喊话，傅宗龙大骂："我是朝廷大臣，要杀就杀，怎能为了自己偷生就去帮叛贼骗城啊？"农民军抽刀就砍下他的脑袋，割去耳朵，傅宗龙终死于城下。

389. 孙传庭是如何战死的？

孙传庭（1593～1643），字百雅，代州振武卫（今山西代县）人，万历四十七年（1619）中进士。曾任陕西巡抚，在与农民军的多次激战中积累了丰富经验。崇祯十年（1637）十月，京城戒严，孙传庭与洪承畴奉旨入京护卫，被任命为兵部右侍郎兼右佥都御史，督察各镇的援军，并赐予尚方宝剑。不久，他与都师杨嗣昌及宦官高起潜在剿灭农民军的用兵方略上发生了矛盾，因此受到了排挤。一气之下，竟然暂时性失聪，便向崇祯帝递上辞呈，称病乞求退休。崇祯帝听信了杨嗣昌对孙传庭的攻击，认为他是在欺瞒君父，就逮捕入狱。三年之后，当中原局势糜烂不堪之际才突然想起了他，于是将他开释。

孙传庭比较自负，大有平定叛乱舍我其谁的傲气，再加上狱中三年不通音信，自认为农民军的实力不过如此，一听崇祯帝召见询问用兵方略，侃侃而谈。崇祯十五年（1642），任陕西总督。孙传庭上任后，诛杀总兵贺人龙，加紧练兵，等待时机出潼关，作讨平农民军的打算。当时开封（今河南开封）的形势岌岌可危，崇祯帝急不可待，催促他出潼关救援。孙传庭上疏称时机不成熟，但崇祯帝不听，他只好于九月抵达潼关，当时连下十天大雨，行至中途，得知开封尽没于水，大军又转向南阳（今河南南阳）。突然又得到李自成农民军来袭的侦察报告，孙传庭命令牛成虎率领前军、左勷率领左军、郑嘉栋率领右军、高杰率领中军。之时，李自成早已联合了罗汝才、左革五营、袁时中等部农民军，势力遍及整个河南。孙传庭严密布置设下三道埋伏，结果李自成农民军反败为胜，夺去战马千匹。孙传庭败回陕西，打算守住潼关（今陕西潼关），控制京城的上游。第二年五月，他兼河南、四川的军务，改称督师，并总督山西、湖广、贵州及江南、江北等地，不久加封兵部尚书，赐予尚方宝剑。当大战形势更加严峻时，孙传庭跺着脚叹息说："怎么办啊！我固然知道去了就回不来了，然而大丈夫难道能再次受狱吏的审讯吗？"不得已再次出师。他也深知这一战关系重大，因此调集了一切可以调动的明军：以总兵牛成虎、副将卢光祖所部为前锋，汇合河南总兵卜从善、陈永福；召蓟辽总兵白光恩、四川总兵秦翼明、陕西三镇兵随督师进剿。具体进兵方略为：以高杰为中军，命秦翼明出商洛互为掎角，总兵王定等率绥夏二镇之兵为后继援军，甚至还传令左良玉出九江赴汝宁（今河南汝南）夹击闯军，真可谓是竭尽了全力。八月一日，孙传庭统领十万人马出关，经半个多月的奋战，终于占领洛阳。九月八日又占领了汝州（今河南临汝）。连战连胜使他有些得意，自以为大事将成。九月十四日，李自成农民军与官军战于郏县（今河南郏县），李自成军队失利。此时，李自成说："我杀皇爷焚毁皇陵，罪大了，姑且决一死战。如果不胜我再投降也不晚。"深入河南腹地的明军因大雨滂沱，道路泥泞，粮车进展缓慢而饥饿不堪。饥饿的士兵攻下郏县后，抓住马骡立即吃光。雨下了七天七夜不停，而后军又在汝州发生哗变。孙传庭闻讯大惊，部下军心不稳，进退两难，只有命陈永福所部留守军营，亲自统领陕西嫡系的部队准备撤回，打通粮道。不想陈永福部下拒绝服从命令，陈永福难以制止颓势，只好随部下一起北归。李自成农民军趁势发起总攻，直冲敌阵。明军白广恩所部解马而逃，致使炮车翻倒，堵塞道路。农民军步兵手持棍棒截杀明军大队，李自成带农民军倾巢出动追击，获得督师的将旗，乘胜攻破潼关，明军大败。孙传庭与监军副使乔迁高跃马大呼战死在阵前。

390. 左良玉是怎样拥兵自重的?

左良玉（1599～1645），字昆山，临清（今山东临清）人。少时成为孤儿，由叔父养育。长大后，骁勇善战，虽目不知书，却多智谋，故参战屡胜，授予辽东车右营都司之职。崇祯六年（1633），升至总兵官。后来在河南镇压农民军的过程中，因与总督、巡抚不合，产生私心，多收罗投降的士兵来加强个人力量，对总督巡抚的调兵公文也不接，渐渐露出跋扈的端倪，成为拥兵自重的军阀。他在与农民军作战时，遇强则逃，遇弱则战。九年，朝廷命令左良玉和汤九州率军赴河南夹击农民军，左良玉见敌军势大，擅自带兵中途逃跑，导致汤九州部失败，左良玉反而以大捷上报。第二年，左良玉奉命增援安庆（今安徽安庆），途中打败农民军，又急行军赶到六安（今安徽六安），击溃了农民军的罗汝才和马守应部。应天巡抚张国维三次要求左良玉入山区增援围剿，他按兵不动。十一年，左良玉率军追击张献忠，用箭射中他的肩膀并挥刀击之。第二年，张献忠在罗猴山（今湖北房县西）中设伏，杀死明军上万，缴获了大量军需物资。左良玉虽然打了败仗，由于得到督师杨嗣昌的赏识，不仅没有惩治，反而升任“平贼将军”，委以平定张献忠农民军的重任。杨嗣昌没料到左良玉对自己非但不感激图报，还不把自己放在眼里，便私下答应要把“平贼将军”之职交给总兵贺人龙。不久，左良玉取得玛瑙山大捷，打败张献忠农民军，连张献忠的妻妾都给捉住了。这种情况下，杨嗣昌无法兑现对贺人龙的许诺，贺人龙怒气冲冲地把此事告诉左良玉，这使左良玉对明朝廷更加三心二意。当张献忠被左良玉部下紧追不放时，就派人送给他大量金银财宝，并说：“有我张献忠在，所以您被重视，您所统率的部队多杀戮抢掠，而阁部猜疑并且专横。没有我张献忠，你灭亡的时间也不会久了。”左良玉因此停兵不追，张献忠才得以进入四川。杨嗣昌命左良玉进军合击，九次传令，他都不到。十五年四月，李自成农民军包围开封，崇祯帝特别发给左良玉十五万两犒银，指望他前去解开封之围。明将虎大威、杨德政和左良玉在朱仙镇（今属河南开封）会师。左良玉见李自成军容甚壮，连夜拔营而逃，造成明军全面崩溃。李自成亲自率军追击，左良玉部下大乱，下马渡沟，倒仆在溪谷中，踩着人头逃过去。崇祯帝听说左良玉兵败，诏令侯恂据守黄河，又命令左良玉率军前来会合。左良玉畏惧李自成，拖延不到。等开封被李自成攻下，左良玉再也不敢同农民军较量。李自成占领荆襄，张献忠攻下武昌，左良玉都坐视不救。等到农民军转移后，他就报告收复空虚之地作为功劳。十七年，左良玉被封为宁南伯，他的儿子挂“平贼将军”印，世代镇守武昌。听说京城被攻陷，诸将议论纷纷，建议自立为君，割据江南，左良玉不同意。他的部下多为投降的农民军将领，阵容虽壮盛，却无军纪，左良玉拿出金银财物二三万散给诸将，才稳住军心。长期征战，左良玉身体日衰，顺治二年（1645）四月于军中吐血而死。

391. 贺人龙生平如何?

贺人龙（？～1642），米脂（今陕西米脂）人。起初是守备官，为延绥巡抚洪承畴的部下，多次在与李自成的农民军作战中立功，升任都司佥书，后来跟随总督陈奇瑜作战。

崇祯七年（1634）四月，李自成攻破陇州（今陕西陇县），就暗中派高杰给贺人龙送信，劝他造反，他没有响应。后来，贺人龙移守延绥（今陕西榆林）。与李自成的农民军交战，功绩显著，升任为总官兵。十三年，杨嗣昌、贺人龙、李国奇在玛瑙山（今四川万源）夹击张献忠。当初，杨嗣昌憎恨左良玉屡次违犯命令，就私下许诺让破敌有功的贺人龙代替他的位置。等到玛瑙山大捷后，左良玉的功劳第一，杨嗣昌告诉贺人龙要等候朝廷的命令。贺人龙大感不平，心存怨恨，就仿效左良玉的做法，也不遵从指挥。杨嗣昌三次下达军令都不应，使明军的势力日渐分散，终至覆亡。

崇祯十四年（1641），贺人龙、李国奇率军在灵宝山（今河南灵宝）打败李自成，但贺人龙的儿子贺大明也战死了。后来，总督傅宗龙统领贺人龙、李国奇出潼关，在新蔡（今河南新蔡）驻扎。遭遇李自成农民军的袭击，贺人龙率先逃跑，李国奇战败，也跟着逃跑，傅宗龙战死。十五年，贺人龙跟从总督汪乔年出潼关攻击李自成的农民军。但到了襄城（今河南襄阳），又不战而逃，汪乔年战死。崇祯帝大怒，想杀掉他，又担心他发动叛乱，所以先暂且免去他的职务，待罪处理。等孙传庭到陕西督师时，崇祯帝就把真实心意告诉了他。当时，贺人龙在咸阳（今陕西咸阳）驻扎，早晚防备着朝廷降罪。孙传庭考虑到贺人龙的同宗族人多在农民军中，不可轻意动手，就在路上假装上疏说："贺人龙是我的旧将，希望赦免他的罪，使他跟从我立功。"崇祯帝也假装同意，诱使贺人龙稍微放下心来。然后，孙传庭与巡抚张尔忠秘密谋划，在五月初一召见贺人龙来商议军事，便列举他的数条罪状后斩首。贺人龙被杀后，农民军互相举酒庆贺说："贺疯子死，夺取关中就如同拾草芥了！"

392. 史可法的生平如何？

史可法（1602～1645），字宪之，号道瞵，神宗万历三十年（1602）生于河南祥符（今河南开封）一户中产人家。

他生得短小精悍，双目炯炯有神，做事果断。一次在郊外寺庙中，偶遇左光斗，他的刻苦精神、超凡才略及宏大抱负都很受赏识，考试时就被拔取为县学第一名，并勉励努力学习，将来担当国家大任。熹宗天启五年（1625），魏忠贤镇压东林党人，将左光斗押入了由宦官看管的监狱，惨遭炮烙①。史可法对老师至死不屈地与奸邪斗争的精神留下深刻的印象，常常含泪说："吾师肺肝，皆铁石所铸成也。"

史可法考中进士，踏上仕途，在崇祯朝从政十七年，一直是"上恐负朝廷，下恐愧吾师"，做任何事都以国家利益为重。崇祯十七年（1644）三月，李自成攻进北京城，崇祯帝知道大势已去，自缢于万岁山上的一棵老槐树上。当时任南京兵部尚书的史可法、户部尚书的高弘图等人商议拥立潞王朱常淓，但在凤阳总督马士英与阉党分子阮大铖等人的威逼下，只好改立福王朱由崧。五月，福王在南京称帝，建立了南明第一个政权——弘光朝，经过大臣推举，史可法为内阁首辅，掌握朝政。马士英虽也进为东阁大学士，可仍任凤阳总督，拥有重兵，眼看觊觎已久的权位没能到手，不由大怒，便带兵入朝，在福王的支持下把史可法排挤出内阁。史可法以忠奸势不两立的姿态，自动请求

① 一种用烧红的铁块来烧烙犯人的酷刑。

督师江北，出朝镇守淮、扬，仍带兵部尚书衔。

弘光朝在军事上依赖的是设在淮扬、徐泗、凤寿、滁和的江北四镇，但四镇多为骄将悍卒，常为争夺地盘发生冲突。史可法抵达扬州后，立即上疏，希望弘光帝以“光复中兴”为念。当时的处境很艰难，而史可法凭着他的威望和艰苦努力，在到扬州刚几个月的时间里，就使四镇主帅“皆听于命”，协调好了四镇之间的关系。但是军饷问题很难解决，多次向朝廷奏请，马士英都故意不发给粮饷，而且数次下令催促出兵。史可法无奈，每次写奏疏都要反复诵读，呜咽不止。即使在这种情况下，他仍决心向北进军，力图恢复中原。十月，史可法命高杰率军北征，自己也赴清江浦（今属江西），于十一月击退清军的进攻。十二月，清军又分道南下，史可法部队的粮饷供不上，火速上报危急情况，可马士英根本不予理睬。艰难处境下，史可法依旧率领部队坚持北进。

弘光元年（1645）正月，清兵打败李自成的大顺军后，立即趋赴南京，并于三月初大举南下。这时，左良玉从湖广发兵数十万东下“清君侧”，弘光帝命史可法率诸军南渡过江增援。史可法上疏指出清兵的威胁大于内乱，请求留在江北抵御清军，结果被下诏“切责”，只得率军回南京。不久，内乱平息。然而，江北清军已长驱直入，史可法闻讯立即与亲信部将数人一天一夜冒雨奔还扬州，坐镇守卫。当时，清兵至少十万人，而明军只有一万余人。面对险恶的形势，史可法给母亲和妻子写了遗书作诀别，决心与扬州城共存亡。清军统帅多铎多次派人去诱降，他都不动摇，多铎就下令猛攻。四月二十一日，总兵李栖凤等率部出城投降，守城力量更为单薄。二十五日，清军炮击城西北后占领了全城。史可法面对清军大呼：“史可法在此!”被俘后，多铎又一再劝降，史可法答道：“天朝大臣，岂肯偷生做万世罪人!”又说：“城亡与亡，我意已决。”说完便慷慨就义，年四十五岁。

393. 张三丰是一位什么样的人物?

明朝初年，有一位踪迹神秘、变幻莫测的神奇之士，叫张三丰。他是辽东懿州（今属辽东）人，名全一，又名君宝，三丰是他的号。因他以不修边幅出名，又号张邋遢，身材高大魁梧，体形如龟，脊背如鹤，耳大眼圆，胡须硬且直，无论什么季节，只有一件僧衣一件蓑衣，吃饭既可整升整斗地一顿吃完，也可几天只吃一顿，有时几个月不吃饭。读书过目不忘，而且善于嬉笑谐虐，旁若无人。朱元璋知道他的声名后，于洪武二十四年（1391）派使者四处寻找他，却没有找到。后来，张三丰住在宝鸡（今陕西宝鸡）的金台观，一天，突然说自己要死了，便留下一篇颂赞而去世。人们置办好棺木，将他入殓等着下葬。这时，听到棺材里有声音，打开来看，他又活了。其后到四川游历，又入武当山，走遍襄汉一带，踪迹不定。永乐年间，成祖派给事中胡濙偕同宦官朱祥带诏书香料钱物前往寻访，走遍荒野边疆，历时数年都未能找到。由于张三丰曾经到武当山各处的峰谷游览，告诉别人说："这座山以后必定大为兴旺。"并和徒弟们砍伐荆棘杂树，清除瓦砾，曾建草房居住于此。因而，成祖便派遣有关官员率三十余万民工匠人，大规模营造武当山道观苑，费财物以百万计算。完工后，赐名为太和太岳山，铸造印信设官镇守，竟然应验了张三丰的话。天顺三年（1459），英宗赐予封诰，赠为通微显化真人，但始终无人知晓他的踪迹。

394. 顾秉谦为什么被写入《阉党传》?

明代政治的一大特点是：朋党斗争激烈，而且这些大大小小的不同政治势力和集团都依附太监，被称作阉党。他们玩弄权柄，憎恶正义，丑化忠直，滥施刑罚，毒害百姓，最终酿成国破家亡之患。顾秉谦就是一个"阉党"。熹宗天启二年（1622），大宦官魏忠贤掌权，顾秉谦和魏广微领头献媚依附，成为奸邪首领，隐藏在阉人之中。顾秉谦为人平庸低劣，毫无廉耻之心，魏广微更是阴险狡诈，二人一起图谋排挤善良之士，驱逐正直之臣，改定《缙绅便览》一册，把叶向高、何如宠、成基命等一百多人看作奸党，而把黄克继、王永光、徐大化等六十多人看成正直之人，并由太监王朝加以引荐，以此作为降官升官的依据。他们像妇仆一样曲意奉承魏忠贤，魏忠贤也因此得到内阁的辅佐而势力大增，气焰更加嚣张，朝内一片浑浊之象。

从天启四年（1624）至六年，凡被排挤陷害的正直忠良之人，全由顾秉谦来拟写圣旨。在拟写《三朝要典》著作时，他把皇帝的序言放在前面，以此钳制天下人之口。朝廷每有一措施，他就猜测皇帝的旨意，把好处归于魏忠贤并大加赞赏。他假称皇帝旨意责罚主考丁乾学，又起草圣旨，杀掉杨涟、左光斗等人。不久，魏忠贤倒台，顾秉谦因结交宦官而获罪，列入叛逆案中，判处劳役三年，又用财物赎为百姓。昆山百姓对他的怨恨很深，聚众烧毁了他的家。顾秉谦、魏广微执政依附于魏忠贤，于国于民毒害深重。因此，被列入《阉党传》，以为后人之戒。

395. 焦芳为什么要依附于权阉？

焦芳（？～1517），泌阳（今河南泌阳）人。英宗天顺八年（1464）考中进士。因与大学士李贤同乡的缘故，被推荐为翰林院庶吉士，晋升为侍讲官。待到九年的考核期满后，应当提升为翰林学士。有人讲：“像焦芳这样不学习的人也能做学士吗？”焦芳听到后非常愤怒，心想一定是彭华在离间自己，并声称做不到大学士就要刺杀彭华。彭华非常恐惧，只得晋升他做侍讲学士，翰林院是崇尚文采之地，只有焦芳粗野浅陋，没有学识，性情又阴险毒辣，动不动就讥刺辱骂，时刻不忘要报复，另一方面，在皇帝面前积极献媚，企望得到重用。焦芳一心想着升官，就暗地里千方百计地勾结阉党，日夜盘算着驱逐平素所不喜欢的朝臣。武宗正德初年（1506），户部尚书韩文说国库不足，大臣讨论认为管理财政缺乏高明的方法，并要劝皇帝节俭。焦芳知道皇帝派宦官窃听，就故意大声说：“平民家庭尚且需要开支，何况朝廷呢？谚语说：‘没有钱挑选旧纸。’现在全国欠租逃税的数额巨大，不去追查收缴，而只说要减少皇帝的用度，为什么呢？”武宗听后十分高兴，就提升他为吏部尚书。焦芳便伙同大宦官刘瑾一起乱改既定法规，残害士大夫。他对南方人有很大偏见，每黜退一位南方籍官员就暗自高兴，即使在议论古人时，也一定要诋毁正直之臣，并厚颜无耻地讲：“现在朝廷上，有谁像我这样耿直呢？”焦芳一生为官，就是靠依附掌权阉宦来消除异己以巩固自己的权位的。

396. 阎鸣泰的生平如何？

阎鸣泰，清苑（今属河北）人。神宗万历年间（1573～1619）考中进士，授予户部主事之职，后来升为辽东参政，因被人检举而受到弹劾，罢免回家。熹宗天启二年（1622），出任原职，在山海关监督巡视军队。阎鸣泰并没有才能智谋，只擅长于奉承钻营，用虚伪的话来迷惑上级，所以受到孙承宗的器重，多次上疏推荐。等到魏忠贤掌握了朝中大权，阎鸣泰开始暗地里同他勾结，因御史智铤推荐，召为兵部左侍郎。六年正月，宁远（今辽宁兴城）报告危机，京城震动惊慌。

内阁顾秉谦等人推荐阎鸣泰去督察蓟（今属河北）、辽（今属辽宁）、保定（今属河北）军务，事后，升为尚书。因缮修山海关城，又升为太子太傅。不久，召回朝廷协助办理军政。他的屡屡升官和他向魏忠贤献媚有关。每次陈述边疆防务，都要奉承魏忠贤，并在蓟、辽建造魏忠贤祠庙多达七所。在歌颂魏忠贤功德的谀词中有“百姓的心有所寄托，就是天心向顺”的话，听到的人没有不愤恨的。思宗崇祯初年（1628），魏忠贤倒台，他被谏官揭发而罢免官职，后来被附在叛逆案中，发配边疆戍守而死去。

397. 严嵩如何赢得皇上宠信的？

严嵩（1480～1567）尽管被天下人都视为大奸臣，却甚得皇上的宠信和喜欢，因为他很善于讨好奉承。世宗嘉靖七年（1528），任礼部大侍郎，奉命去湖北安陆（今湖北安陆）祭扫显陵（今湖北钟祥县东十里纯德山阳）。他知道世宗喜好祥瑞，便千方百计地揣摩迎合。典礼结束后，他上奏说：“臣已经恭敬地献上宝玺诏书并安置神床。恭奉祭祀的那天，开始时，天气还是阴雨，到正式叩拜祭奠时，就转为晴朗了。在枣阳（今湖北襄阳）采购碑石时，有一群鹳鸟聚集环绕飞翔；碑石装船启运时，汉江水流及时上涨。请下令让内阁辅佐大臣撰文刻在石上，来记念上天的眷顾保佑。”世宗非常高兴，提拔他为礼部左侍郎，再升任南京礼部尚书，又改任为吏部尚书。在南京任职五年后，因祝贺万寿节回到北京。世宗准备在明堂（今陕西榆林）祭祀生身父亲，又想把神主牌位摆在天子祖庙里。因为世宗的父亲原本是亲王，按照礼法，不配有这样的待遇，严嵩和群臣商议后打算阻止，世宗不高兴，写了篇《明堂或问》告示朝廷大臣。严嵩看后很惶恐，就改变了先前的主张，并仔细按世宗的心意安排了礼仪。世宗又要用宝玺诏书来给生身父亲追加尊号，严嵩连忙迎合，并说天上有祥云出现，请受群臣朝见和贺拜，还亲自撰写《庆云赋》、《大礼高成颂》献上。世宗更是喜悦，命人将两篇文章送交国史馆，给他加封太子太保衔，跟随皇帝到承天（今属湖北钟祥），赏赐和辅佐大臣一样。此后，严嵩得到皇上的宠信，日益骄纵，大胆妄为，贪污受贿是常事。

严嵩考中进士在内阁首辅夏言之前，但官位没有他高。起初他要依靠夏言时，就对夏言十分恭谨，小心侍奉。有一次，严嵩摆设宴席，亲自到夏言府上邀请，夏言推托不见，他没有表现出一点生气的样子，回到家中，摆开宴席，展开请帖，跪下恭敬的读了一遍，表示自己的诚意。夏言得知后很是感动，以为严嵩真的敬重自己，就不再对他猜疑。一次，世宗把自己斋醮时戴过的香叶冠仿制了五顶，分别赐给夏言、严嵩等几位大臣。夏言认为这不该为大臣所戴，世宗很生气，而严嵩却在上朝时特意戴上，而且外面笼一层轻纱，很讨世宗欢喜。严嵩见时机已到，就在世宗面前诬陷夏言并罢免了他的官。从此，严嵩执笔为世宗写斋醮时所用青词①，很合心意，被授予武英殿大学士，在文渊阁值勤，仍掌管礼部事务。当时严嵩已六十多岁，却精力充沛，早晚都在西苑板房值班，不曾回家洗浴一次。皇帝认为他很勤奋，就赐予银质印章，写着“忠勤敏达”字样，加封少傅兼太子太师。朝中政事也都归他掌握。过了一段时间，世宗发觉严嵩有贪污专权之嫌，几位大臣又相继去世，就起用夏言。夏言复职后，对严嵩怒气凌辱，而且毫不留情地驱逐他的同党。严嵩很是害怕，直着身子跪在床下流泪请罪，夏言又被迷惑，便放过了他。然而严嵩却一直在窥伺时机，图谋报复。当他得知陆炳和夏言的关系恶化，就勾结陆炳来进行陷害，使夏言在河套事件中被处死示众。从此，严嵩在世宗面前表现得更加伪善、恭敬、谨慎。世宗准备给他加封上柱国衔，而他连忙推辞说：“天下受尊的只应有皇上，‘上’不是人臣所应得的称号。”使世宗更加宠信于他了。

398. 严嵩是怎样死的？

严嵩得到世宗宠信后，就开始利用手中权力报复所有触犯过他的人。巡按御史叶经因曾弹劾他贪污，被施以梃杖致死；刑部员外郎杨继盛因曾弹劾他十罪五奸被诬陷处死；总督侍郎王忬的儿子王世贞曾为杨继盛收尸，严嵩便借用其他罪名将他杀害；锦衣卫沈炼曾弹劾他置外敌入侵于不顾，“奸恶误国”，便被附入伪造的白莲教案而处以死刑。还有一次，蒙古俺答部直逼京城，兵部尚书丁汝夔受严嵩指使不让诸将出战，后来世宗欲杀丁汝夔，严嵩怕牵连到自己，要求他自顶罪，许诺说：“有我在，你放心。”丁汝夔临死时才知道是中了严嵩的圈套。

嘉靖十八年（1539），世宗在埋葬了圣章太后之后，就不再理朝政

---

① 道教举行斋醮仪式时献给天界神明的章表奏文。

了，大臣很难见到他，只有严嵩一人能够见到或得到他的指令。严嵩窃取大权后，骄纵妄为，在各重要部门安插亲信，而一些奸邪的官员也纷纷归附于他。世宗有所察觉，想渐渐分散他的势力，开始转而亲近大学士徐阶。严嵩深知皇帝心思，遇到需要有解救的事情就先顺着皇帝的心意痛骂一番，然后再委婉曲折地说出皇帝对其不忍心处罚之情。凡设法排挤陷害他的人，便先说他的好处，再用微言切中皇帝的不满之处。转变皇帝的喜怒很有技能。然而严嵩的专横独裁，招致很多大臣的不满与愤恨，世宗也因之渐渐疏远他，开始信任徐阶，遇到事情都把严嵩搁在一边。严嵩害怕起来，让一家人围着徐阶下拜，并举酒求情说："严某早晚要死了，这一家人只有靠您开恩照料了。"

严嵩窃取大权二十年，儿子严世蕃更是邪恶之徒，毒害天下百姓，人们都伸手指他父子二人为大奸臣。嘉靖四十一年（1562），方士蓝道行作"神语"，谴责严嵩父子的罪行。世宗很迷信谶语，就有罢免严嵩的意思了。徐阶得到这个讯息后，让御史邹应龙弹劾严嵩父子的不法行为。世宗便以教子无方为名，勒令严嵩退休，并把严世蕃流放到雷州卫（今属广东）。四十三年，在徐阶的策划之下，严世蕃被加上通敌的叛逆罪名而处斩，严嵩被革职为民，并查抄家产。家中竟抄出黄金二万余两，白银二百余万两，其他金银珠宝不计其数。此后，他靠乞讨度日。又过了两年，在荒郊中死去。

399. 大奸臣赵文华的生平情况如何？

赵文华，字元质，慈溪（今浙江慈城镇）人。世宗嘉靖八年（1529）考中进士，授予刑部主事之职。当初在国子监学习时，严嵩担任祭酒，认为他很有才能，两人拜结为父子。因此，赵文华被委派为通政使。他为人狡猾诡诈，想主动接近皇帝，就向世宗进献百花仙酒，并且说严嵩喝了此酒长寿。世宗亲笔写诏书询问严嵩，严嵩大惊，恨赵文华没有事先向自己禀报，召他到值班的地方痛骂了一顿。赵文华跪在地上哭泣不起，十分窘困。后来，他想办法拿很多钱财去贿赂严嵩的妻子，严嵩的妻子从中斡旋，于是又得到宠信。倭寇进犯东南，赵文华进献七条对策，得到严嵩的力荐，于三十四年任工部侍郎，巡视东南防倭事宜。当时，总督、尚书张经比较轻视他，赵文华暗中愤恨。第一次讨伐倭寇而打了败仗，赵文华很生气，多次催张经进军。因赵文华轻浮浅薄，张经担心泄漏军期，就没有告诉他。赵文华更加愤怒，就上报世宗说张经放纵敌寇，丧失战机。奏疏呈上时，正好张经在王江泾打了胜仗，首次大捷，赵文华趁势冒为己功。他又同胡宗宪弹劾诬蔑张经“养寇失机”，以致张经被冤枉而死。随后，又弹劾诬蔑浙江巡抚李天宠，使之也遭到冤杀，后推荐胡宗宪代任。世宗因此认为赵文华贤能，就铸造督察军务官印赐予他。赵文华的职位从此在总督之上，更加无所顾忌，又先后论罢总督周珫、杨宣等，颠倒功罪，牵制兵机，将士离心离德，倭寇的灾祸也越来越重，官军多次失败，反以败报胜，谎称海上和陆地已取得成功，江南安宁，请求回朝。等到回朝后，战败的消息接踵而至，世宗怀疑赵文华乱讲，就诘问严嵩。严嵩奸巧地做了解释，世宗总不放心。正巧遇上吏部尚书李默发布考试用对策来选举人才，赵文华就诽谤李默，使李默获罪而死，又重新获得世宗的信任，升为工部尚书，加封太子太保，兼右副都御史，总督江南、浙东军事。赵文华心志一天天骄纵，群臣都对他愤恨不已。有一次，世宗派使者赏赐他，正好遇上他喝醉酒，跪拜时不依照礼节。世宗知道后非常生气，再加上得知赵文华竟然把建造新楼阁的大半木材用来修自己的房屋，并且连续几年在军中都有贪污纳贿的恶行，就下决心要除掉他，于是规定赵文华在一月内建成楼阁。赵文华此时深知自己有灾祸降临，就呈上奏章请病假，世宗顺势驱逐他出朝，随后又免职为民，文武百官举杯庆贺。赵文华本来患有神志惑乱的毛病，遭到这种打击，更是闷闷不乐。有一天晚上，他用手扪自己的肚皮，肚皮破裂，内脏都露出来了，悲惨而死。

400. 温体仁为什么被写入《奸臣传》?

温体仁（1573～1638），字长卿，乌程（今浙江吴兴）人。神宗万历二十六年（1598）考中进士，历任翰林院编修、礼部侍郎、礼部尚书。温体仁“为人外曲谨而中猛鸷，机深刺骨”，是一个城府极深的官僚。

崇祯元年（1628）冬，在推荐内阁大臣人选时，温体仁因声望轻而没有参与，呼声很高的周延儒也被排斥在候选名单之外。温体仁猜测崇祯帝心中必有疑虑，于是上疏发难，攻击钱谦益说是在担任浙江乡试考官时收受贿赂，巧于为奸结党。崇祯帝久已怀疑朝臣结党，看到他的这番言论后很合心意，于是对他大加称赞，由衷赏识。第二年，御史任赞化揭发温体仁娶娼受贿、夺他人产业等不法之事，崇祯帝非常生气，贬职一级。温体仁乞求罢免自己的官职，并讲：“近来因为钱谦益的原因，排挤打击我的人不断出现，没有一个人能庇护我，我的孤立可以看得很清楚了。”崇祯帝鉴于万历、天启朝的党争，对大臣结党最为反感，于是反而体谅起温体仁的“孤立”、“无党”，批评各位大臣是不忧虑国事，挟带私情互相攻击。三年六月，任命温体仁为礼部尚书兼东阁大学士。

温体仁借助周延儒的力量进入内阁辅佐朝政。但是当进入内阁之后，他和周延儒在对待东林党和阉党的态度上截然相反，于是开始图谋取代周延儒的首辅位置。周延儒因为温体仁曾经和自己一起驳倒钱谦益，又是自己帮他进入内阁，所以对温体仁的阴谋一点没有察觉。崇祯六年（1633）六月，温体仁暗中帮助宦官王坤、给事中陈赞化攻击周延儒，还唆使给事中陈赞化弹劾周延儒纵容手下李元功贪赃枉法以及周延儒说过悖逆的话。崇祯帝大怒，命令追查，周延儒的处境十分困难，请求温体仁帮助。温体仁不仅不帮忙，还把和周延儒关系好的官员一概罢免，使他得不到任何支持。无奈之下，周延儒被迫称病辞职。于是，温体仁成为内阁首辅。最初，他想联合宦官壮大自己的势力，但崇祯帝一直以能翦除魏忠贤这些宦官而得意，使温体仁放弃了起用阉党的想法。他又和东林党势不两立，所以屡次打击东林党人。八年七月，东林党人文震孟进入内阁，温体仁处处与文震孟为难，终于使文震孟罢官。温体仁辅佐朝政后，善于察形辨色，迎合皇上心意，受到特别的宠信，于是更加固执专横，自己想推荐的就暗中叫人提议，想排斥陷害的就故意宽容而让皇上去猜疑，所引荐和同位的人都是平庸之辈，以显示自己的高明，巩固地位。崇祯帝询问军饷的事，他就谦逊地说：“臣从前凭文章在翰林院任职，皇上不知我驽钝，提拔为宰相，盗贼一天比一天多，确实是万死不足以尽自己的职责。不过，臣虽愚昧无知，但是在起草圣旨时不敢欺骗军饷之事，望皇上裁决。”崇祯帝认为他朴实忠厚，更加亲信。温体仁执政已久，揭发他的奏章不可胜数，崇祯帝还全然不醒悟，反而更加相信他是孤立无党，那些指责他的人甚至有被拷打致死的。

崇祯十年（1637），他秘密奏报复社结党，并请求惩治大宦官曹化淳。没想到崇祯帝竟然把奏章交给了曹化淳。曹化淳亲自审理张汉儒案，结果张汉儒被定为奸民，处以死刑，使案子完全事与愿违。至此，崇祯帝也不再信任温体仁，使他进退不得。温体仁上奏称病，想以此试探一下崇祯帝的态度，没想到奏章刚呈上去，崇祯帝就批准他回家养病。温体仁得知这一消息时正在吃饭，惊得连手中的筷子都掉了，无奈只好回家。

温体仁做内阁首辅四年，无论是抵挡辽东清兵的南下，还是对付李自成、张献忠农民军，都没有任何计策。但他善于逢迎，尽管没有才能，却待遇隆厚。温体仁做官不顾国家、民族的利益只是为了个人的权利，因而被写入《奸臣传》。

401. 李孜省是怎样玩弄权柄的?

宪宗在位时喜欢道术，李孜省为迎合皇帝的嗜好，就学习五雷法，通过厚交宦官梁芳、钱义进献道教召神驱鬼、治病延年的符书。成化十五年（1479），宪宗特下圣旨授予太常丞之职，他借淫秽邪恶的道术而日益受到宠信，被赐予金帽子、作法宝剑和二枚印章，并允许秘密奏报事务。十七年，李孜省被提升为右通政，俸禄则由原任职官署出支，仍旧掌管太常寺事务。同僚王昶看不起他，没有用厚礼优待。李孜省怀恨在心，就诬陷他，并把他降职为太仆少卿。按先例，仅仅到太常寺支取俸禄而不任职的官员不可参与郊外祭祀天地，分行献爵献帛的礼仪，却下特旨令李孜省参加。当初，皇帝即位才满一个月，就让宦官传达圣旨，称为传奉官。文士武夫、和尚道士同李孜省狼狈为奸，尊贵显赫，然而他们的权势都在李孜省之下。过了两年，李孜省又被升为左通政。这时，开始有人揭发他，李孜省就利用自己的权势地位，将这些人贬官降职。二十一年正月，天象星辰变化，朝廷大开言论，于是，九卿大臣、给事御史都详论传奉官李孜省、邓常恩等人的弊害，李孜省也因此而被贬为上林监承。此后，他更加痛恨朝廷大臣，设计驱逐他们，并用邪道挟制皇帝的心志。十月，又恢复了他的左通政之职，更加恃势弄权，作威作福，捏造罪名陷害士大夫，士大夫的进用升官和废退罢官，大多数由他说了算，朝廷和民间都很愤怒。

402. 江彬为什么能得到皇帝的宠信?

江彬（？～1521）相貌魁伟有力气，善于骑马射箭。曾在与敌人的一次作战中，被射中三箭，其中一箭插入脸部，箭头从耳朵穿出。他把箭头拔出来继续作战，武宗听到后，认为他很英勇。后来，武宗召见，看到他的箭伤疤痕，大声说："江彬英勇有武艺呀!"他经常与武宗在一起谈论军事、下棋，很受欣赏。有一次，武宗捕捉老虎，召钱宁，钱宁畏缩不前，眼见老虎逼近，江彬直奔老虎，杀而解危。武宗开玩笑地讲："我自己足够对付，哪里用得到你啊。"然而心中很感激江彬而怀恨钱宁。江彬几次临危不惧，冒险保护武宗的行动，深深打动了武宗，因此逐渐得到宠信。武宗外出巡行，全由江彬来驾驭车马。江彬眼见武宗左右的人都是钱宁的同伙，想借助边防军来巩固自己的地位，就盛赞边防军骁勇强悍，胜过京城禁军，请求互相调动操练。武宗不听谏官的劝说，调辽东（今属辽宁）、宣府（今属河北）、大同（今属山西）、延绥（今属陕西绥德）四镇的军队进入京城，号称外四家，在京城横行无忌。每次在宫内编组教练，比武游戏，武宗穿着戎装亲临比武场，同江彬并骑而出，盔甲相互摩擦，几乎辨认不出谁是皇帝。另外，为了诱导武宗巡视外地，以便疏远钱宁，江彬提议武宗不要住在宫内受大臣挟制，宣府歌舞艺人中多美女，而且可以观察边界争端，转瞬之间奔驰千里，武宗很乐意。到达宣府，江彬又为武宗建造镇国府宅第，把豹房中的珍贵玩物和刺绣、纺织品用车拉来放满行宫，又跟随武宗在夜里进入别人家索取美女。武宗大感欢乐，忘了回宫，朝廷大臣屡屡劝谏，全都置之不理。江彬诱导皇帝东游西乐，娶妾纳亲，历经几千里。武宗沉迷于酒色之中不省悟，反倒更是宠信江彬。等到武宗死了，靠山没了，江彬被众臣攻击而处死，并陈尸示众。

403. 邵元节是如何得宠的?

邵元节（1459～1539）是龙虎山（今属江西）上清宫的一位道士，为人高傲，曾以老师之礼恭敬侍奉范文泰、李伯芳、黄太初，学到了他们的全部道术，宁王朱宸濠召他，推辞不去。世宗继承帝位后，受宦官蛊惑，喜欢上鬼神之事，每天设斋檀向神佛祈祷。世宗嘉靖三年（1524），邵元节被征召进京，世宗在便殿接见，大受宠信，并让他住在显灵宫，专门主持祈祷祭祀，他的祈祷多有灵验，因之被封为清微妙济守静修真凝玄衍范志默秉诚致一真人，统管朝天、显灵、灵济三宫，总管道教，并赐予金、玉、银、象牙印章各一枚，紫色道袍、玉饰衣带，在城西建造真人府。在他的家乡建造道院，赐名仙源宫。世宗为没有继承人而犯愁，便多次令邵元节祭祀，并命夏言作监礼使，文武大臣一天两次上香。过了三年，竟然是接连诞生皇子，十分喜悦，邵元节也因此更加受宠，授予礼部尚书，赐予一品官服。世宗巡视承天（今属湖北），邵元节因病不能随从，不久去世。世宗还为他掉泪，并派遣宦官锦衣卫护送遗体回乡，官府筹办丧事，使用了伯爵的礼仪。

404. 马士英和阮大铖是怎样专权误国的?

马士英（约1591～1646），字瑶草，贵阳（今贵州贵阳）人。万历四十七年（1619），考中进士，授予南京户部主事之职。崇祯五年（1632），升为右佥都御史，巡抚宣府（今河北宣化）。到任刚一个月，就调取几千两白银的公款，赠送给朝廷显贵，被人检举，削夺官职，贬到南京。二年，阮大铖因叛逆案被判徒刑，废弃十七年，郁郁不得志。当时，农民军进逼他的家乡，阮大铖逃到南京，跟先前已流寓在南京的马士英臭味相投，相结甚欢。

阮大铖机敏狡猾，很有才思，自夸能谈兵论剑，经常招纳一些敢于反抗的义士，作为拉拢人的手段，希图得到起用。这些公开活动激怒了在南京的正直之士。顾杲、杨廷枢等一百四十多人群起揭露他的罪状。阮大铖害怕了，就只与马士英结交往来。崇祯十四年（1641），周延儒应皇帝召见，阮大铖急忙赶到扬州江边，贿以重金，请求周延儒为他洗清骂名，重进官场。周延儒回答说："我这次去，是由于东林党人所推举，而你的名字在'逆案'中能行吗?"阮大铖沉吟许久说："马瑶草如何?"周延儒答应了。

崇祯十五年（1642）六月，周延儒推荐马士英为兵部右侍郎并总督庐凤等军务。当时，马士英还被削职为民，知道是阮大铖所荐，很是感恩。十七年三月，北京城被农民军攻破，崇祯帝吊死煤山，在南京的大臣们匆忙商议拥立新君。当时出现了两派，史可法等人议立潞王朱常淓，而担任凤阳总督的马士英认为福王昏庸，可以利用，于是贿赂勾结朝中的诚意伯刘孔昭和朝外的总兵刘泽请等人，"必欲立之"。史可法虽表示坚决反对，以"七不可"告之，但马士英就发兵连营长江之北，声势十分嚣张，史可法不得已只好依从。福王政权建立后，马士英虽为东阁大学士，但仍然在凤阳，对此很不满意，便亲自带兵入朝，将史可法以前给他的信所说得"七不可"内容告诉了福王，立即被福王当作亲信。马士英到南京后，就参与机务，挤走史可法，掌握朝中大权。

马士英、阮大铖当权后，公开卖官鬻爵，贪污受贿，"顺案"本来是马士英、阮大铖陷害的借口，但是只要行了贿赂，列为"顺案"的人同样可以复职。左良玉对马士英十分不满，就上疏声讨他的罪状。福王弘光元年（1645）年三月，左良玉在湖广起兵，要“入诛奸臣马士英”。这时，清兵大举南下。面对这一危急情况，史可法等人主张先对付清兵，而马士英、阮大铖等人却极力主张抵抗左良玉。福王召集群臣会议，大理少卿姚思孝等提出不要撤江北兵马，用来抵御清军。马士英当面大声叱骂：“你们这类东林党人，要借口防守长江，想放纵左良玉这个逆贼进犯吗？北方的军队来到，还可以商议条款，左良玉这个逆贼来到，你们这类作高官的和我们君臣只有一死了。”并大喊：“有异者斩！”他不顾大家的反对，竟命令江北明军，为清兵南下敞开通道。对于前方战事，马士英只许报喜不许报忧，谎报战绩者还得重赏。五月八日，清兵渡江攻下镇江（今江苏镇江）。五月十日夜，福王感到形势不妙，连皇太后也不顾，逃出通济门，向南奔太平（今江苏太平）。第二天，马士英与皇太后逃到杭州，想投靠鲁监国，遭到拒绝。第二年，被清军捕杀。

405. 清朝对南明弘光政权采取什么政策？

在清军入关之初，清王朝并没有消灭南明弘光政权统一全国的意图。主要原因是清军兵力有限，而满族人口稀少，难以及时补充足够的兵员。另外，在山西以西的李自成大顺政权实力尚存，对清军构成的威胁要大于南明弘光政权。因此，清王朝最初的意图是与南明弘光政权相勾结，合力剿灭大顺“流寇”，从而实现南北分治。弘光小朝廷也认为“联虏平寇”是皆大欢喜的上上之策，于是频频派出使臣同清王朝谈判。

但是，随着形势的变化，清王朝对弘光政权也很快改变了政策。首要的一个原因在于当时社会经济发展是南方不断上升而超过北方，清王朝就认为如果实行南北分治，根本无法建立经济上的相对平衡，以后会对自己一方不利。次要的一个原因在于当时的降清官僚中，有相当一部分是南方人，担心一旦出现南北分治的局面，自己将来就会同故乡的亲人分属于两个政权，要承受骨肉分离的痛苦，于是竭力鼓动清军继续南下，统一天下。第三个原因在于清军进攻的顺利势头和弘光政权表现出的龟缩畏惧，使清王朝坚定了统一全国的决心。在弘光元年（1644）七月二十八日，清王朝摄政王多尔衮写信给史可法，明显地暴露出清王朝的野心。但是，史可法不能敏锐地洞察清王朝在改变了对弘光政权的政策后的新意图，依旧幻想通过和平谈判的方式达到“联虏平寇”、偏安江左的目的，并在回信中反复强调要“连兵西讨”，导致弘光小朝廷的迅速覆亡。

406. 弘光朝为什么越来越腐败?

弘光朝廷建立以后，企图“借虏平寇”，君臣一味享乐，毫无振作之意，朝政荒废，越来越腐败。

朱由崧（1607～1646）酗酒好色，不以国事为念，把军国政事全部委托给马士英。当他刚刚登上皇帝宝座时，就以“大婚”为名派出宦官到南京、苏州、杭州等地搜索民间绝色闺女。更荒唐的是，他还派宦官四处捕捉蟾蜍，配制春药，被民间称之为“虾蟆天子”。大宦官屈尚忠之流乘机四处敲诈勒索，黎民苦不堪言。掌握朝廷实权的马士英、阮大铖等人也醉生梦死，利用手中的权力卖官鬻爵，中饱私囊。阮大铖就公然以行贿作为理财妙方。有一首《西江月》词就写的是当时现状：“有福自然轮着，无钱不用安排，满街都督没人抬，偏地职方无赖。本事何如世事？多才不若多财。门前悬挂虎头牌，大小官儿出卖。”那些自命与马、阮党见不同的官绅在生活上也是追欢逐乐，寻花问柳。在风雨如磐之时，弘光君臣置军国重事于脑后，不仅文恬武嬉，还热衷于不急之务，粉饰太平。比如给二百多年前被朱元璋处死的开国功臣傅友德、冯胜等人，被成祖朱棣杀害的建文朝忠臣追加谥号、恢复名誉。

弘光朝廷的腐朽程度较之崇祯时期有过之而无不及，君臣只是满足于偏安江南，不图恢复，一味苟且偷安。他们只想利用江南富庶的物质条件，安享灯红酒绿、纸醉金迷的生活。但这只是一厢情愿的幻想。一旦清兵南下，弘光朝便立刻土崩瓦解，分崩离析。

407. 南渡三案的详情如何?

朱由崧取得帝位以后，围绕皇权发生的勾心斗角的事件层出不穷。弘光立国一年时间内，就先后发生了三件著名的惊天大案，即妖僧“大悲”案、伪太子案和“童妃”案，历史上合称为“南渡三案”。

其一为妖僧“大悲”案。弘光元年十二月，一个名号为大悲的和尚来到南京（今江苏南京），自称是明朝亲王，战乱中不得已而削发为僧。弘光君臣发现他语言前后矛盾，形迹可疑，经再三盘问，大悲终于承认自己在苏州（在江苏苏州）为僧，实际是个骗子。大悲冒充亲王，最终落得被处死的下场。

其二为伪太子案。同样是在弘光元年十二月，鸿胪寺少卿高梦箕的奴仆穆虎从北方南下途中，遇到一位内衣织有龙纹的少年。该少年自称皇太子，经常招摇于众，人们议论纷纷。经仔细辨认，弘光君臣一致认为北来“太子”纯属假冒。但这件事直接牵涉到弘光帝位的合法性，对朱由崧继统不满的人乘机散布流言，不明真相的百姓和外地文官武将一片哗然。直到清军占领南京，弘光朝廷覆亡，此事方告平息。

其三为“童妃”案。弘光元年（1644）初，河南一童姓妇人面见南明河南巡抚，自称是德昌王朱由崧的继妃，乱离中与朱由崧失散。童氏自述“年三十六岁，十七岁入宫”、“崇祯十四年生一子，曰金哥”。朱由崧严厉指斥童氏所言的虚妄，宣布童氏为假冒。从史实与明朝典制来看，童氏确系假冒。史籍记载，在前往南京的途中，地方文武官员纷纷拜谒，发现她举止轻浮，毫无大家风范。

“童妃”案与大悲、伪太子案之所以喧嚣一时，实际上是某些东林—复社党人在幕后兴风作浪。这三个案件表面上看是孤立的，互不相涉，实际上却反映着对朱由崧继统不满的政治背景。

408. 弘光政权是怎样瓦解的?

弘光小朝廷成立以后，仅围绕着帝位继承，在短短一年之内，就先后发生了“妖僧”大悲、伪太子、“童妃”三大案。这些事件严重影响了弘光小朝廷的稳定，而清朝廷连续发动的军事进攻更使弘光君臣手足无措。为苟且偷安，弘光君臣对“联虏平寇”情有独钟，先后多次派人与清朝通好，但都遭到拒绝。弘光小朝廷的大学士、督师史可法害怕与清军正面作战，一厢情愿地谋求与清军配合镇压大顺农民军。弘光元年即清顺治二年（1645）初，史可法派高洁率军北上，河南总兵许定国秘密与清军勾结，假装设宴为高洁接风，将他灌醉后杀害，率部投降清朝。史可法为了保全实力，退守扬州（今江苏扬州）。明军将领左良玉也为避免与清军作战顺长江东下，四月初病死于舟中，部下也叛变了。与此同时，清军加紧南下，不断进攻明军。弘光元年（1645）初，清军分三路齐头并进，意图一举摧毁南明弘光小朝廷。在清军的强大军事攻势下，南明军不断有将领不战而降。四月二十四日，清军用红衣大炮轰塌扬州城墙。二十五日，扬州城陷落，史可法被俘后遇难。清军占领扬州以后，统帅多铎以扬州军民不听招降为由，下令进行屠城，居民几乎全遭屠杀，“城中积尸如乱麻”。消息传到南京（今江苏南京），弘光君臣顿时惊惶失措，惶惶不可终日。五月初十，弘光帝仅与马士英和少数宦官商议后，未作任何部署，就在凌晨离开南京城逃亡。当逃至芜湖（今安徽芜湖）后，被田雄等人出卖，活捉后献给清军。在不断的党争和严重的腐败等因素作用下，南明弘光小朝廷最终土崩瓦解了。弘光帝被俘以后，六月初八，潞王朱常淓虽就任监国，也是胸无大志，不图恢复，不久便降清了。清顺治三年（1646）五月，清朝廷以“图谋不轨”为借口，将他与其他的明朝降臣一起处斩。

409. 弘光帝是怎么被俘的？

隆武元年（1645）四月底到五月初，清军先后攻下扬州（今江苏扬州）和南京（今江苏南京）。弘光帝（1607～1646）见形势危急，急忙与马士英及少数宦官商议后，于五月初十日凌晨仓皇逃出南京。他们本来想逃到杭州（今浙江杭州）去避难，但在混乱之中走散了。弘光帝先是由马士英的儿子马銮护卫着投奔太平府（今安徽当涂），太平府的官员不明白实际情况，拒绝打开城门放他们入内。他们只得转往芜湖（今安徽芜湖），准备投靠靖国公黄得功，而马士英则护卫皇太后前往杭州。

清军统帅多铎听说弘光帝逃跑，急忙命令刚刚投降的刘良佐率领部下作向导，派多罗贝勒尼勘等领兵向芜湖追赶。黄得功的部下田雄、马得功在清军的威逼利诱下决定投降，而黄得功对此却毫不知情，一怒之下，把刘良佐派来招降的使者处斩，亲自率兵出战。田雄的叛军趁黄得功不备，突然发箭射中他的喉部。黄得功身负重伤，拔剑自刎。很快，田雄等人也捉住了弘光帝。田雄背着弘光帝，而马得功在后面紧紧抓住双脚。弘光帝哀求田雄放了自己，田雄瞪着眼说：“我们两人就想凭这点功劳博得功名，怎么能放掉你，别做梦了！”弘光帝恨得咬牙切齿，趁田雄不备，突然在他的脖子上咬了一口，鲜血直流，沾湿了衣服。田雄虽疼痛无比，但还是牢牢地背着不放手，把弘光帝献给了清军。

410. 潞王监国以后为什么降清？

弘光元年（1645）五月初，清军攻陷扬州（今江苏扬州），逼近南京（今江苏南京），弘光帝与马士英等臣子心惊胆战，仓皇逃出南京，在途中被冲散。不久，因田雄等叛变降清，弘光帝被俘。马士英听说后，感到没有什么指望了，就与在杭州（今浙江杭州）的官员商量推举潞王朱常淓监国（代管国事）。六月初七日，众臣朝见邹太后，奏请潞王监国。开始的时候，朱常淓还坚决拒绝。因为想到一旦答应出任监国，将马上成为清军打击的对象。在邹太后声泪俱下地恳求后，才勉强答应。次日，朱常淓尽管就任了监国，可一心想着苟且偷安，并无进取之意，而小朝廷的实权仍然掌握在马士英一伙人的手中。所以，在出任监国的第二天，朱常淓就按照马士英等人的授意，派陈洪范前去与清军讲和。

与此同时，清军抓紧向杭州进逼。陈洪范也很快回到杭州，劝潞王投降。朱常淓贪生怕死，为保全性命，决定降清。为表示诚心，在总兵方国安率领明军与清军正浴血奋战时，他竟丧心病狂地“以酒食从城上饷满兵”。更令人痛恨的是他在被挟持到北京（今北京）以后，上疏向清廷所提供的物质待遇表示感激涕零，甚至祝颂清朝皇帝“圣寿无疆”。即使如此，他和其他那些被清军俘获的明朝官宦一样，最终都没有逃脱被宰割的命运。第二年五月，朱由崧、朱常淓以及其他降清的明朝藩王都在北京被杀。

411. 隆武政权是怎样建立的?

隆武元年（1645）六月初，听到潞王朱常淓决定投降清朝的消息，唐王朱聿键（1602～1646）非常愤慨，而黄道周、郑鸿奎等文武官员提议由朱聿键担任监国。朱聿键在血统关系上同崇祯帝相距很远，按照礼法规定，轮不到他监国。但是，黄道周、郑鸿奎等大臣还是极力拥立他为监国，其中的原因有三个：首先，当时崇祯帝的叔父、兄弟们只剩下在广西的桂王，而南明的政治中心是在东南，潞王降清以后，为了尽快解决皇位继承问题，只能就近从亲属关系比较疏远的藩王中挑选了。其次，明朝的唐王封地在南阳（今河南南阳），而这里正是东汉开国皇帝刘秀的兴起之地，在黄道周等大臣看来，可谓是“起南阳者即复汉家之业”，似乎预示着复兴明王朝的前景。第三，唐王朱聿键尽管出生在王府，但从小就身经百难，是在逆境中度过的，使他受到了磨练，增加了见识。这对于在危难之际兴复明朝是大有帮助的。

在黄道周等人的再三奏请之后，隆武元年（1645）闰六月初六日，郑芝龙等人迎接朱聿键到福州（今福建福州）。第二天，正式就任监国。二十七日，正式即皇帝位，以福州为临时都城，改福州府为天兴府，纪元从本年七月初一起改为隆武元年。这就是南明“隆武政权”。隆武小朝廷建立后，颁布诏书到各地，很快得到两广、赣南、湖南、四川、贵州、云南等地方政府的承认。由于隆武帝既没有足够的名分，又缺乏自己的班底，从即位起就不得不依赖于拥立他的实权人物郑芝龙、郑鸿逵等，又为笼络人心，任命黄道周等二十余人为大学士，所以，很难有所作为。

412. 鲁王监国是怎么回事？

弘光元年（1645）六月，潞王朱常淓降清，不少州县也归顺清朝。在关系明室存亡的紧要关头，以强迫剃头为引线，浙东各地爆发了轰轰烈烈的反清复明运动，一大批有志之士相继组织义兵，投入抗清复明斗争的行列。这时，明朝原兵部尚书张国维等人认为，在这种形势下，要取得更大的号召力，就必须尽快迎立一位明朝宗室来担任监国。当时，他们并不知道唐王朱聿键已经在福州（今福建福州）即位。而浙江的明朝宗室只有在台州（今浙江台州）的鲁王朱以海没有投降清朝，他就成为监国的唯一人选。七月十八日，朱以海（1618～1662）在绍兴（今浙江绍兴）就任监国，改次年为监国元年。鲁监国政权成立后，张国维等被任命为东阁大学士，并出任为督师，统率各路军马。

朱以海曾亲身经历了国破家亡之痛，对清朝廷极为仇恨，所以，即使在强敌压境的情况下，也置个人安危于不顾，毅然决然地肩负起抗清复明的旗帜，甚至亲临抗清前线，犒赏军队，鼓舞士气。但是他本身却缺乏经国济世的才能，因此在监国后并没有多大作为，一方面，生活腐化，终日饮酒行乐，置军国大事于不顾；另一方面，大量任用皇亲国戚，一些奸佞小人因裙带关系而飞黄腾达。如谢三宾，本是一个寡廉鲜耻的小人，就因走通了国舅的门子，竟被委任为内阁大学士。在军事上，鲁监国政权也没有多大建树，尽管处于抗清前线，却并不能有效地组织起抗清运动。因为无法协调各方利益，妥善解决军费开支问题，浙东各地的义兵相继断绝了粮饷来源，大多散去。

由于拥立鲁王监国的官绅们起初并不知道唐王朱聿键已在福州即位，因此在拥立朱以海之后就处在进退两难的境地。随后，唐、鲁政权相互对峙，发生激烈纷争，使南明政权的劣势进一步恶化。

413. 唐、鲁政权为什么会对立并产生纷争？

弘光小朝廷灭亡以后，唐王朱聿键、鲁王朱以海先后在福建、浙东被拥立为监国，使南明出现了一国二主的尴尬局面。由于以唐王为首的隆武小朝廷建立较早，又很快得到南明各地方政府的支持，因此，鲁王就任监国后不久，就处在进退两难的境地。尽管明白只有退位归藩，承认隆武朝廷，以实现唐、鲁合作，才能有利于中兴大业，但鲁王朱以海和他的不少大臣都不愿意放弃已经得到的地位和利益。于是，唐、鲁政权对峙不下，不断引发激烈纷争。

隆武元年（1645）九月，隆武帝派遣使臣前往绍兴（今浙江绍兴），宣布鲁监国委任的朝臣可以到隆武朝廷中担任同等官职。鲁监国朝廷的大臣们对此议论纷纷，以大学士朱大典为代表的一部分朝臣认为，从大局着眼，应当承认隆武朝廷的正统地位，以助中兴大业；以大学士张国维为首的另一部分大臣却坚决反对。经过慎重考虑，鲁王朱以海于九月十三日返回台州（今浙江台州），退位归藩。但在张国维等人的坚持下，鲁王又被重新迎回，使唐、鲁政权之间的斗争更加激烈。隆武二年（1646）正月，隆武帝派都御史陆清源携带大量金银到浙东犒劳军队，被鲁监国的将领杀害。因为鲁监国的朝廷中有不少官员向隆武朝廷上表效忠，隆武帝便给他们加官晋爵。对此，鲁监国针锋相对地于四月间派使臣到福建"以公爵封（郑）芝龙兄弟"。隆武帝听说后非常愤怒，将使臣囚禁起来。不久，他又杀了鲁监国派来的使臣陈谦。

414. 靖江王朱亨嘉之变是怎么回事？

分封于桂林（今广西桂林）的靖江王朱亨嘉，是太祖侄儿朱文正的后裔，当明末唐王、鲁王在福建、浙江争立为帝的时候，他心中暗自高兴，妄图乘乱谋取皇位。弘光元年（1645），当清军占领南京而弘光帝被俘之后，在广西总兵杨国威、桂林府推官顾奕等人的拥立下，朱亨嘉于八月初三日身穿黄袍，南面而坐，自称监国，纪年用洪武二百八十七年。为了争取多方支持，朱亨嘉派使者前往湖南、贵州等地颁布诏书任命官职，并调集兵马来增加自身实力。为取得广西巡抚瞿式耜的支持，又派顾奕为使者，携带诏书任命瞿式耜为刑部尚书。在遭到严词拒绝后，他亲自统兵把瞿式耜拘捕软禁。

为扩大势力，朱亨嘉让杨国威留守桂林，自己带领兵马进军广东。两广总督丁魁楚认为这是建功立业的天赐良机，派精兵到梧州（今广西梧州），同时又假意派官员乘船欢迎朱亨嘉。八月二十二日半夜，丁魁楚的部下在梧州突然发起进攻，朱亨嘉兵败，狼狈不堪地逃回桂林。九月初五日，丁魁楚命陈邦傅等统兵向桂林进发。杨国威部下焦琏反正，夜间用绳索把陈邦傅的将士拉上城墙，杨国威、顾奕等人被擒获。二十五日，朱亨嘉也被活捉。十月下旬，朱亨嘉和同谋的文武官员被押解到肇庆（今广东肇庆），第二年二月又押抵福建。隆武二年（1646）四月，隆武帝派人将朱亨嘉勒死，对外宣称他是暴病死亡。杨国威、顾奕、史其文等人也被处死。

415. 永历政权内部的所谓“五虎”指的是什么人？

永历党争中，逐渐形成由李元胤坐镇指挥，联络东、西，把持朝政的政治小集团，其主要成员有左都御史袁彭年、礼部侍郎刘湘客、吏科给事中丁时魁、工科左给事中金堡、户科右给事中蒙正发五人，合称“五虎”。其中袁彭年为“虎头”，刘湘客为“虎皮”，金堡为“虎牙”，丁时魁为“虎尾”，蒙正发为“虎爪”。五虎以君子自命，实际上则结党营私，把持朝政，是一群善于钻营的人物。

袁彭年，公安（今湖北公安）人，晚明著名文学家袁中道之子，崇祯七年（1634）考中进士，历仕崇祯、弘光、隆武三朝。他为人反复无常，降清后又参与李成栋复明，在永历朝凭借李成栋父子为靠山，骄狂自大，把持朝政，甚至与永历帝当面争执，语出不逊。后又降清，但未被任用。

刘湘客，富平（今陕西富平）人，隆武时任推官、御史，永历时改授翰林院编修、侍读学士，后改为都察院佥都御史。桂林（今广西桂林）失守后，隐居深山，忧郁而终。

丁时魁，江夏（今湖北武汉）人，崇祯十三年（1640）考中进士，任礼部主事，隆武、永历时历任礼科给事中、吏科左给事中、吏科都给事中。桂林失守后降清，被委任为广西学道。

金堡，浙江仁和（今浙江杭州）人，崇祯十三年（1640）考中进士，任临清州（今山东临清）知州，隆武时任礼科给事中。在永历朝廷中任工科左给事中，与留守桂林大学士瞿式耜关系密切。后同袁彭年等结为一党，攻击异己不遗余力。桂林失守后出家为僧，但仍时时出入于清朝达官显贵之门。

蒙正发，崇阳（今湖北崇阳）人，清军占领其地，他先后逃到平江（今湖南平江）、长沙，投奔何腾蛟，被授予推官职衔，而充任章旷的参军。后逃归家乡，以古训“不孝有三，无后为大”为借口，娶了一大堆小老婆，合家欢乐之暇舞文弄墨，写了一本《三湘从事录》，在南明史籍中颇受重视。

416. 厂卫是什么性质的机构?

为了维护封建统治的稳定，明朝设置了多种特务机构，严密监视臣民的言行举止。厂卫就是明代特务机构的总称，包括东厂、西厂、内行厂和锦衣卫。成祖永乐十八年（1420），设立东厂。宪宗成化十三年（1477），设立西厂。武宗正德初年（1506），又设立了内行厂。锦衣卫是皇上的亲随卫队，成立于洪武十五年（1382）。

厂卫可以说是作为明代皇帝在宫外的耳目和爪牙而设立的。二者的职权无多大差别，上自公侯贵戚，下至民间百姓，都是侦察和追捕的对象。但厂的势力大于卫。锦衣卫负责监视一切官民，厂则侦察官民和锦衣卫；西厂有时还监视东厂，内行厂则监视官民和厂卫，而皇帝直接领导与监督厂卫机关。厂卫都可以不通过司法机构，直接奉诏行事，任意逮捕官民。

厂卫用刑非常残酷。其中一种是梃杖，名义是皇帝在朝堂上对官员用刑，由司礼监的宦官监刑，校尉行刑，每打五棍换一人，最初打到行刑数满就停止，后来则直到打死为止。如武宗正德、世宗嘉靖年间的两次梃杖，受刑官吏达二百八十人，当场打死的就有二十八人。另一种是重达三百斤的立枷，几天内就会将受刑人压死。除此之外，还有断脊、堕指、刺心、“琵琶”等酷刑。明代的厂卫由于要排斥异己，所以就不断地制造冤狱，使朝野上下，人人自危。厂卫人数众多，仅东厂就有爪牙约十五六万人，布满全国。东厂拥有大量的庄田土地，每年可征收很多钱粮，作为修理刑具的费用。

417. 明代的户帖制度详情如何?

户帖制度是明初进行户籍调查的一种制度。户帖是登记户口的籍册。其中登记每户人口详情的分册叫户帖，由居民自己保管；登记辖区内所有住户状况的总册叫户籍，由地方官府保管并上报户部。由于在元末连年发生战争，至明代初年，全国的人口大量减少，田地荒芜，经济凋敝。为了有组织有计划地动员军民开荒种地，增加国家税赋收入，以巩固明朝政权，急需对全国人口、田地等状况重新进行认真细致的调查。于是在太祖洪武三年（1370）十一月，朱元璋命令户部①向天下军民发布公告，重新登记天下户口并发户帖。当时户帖中涉及的调查项目极为完备，主要包括：（1）户的种类。分军户、民户和匠户三类。军户，指一般供应军役户和铺兵、力士等；民户，除供应民差户外，还有儒、医、阴阳等；匠户，为供应匠役的户，还包括厨役、裁缝和马船户等。（2）户主的原来籍贯和现在籍贯。（3）居民所在地（乡、都、保、圩）。（4）家中男女老幼的姓名、年龄和人数。（5）他们和户主的关系。在户帖制度中，对于户帖的印发、填写、管理等都进行了具体的规定。（1）户帖格式由户部统一规定，全国一致。（2）由户部统一印发全国，各州、县官吏领到户帖后派人按户调查，逐项填入帖内。（3）户帖一式两份，在帖的左端编印字号，加盖户部官印。填好后，一份由居民自己保管，另一份交送户部，户部再根据它编制全国的户籍。（4）朝廷派军队到各地进行抽查核实；一旦查出填帖失实之处，如果责任是在官吏方面，官吏就会被处斩；如果责任是属于百姓的，就以充军流放作为处罚。

通过建立户帖，朝廷可以根据户籍管理户口、征收赋税、派遣徭役，这对刚建立的明王朝来说非常重要。但户帖制度也有不完备的地方，例如没有登记田地的肥沃或贫瘠的等级。洪武十四年（1381），朝廷开始编制更为完善的赋役黄册，代替了户帖制度。

418. 什么叫黄册、鱼鳞图？

黄册制度和鱼鳞图册制度是明代统治者为巩固封建政权、维护社会秩序而采取的有效措施之一，它们为各级政府征调赋役提供了基本依据，成为明代长期实行的一项制度。

黄册，又称“赋役黄册”，是朝廷为征调赋役而编制的户籍册。由于长期战乱，旧有的户籍档案所载内容与实际状况已严重不符，大量籍外之民的存在，严重威胁着统治秩序。因此，从洪武十四年（1381）起，明太祖朱元璋便诏令实行里甲制度，自上而下地进行人口、财产

---

① 明代掌管全国土地、户籍、赋税、财政支出等事务的中央官署。

状况的申报和编制工作。所谓里甲制度，即规定以一百一十户为一里，推选丁粮多者十户轮流担任里长；余下的一百户分为十甲，甲有甲首，每甲十人；将鳏寡孤独不能服役者，附于一甲之后，叫称作“畸零”；里长、甲首负责一里一甲的事务，十年一轮换。在里甲制度基础上，编制赋役黄册。户部按照统一的格式印制表格，分发给地方政府，地方政府负责把清单发给农户，让他们如实填写。以里为单位，每里编一册，在每册首页绘制户口、赋役总数图表。再经由里甲交还。地方官府核对后，制成一式四本，其中有黄色封面的一本上交户部，另外三本有青色封面的则分别由布政司、州、县保管。农户“凭此纳粮当差”。因上交户部的一份，其封面为黄色，故称“赋役黄册”。此后，朝廷每隔十年即编造黄册一次。黄册的内容包括人口数、姓名、性别、年龄、与户主的关系、田地数、田地地点、应交税粮、房屋类型、房屋间数、牲口头数等。在编制上，严格按照职业区分，匠入匠籍，兵入军籍，民入民籍。

鱼鳞图册是在里甲制度的基础上实行的一种土地清丈法，其编订与黄册同时，自洪武初年（1368）开始，至洪武二十年（1388）完成。所谓鱼鳞图册，其实就是田地之图。它把田地分区分段，在纸上绘出区内的田地形状，田块四至，记录田地种类和肥瘠，买卖情况及田主姓名，再编列字号，订成一册。鱼鳞图册的得名是因为其册内绘制的田亩图形，状似鱼鳞。《明实录》说“以图所绘，状若鱼鳞然，故号曰鱼鳞图册”。此外，鱼鳞图册又因其记录方法而被称为流水册。

黄册和鱼鳞图册是明代统治者向农民征收田赋的主要依据，也是君主专制主义中央集权的强化在赋税方面的体现。

419. 明代的巡抚、总督是一种什么官职?

明代初年，承袭元代制度在地方上设立行省。太祖洪武九年（1376）改行省为布政使司，确立承宣布政使司、提刑按察使司、都指挥使司的三权并立的地方行政制度。明代中期以后，逐渐改由巡抚、总督来总管一省的军政事务。

洪武二十四年（1391）朝廷派遣懿文太子朱标巡视陕西，从此开始有了巡抚制度。但最初的巡抚并非固定设置的一种职官，而是有重要事务需要处理就由京城派出，事情办理完毕立即回京，出巡地点也不固定。成祖永乐十九年（1421），吏部尚书蹇义等二十六人出京分别巡察各省，安抚军民，巡抚制度逐步形成。宣宗宣德以后，又陆续向各地派驻巡抚，巡抚衙门逐渐成为新的省级权力机构。朝廷最初设置巡抚的目的是征收税粮，疏浚河道，安抚流散百姓，整顿边关防务，后来偏重于军事方面。巡抚虽不是地方上的正式军政长官，但因出京巡抚地方，代表朝廷节制三司，所以，实际上掌握着地方军政大权。巡抚每年要进京议事，体现了朝廷对地方管理的加强。

总督是明代地方上的军政大员之一，分为专务总督和地方总督两种。专务总督有总督粮储、总督河道、总督漕运等不同名称，主要负责各自的专门事务，同时兼管军务。地方总督则是负责防备边地少数民族部落的入侵和镇压内地平民的起事，主要管理所辖地区的军务，但有的也兼管地方上的专门事务。总督最初也是因事而设，事毕即撤，属于临时性的。到了宪宗成化五年（1469），在两广设立了总督以后，才逐渐形成制度确定下来。

巡抚与总督都是地方军政大员，合称督抚。从权力上看，总督的权力较巡抚为大，多数地区的巡抚位于总督之下，也有总督兼巡抚的；从管辖范围看，总督的辖区较巡抚为广，一般都在一省以上，有的甚至管辖五省、七省。

420. 布政使司与按察使司是什么机构?

布政使司即承宣布政使司，按察使司即提刑按察使司，二者都是明朝在地方上设置的行政机构。太祖洪武九年（1376），为加强中央集权，朱元璋废除了行中书省机构，将行省的权力一分为三，在各省分置三司。其中左、右承宣布使司主管一省的民政，分领府、州、县，由中央官署六部来统管；提刑按察使司主持一省的监察、司法、刑狱等事务，听命于刑部、都察院；都指挥使司掌管军政。合称都、布、按三司，凡遇大事，都由三司会商。

承宣布政使司简称布政使司，主管一省的民政。除北京、南京以外，全国共有山东、山西、河南、陕西、四川、江西、湖广、浙江、福建、广东、广西、云南、贵州等十三个布政使司。布政使司下辖府、州、县及部分土司①。布政使司负责将朝廷的政令及时传达给地方各

① 明朝廷建立土司制度，分封西北、西南少数民族地区首领充任世袭的官职土司，以统治当地百姓。

级官吏及百姓，考核地方官吏任职情况并上报吏部、都察院。每隔三年，要率领所管辖的府、州、县官员朝觐京师。每隔十年，要对地方人口、田亩等进行调查登记。布政使司还负责各地的赋役以及灾民赈抚等事务。在明代，布政使司虽为地方上的最高行政机构，但自中期以后，在各地又普遍设置总督、巡抚等军政机构，布政使司受它们的节制，地位下降。

提刑按察使司简称按察使司，主管一省的司法。最高长官称按察使，别称臬台或臬司。其主要职责是纠察吏治，铲除奸邪，处理诉讼，昭雪冤屈，以澄清吏治，弘扬正气。遇到重大案件，按察使司要与都指挥使司、布政使司协同决断。按察使司的设置开始于明代初期，后来在名称上有过多次变动。明代中期以后，时而设置，时而废弃。

421. 都指挥使司是一种什么机构?

都指挥使司是明朝设置在地方最高一级行政机构行省的军事指挥机关，管理一省的军政，俗称为都司。都指挥使是都指挥使司的最高长官。都司与它所管辖的卫、所都受五军都督府统领，并听命于兵部。

明朝初年，废除元代军制，建立卫、所制度。朝廷根据各个地方在军事上所占有的重要性不同，分别设置卫、所。大致上是五千六百人设为卫，千人设为千户所，百人设为百户所。卫、所官兵都另列军籍，并且世代相继，不得脱离军籍。太祖洪武三年（1370），升杭州等卫为都卫。洪武五年，设置亲王护卫指挥使司，统率各个王府的护卫，保障京城安全。洪武八年，又将在京城里的留守都卫改为留守卫指挥使司，其他在京城之外的都卫为都指挥使司。最初共有十三个都司。洪武二十六年，增加为十七个。从隶属关系来说，都指挥使司最初是听命于大都督府的。洪武十三年，大都督府一分为五，即中、左、右、前、后五军都督府，于是又听命于五军都督府，皇上的亲军称作亲军指挥使司，不隶属于五军都督府。明初，卫、所制度刚刚建立，都司职位极为重要，其考核任命都非常严格。但到了明代中后期，卫、所制度渐渐遭到破坏，都司之职被人轻视。明中期以后，总揽一省军政事务的也变为总督、巡抚。

422. 明代的六部地位有什么变化?

六部是吏部、户部、礼部、兵部、刑部、工部六个朝廷官署的总称。明代初年，朝廷曾设置中书省机构和丞相职位。但为了加强皇权，太祖洪武十三年（1380），朱元璋撤消中书省，废除丞相制度，提高六部的地位，使六部分权管理朝政，直接向皇帝负责，避免产生丞相专权的局面。但随之而来的繁杂政务使朱元璋非常头疼，便不得不增设春、夏、秋、冬四辅官，以协助他处理政事。但这种制度仅仅实行了一年多就废除了。洪武十五年，朱元璋设立殿阁大学士，作为皇帝的直接辅佐。成祖即位以后，阁臣的设立逐渐成为常例，但地位仍较低下，权力远不及六部尚书。到了仁宗、宣宗的时候，阁臣的地位不断提高，不仅能草拟政令，而且可以参与商议朝廷的行政、监察、司法、军务以及对外事务等政治大事。宣宗宣德时期，阁臣又掌握了票拟权，即根据皇帝的旨意草拟圣旨，或对各部门各地方的奏章提出批示答复意见，供皇帝参考并经批红后予以颁示的权力。这样，阁臣的参政权进一步增大，甚至可以利用票拟的机会压制六部。而到了世宗嘉靖时期，阁臣的地位达到顶峰，上朝时的排位班次已在六部的长官尚书之上。神宗万历初年，张居正担任内阁首辅时，六部的权力一度尽归内阁，处理任何事务都得听内阁的，似乎成为内阁的部属。但在张居正之后，内阁的权位又逐渐下降，最终不能发挥作用，六部的地位却相应地在提高。

423. 明代的都察院是什么机构?

为加强对官吏的管理与监督，明代设立了以都察院为主体的较为完善的专门监察机构。明太祖朱元璋还在元末起兵称吴王之时，就设立了御史台，作为管理监督各级官吏的机构，并将御史台与总管政事的中书省、掌管军队的都督府并列为“三大府”。为了进一步加强皇权，洪武十三年（1380），朱元璋改御史台为都察院，并降低都察院的品级，撤消御史大夫、御史中丞等一二品的长官，只设七品的御史若干人。不久，又根据需要而提升了都察院的品级。明代的都察院是作为皇帝的耳目设立的，主要职责是“肃政饬法”，即监督各级官吏的行政作为，维持朝廷纲纪。具体任务包括：第一，弹劾结党营私、违反法纪、投机取巧的官员；第二，与吏部一起考核评定各级官吏的政绩；第三，与刑部、大理寺一起审理重大案件。

都察院在都御史、副都御史、佥都御史之下设监察御史一百一十人，分属十三道。其中浙江、江西、河南、山东各十人，福建、广东、广西、四川、贵州各七人，陕西、湖广、山西各八人，云南十一人。监察御史具体行使都察院的法律监督职权，负责对各级官吏的违法犯罪和一切失职行为进行弹劾，对所见所闻进行纠察，对政事的得失利弊要直言进谏，并进行其他政务监督。御史递上奏折时既可以是公开的，也可以是秘密的，但必须标明年月和具体事实，不能道听途说或无故捏造。监察御史官位虽然很低，但与都御史一样可以直接上疏给皇帝，而不必经过都御史。因此，在一定的意义上说，监察御史具有独立行使法律监督的权力，在明代的政治生活中起着较大的作用。

424. 明代的宗人府是什么机构?

明代皇帝非常重视对皇室宗族的管理，因为这关系着政权的安危，所以要设置专门的机构来负责。早在太祖洪武三年（1370），为了对皇室宗族成员进行严格的管理，确保朱家天下的良好秩序和皇权统治的稳定，朱元璋仿照元代制度，设立了大宗正院，专门管理皇室宗族的谱牒、爵禄、赏罚、祭祀等项事务。到洪武二十二年，改称大宗正院为宗人府。宗人府的最高长官即宗人令，起初是由亲王担任的，后来，它所掌管的事务及其权力全部转移到礼部。宗人府设置宗人令一人，左、右宗正各一人，左、右宗人各一人。宗人府所负责的皇室宗族事务主要包括以下几个方面：（1）管理皇室宗族的谱系，及时修订整理记载着皇族谱系的玉牒，标明各个成员的嫡庶、生卒、婚嫁等情况。到世宗嘉靖年间，列入玉牒的皇族宗室成员多达四万五千多人。（2）记录皇室宗族成员的封号、爵禄等项目。（3）根据功过大小，负责对皇室宗族成员进行相应的赏罚。无论是受赏还是处罚，都要进行如实记载。（4）负责处理皇室宗族的祭祀礼仪以及宗室成员丧葬谥封等事务。除北京宗人府以外，在南京也设置了宗人府。

425. 通政司是什么机构?

通政司是明朝廷设置的负责收受、检查内外官员所上奏章和申诉文书的行政机构。太祖洪武三年（1370），朱元璋设置察言司，专门负责接收和检查各地递上来的奏章，后来因故取消。到洪武十年，另设置通政使司，任命曾秉正为通政使，刘仁为左通政使。“通政”之意，就是要使政事如同流水一样通畅。朱元璋要求通政司严格履行职责，遇到该上奏的事不能回避，对于该驳回纠正的不能畏惧，应当向皇上陈述的事件不能隐瞒不报，应当予以引见的人不能无故推托。惠帝建文年间，把通政司改为通政寺，通政使改为通政卿，通政参议改为少卿，而寺丞增设左、右补阙，左、右拾遗各一人。后来到成祖即位后，又恢复了原来的官制。

按照规定，凡是各地官员陈述民情、提出建议以及申述冤屈、告发不法行为的奏章，都由通政司负责誊写其诉告的缘由，及时呈报朝廷。凡臣民百姓递送的书牍，则要负责浏览概括，将其主要内容撰写副本予以上报。通政司负责公文的登记、勘验任务，将各地的奏本汇集整理，在早晨朝见时上呈，到午朝时负责引见有要事上奏的臣民。如遇机密紧要事情，可以随时上奏。对于国家重要政策的制定、重大案件的审理、文武大臣任职的推荐等，通政司也有权参与。通政司还负责发行只在统治机构内部发行的朝廷公报，这就是《邸报》，内容包括诏令、奏章、皇室动态和官吏升迁等，是我国最早的报纸。

426. 大理寺是什么机构?

在明朝，大理寺设置于太祖洪武十四年（1381），与刑部、都察院合称为“三法司”。在“三法司”中，刑部是朝廷的司法机关，分掌各省的上诉案件，审核地方上的重案和审理朝廷百官及京城地区案件。刑部有权对流放刑罚以下的案件做出判决，但定罪以后须将人犯连同卷宗一起移送大理寺复核，然后奏请皇帝批准。大理寺在认真复核后，对那些认为判决不当的案件驳回刑部改判，对那些认为判决得当的就允许行刑。都察院负责检举弹劾全国大小官吏的违法犯罪行为，参与重大疑难案件的审判并监督刑法的执行。

大理寺的主要职责是对朝廷司法机关及地方司法机关所审理的刑事案件进行复审，以求做到“推情定法”，“刑必当罪”，既使犯罪者得到应有的惩罚，又防止出现冤假错案。大理寺还经常参与重大案件、疑难案件的三法司会审或九卿会审，在其中担当的主要角色仍是复审。

大理寺有公平执法之时，也常常出现论罪不当、造成冤案的现象，甚至成为被人利用的工具。这除了大理寺长官及其副手对法律不精或偏执己见的个人原因以外，还有受到朝廷权臣制约的因素。明朝中期以后，大理寺的执法权被剥夺，其职责仅是核阅案卷而已。

427. 国子监是什么机构?

国子监既是明朝的最高学府，也是掌管国家教育政策的机关。太祖朱元璋十分重视教育，早在明朝建立之前的元顺帝至正二十五年（1365），就改应天府学为国子学（在今南京夫子庙）。洪武十四年（1381），在鸡鸣山（即钦天山，在今南京鼓楼东面）下建立国子监，原国子学降为应天府学。成祖永乐元年（1403），又设立北京国子监。凡入国子监的学生，称为监生。除本国学生外，还吸收外国学生。在国子监学习的学生人数，最多时将近万人。国子监以四书、五经为主要教学课程，另外还开设律令、书数、习字、习射等科目。规定学习年限为四年，毕业时必须进行三个月的实习，由实习单位考核优劣。考核达到上、中等的学生由吏部补选，定为下等的学生回国子监继续学习。国子监对学生要求十分严格，上课、起居、饮食等方面都有详细规定，对学生所犯大小过失都详细记录并依据次数、性质进行轻重不等的处罚。

明朝的国子监不仅培养出大量的政治人才，还整理出版了大量图书，为保存和传承古代传统文化做出了重要贡献。

428. 尚宝司是一种什么机构？

尚宝司是明朝廷设置的专门负责管理皇帝印玺及符牌、印章的机构。明朝皇帝所使用的印玺种类繁多，初期有十七种，到世宗嘉靖时增加到二十四种。这些印玺各有不同的用途，如祭祀天地用的是“皇帝奉天之宝”，册封、赏赐用的是“皇帝行宝”，诏命亲王、大臣及调兵用的是“皇帝信宝”，晓谕亲王用的是“皇帝亲亲之宝”，赐封外国及慰劳用的是“天子行宝”等等，名目繁多。太子也有“皇太子之宝”。这些印玺的使用都归尚宝司掌管。尚宝司又分为内尚宝司和外尚宝司两处。外尚宝司的长官由文官担任，内尚宝司的事务则由宫内女官掌管，另外还有由宦官掌管的尚宝监。朝廷规定了严格的“请宝”、“用宝”、“捧宝”、“随宝”、“洗宝”、“缴宝”等制度。凡是要用印玺的时候，必须由尚宝司用揭帖①到尚宝监请示旨意。领得圣旨以后，尚宝监再到内尚宝司的女官处取得印玺，并监视外尚宝司的使用过程。印玺用完以后，尚宝监必须进行严格登记，并及时把印玺送回内尚宝司。所以，真正掌管皇帝印玺的是内尚宝司，外尚宝司只是一个负责传递那些需要加盖印玺的公文的机构。每当皇帝出行的时候，尚宝司

① 直达皇帝的机密文件。

必须携带印玺随行，以备皇帝使用。每到年底，还要把印玺搬到钦天监去，由钦天监观察天象，选择黄道吉日，在皇极门（今故宫太和门）前，使用一种调和了香料的水，把沾有印泥的印玺洗涤干净，认真擦干封存，即所谓“洗宝”。另外，还必须把每颗印玺在一年中所使用的时间及次数，一一编成簿册，汇总后上报皇帝。而洗涤和造册的过程，都要由内尚宝司和尚宝监在旁监督。

429. 五城兵马司是一种什么性质的机构?

五城兵马司是明朝廷管理京城治安的机构。北京的兵马指挥司最早设立于成祖永乐二年（1404），后来由于京城地广人众，管理难度太大，于永乐七年（1409）分设为东城、西城、南城、北城、中城等五城兵马指挥司。五个兵马司之间为相对独立的机构，各设指挥一人，副指挥四人。五城正、副兵马指挥各负责京城中一个方向的治安，管理“巡捕盗贼，疏理街道沟渠及囚犯、火禁之事”。太祖洪武元年（1368），在南京的兵马指挥司还负责管理市场物价、衡器等事务，每隔三天就要对市场上的斛斗、秤尺等进行检查矫正，并登记商户掮客牙侩的姓名。建文帝年间，改兵马指挥司为兵马司，改指挥、副指挥为兵马、副兵马，至永乐元年（1403）又改回原名。永乐二年，开始在北京设立兵马指挥司。五城兵马司的官员一般是在通过严格的科举考试的人选中任用的，并必须认真履行职责。针对不能认真行使职责的情况，也制定了一套严格的纠察弹劾的办法。

430. 明朝为什么在南京也设置一套行政机构?

元顺帝至正二十八年（1368）正月，明王朝正式建立，建元洪武，建都应天府（今江苏南京）。成祖永乐十九年（1421）迁都北京，改应天府为留都，即南京。为了更好地实现对全国的控制，维护政权的稳定，迁都之后，朝廷在作为留都的南京仍保留了一套行政机构。除没有皇帝和内阁以外，其他的设置同北京几乎一样，只是规模略小。南京不仅有六部、都察院、通政司、大理寺等机构，而且保留着那些与皇室密切相关的官署。兵部在所有文职机构中最为显赫，而军事机构有五军都督府和亲军卫指挥使司。南京也有由十二监、四司、八局组成的宦官“二十四衙门”，主要职责是看守南京的宫阙陵寝并负责有关的祭祀活动。

留都南京与北京有同一套行政机构，官员的待遇也没有大的差别，但南京的管辖范围比北京小得多，基本上局限在南京城、应天府、南直隶等几个地方。而且，在南京任职的多是闲散退休或遭排斥的官员，职权远不如北京。但南京的行政机构对于朝廷实施对全国的有效管理还是起到相当作用的。例如南京户部就负责征收南直隶以及浙江、江西、湖广诸省的税粮，而这四个地区所交的税粮几乎占了全国的一半。南京户部在漕运中也扮演着重要角色，还负责全国黄册的收藏和管理。

431. 六科是什么机构？

明朝不仅设置都察院来执行监察权，还设置吏科、户科、礼科、兵科、刑科、工科六科，将地方分区监察和朝廷按系统监察结合起来。六科对应吏、户、礼、兵、刑、工六部，职权在六部之上，主要职能是监察六部，以“稽查六部百司之事”为己任，代表皇帝加强对六部的控制。六科各设都给事中一人，分设给事中四至十人不等，办公衙门设在宫内午门前，日夜都值班，以显示监督权的重要性。凡有皇帝的诏令圣旨下达时，要由六科分类抄出，交付六部等有关部门执行；对于重大政令的执行情况，六科还要向皇帝回复报告。凡六部所写的章奏或执行政务有错误，六科都有权驳正并报告皇帝。另外，六科给事中还有“封驳”权。“封”就是对已颁下的圣旨，觉得有不妥或不便施行的地方，有权暂停执行并退回皇帝。“驳”就是对内阁、部院、各省的奏章发现有错误的，有权“驳正”。

432. 明朝的内阁是何时创立的？

明初，太祖朱元璋为了集中权力，废除中书省和宰相制度，直接掌管全国的大小政务，亲自处理批阅奏章。由于事务过于繁多，一个人难以应付，便在洪武十三年（1380），开始设置“四辅官”，协助处理政事。不久，又废除了“四辅官”，于洪武十五年设置殿阁大学士若干人，侍从在身边以备随时顾问，这就是“内阁”的前身。由于内阁的办公场所在内廷的中极殿、建极殿、文华殿、武英殿以及文渊阁和东阁等处，故被称为内阁学士或内阁大学士，官阶仅有五品，地位并不高，上朝时的排班次序是在尚书之后。在太祖时期，内阁的权力根本无法和原来的中书省相比，完全是一个辅助性的办事机构。而内阁大学士也不过是皇帝的顾问，遇到不太清楚的事，随时咨询他们，以备参考。但到了明成祖时期，内阁逐步制度化，职权也发生很大变化。成祖经常在诸如有关和与战、立太子、选官用人、征军调兵或蠲(juān)免赋役等重大军国政事上征求他们的意见，从而参与讨论国家的核心机务。自仁宗、宣宗以后，内阁的地位和作用又有了进一步提高，成为朝廷中的重要部门。而从明朝中后期开始，内阁大学士开始出现由六部尚书担任的现象，内阁权力也随之进一步加强，有向宰相发展的趋向。

433. 五军都督府是什么机构?

明朝对军队的管理是建立在较完善的卫所制度之上的，即按照全国的地理位置在军事上所具有的重要性和次要性来设置卫和所。又在此基础上，逐步建立起统帅全国军队的最高军事机构五军都督府。

为加强皇权，更好地管理和控制军队，明朝廷先是设置统军大元帅府，总领全国各地的兵马。后来改为枢密院，又改为大都督府。至太祖洪武十三年(1380)，将大都督府分为中军都督府、左军都督府、右军都督府、前军都督府、后军都督府，总称五军都督府。五军都督府分别统领在京城地区的除亲军指挥使司之外的各个卫所和在全国各地的都司卫所，权力比起大都督府已大为削弱。为防范统军将领专权，朝廷还规定五军都督府对军队没有任何调遣权力，而与此相应，兵部对军队有任免、升调、训练的权利，却不能统领军队。一旦遇到战事，由皇帝临时委派专人担任总兵官，统率卫所的驻军出征。战事一结束，总兵官就马上交还将印，所统领的军队也立即返回卫所驻地。这样一种管理措施，使全国的兵权始终掌握在皇帝手中。但到了成祖永乐以后，掌管军队的权力转移到兵部，五军都督府仅具空名而已。

434. 奴尔干都司的设置有什么重要意义?

明朝建立以后，领土范围很快达到东北的边疆地区，并设立都司、卫、所，对这些地方进行有效的行政管理。明初，太祖就曾派人招抚辽阳行省等地的居民。洪武四年(1371)，设置辽东卫及辽东卫指挥使司。洪武八年，改称辽东都指挥使司。成祖即位以后，进一步加强对东北的行政管理。从永乐二年(1404)设置奴尔干卫开始到永乐七年，共设置了一百三十二个卫、所。尤其是在永乐七年设置的奴尔干都指挥使司，任命康旺为都指挥同知，使领土管辖范围达到西起鄂嫩河

（今俄罗斯南部），北抵外兴安岭（今俄罗斯东南部斯塔诺夫山脉），东至库页岛（今俄罗斯萨哈林岛），南濒日本海的广大地区，下属一百八十四个卫，二十多个所。奴尔干都指挥使司即奴尔干都司是直接隶属明朝廷的军政合一的地方行政机构，其中的重要官职均由明朝廷从内地委派官员担任，领取较高的俸禄并每年前往京城，得到很多赏赐。都司以下各卫所也是军政合一的地方政权机关，大小官员也由朝廷直接任命。明朝廷还在奴尔干都司驻扎军队，驻军最多时达到三千人，戍守期为两年，而且是听从朝廷的直接调遣。按照规定，奴尔干都司各卫所的居民都要向朝廷缴纳贡物，各卫所还要按期朝贡。除了委派官员对奴尔干地区进行管理以外，朝廷还经常派大臣前去巡视。都指挥同知康旺在奴尔干都司的治所特林（今俄罗斯境内黑龙江下游东岸蒂尔）附近建立了一座供奉观音菩萨的永宁寺，并镌刻了《敕修永宁寺记》碑石与《重修永宁寺记》碑石。这两块碑是用汉、蒙、藏、女真四种文字书写的，详细地记载了朝廷设置奴尔干都司的经过以及派人巡抚的情况，充分证明了明朝对奴尔干地区所进行的有效管理，也说明了奴尔干地区各民族间有着良好的交流和融合。

435. 明代辽东边墙是怎么回事?

明朝建立以后，为巩固北部边防，先后建立了辽东（治广宁，今辽宁北镇）、宣府（治宣府，今河北宣化）、大同（治所在今山西大同）、延绥（治所在今陕西榆林）、宁夏（治所在今宁夏银川）、甘肃（治所在今甘肃张掖）、蓟州（治三屯营，今河北迁西县西北）、山西（治所在今山西宁武）、固原（治所在今宁夏固原）九镇，号称“九边”。辽东边墙是明代所修长城的一部分，是为防御兀良哈蒙古和女真各部而建起的一套完整的军事防御工程，始建于成祖永乐年间，完成于宪宗成化十七年（1481）。辽东边墙东起山海关（今河北秦皇岛市东北），西至今辽宁宽甸县鸭绿江边，全长一千九百六十余里。沿线设有边防堡垒九十八座，防守墩台八百四十九个，在边防堡垒中驻守的军人从五、六百到四、五十不等，从而形成一道保卫北京城的重要屏障和坚固防线。从建筑结构来看，辽东边墙设计完美紧凑，非常坚固实用。边墙的主要结构有城墙、关城、城堡、墙台、敌台、烟墩等。城墙是工程的主体部分，根据所采用的墙体材料可分为砖墙、石墙、夯土墙、铲山墙、山险墙、木柞墙等类型。建筑时主要依据地形特点，就地取材，以减少财力人力的耗费。关城是出入边墙的通道，也是防守的重点，建有砖砌的拱门，上面有城楼和箭楼。城堡按等级分为卫城、守御千户所城和堡城，按防御体系和兵制要求配置在边墙的内外侧。墙台在边墙上面，大约每间隔三百米设置一座，突出墙外，台面与城墙顶部相平。墙台上建有铺房，供守城士兵们巡逻时遮蔽风雨，而墙台外砌有垛口，用于对攻城之敌进行侧击。敌台，也叫做敌楼，跨城墙而建，分为二层或三层，高出城墙数丈，开拱门、箭窗，内为空心，守城士兵既可以居住，也可以储存火炮、弹药、弓矢之类武器。烟墩也叫做烽燧、烽堠、墩台、亭、烽火台等，是一种在白天燃烟、夜间点火以传递敌军情况的建筑物，大多建在山顶或易于瞭望的高地或道路折转处。

436. 什么是卫所制度?

为了加强对军队的控制和管理，明朝建立了一套严密的卫所制度。卫所制度将军队的基层组织分为卫、所两级，以都司为地方上的最高军事领导机构，统领所辖卫所隶属于朝廷军事机构五军都督府，并听命于兵部。按照各个地方在军事上重要性不同，全国二百万左右的军队被分别编制在各地的卫所之中，有重要军事意义的地方设置卫，次要的地方则设置所。规定每一百一十二人编为一个百户所，一千一百二十人编为一个千户所，五千六百人编为一卫。

卫所的军官分别称作卫指挥、千户、百户。为了保障京城的安全，驻在京城及周围地方的军队都是精兵强将。太祖在南京一带设有四十八个卫，成祖在北京设有七十二个卫。洪武二十六年（1393），全国共设都司十七个、行都司三个、留守司一个、内外卫三百二十九个、守御千户所六十五个。明朝的军队人数最多时达到二百七十余万人。这些兵士都列入专门的户籍即军户，军户采用世袭制，一旦入籍当兵就不能随意脱离军籍。军户都由朝廷分给土地耕种，平时操练、屯田，一有战事，就参加征战。

为加强对军队的有效控制，太祖将过去的大都督府改为中、左、右、前、后五军都督府，分别管理京城地区及各个地方上的卫所。卫所制度有效地集中了军权，加强了皇权。但到明代中期以后，屯田遭到破坏，兵士缺乏训练，渐渐失去战斗力，卫所制度也就失去了存在的价值。

437. 明朝的军户是一种什么户籍制度?

为了保证充足的兵员补给，明朝廷对兵士另外编制专门的户籍，叫做军户。太祖洪武二十一年（1388），在元代旧有户籍登记册的基础上，由兵部具体负责，详细开列兵士从军的来历、调至卫所的具体时间、整个军营的兵士数目等，从而建立起新的、较为完备的军户制度。按照规定，兵士一旦编入军籍，全家就要搬迁到指定的卫所，世代从军，除非经皇帝特许或官职做到兵部尚书的，不得随意脱离军籍。每个军户要出一个成年男子作为兵士，叫做正丁。如果正丁因作战或者其他原因死亡，就必须由他的子弟依次来补充缺员。如果兵士家中的男子全部死亡或后代没有男丁，还必须在他的同一宗族当中找人代替。军户不同于一般民籍，不由地方官府管理，而是直接隶属于朝廷。所有军户都由朝廷统一分给田地、耕牛、农具、粮种等，以屯田自养。朝廷规定，军户耕种的田地在三顷以内的可以免除杂役，正役仍要承担。军户在社会地位上低于一般民户：例如民户都不愿与军户通婚，因为害怕连累自己的子女，民户一旦有罪，往往以充军作为一种很重的处罚；为防止脱离军籍，军户不许将子侄过继给别人；各级官吏都随意役使军丁、克扣饷粮。因此，军户逃亡的现象十分严重，朝廷曾多次派人追回逃军，补充缺员，甚至设立专门的清军御史一职来处理军户逃亡及补充兵员事务。

作为一种较有效的管理方式，明朝的军户制度确实在一定时期内为稳定兵员、储备兵力提供了较好的制度保障。但到明中期以后，官吏占夺屯田，役使屯田兵士，以及兵士典卖所屯之田或逃亡的现象日益普遍，军户制度、卫所制度逐渐破坏，于是被募兵制所取代。

438. 明朝为什么要大兴军屯?

明朝实行屯田制度，而且规模很大，形式多样，既有政治意义，也有经济效益。明朝的屯田有民屯、商屯和军屯等几种不同的形式。民屯是朝廷将那些无地或少地的贫民以及少量犯人迁往地广人稀的地方屯田耕种，以解决他们的生计。商屯是让盐商在边疆地区召集民众屯田耕种，用所交纳的粮食从官府手里换取盐引（食盐的专卖证），主要目的是解决军粮的供应。军屯就是让军队屯田耕种，自给自足，减轻百姓负担。从太祖洪武年间开始，明朝廷就非常重视军屯，把它看作是一项重要的军务。太祖下令大兴军屯，认为国家兴盛的根本在于兵力强盛，百姓丰衣足食。由于元末明初的长期战争，百姓流离失所，田地荒芜，如果单从百姓家里征收军粮，远远不能满足需要，还容易激起民愤。因此，太祖要求兴办军屯，寓兵于农。军屯的兵士在平时耕种田地，一遇战事就参加征战。总体来说，明朝军屯多设于边疆地区，如所谓“九边”所包括的今山西宁武以西以及宁武以南至离石的吕梁山中段、北段，凡适宜耕种的土地大都进行屯田耕作。但也不仅仅局限于此，凡有军队长期驻扎的地方，都兴办军屯来利用附近的荒地进行耕作。因而明朝的军屯，实际上可具体分为“边屯”和“营屯”两种。边屯是设置在边疆地区的军屯，营屯是设置在全国各个卫所的军屯。明朝廷通过广泛地设置军屯，一方面，可以将军队在平时的农耕所得充作军粮，借以减轻百姓在供给军饷以及运输粮草等方面的负担。因此，太祖曾不无夸张地说：“养兵百万，不费百姓一粒米”。另一方面，兴办军屯可以有效避免土地的大量荒芜，对开发边疆、建设边疆，也起到很大的作用。

439. 明朝的火铳是一种什么兵器?

火铳是在元代诞生的一种金属管形射击火器，使用火药发射石弹、铅弹或铁弹，杀伤力较强。主要结构包括三个部分：前膛、药室和尾銎。使用时点燃由药室引出的药线，引燃药室内的火药，借助火药燃气的爆发力将预先装入前膛内的石弹或铁弹射出，杀伤敌人。

到了明代，随着火药技术和铸造技术的改进，火铳的发展更成熟，成为明军的重要装备之一。明朝廷大量制造火铳，用来加强边防、海防和城防，并于成祖永乐年间组建了专门使用火器的神机营。明朝的火铳种类有碗口铜铁铳、手把铜铁铳、神铳、斩马铳、一窝锋神机箭铳、大中小佛郎机铜铳、佛郎机铁铳、木厢铜铳、筋缴桦皮铁铳、无敌手铳、鸟嘴铳、七眼铜铳、千里铳等十三种之多。

火铳的发明和使用，标志着古代兵器的一次革命。但在明朝中期以后，西方的火枪、火炮等兵器得到较快的发展，而明朝在制造使用火药的兵器方面却长期陷于停滞状态，不得不仿制比火铳先进的“佛郎机”和“红夷炮”以及单兵作战的鸟铳等西方火器，这就又促使明朝火器制造技术进入了新的发展阶段。世宗嘉靖以后，火铳逐渐被鸟铳和火炮所取代。

440. 京军三大营是什么军队?

京军三大营是驻扎在京城地区以护卫京城安全的军队。由于守卫京城的军队是皇权统治的重要支柱，因此明朝历代皇帝都非常重视在京城地区集中精锐军队并进行有效管理。太祖定都南京（今江苏南京）以后，把全国精锐的军队选调到京城地区，洪武时期设有四十八个卫。成祖迁都北京（今北京）以后，设在京城地区的精兵达到七十二个卫，并组建京军三大营，即“五军营”、“三千营”和“神机营”。五军营包括步兵与骑兵两个兵种，是原来由五军都督府教练的士兵，分为中军和左、右掖以及左、右哨等五个部分，合称五军营。五军营除了统领京城地区卫所的军队以外，还管理各个都司轮派到京城进行操练的军队。三千营由边境少数民族即所谓“边外降丁”组成，主要是骑兵，最初只有仪仗队的作用，后来又用于巡逻放哨。神机营是用火器装备起来的步兵军团，也分为中军和左、右掖以及左、右哨等五个部分，是当时战斗力较强的兵种。为了加强对京军的管理，三大营都设有“提督内臣（宦官）”或“坐营内臣”，另有武臣及坐营官、司官、把总。此外，神机营还设有“监枪内臣”。京军三大营除在平时捍卫京城之外，还参与重大军事行动。如皇帝出征时，大军居中，步兵在内，骑兵在外，神机营在最外围设防。英宗正统十四年（1449），土木之役发生后，三大营几乎全军覆没，于是改革军制，建立团营，未入选的兵士归本营，称“老家”。世宗嘉靖年间，恢复三大营建制，并改三千营为神枢营。

随着明朝整个军政的败坏，京营中的假冒、舞弊等行为十分严重，逐渐失去战斗力，最终与明王朝一起灭亡。

441. 明代的团营有什么特点?

明朝的京城卫戍部队，最初分别隶属于五军营、三千营、神机营等驻京军队三大营。由于军营管理荒废松弛等原因，它的实际作战能力很低，尤其经历“土木之变”后，驻京军队的伤亡很重，军制变得更加混乱。为了抵御蒙古瓦剌部落的不断侵扰，维持较长时期的稳定，明朝廷决定对京营的军制进行大刀阔斧的改革。

代宗景泰二年（1451），朝廷授权兵部尚书于谦改革京营的军制。于谦从三大营中挑选精壮勇士十万人，分为十营操练，建立团营。景泰三年十二月，团营制度完全确立。没有选入团营的兵士，仍归属京军三大营，称为“老家”。在具体编制上，于谦将十五万精锐的将士分编成十个团营。每一个团营有一万五千人，委任都督一人，统帅本营，叫做“坐营都督”。又在坐营都督下，另任命都督指挥三人，分别统领五千人。每位都督指挥再统率五个把总，全营共有把总十五人，而每位把总统领兵士一千人。每位把总统率指挥二人，全营共有指挥三十人，每个指挥统领兵士五百人。在每个指挥下，设置领队官五人，各带领兵士一百人。每个领队官，统率管队二人，每个管队统领兵士五十人。十个团营设置一位总兵官来总领团营的军务，朝廷任命石亨担任，接受兵部尚书于谦的节制。朝廷又派宦官曹吉祥、刘永诚做监军。

团营建立后，严明军纪，加紧训练，所有大小军官都得亲自到校场操练武器，演习阵法，而把总、指挥、领队等主要军官都能熟习每个兵士的姓名、年龄、相貌以及所在卫、所的番号。团营军队在平时训练，在战时听候调遣，不更换将领。经过于谦的整顿，京军的战斗力大大提高，同时也节省了大量的军饷。团营不仅是明代军制的一大改革，也是于谦为明朝做出的巩固国防的一大贡献。

442. 明代的火器分为多少种?

随着冶金和火药制造技术的发展，明代的军械水平有了很大的提高。朝廷设置了专门的机构——兵仗局和军器局，制造军械，装备各军。实际上，火器自元代初年已开始在军事上应用，到明代则有了较大发展，种类繁多，名称五花八门。按照形制大小及功能特点，大致可分为炮、铳、枪等几种不同类型。炮的形制比较大，以铜、铁制作。最大者被称为“将军”，长达二丈，重三千斤，发射后威力强大，能够在顷刻间洞穿石城，炮声震耳欲聋，传至数十里之外。铳、枪则形制较小。从功能上来讲，它们各有所长，炮利于防守，铳、枪则利于作战冲锋。

明代所制造和使用的火器名称主要有将军、夺门将军、神机炮、襄阳炮、盏口炮、碗口炮、旋风炮、流星炮、虎尾炮、石榴炮、龙虎炮、毒火飞炮、连珠佛郎机炮、信炮、神炮、炮里炮、十眼铜炮、三出连珠炮、百出先锋炮、铁捧雷飞炮、火兽布地雷炮、碗口铜铁铳、手把铜铁铳、神铳、斩马铳、一窝锋神机箭铳、大中小佛郎机铜铳、佛郎机铁铳、木厢铜铳、筋缴桦皮铁铳、无敌手铳、鸟嘴铳、七眼铜铳、千里铳、四眼铁枪、各号双头铁枪、夹把铁手枪、快枪以及火车、火伞、九龙筒等，总共达数十种。正德、嘉靖年间制造火器最多。其中有些火器是明朝人自己设计制造的，而有些则是由西洋引进的技术。例如所谓佛郎机炮，就是由葡萄牙引进的。佛郎机炮为铜制，炮身长五六尺，大者重达千余斤，小者重一百五十斤，射程可达一百余丈，最利于装备船只，用于水战。

由于火器具有极大的杀伤力，为防止出现以下犯上，危及统治的问题，朝廷对火器的制造和颁用是极为谨慎和严格控制的，不允许地方政府自行制造。正统四年（1439），边将黄真、杨洪等私自设立神铳局，自行制造火器，就遭到朝廷的严厉禁止。但随着国内矛盾及边境形势的变化，明中央政府感到有加强军事力量的必要性，于是从正统十四年开始，允许各地边镇自行制造火器，而火器的形制与名称就更加多样了。

443. 明朝马政的详情如何?

明朝廷非常重视养马、用马这个关系军国大事的政务，并制定出一整套严密的政策，称为“马政”。

明代军国用马有官方牧养、民间牧养两种。官方牧养的马主要供给各个边镇，民间牧养的马主要供给负责京城安全的京军。明朝廷设置太仆寺管理官牧事务，南方民牧由应天（今江苏南京）等府管理，北方民牧由直隶（今北京）等府管理。放牧官马的人称为恩军、队军、改编军、充发军或抽发军。朝廷规定一人负责牧放十匹马，每五十个牧马者由一个圉（yǔ）长来管理，按照规定经常检查马匹肥瘦齿数等状况。对于民牧，政府规定，百姓按照拥有丁口的多少或田地的亩数，分配给“户马”（后改称“种马”）饲养。政府每年根据各户饲养户马的多少，征调所产小马。如果种马因故死亡，所产小马数量不合规定数目，必须按价赔偿。为了鼓励百姓养马，明政府出台了一些优惠性的政策，例如减免田租等。根据南北地域不同，明朝廷还制定出比较灵活的政策，如宪宗成化二年（1466）规定南方地区不再征收马匹，改为征收银两，军队如需用马，则用所征银两买马。明朝廷还常接受外国以及各个土司上贡的马匹。另外，明朝廷还设置了专门进行马匹交易的马市。

由于豪强不断将牧场占用辟为庄园，草场面积不足，养马数量逐渐减少。朝廷不得不随之减少征用马匹的数量。为避免养马之苦，有人甚至故意将马匹已怀的小驹堕掉。因此在急需用马而实有数量不足时，朝廷往往需要用茶叶等货物同北方的少数民族交换马匹。为弥补军马之缺，甚至规定捐马至一定数量者可以授予官职。

明代马政总结了前代的成功经验，各项措施都更为完善，但在宣宗宣德以后，这些措施逐渐废弛了。

444. 在明代西方火器的传入情况如何?

明代后期开始，火器的制造和使用进入了一个新的发展阶段。一些威力强、射程远的西方火器开始传入明朝，极大地促进了明朝火器制造技术的发展。一些具有革新精神的武器制造专家开始吸收西方火器的长处，在对明朝原有的各种火器进行改进的同时，还仿制了红夷炮等威力强大的火器。

当时传入的西方火器中影响比较大的主要有佛郎机炮、红夷炮和鸟嘴铳等。“佛郎机”是当时对欧洲人的泛称。武宗正德十二年(1517)，葡萄牙使臣乘舰船到达广州，明朝官员在葡萄牙船上初次见到佛郎机炮，非常惊奇。世宗嘉靖元年（1522)，五艘葡萄牙舰船停泊到珠江口外并侵犯新会（今广东新会）。经过激战，明军获胜，缴获舰炮二十余门，于是佛郎机炮开始传入明朝。这种炮具有装填便利、发射速度快和装有瞄准具等优点，其构造与性能确实要比明朝原有的火炮先进。嘉靖二年，明朝由何儒负责在南京仿制成功佛郎机炮。

红夷炮是一种大型火炮，约在神宗万历后期由荷兰传入明朝。炮身长二丈多，铸有准星、照门，中部有炮耳，最重的可达三千斤。红夷炮威力非常巨大，炮声可传至数十里之外。与佛郎机炮相比，这种炮的口径较大，管壁加厚，并且从炮口至炮尾逐渐增厚，能承受较大膛压，是当时威力最大的火炮。

鸟嘴铳也叫做鸟铳，是一种用火绳点火发射弹丸的单兵火器。嘉靖二十七年（1548)，在东南沿海平倭的战斗中缴获了经日本改进的鸟铳，并仿制成功。这种鸟铳设有准星，把手点发火改为枪机发火，枪柄由插在火铳尾銎（qióng）的直柄改为托住铳管的曲形木托，可稳定持枪进行瞄准，提高了射击的精确度。

445. 明代的舰船制造技术有哪些提高?

明代前期，造船业有了很大的发展，舰船制造技术也达到了历史最高水平。当时所造的船只种类繁多，既有用于远洋航行的大海船，也有各种类型的战船以及适用于运输的漕船等等。工艺上比较成熟的主要有沙船、福船和广船。沙船是南京和江苏太仓等地所造的方头平底多桅船，安全平稳，顺风逆风都能行驶。福船是福建所造，特征是底尖上宽，首尾翘起，船体有上下四层，吃水深，航速快，是一种性能优良的战船。广东所造的广船，头尖体长，吃水较深，结构坚固，是航行在当时南海航线上的一种重要船型。明代建造船舶的数量很大，单是作为漕运使用的漕船就有三千艘，后增至万艘。这些都反映出明代造船能力的提高和造船业的发达。

明代造船已经有一套成熟的工艺流程。当时规模最大的南京龙江船厂，有巨大的船坞，船只造成后可直接在长江下水。造船厂分工明确，除船体制造场所外，还另有铁、篷、缆等八、九个作坊。最能体现明代造船水平的是由南京宝船厂所制造的郑和下西洋使用的宝船。从成祖永乐三年（1405）到宣宗宣德八年（1433）的二十八年间，郑和先后七次奉命出使西洋。郑和率领船队横渡印度洋，远达非洲东海岸，访问了东南亚、南亚、阿拉伯、非洲等地三十多个国家，是中国航海史和世界航海史上的一次壮举。郑和第一次下西洋使用船只共二百零八艘，其中宝船六十二艘。据《明史》记载，当时的宝船船体庞大，帆多桅多，最大的长约一百五十点五米，宽约六十一点六米。因为船体巨大，必须有相应的船坞以及特殊的技术措施，如龙骨的接头技术、可靠的水密技术等等。

446. 明朝的书院教育有什么特点?

在明朝，书院是一种讲学自由的教育机构，但明初的书院发展却不甚理想，直到武宗正德以后才开始迅速发展。正德时期，新建书院一百五十三所。而在世宗嘉靖年间，新建书院多达六百五十七所。兴办书院和在书院主持讲学的有很多是博学之士，如著名学者王阳明就先后在白鹿洞等好几个书院讲学，另一位学者湛若水在广东、广西等地也建起多个书院。作为一种相对比较自由的教育机构，书院在明代的教育发展尤其是地方教育发展中起着非常重要的作用。尽管在教学内容上同官学相比并没有多大区别，但在教学组织和考查学生的方式上表现出明显的不同。

在教学内容上，书院教育的内容同最高学府国子监和各地官方学校一样，依然局限于“四书”、“五经”等儒家经典以及某些史书。但在教学方式上，书院的教学以学生自学为主，尽管做法在不同书院中并不完全相同，而“会讲”是采用得较多的一种方式。所谓“会讲”，是指以聚会形式来组织的教学或讲学活动。包括作为书院日常教学方式的会讲，有着几种不同的形式：有的是由一些学者自行组织、定期举行学术聚会的会讲，有的是由家族定期举行的会讲。而会讲的内容在不同的书院中也不尽相同。书院还通过有组织的定期考试来检测学生的学习效果，具体考核形式主要有“会文”和“会考”两种。会文是定期将学生集中起来进行文章写作，属于不太正规的考试；会考就是将书院的全部学生集中起来进行统一考试，是书院检测学生阶段学习成绩的一种方式，属于正规的考试。会文和会考的具体操作，在各个书院中也不完全相同。明朝书院教育时兴时衰，既与学术有关，也与政治有关。尤其是东林书院，将“两耳不闻窗外事，一心只读圣贤书”的旧信条抛弃，代之以“风声雨声读书声，声声入耳；国事家事天下事，事事关心”的新信条，使学生充分关心社会现实问题，批评政治黑暗，抨击官场腐败，从而被称为带有政治色彩的“东林党”。

447. 明朝科举制度的具体内容有哪些?

明朝对科举考试更为重视，相关制度更加完善。具体内容主要有以下几个方面：

一、考试时间及步骤。朝廷规定了严格的科举时间及步骤，以利于逐级选拔人才。太祖洪武十七年（1384），正式确立三年大比制度，规定每三年举行整套的自上而下的考试，分为四个步骤：第一步为“郡试”，每三年由各府、州、县选拔应乡试资格的人选；第二步为“乡试”，考试合格的人可以参加第三步在京城举行的“会试”；最后一步参加皇帝亲自主持的“廷试”，或称“殿试”。殿试合格的人称为“进士”，分三甲发榜，第一甲三人，分别称为状元、榜眼、探花；第二甲若干人，赐进士出身；第三甲若干人，赐同进士出身。

二、考试科目和内容。明朝科举考试只设进士一个科目，考试的内容主要在于“四书”、“五经”上，不考诗赋。考试分三场举行，第一场考“四书”义三道，经义四道；第二场考论一道，判五道，诏、诰、表、内科一道；第三场考经史时务策五道。其中第一场最为重要。在答卷形式上，采用八股文，规定文章中须有破题、承题、起讲、入

手、起股、中股、后股、束股八段结构，大大束缚了应试者的创造性发挥，因而很多试卷徒有形式，内容上空洞无物。

三、考试与任用相结合的制度。明朝的科举考试与官员的任用是紧密相连的，特别是殿试的前三名，状元直接授予修撰之职，榜眼、探花直接授予编修之职。凡列入二甲、三甲的人，可进入翰林院为庶吉士，以后再正式任命官职。其他在乡试中考取举人的，也可以授予各种大小不同的官职。

448. 明朝的科举制度有什么流弊?

明朝的科举制度尽管很完善，通过科举考试也选拔录用了不少优秀的政治人才，但不可避免地暴露出一些流弊，主要表现在以下几个方面：

第一，科场舞弊层出不穷。有些考生与考官勾结，在考场上作弊，互相交换试卷，或者请人代答、冒名顶替；有些考官为了个人私利，竟将试题高价出卖给考生，或者对同乡人网开一面，徇私舞弊。如著名的画家唐寅就曾被牵涉进考官程敏政科场舞弊案中而被除名，断送了仕进的前程。世宗嘉靖四十年（1561），应天府（今江苏南京）一个主考将同乡十三人录取，事发后与副考官一起被贬职。

第二，考试范围过于偏狭，不利于学术发挥。明朝的科举考试内容主要考四书五经，又主要以朱熹《四书集注》为答题的依据，造成应试者只需背诵一些标准的范文就可以侥幸考中，而不需真正深入地研究学问。很多老师也只教学生如何应考、如何投机取巧，而不是引导学生如何认真地研究学术，因而造成学习风气的严重败坏。

第三，八股取士，埋没人才。明朝科举考试采用八股文，形式十分呆板，埋没考生的个性。八股文不仅讲究对偶排比的形式主义，而且只能依据朱熹《四书集注》来“代圣人立言”，不允许阐发个人的思想认识，因此大多是空洞无物的废话。

由于八股是科举考试的固定格式，因此就成为学校教育的重点，学生所读的书籍，也大多是流行于社会上的八股文范本，严重危害到真实人才的顺利产生和发展。

449.《明史·天文志》记载了哪些内容?

在明代，随着科学技术的发展，特别是西方先进科技的传入，人们对天象规律有了较为准确的认识。《明史·天文志》就比较详细地记载了当时人们对天地宇宙的认识、当时所使用的天文仪器以及这些仪器的结构和使用方法。当时人们认为天地都是圆球形，地居于中央，天有九重。当时使用的天文仪器主要有浑天仪、圭表、望远镜等。根据新的观测成果，明代天象学家将天上的星宿与地上的区域重新进行划分对应，建立新的分野，以通过观测星宿的变化来占卜地上所配各地的吉凶。另一方面，《明史·天文志》详细记载了各种特殊的天文现象发生的时间、地点及其特征。当时人们把两颗星经纬同度的情况叫做“掩”，星光相接称做“犯”，又叫做“凌”。其中记载的比较特殊的天象主要有以下几种：一是“星昼现”，即星星在白天出现，如记载太祖洪武十九年（1387）七月，三颗星星同时在白天出现。一是“客星”，即天空中新出现的星，如洪武十一年九月，一颗非常明亮的星星出现在天空，光芒一丈多长，到了十月，却又神奇地消失了。一是日月星的奇怪现象。如在世宗嘉靖元年（1522）正月的一天，太阳颜色惨白，变青，暗淡无光。崇祯四年（1631）正月有一天，太阳颜色鲜红得像血一样，照得万物都呈现红色。另外，还记载了流星、彗星等天文现象。

450.《明史·五行志》记载哪些方面的内容？

五行是指水、火、木、金、土。《明史·五行志》按照传统史书中的写法，详细记载了发生在明代的各种特殊的自然现象以及对生产生活所造成的影响。第一，关于严寒、阴雨、雷电、冰雹等自然灾害的记载。如太祖洪武十四年（1382）六月，杭州出现了晴天飞雪的奇异现象。世宗嘉靖元年（1522）五月，在云南出现一次灾害天气，漫天降落的冰雹像鹅蛋那么大，庄稼、房屋的损失以及人畜的伤亡不计其数。第二，关于干旱、火灾、地震等情况的记载。如英宗天顺元年（1457）冬天，直隶（今北京）、山西、河南、山东等地都未下雪，于是命令文武官员设坛祈天降雪。天顺七年（1463）二月，正当进行会试时，贡院着火，因为大门紧闭，参加考试的举子来不及逃脱，九十多人被活活烧死。世宗嘉靖五年（1526）七月，天空出现奇怪的火球，光亮刺眼，从地面看上去，直径有五六尺，从北边的天空升起，最后在东面落下消失。武宗正德十年（1515）五月，云南发生地震，时间长达一个月，有时一天竟发生二三十次地震。地震造成了大片地面裂陷，河流决堤，财产损失无数，死亡数千人，受伤的也有上万人。第三，关于一些动植物怪异现象的记载。如世宗嘉靖二十年（1541），有百姓家生了一只小狗，竟有八条腿四只耳朵四只眼睛。神宗万历四十七年（1619）七月，另一家的狗生了一只极小的小狗，奇怪的是它有一个头，两个身子，八只脚，而头部看起来长得非常像人。熹宗天启元年（1621）十月，有头母牛产下一只怪兽，遍体鳞甲，而且全身散发火光。

451.《明史·地理志》记载了什么内容？

《明史·地理志》共七卷（卷四〇到卷四六），比较详细地记载了明代全国行政区划的设置、取消、改变隶属等历史沿革以及各地山川、河流、人口等地理情况。主要内容有：

一、明代的疆域范围及整体行政区划情况。明代疆域广阔，东西、南北跨度都在万里以上。除北京、南京两个直接管辖的地区外，明朝廷在全国设置了山东、山西、河南、陕西、四川、湖广、浙江、江西、福建、广东、广西、云南、贵州等十三个布政使司。布政使司之下再分设府、州、县等。在少数民族地区，明朝廷设置了土官宣慰司、宣抚司等机构来实现对当地的管理。在边疆具有重要军事地位的地方，设置了辽东（治广宁，今辽宁北镇）、宣府（治宣府，今河北宣化）、大同（治所在今山西大同）、延绥（治所在今陕西榆林）、宁夏（治所在今宁夏银川）、甘肃（治所在今甘肃张掖）、蓟州（治三屯营，今河北迁西县西北）、山西（治所在今山西宁武）、固原（治所在今宁夏固原）等九镇，号称“九边”。

二、明代各府、州、县的设置、废除等沿革及各地的山川、河流、户数、人口等情况。首先详细记叙了北京、南京两个直接管辖的地区的情况。如记载当时北京城从内到外分为宫城、皇城、京城等几个部分，管辖五个州，二十二个县，人口有七十万。然后分别介绍了十三个布政使司所管辖的地区的相关情况，说明了在各地设置的军事机构卫、所的位置及其隶属关系。如关于山东布政使司的记载：洪武元年（1368）四月设置山东等行中书省，治所设置在济南府（今山东济南）。洪武三年（1370）十二月改为青州都卫，治所在青州府（今山东青州）。洪武八年（1375）十月改都卫为山东都指挥使司。洪武九年（1376）六月改行中书省为承宣布政使司。管理六个府，十五个州，八十九个县。洪武二十六年（1393）有七十五万三千八百九十四户，五百二十五万五千八百七十六人。

452.《明史·仪卫志》记载了哪方面的内容？

《明史·仪卫志》比较详细地记载了明代的皇室礼仪制度。“仪”、“卫”各有所指，文饰之类称为仪，兵器武士等称为卫。明代帝王极为重视皇室礼仪制度的建设，制定了一整套严格的礼仪规范。因为礼仪反映着关系的上下尊卑，体现着皇室的威严。在明代，凡节庆、朝会，册拜、接见蕃臣等，都要由仪鸾司陈设仪仗，以示隆重和威严。而宦官、东宫、亲王的仪仗形式、规模，都有相应的具体规定。虽然也根据实际情况的变化而随时有所增减，但主要还是以太祖洪武初年所创建的礼仪规范为准则。

例如，吴元年（1367）十二月，朱元璋即皇帝位的礼仪是：清晨，拱卫司陈设卤簿①，在午门外东西列甲士，在奉天门外东西设立旗仗。共用十二面龙旗，甲士十二人，分列左右。另外还有北斗旗、布旗等。布旗有六十四面，包括门旗、日旗、月旗，青龙、白虎、风、云、雷、雨、江、河、淮、济旗，天马、天禄、白泽、硃雀、玄武等旗，木、火、土、金、水五星旗，五岳旗，熊旗，鸾旗及二十八宿旗；每旗安排甲士五人，一人执旗，四人执弓弩。另外并列设置玉、金、革、象、木五辂于奉天门外。如此等等，仪式极为隆重庄严。成祖永乐元年（1403），礼部官员认为在皇上出行时所用的卤簿当中应增设九龙车一乘，成祖认为依据旧例，不当增设，以免开启后世的奢靡风气。宣宗宣德元年（1426），对卤簿仪仗进行修改，有所增设。

《仪卫志》还具体规定了皇后、皇太子、亲王、郡王、皇妃、东宫妃、亲王妃、郡王妃、郡主等的仪仗形制。

453.《明史·食货志》记载了什么内容？

《明史·食货志》有二十余种子目，分别记述了明代的田制、户口、赋役、漕运、仓库、钱法、盐法、杂税、市籴、会计（国家预算）等制度，为了解当时的经济政策和社会生产状况提供了重要史料。

《明史·食货志一》记载了明代户口及田地制度，主要内容一方面

---

① 古代天子出行，都有严格的车驾顺序安排，称为卤簿。

是户帖、黄册等有关户籍管理方面的规定以及全国人口数量的变化情况，另一方面是鱼鳞图册、屯田等有关田地管理方面的制度。《明史·食货志二》主要是有关明代赋役制度的记载，如征收税赋的相关制度如两税法、一条鞭法等，还有工役的使用、管理制度等方面的内容。《明史·食货志三》记载的是漕运及仓库制度，主要涉及漕运制度的演变以及漕运粮米的种类、数量，以及仓库的种类、库藏多寡、供给对象以及仓库管理制度等。《明史·食货志四》记录的主要内容是有关盐法与茶法的，包括各地盐场的规模、管辖、盐引制度等以及茶叶的产地、种类、交易和相关管理制度。《明史·食货志五》记载了当时的钱币制度、矿山管理及金银铜铁等的冶炼情况，还有对商户征收税费的有关制度以及市场管理、马市的设置等相关规定的记述。《明史·食货志六》记载朝廷物资的采买、柴炭的采伐使用状况、珍珠的采摘、绸缎布匹的织染、瓷器的烧造、百官将兵禄饷的分派以及国家财政收入支出的总体状况。

454. 明代在医药学方面有什么成就?

明代在医药学方面取得了很大的成就，建立瘟病学说，发明了种痘法，外科学得到了很大的发展。

瘟病学说是明代医学家们长期与各种传染病作斗争的经验总结。以前的医学家一直把它作为伤寒病的一种，对于它的认识还没有超出张仲景《伤寒论》所论述的范围。明代的医学家，在临床实践中深入研究瘟疫的发病原因、特点及治疗方法。在前人的医学基础上，提出了新的认识，写出了论著，创立了瘟病学说，发展了古代的医药学。明初江苏昆山（今江苏昆山）人王履著的《医经溯洄集》，指出瘟病不同于伤寒，突破旧识，开辟辨别瘟病新途径。江苏吴县（今江苏苏州）人吴有性也对瘟病的病因及传染情况进行了深入的考察研究，并于思宗崇祯十五年（1642）写成《瘟疫论》二卷，创立了戾气病因说。认为伤寒与瘟疫自是迥别，并指出瘟疫这种急性传染病的病，认为要针对不同病因来进行治疗，戾气病因的学说具有重大的临床意义，为瘟病治疗开创了新途径。

天花据说是由汉代时战争中的俘虏传入的，所以又叫“虏疮”。明代中叶时，才发明种痘法来预防天花。据清人俞茂鲲《痘科金镜赋集解》载：“闻种痘法起于明隆庆年间宁国府太平县（今安徽太平县），……由此蔓延天下。”这种人痘接种法是一种原始的免疫方法，可以使患者出痘症状较轻。后来，在不断的临床实践中，发现用经过多次接种的痘痂作疫苗，效果要好得多。朱奕梁在《种痘心法》中说：“其苗传种愈久，则药力之提拔愈清，人工之选炼愈熟，火毒汰尽，精气独存，所以万全而无害也。”种痘法于是逐渐在天下推广，并传播到了其他国家和地方，为古代医药学作出了巨大贡献。

外科学在明代发展很快，出现不少名医，他们不仅外科医术相当高明，而且还根据自己临床实践写成了不少专门著作，在外科学上作出了巨大的贡献。明代中期江苏吴县（今江苏苏州）人薛立斋，世代从事医学，著有《薛氏医案》七十八卷。明代后期的王肯堂不断钻研医学，广泛搜集历代医学文献四十四种，汇集历代名医方论，并融合自己的临床经验写成《疡科准绳》一书。对痈疽、跌损、疮、癣等病因和治疗方法均作了详细论述。外科医学成就最大的要数南直南通（今江苏通州）人陈实功，他在外科方面的医学理论和医术都有很高的造诣。陈实功潜心著作，把外科大小疾病，分门别类地从病理、症状、治法、典型病例以及药物的制作等方面都作了记载，有的还编成歌诀，并于神宗万历四十五年（1617 年）写成《外科正宗》四卷。全书记载外科各种疾病一百多种，内容丰富，列证最详，论治最精。对古代的外科医学做出了很大的贡献。

455. 李时珍所撰的《本草纲目》有什么科学意义？

李时珍（1518～1593），字东壁，湖广蕲州（今湖北蕲春南）人，是历史上杰出的药物学家和生物学家。李时珍不仅医术高明，而且勤奋好学。他认真阅读各种药物学著作，在实际考察的基础上于嘉靖三十一年（1552）开始，历时二十六年完成了药物学巨著《本草纲目》的编写。

《本草纲目》全书共五十二卷，分十六部：水、火、土、金石、草、谷、菜、果、木、服器、虫、鳞、介、禽、兽、人。一共记载药物一千八百九十二种，验方一万一千零九十六则，插图一千一百六十幅，共约一百九十万字。并对每一种药物的名称，性能，用途，制作方法都作了详细说明，绘制成图。李时珍不仅从实地观察纠正了以往本草中的一些错误认识，并从古人的经验中总结认定了药物的性能和效用，如延胡的止痛作用、牵牛子的下泻作用、黄芩的降热作用、三七的止血作用等他都能根据古人的经验再在临床应用中一一加以验证。李时珍以科学家的求真精神，批判了药物学中的迷信思想。历代本草存在着不少“神仙不死”等荒诞不经的记载，他在记述“水银”时，就揭露批判了历代因贪图长生服食水银的危害，指出历代的方士借此去宣扬封建迷信，那是不足怪的。

《本草纲目》不仅对前人的科学研究作了总结，而且把我国药物学的研究提高到了新阶段。它不仅是一部药物学著作，而且对植物、动物、矿物都做了可贵的记载。出版后不久，万历年间就传到了日本，接着又传到朝鲜、越南。十八世纪时又传到欧洲，先后被译成拉丁、日、英、德、俄、法等多种文字，流传于世界各地，为世界医药学和生物学都作出了巨大贡献。

456.《农政全书》是一部什么样的书?

《农政全书》是徐光启在农业方面的一项重要研究成果。徐光启(1562～1633)，字子先，上海（今上海东北）人，他一生勤奋好学，对天文、历法、数学、生物学和农桑各科都有高深的造诣，而其中用力最勤的是农业。他在写作时，一方面重视前人所取得的成就，征引前人文献二百余种，同时注意实践研究，一边向生产者了解生产技术，一边自己实验来验证前人的经验。

《农政全书》是一部既集古代农业科学之大成，又吸收了西方科技知识的农学专著。共六十卷，约六十万字，分农本、田制、农事、水利、农器、树艺、蚕桑、蚕桑广类、种植、牧养、制造和荒政十二类，对有关农业生产的问题，从政策、制度、生产技术、水利、肥料、土壤、选种、果木嫁接、植桑养蚕等方面，作了全面的论述。在农田水利方面，他主张治水与治田相结合。认为北京附近发展水稻作物的潜力很大，这是他根据在天津屯种总结出来的经验之谈。他通过自己在上海试种高产作物红薯后，证实在长江三角洲地区同样能栽种。他重视选择优良品种，认为“择种为第一义，种一不佳，即天时、地利、人力俱大半弃掷矣”。他还与农业生产上的保守思想进行不懈的斗争，指出“若谓土地所宜，一定不易，此则必无之理”。他在《除蝗疏》中所讲的蝗虫的产生、成熟和习性，是早期的昆虫知识的科学记录。所有这些都是徐光启对古代农业生产的重大贡献。

457. 明代的官藏图书情况如何?

明初开国君主朱元璋深知书籍在记载和传授前人历史经验方面的巨大作用，非常重视访求和收藏书籍。太祖洪武元年（1368），朱元璋在攻破元朝都城大都（今北京）时，就命大将军徐达收集元朝秘阁里所藏图书典籍，运回南京，几乎把宋、辽、金、元的国家藏书全部接受，从而奠定明朝馆藏图书的基础。明代的历代皇帝，也都进行过一系列的搜求书籍活动，不断地丰富了明代的馆藏图书的数量。

成祖朱棣即位后，迁都北京。明朝国家藏书中心也随之迁移到北京新建的文渊阁内。在宣宗宣德期间，明代的国家官藏图书达到极盛阶段，当时秘阁藏书约二万余部，近百万卷，刻本十三，抄本十七。英宗正统六年（1441），杨士奇等人通过整理文渊阁所贮书籍，编写了著名的《文渊阁书目》，收书达七千多种。这些书多是宋、元所遗，无不精美，装用倒摺，四周外向，虫鼠也不能损坏，真是琳琅满目，珍贵之极。正统十四年南京宫殿发生火灾，南京文渊阁的藏书“悉遭大火。凡宋元以来秘本，一朝俱尽”。正统末年，明朝的国家藏书开始逐渐衰落。英宗之后朝廷也不再关心图书的典藏，更未注意派官员去搜求。明代的官藏图书不仅不再增加，而且由于管理不善，损坏严重，盗窃成风，数量日渐减少。

神宗万历三十三年（1605），大理寺左寺副孙能传，中书舍人张萱等，奉朝廷命令清理文渊阁的藏书，编出《内阁书目》八卷，所载图书数量与一百六十多年前杨士奇等人所编的正统书目相比较，已是相差甚远，“惟地志差详，然宋元图经旧本，并不登载，著于录者，悉成、弘以后所编”，“其他唐宋遗编，悉归子虚乌有”。

明代官藏图书在承袭宋、辽、金、元国家藏书的基础上，一度达到极盛。后来却又在天灾人祸的影响下逐渐走向衰落。

458. 明代有哪些著名的藏书家?

明代因为刻书非常发达，私人藏书特别兴盛，出现了许多私人藏书家。在明代众多的藏书家中以藏书多、有特色而著称的有宋濂、叶盛、杨循吉、王世贞、范钦、钱谦益、赵琦美、毛晋、李开先等。他们主要集中在经济发达的东南地区，其中江浙一带尤多。从藏书总量上看，私家藏书远远超过了国家官藏图书。

世宗嘉靖和穆宗隆庆前期最著名的藏书家有宋濂、叶盛、杨循吉、李开先、王世贞等。宋濂，字景濂，号潜溪，浦江（今浙江金华）人，开明一代藏书风气。宋濂在青萝山中建藏书之处青萝山房，聚书万卷。叶盛，字与中，号蜕庵，昆山（今江苏昆山）人，他生平爱书藏书，“手自雠（chóu）录，至数万卷”。叶盛还根据家藏图书编出《箓竹堂书目》六卷，登录所藏图书共四千六百多册，二万二千七百多卷。王世贞，字元美，号凤洲，太仓（今江苏太仓）人。王世贞的藏书处叫小酉馆，藏书三万卷，另有藏经阁专藏释道两家经典，尔雅楼专藏宋版书，所藏宋版书籍都非常精美，收藏的《汉书》等宋版书超过了三千卷。范钦，字尧卿，鄞县（今浙江宁波月湖西南）人。他性喜藏书，每至一地，都千方百计搜访书籍，不惜重金购买。范钦建藏书楼天一阁，藏书以明代地方志和科举录为重点，总数已经达到七万多卷，成为当时浙东地区藏书最多的一家。

神宗万历后，最著名的藏书家有陈第、赵琦美、毛晋、李廷机、高儒、孙承泽、周亮工等。陈第，字季立，号一斋，福建连江（今福建连江）人，他的藏书积累几十年，达到了万余卷。赵琦美，字玄度，号清常道人，常熟（今江苏常熟）人，明末常熟三大藏书家之一。赵琦美的藏书楼叫脉望馆，他“网罗载籍，朱黄雠校无虚日”，不仅大量收藏、校勘、刻印图书，还利用藏书进行研究，撰写著述有《脉望馆书目》八卷，《洪武圣政记》三十二卷等。

459. “浙中王门”与“江右王门”是怎么回事？

王守仁的思想学说，对明代中后期的思想界产生了极大的影响，并在发展中形成了不同的派别。“浙中王门”与“江右王门”是王学传人的两个流派，在传播和发展阳明心学方面都做出了很大贡献。

“浙中王门”是指王守仁同郡（今宁波绍兴）的王学传人，代表人物是他的两个大弟子钱德洪（1496～1574）和王汝中。二人在王守仁在世时就对心学有不同的理解。钱德洪主张“四有”，王汝中坚持“四无”。钱德洪力避空疏，恢宏师学，在遵循师说的基础上对王学加以补充说明。王汝中固执的用“四无”观点去宣传“良知”说，主张良知就是“心之本体”。他不被王说所限制，不拘泥王说的字句之间，在自己重新认识的基础上进一步发展了阳明心学，甚至在一些问题的看法上，有其独到的见解。例如，他对“格物”的解释就带有唯物主义认识论的倾向。

“江右王门”指的是明代江西地区的王学传人，代表人物主要是邹守益（1491～1562）。他是江西安福（今江西安福）人，学者称东廓先生。邹守益在心学上无自己独创性的见解，他的讲学以弘扬师说、传播王学为旨归，并坚信“致良知”是孔孟以来的正传。邹守益在思想上拥护师说，在行动上以一贯之。他一生从不间断讲学，足迹遍布大江南北，对传播师说、扩大王学起很大作用。

460. “泰州学派”指什么学派?

泰州学派是一个源于王守仁心学的主观唯心主义思想流派，创始人为王艮（1483～1541），是王守仁的入门弟子。他在学旨上坚持己见，并热心将王守仁的良知理论扩广到普通百姓的人伦日用之中。王守仁死后，王艮就开始独立讲学，四方向他求学的人日益增多，完全形成一个以“相与发挥百姓日用之学”为主题的泰州学派。

泰州学派最突出的特点，是具有浓郁的平民化色彩和狂者品性，并注重对自我价值的追求。思想的核心是从属主观唯心主义“心学”，主要倡导“百姓日用之道”和“安身立本”的“淮南格物”。王艮的“百姓日用之道”，把圣人之道与百姓日用等同起来，强调只有合乎百姓日用的思想学说，才是“圣人之道”，倡导平民化儒学。而“安身立本”的“淮南格物”则认为“安身”是立天下之根本，首先是生活上能吃饱穿暖；其次才是维护人的尊严，把身和道都看作“至尊者”，不能受到侮辱和损害。

泰州学派的后继者有何心隐、罗汝芳等，他们都对发展泰州学派做出了贡献。何心隐从王艮的“天地万物一体”出发，发展了他的思想，提出“师友说”，强调人与人之间均为“师友”关系，应互敬互爱，提倡以仁率教，反对互相残杀，向往平等社会。罗汝芳在人心论方面，提出了“赤子之心”，并把“赤子之心”看成是自然具备着“知”和“能”的“浑然天理”。具有反对传统封建伦理思想的进步含意。

泰州学派在承受王学传统的基础之上，汇集四方之学，熔铸新说，是一个贯彻平民意识、注重自我价值追求的思想流派。

461. 明代诗歌中的“台阁体”是什么风格?

明代自成祖永乐（1403～1424）至英宗正统（1436～1449）时

期，社会经济日趋繁荣，统治秩序比较稳定，是明朝的“盛世”，于是在文坛上就出现了以宰辅权臣所领导的“台阁体”。台阁体诗人以太平宰相的身份，写作了大量尊朱尚理，歌功颂德，粉饰太平的诗文，代表作家为当时历任四朝大学士的馆阁名臣杨士奇、杨荣、杨溥等人。

台阁体诗文在内容上大多显得比较贫乏单一，多为应制、题赠、酬应、颂圣而做；在主题常是“颂圣德，歌太平”，通过描绘盛世祥瑞气象，来歌颂帝王的功德。台阁体诗人不敢描述现实生活，抒发自己的真情实感，而只是一味地粉饰太平，因而作品散发着“富贵福泽之气”；在写作上堆砌辞藻，文字格式套路化；在风格雍容典雅，平正华丽，倡理而贬情。一时之间，“众人糜然和之，相习成风”。结果是将文学创作引上了歧途，使作品成为粉饰太平的工具。

以“三杨”为代表，风格雍容典雅，平正华丽的台阁体的盛行，给文学创作带来了不良的风气，苍白贫乏的内容在很大程度上扼制了文学创作的艺术活力，造成文学萎靡不振的局面。

462. 吴派画家的画风有什么特点?

元朝时，江南苏州地区文人荟萃，诗人画家多聚于此。明朝初期，江苏地区则产生了更多的画家，他们的绘画技法和风格主要向元代画家学习，追求一种清逸、荒寒的风格，单纯讲究笔墨情趣，而与画院、浙派崇尚南宋马远、夏珪的画风相对立。吴派画家较有名的代表人物是赵原、陆广、沈周、文征明等。

沈周是中国明代中期的著名画家，吴门画派的创始人。沈周(1420～1509)，字启南，号石田，晚号白石翁，亦作玉田翁，人称白石先生。沈家世代居住在中国南方苏州。沈周的绘画造诣很深，他会画山水、花鸟，也能画人物。他创作的山水画，大多数作品是描绘南方山水和园林景物的，表现了当时文人生活的幽闲情趣。沈周在主要风格上继承了董源、巨然以及元代画家黄公望、王蒙和吴镇的水墨浅绛体系，吸收了南宋时期几位大师的笔墨，形成粗笔水墨的新风格，自成一派。沈周的绘画，技艺全面，在学习前人的基础上有自己的创造，发展了文人水墨写意山水、花鸟画的表现技法，成为吴门画派的杰出领袖。

其后的吴派画家有文征明、唐寅，前者近师沈周、远融宋元诸家之长，绘画风格以纤美精致为主；后者绘画学李唐、刘松年，所画人物花鸟秀润缜密。至万历、崇祯时，吴派画家达到鼎盛时期，画风成熟，名家众多。

463. 徐渭和陈洪绶在明代画坛上占有什么地位？

中国花鸟画从唐代到南宋，采用工笔写生着色。南宋时，出现以墨代色的工笔花鸟画。明代时，唐寅等人用采用活泼洒脱的水墨写意技法。明代后期，写意花鸟画方面取得杰出成就的徐渭，在明代的画坛上具有承前启后、自创一格的独特地位。

徐渭（1521～1593），字文长，号青藤，浙江山阴（今浙江绍兴）人。徐渭是明代大写意画派的创始人，与别号白阳山人的陈复道齐名，并称“青藤白阳”。他擅长画山水、人物，尤长于大水墨写意花鸟画。徐渭师法林良、周之冕、陈淳，融合前人泼墨、破墨、积墨、简笔、写意手法，挥毫泼洒，随意点染，其画面水墨交融，淋漓酣畅，气势豪放，充满了激情，充分表达了他孤傲不群的个性和激昂郁愤的思想感情。徐渭所绘物像意态生动，简括精炼。作画立意新颖奇特，不落俗套。徐渭豪迈潇洒、泼辣豪放的画风，打破明代画坛陈陈相袭的陋习。

陈洪绶（1599～1671），字章侯，号老莲，浙江诸暨（今浙江诸暨）人，明代著名的人物画家。陈洪绶的作品既重视形体的夸张，又重视神情表达的含蓄，表现手法简洁质朴，强调用线的金石味。自幼时即有绘画天赋，开始师从蓝瑛，于思宗崇祯年间奉诏进京作画，有机会观摩皇室藏画，技艺大增。明亡，出家为僧。他绘的《水浒叶子》、《九歌》、《西厢记》等绣像描图，是明清间复制板画的精品。他的《屈子行吟图》深刻地表现了屈原形容憔悴、行吟泽畔、爱国忧民的心理状态。陈洪绶晚年作画，夸张变形，有的人物画，躯干伟岸，衣纹挺劲，但面目怪异，全身比例失当，大约反映出他身处乱世痛苦变态的心理。明代的人物画发展至明末陈洪绶，一改软弱俗媚的画风，陈洪绶的作品风格有一定的历史转折性意义，使明代画坛平淡无奇的人物画顿起高峰。

464. 明代在水利事业方面有什么成就？

明朝廷为了减少水旱灾害，曾在所管辖范围内不断的兴修水利，不仅有效的治理了旱涝灾害，而且促进了农业的发展，取得了很大的成就。

明朝廷在宪宗成化七年（1481），任命王恕为工部侍郎，总理河道。总河之设，即从王恕开始。在治理黄河的过程中出现了许多著名的治河组织者和专家。其中贡献最大、成绩卓著的要数潘季驯。他在经办河务的过程中能深入实地考察，详观水势，找到正确的治理方案。潘季驯曾向明朝廷提出治河六法："塞决口以挽正河，筑堤防以杜溃决，复闸坝以防外河，创滚水坝以固堤岸，止浚海工程以省糜费，寝开老黄河之议以仍利涉"。后来潘季驯在明朝廷的认可下按既定方案执行，堵塞决口，筑建堤坝，束水攻沙，使河道数年无大患。潘季驯在实地组织领导治河工程的过程中，还注意总结治河经验，写出了《河防一览》、《宸断两河大工录》等著作，提出了许多的治河方法。

另外在明代还完成了修治运河的两大工程，一是开凿南阳新河，二是开凿泇（jiā）河运河。明代初期在宋礼、陈瑄等人的治理下，大运河全线通航，而山东境内的北河即"会通河"河段由于地势低且靠近黄河，对运河带来了极大的威胁。世宗嘉靖四十四年（1565）秋，在山东鱼台县（今山东鱼台）南阳镇开凿南阳新河，从而保证了这段运河的通畅。明代大运河中有一段是利用黄河做运道的，黄河河道多变易决，漕运经常受阻，因此明代又开凿自夏镇（今山东微山）向南经韩庄（今山东峄县西南）、台庄（今山东枣庄东南）到邳州（今江苏邳县以南）直河口而入黄河的泇河运河，确保了来往船只的安全。

明代中后期还兴建了遍布各省的其他水利工程，尤以江南和北直隶地区兴修水利活动最频繁，不但解决了地方的水旱之忧，而且也推动了农业的发展。明代的百姓还发明了一些新的灌溉工具，如王征设计的"虹吸"和"鹤饮"，以木材或巨竹制作成长筒或长槽，通过人力操作，将低处的水引到高处灌溉土地，即省力又事半功倍。

465. 明王朝在农业生产方面有什么发展？

明王朝的农业发展在经营方式上表现为充分利用地力，注意综合经营，以达到"其取利也，穷天极地而尽人"的效果，这一点在南方表现尤为突出。在明中期，常熟（今江苏常熟）有谭晓、谭照两兄弟工于心计，改造低洼荒芜土地，因地制宜，综合经营，总计所得收入，竟达一般平原田地的六倍。而大量的兴修水利活动，也有效地促进了农业生产。在粮食的生产上，作物品种增多，产量增加。其中，水稻的品种繁多，各品种的种植区域都很广。五谷中以粟类品种极多。除了这些本地产粮食外，又从国外引进了红薯和玉米。红薯在明代又称“白薯”、“红山药”、“白蓣”、“红蓣”等，产量高，极易栽种，对水旱适应性很强。原产于美洲墨西哥、哥伦比亚一带，从海、陆两路传入明王朝。玉米原产于美洲，在明代又有“御麦”、“番麦”、“玉蜀黍”等名称，在明中期传入明王朝，得到广泛种植。最后，在经济作物上的突出表现为植棉业的大力推广，不仅种植范围广泛，而且品种很多。植桑业则以浙江的湖州（今浙江吴兴）和四川的阆中（今四川阆中）为中心，非常发达。由吕宋（今菲律宾群岛吕宋岛）传入明王朝的烟草，由于它能“辟瘴气”而广为种植。种植在南方的糖料作物有果蔗和糖蔗两种，主要产地有广东、福建和四川。染料作物的种植有蓝和红花，种蓝最多的是福建和江西，红花在四川种植最多。油料作物有从南美洲输入的落花生，为明朝人提供了很好的食品和油料。

466. 明王朝的棉花生产有何新变化?

明王朝时棉花种植普及全国，不仅产量有了很大的提高，而且还培育出了许多新品种。

早在明王朝建立之前，太祖就十分重视棉花种植，于元至正二十五年（1365）下令，凡百姓有田五亩至十亩的要栽桑、麻、棉花各半亩，十亩以上加倍。洪武元年（1368），又把这一命令推广到天下。洪武二十五年，彰德（今河南安阳）、卫辉（今河南新乡）、广平（今河北邯郸）、大名（今河北大名）、东昌（今山东聊城）、开封（今河南开封）、怀庆（今河南沁阳）等七府的棉花丰收，产量高达一千一百八十万三千余斤。因为棉花种植普及全国，布匹也成为国家赋税的重要部分，而且在朝廷的军用物资中，棉花、棉布需求数量巨大。洪武十三年，供给辽东各卫所士兵棉布四十三万四百余匹，棉花十七万斤。洪武十六年，供给四川等都司士卒，棉布九十六万一千四百余匹，棉花三十六万余斤。成祖永乐十七年（1419），朝廷共征收棉布一百二十万六千八百八十七匹，丝棉二十四万六千五百七斤，棉花绒五十八万三千三百二十四斤。朝廷还常用棉布与边疆地区的少数民族交换马匹。明王朝棉花种植的品种也很多，《农政全书》卷三十五中就列举有八个品种。

467. 明王朝的货币流通有什么特点?

明朝初期使用的货币有钱和钞两种，钱为铜币“洪武通宝”等，钞为纸币“大明通行宝钞”，朝廷严禁金银作为货币流通。明代中期后，白银成为主要货币，纸币、宝钞被废，而铜币只作为一种辅助性的货币使用。明代货币材料发生变化的主要原因是“钞太虚”，掌握制造纸币权的明朝廷滥发纸币，曾一度造成了通货膨胀，纸币贬值，引起天下人的普遍不满，就私下用白银代替纸币使用。朝廷虽多次禁止但无效，也只好同意，从而使白银在明代货币中的主要地位更加巩固。神宗万历年间，给事中郝敬说：“今海内用钱，只在北地一方。自大江以南，大半用银。即使在北地，只有民间贸易才用钱，而官帑出纳仍是用银。而钱所行用没有几个地方了。”这清楚地反映了明代以白银为主，铜币为辅的货币制度实况，也是当时商业空前发展的标志之一。

由于白银的广泛使用，需求量大大增加。明代除了继承前代遗存的白银和在国内继续开采银矿外，还得从国外大量输入，输入的重要地点是菲律宾。而输入的外国银币，流通在明朝的市场上，以东南沿海最多。铜币虽处于辅助地位，但所需量也很大，这样形成了明王朝独特的货币流通体制：以金银为主，铜币为辅的货币制度。

468. 明王朝的对外贸易是怎样发展的?

明王朝的对外贸易，包括朝廷控制的朝贡贸易和私人贸易两种。明代初期，朝廷控制的朝贡贸易在对外贸易中占主要地位，到了明中后期，由于西方殖民者的东来及其他因素，导致了朝贡贸易的衰落，南洋各国陆续终止了与明王朝的朝贡贸易。明王朝只与日本、撒马儿罕（今乌兹别克斯坦境内）、天方（今属阿拉伯半岛）等部分国家仍保持着通贡贸易。

明中后期，私人海外贸易有了很大的发展，占据了对外贸易的主导地位。明初的海禁政策在穆宗隆庆年间被正式取消，为海外私人贸易的发展提供了机会。明代海外私人贸易最活跃的地方是福建的漳州（今福建九龙江中、下游及其西南），贸易对象主要是菲律宾等东洋地区。来明王朝贸易的外国船只，多停泊在广州一带。掌管外商的市舶司最初设在广州，至武宗正德时移到高州电白县（今广州高州电白），世宗嘉靖十四年（1535），又迁到壕镜（今澳门），一年纳税两万金。

国外商人得到明朝走私商人的协助，有的还兼干海盗勾当。

随着明代对外贸易的迅速发展，许多物品成为了商人们陆贩海运的对象，由最初的丝、丝织品和瓷器到后来的衣服、食品、家具、金属、家畜、珠宝等应有尽有，种类繁多，明王朝的对外贸易也得到了巨大的发展。

469. 为什么明朝的皇庄规模巨大？

明代中、后期，皇室占有的土地称为皇庄。明朝的皇室包括皇帝、后妃、太子、尚未到藩国的诸王和尚未出嫁的公主，是全国最大的一家地主。皇庄作为皇室的私庄，收入是专供某后妃或还没有到藩国的亲王支用的。在明代，皇帝的中央集权空前加强，皇室生活糜烂荒淫，挥霍无度，为了满足自己的贪求，皇室成员们往往费尽心机对老百姓进行搜刮。他们多效仿私人地主，大量占有土地以便搜刮民脂民膏。

明朝的皇室通过兼并军民土地，使皇庄的规模不断扩大，数量不断增多。皇庄大多分布在北直隶的顺天等八府，尤以顺天府（今北京）、保定府（今河北保定）、河间府（今河北河间）数量最多。明代中叶后，诸王公主的皇庄发展更加迅速，他们往往通过皇帝赏赐、本人乞请、奸民投献以及抢占官民土地等办法，将自己拥有的庄田数字扩大到上千顷甚至上万顷的惊人程度。皇庄的经营方法，一般是出租给佃户，收取沉重的地租，那些替皇室管庄的人员还往往额外勒索，逼得佃户被迫逃亡。一些当地的奸民常常把军民土地假称荒闲土地或官田，投献皇室，这也成为皇庄的重要来源之一。世宗嘉靖初年，夏言等人统计，自英宗天顺八年（1464）至武宗正德九年（1514），明代皇室所建的皇庄有三十六处之多，占地达三万七千五百九十五顷四十六亩，规模巨大。明代虽然有头脑清醒的官吏不断提出取消皇庄，但却从不被皇帝所采纳。终明之世，皇庄制度未曾被废除掉。

470. 永宁寺碑的发现说明了什么？

明成祖朱棣即位后，在永乐九年（1411）春，设立了奴儿干都司，作为明朝廷管辖黑龙江、乌苏里江流域等地最高一级的地方官府机构。明朝廷所派遣到的奴儿干都司的钦差大臣亦失哈、封疆大吏康旺在对奴儿干都司的管理和经营上都取得了卓有成效的成就。他们对边疆地区的少数民族采取了“柔化斯民”的政策，使奴儿干都司所辖卫、所的各部族，与明朝廷的关系极为密切。

明朝廷在奴儿干都司的治所（今俄罗斯特林）建立了一座供奉观音的永宁寺，并在寺旁竖立了两块石碑，一块是永乐十一年所立，刻有《敕修永宁寺记》，另一块是宣宗宣德八年（1433）时所立，刻有《重建永宁寺记》。这两块碑记记录了明朝廷管理和经营奴儿干都司的事迹，碑文用汉、蒙古、女真、西藏四体文字书写。从永宁寺碑上所列官员人名来看，有汉族人、蒙古人、女真人和其他少数民族人，可以看出奴儿干都司是明朝这个多民族国家的地方政权。永宁寺碑与一般碑文不同的是，在它所列的一百多人中，不仅有钦差大臣、封疆大吏，而且连底层的劳动人民像铁、石工匠等也一一列名其中，这也表现了亦失哈和康旺尊重百姓的态度。

永宁寺虽然已经不复存在，但永宁寺碑却曾经巍然挺立在原址几乎达五百年之久，不少中外文献都对它作过记述。永宁寺碑是明朝廷管理奴儿干地区的历史见证，它的发现，具有重要的历史意义。

471. 明朝对西藏是如何管理的?

西藏，明朝时称乌斯藏，由上层喇嘛和各部族酋长构成各级封建主，占有大量农奴和牲畜，进行残酷的压迫和剥削。西藏盛行喇嘛教，元朝时忽必烈封花教首领八思巴为“大宝法王”，并委任他为西藏的政治首领，在西藏实行政教合一的统治。明朝时，仍沿袭元制，实行政教合一的统治。明太祖朱元璋公开宣布仍承认元朝时所授予的僧侣封号，并封乌斯藏摄帝师喃加巴藏卜为“炽盛佛宝国师”。从洪武四年（1371）到六年，明朝廷陆续在西藏设置了乌斯藏、朵甘卫指挥使司以及宣慰使司等行政机构，并颁发印信和官服。

明政府先后在西藏共封授了大宝法王、大乘法王、大慈法王、阐化王、辅教王、赞善王、护教王和阐教王等八个主要的王和法王。这些王和法王大都有一定的份地，接受明朝政府的管理。在成祖当政期间，曾两次组织诸王及诸卫，发动所属藏汉人民修筑乌斯藏到内地的驿路和驿站，大大方便了西藏和内地的联系。明朝廷还制定了西藏的僧官制度。僧官分为法王、西天佛子、大国师、国师、禅师等各等级。其中法王是最高级僧侣，由明朝廷封授，法王以下的各级僧官也都由明朝廷任免。

明朝廷在西藏实行的一系列政策，非常有利于对西藏地区的统治。

472. 沙州卫与哈密卫的设置有什么意义？

元朝在甘肃行省西边（今甘肃敦煌地区）设沙州路，元亡后，其地由蒙古王子阿鲁哥失里统治。太祖洪武二十四年（1391），阿鲁哥失里派遣国公抹台阿巴赤、司徒苦儿兰前来朝见。成祖永乐二年（1404），酋长困即来、买住率众归顺，成祖命令设置沙州卫，授予他们二人为指挥使。这一地区的居民从事农耕和放牧，明朝廷还供給他们谷种发展农业。困即来部属居沙州三十多年，人口兴旺，畜牧富饶。后因常遭邻近部落的侵扰，于宣宗宣德时期向东迁到距离赤斤蒙古（今甘肃玉门关西北）二百里的苦峪（今甘肃安西东南）地方。

元朝末年，哈密地区为蒙古贵族忽纳失里所居住，被封为肃王，后由其弟安克帖木儿袭爵。居民主要为回回、畏兀儿、哈剌灰三种。明成祖朱棣即位后，立即遣使招谕他们。永乐元年（1403），安克帖木儿派遣使臣前来朝贡。永乐二年成祖封安克帖木儿为忠顺王。不久，安克帖木儿为鬼力赤所害。三年，明朝廷把安克帖木儿已在朝廷任职的侄儿脱脱送回去袭爵。四年，明朝廷在哈密地区设立哈密卫，治所即今新疆哈密县。哈密卫的北和西北方向为瓦剌，南和东南为沙州和肃州，西边为火州和吐鲁番，是西域的交通要道。明朝廷非常重视，专门派官员协助部族首领进行管理。“令为西域之喉襟，以通诸番之消息，凡有入贡夷使方物，悉令至彼，译表以上”。

明朝廷在太祖洪武、成祖永乐时期，在今天的甘肃、新疆设置沙州卫和哈密卫，加强了对这些地区的管理，有效地巩固了西北边防，使它们成为西北边陲的天然屏障，具有重要的战略意义。

473. 蒙古三大部与明朝的关系如何？

元朝灭亡后，一部分蒙古贵族退到蒙古草原及东北等地，经过明太祖朱元璋多次的派兵攻打，至成祖永乐初，蒙古分裂为鞑靼、瓦剌、兀良哈三大部。不仅它们之间不断地发生战争，而且鞑靼内部也互相争权夺利。永乐三年（1405），知院①阿鲁台杀可汗鬼力赤而奉迎元皇室后裔本雅失里为可汗。永乐七年六月，成祖因派遣去鞑靼的明朝使

① 官名，五代晋以桑维翰知枢密院事，宋元因其制，遂有知院之称。

臣被杀，大怒。于七月任命丘福为大将军，率领精锐骑兵十万征讨鞑靼，丘福由于孤军深入招致全军覆没。永乐八年，成祖率领五十万大军亲征，结果鞑靼大败，君臣溃散。迫使阿鲁台在这年冬天向明朝贡马臣服，而可汗本雅失里也于永乐十年被瓦剌部的马哈木所杀。永乐十一年，成祖封阿鲁台为和宁王，统率鞑靼部，受明朝管辖。十九年，鞑靼部势力逐渐增强，便产生了叛乱之心。于是成祖在永乐二十年(1422)、二十一年、二十二年三次亲率大军出征，给予鞑靼部以沉重的打击。

成祖朱棣在即位后，曾经派遣使者告谕瓦剌部。永乐六年，瓦剌部的马哈木向明朝廷贡马请封。永乐七年，成祖封瓦剌部的三个首领马哈木、太平、把秃孛罗分别为顺宁王、贤义王、安乐王。永乐十年，马哈木攻杀鞑靼部的本雅失里，要挟并扣押明朝使臣，南下骚扰。十二年（1414)，成祖率军亲征，重创瓦剌部。此后，瓦剌就一直受明朝管辖。

兀良哈部原是元朝大宁路（今辽宁沈阳以西）的北境，明朝建立后，把锦州（今辽宁锦州)、义州（今辽宁义县)、剑州（今辽宁朝阳西)、利州（今辽宁喀喇沁左翼）等各州划归辽东都司管辖，并在大宁地区设北平行都司及二十多个卫、所。太祖洪武十四年（1381)，朱元璋把第十七个儿子朱权封在大宁为宁王。洪武二十年，太祖派冯胜、蓝玉等率兵平定金山（今内蒙古通辽东境）的纳哈出，就在兀良哈地方安置纳哈出的部众。洪武二十二年，又设置朵颜（今内蒙古绰尔河流域)、泰宁（今吉林洮儿河流域)、福余（今黑龙江嫩江下游一带）三卫。

“靖难之役”时，三卫兀良哈骑兵随从成祖作战有功，成祖就把大宁地区封赏给他们，仍为三卫，并授予兀良哈部的各个首领为官而分别掌管。

自永乐八年（1410）至二十二年（1424)，成祖五次亲征，沉重打击了蒙古贵族的割据势力，进一步加强了对这一地区的管理，使蒙古三大部最终都臣服于明朝。

474. 宗喀巴与黄教的创立有什么关系?

宗喀巴，本名罗桑扎巴，出生于青海西宁地区（今青海湟中鲁沙尔)。幼时出家从噶当派名僧达玛仁钦，学习显、密教法。太祖洪武五年（1372）到西藏深造，钻研各种佛教经典，并开展独立的宗教活动。通过学习佛教经典及亲自注解，形成自己的宗教思想，成为很有声望的高僧。

当时一些西藏喇嘛教僧侣公开娶妻生子，酗酒耽食，贪婪成性，淫荡自恣，有的甚至借口修密需要女人，强娶民间处女，借口法事需要，挖取活人心肝作供品。宗喀巴针对佛教戒行废弛，僧侣生活放荡的情况，从倡导戒律入手，决心进行宗教改革，得到统治西藏地区的阐化王扎巴坚参的大力支持。

洪武二十一年，为了表明自己严守戒律，宗喀巴改戴黄色僧帽并提倡不论显、密僧人都应遵守戒律。宗喀巴通过修复颓废的旧寺，来提高自己的宗教地位，举办法会，在社会各界扩大自己的影响，以赢得各方政治势力的支持。

成祖永乐七年（1409）藏历正月初一至十五日，宗喀巴在拉萨大昭寺主持了历史上罕见的大祈愿会，从四方前来参加的僧人有一万多，观光的俗人多达数万。大会的成功召开使宗喀巴成为西藏喇嘛教界最有地位的人。会后，他在拉萨东面五十里的旺古儿山旁创建甘丹寺，逐渐形成一个以他为中心的新迦当教派。这一教派禁止僧侣娶妻生子，崇尚苦行，重视佛经研究，建立有系统的、规模很大的教学组织，要求僧侣穿黄衣戴黄帽，因此又称为黄教。

黄教初期的影响并不大，为了扩大势力和影响，宗喀巴和明朝廷建立起密切的联系，从而得到大力支持。永乐五年，明朝廷派使者到西藏赐予金册。永乐十二年，宗喀巴派弟子释迦也失入京朝贡，明朝廷封他为“大慈法王”，赐给印诰，倍加优宠。宗喀巴死后，按宗教的说法，由他的两个大弟子世世转生，传其衣钵，就是后来的达赖喇嘛和班禅额尔德尼。神宗万历时，传到达赖三世锁南坚错，黄教势力日益壮大。锁南坚错被当地人称为“活佛”，连大宝法王及阐化诸王都俯首称弟子。

宗喀巴通过不断努力，为黄教的兴起和发扬光大奠定了雄厚的基础，不愧是黄教的开宗祖师。

475. 明朝在西南少数民族地区实行了什么政策？

在明代，西南边疆的云南、贵州、两广、湖广以及四川等地聚居着苗、瑶、傣等少数民族，明朝承袭元朝的政区制度，设土司进行管理。土司的官职有宣慰使、宣抚使、安抚使、土知府、土知州、土知县及土判官等职。土司官员多是由各少数民族的大小头领世袭的，如思南（今贵州思南）宣慰使田氏，从宋徽宗宣和年间即“世有其地”；播州（今贵州遵义）宣慰使杨氏，从唐朝时就世袭下来。其他的像水西（今贵州黔西县）安氏、水东（今广西融水苗族自治县东南）宋氏也都是如此。这些土官在明初已投靠了朝廷，都令他们承袭原职，继续成为明朝统治当地百姓的地方官府。土司原来都隶属吏部管理，洪武末年，因担任宣慰、宣抚、安抚等使的长官都带领士兵，才划归兵部掌管，其余的土司还有隶属户部的。

由于土官是世袭的，割据性特别强，因此他们常为争夺财产和土地而互相仇杀火并，或起兵叛乱，反抗明朝廷。于是明朝廷平定了叛乱后，就在条件成熟的地区裁撤土司，改设可以由朝廷直接任免调迁的“流官”。这种办法被称为“改土归流”，如成祖永乐十一年(1413)，思南宣慰使田宗鼎与思州（今贵州岑巩、玉屏等地）宣慰使田琛为争夺土地而互相率兵攻杀，朝廷派镇远侯顾成统兵五万平定了这次战乱后，就分其地为八府十州，设立贵州布政司，从此使贵州成为一个省的行政区划。但当时改土归流的政策并不彻底，府以下官员仍“参用土官”。同时，在推行这一政策的过程中，因一部分少数民族上层分子的反抗，不断出现反复，甚至有时被迫恢复土司制度。

明朝在西南少数民族地区实行的土司制度和改土归流政策，比较有效地管理了这些边疆地区，对如何处理民族关系是一种有益的尝试。

476. 明朝抗击葡萄牙殖民者的斗争情况如何?

自新的航海路线在明代孝宗弘治十一年（1498）发现后，西方殖民者就开始实行海外掠夺政策。武宗正德六年（1511），葡萄牙殖民者侵入满剌加（今马六甲），驱逐国王，阻断了明朝与南洋各国的交往与贸易。接着，又以满剌加为基地，进一步侵犯明朝。十二年，葡萄牙派皮来资为使节和安特拉德一起率舰队前来，到屯门岛（今广东深圳南山区附近）后，想进入广州，遭到当地官府拒绝后，就强行驶入内河，开向广州，沿途“铳炮之声，震动城廓”。到达广州后，要求进京朝见皇帝。朝廷下令赏给所献土产的等值价钱后遣还，但他们却赖着不走，买通镇守宦官，这才允许进京。这时他们留在广东驿馆的人就开始到处抢掠，并强占广东东莞县（今广州东莞）的屯门岛。当明朝廷收到满剌加的求援信后，才明白真相，于世宗嘉靖元年（1522）杀了其随从亚三，把在广东的葡萄牙殖民者驱逐出境，并命令归还满剌加故土。第二年，葡萄牙殖民者又侵犯广东新会县（今广东江门新会区）的西草湾，被指挥柯荣、百户王应恩所率领的明军击败，夺得战舰两艘及火炮等军械。

葡萄牙殖民者并不死心，又转向浙江、福建沿海地区活动。在嘉靖十九年（1540）前后，与海盗及倭寇相勾结，在宁波双屿（今浙江象山湾以东）建立据点，进行走私贸易，肆意掠夺。二十七年，副都御史朱纨率兵进攻双屿，把他们全部驱逐出境，并烧毁营房，用木石堵塞了港口。其后，葡萄牙殖民者又转移到福建泉州府（今福建泉州）的浯屿（今福建金门），与海盗会合后，继续进行走私贸易和抢掠活动，不断骚扰漳（今福建九龙江中、下游及其西南）、泉（今福建泉州）地区。二十八年，朱纨和福建巡海道副使柯乔合兵痛击了葡萄牙殖民者，捕捉并处死与他们长期勾结的内地奸商及海盗头目等九十六人。经过明朝军民的英勇抗击，葡萄牙殖民者在广东、浙江、福建沿海所建立的据点先后被拔除。

后来，葡萄牙殖民者通过贿赂壕镜（今澳门）海运官员，于三十六年（1557）在澳门私自扩充居地，建筑炮台，设立管理机构，强行租占。但澳门的领土主权仍属于明朝。神宗万历时期，明朝廷委派官员对澳门进行行政管理，向葡萄牙殖民者征收地租税金。

477. 明初与日本的关系如何?

明代初年，朝廷对日本采取友好睦邻政策。太祖洪武二年（1369），派遣行人①杨载出使日本。第二年，又派莱州府（今山东莱州）同知赵秩前去日本，进一步解释明朝的对外政策，表示愿意继承历史上的友好传统，消除日本国王良怀的疑虑。后来日本派使者上表称臣，进贡马及地方特产，并归还“倭寇”在明（今浙江宁波）、台（今浙江临海）二郡掠去的人口七十多人。明太祖宴请日本使者，并派人护送回国，赐给国王良怀《大统历》及文绮、纱罗等物品。从此，两国建立起友好邦国关系。至洪武后期，两国的关系有所疏远，明朝廷虽仍把日本列为不征国之一，但互相间的使臣很少来往。成祖永乐

① 掌传旨、册封等事的官吏。

元年（1403），朝廷派左通政赵居任、行人张洪偕同僧人道成出使日本。临行之时，日本使臣已至宁波（今浙江宁波），十月，到达南京。明朝廷优礼相待，对他们所带的物品，即使像违禁的兵器之类，也以市场价为标准而购买下来，还派官员“偕其使还”去回访。自此，两国间又恢复了友好关系。

明初与日本的贸易往来很频繁，洪武时宁波的市舶司就是针对日本而设的。明朝廷为了防止“倭寇”假冒日本使臣和商人，实行了“勘合贸易制”。“勘合”就是贸易凭证。日本商船来明朝须持有明官府所制作发放的贸易凭证，才许贸易。成祖永乐初年，双方协定，每隔十年贸易一次，“人止二百，船止二艘”。宣宗宣德初年，放宽到“人毋过三百，舟毋过三艘”。但在实际上日本来明朝贸易的船舶和人数远远超过了这些规定，也没有严格遵守十年一次的贸易限制，并且在“贡物外所携私物增十倍”。日本输出的大多是刀、扇、硫磺、铜、苏木、漆器等物品。明朝输出的主要是银、钱、绸缎、布帛、陶瓷等物品。通过这样的贸易交往，扩大了两国人民之间的经济文化交流。明朝初期，中日两国之间，不仅使臣和商人经常往来，日本还时常派遣留学生前来明朝学习。

478. 明朝与中亚帖木儿帝国的关系如何？

明朝建立之初，在中亚地区兴起了帖木儿帝国。它的国王苏丹（君主或统治者）帖木儿在位期间（1370～1405），不断对外扩张，想要效仿成吉思汗建立起一个大帝国。开始，把矛头指向西方和北边的邻国，而对东邻的明朝采取了“纳贡称臣”的做法。太祖洪武二十年（1387）九月，帖木儿首次遣使进贡十五匹马，两头骆驼。从此，连年进贡马匹、骆驼。二十七年八月，又遣使进贡二百匹马，并携带表文，称颂太祖。互相之间以朝贡方式进行的官方贸易及民间的私人贸易都很兴旺。

二十八年（1395），明朝派遣给事中傅安、郭骥等人率将士一千五百多人，前往它的都城撒马儿罕（今哈萨克斯坦撒马儿罕）。这时正值苏丹帖木儿对外战事取得辉煌胜利之际，于是骄横地扣留使臣，断绝与明朝的交往，使两国关系一度很紧张。惠帝建文四年（1402），帖木儿率兵打败土耳其后，东归撒马儿罕，认为西方已定，打算对明朝用兵。成祖永乐二年（1404）冬，集结数十万军队向东进发，但帖木儿在行军途中病死，而他建立的帝国也因为争夺王位而发生内讧，进军停止。后来他孙子哈里继承王位，主张与明朝恢复和平关系，派遣使臣送傅安返回明朝，两国重归于好。因帖木儿帝国连年朝贡，明朝廷出于礼节也派遣使臣前往祭奠故王丧葬，赏赐给新王及其部落银币，双方贸易不断。

帖木儿在世时，曾派第四个儿子沙哈鲁统治撒马儿罕西南的哈烈地区。他一死，在沙哈鲁与哈里的叔侄之间就为争夺王位而展开了战争。惠帝建文八年，成祖特派遣使臣劝谕二人和好，修兵息民，共享太平。自永乐以后，两国之间一直保持着友好的关系。

479. 明朝与真腊的关系如何?

真腊（今柬埔寨），在占城南，自琼州航海顺风三昼夜可到达。太祖洪武三年（1370），明朝派遣使臣郭征等带着诏书抚谕其国。洪武四年，真腊国巴山王忽而那遣使臣进表，贡方物，庆贺第二年正月初一。太祖下诏书赐予《大统历》和财帛，使臣也给赏赐多少不等。六年，真腊国王又遣使臣进贡。十二年（1379），真腊国王参答甘武者持达志派使臣来朝贡，太祖宴请赏赐跟从前一样。十三年又来朝贡。十六年，太祖派使臣带着验对符契和公文簿赐给真腊国王，凡是去真腊国的使臣，如果验对符契不符合，就属于作假，允许他们拘捕上报。又遣使臣赐织金文绮三十二匹、瓷器一万九千件，真腊王遣使臣来进贡。十九年，太祖派遣行人刘敏、唐敬与宦官前去赏赐。第二年，唐敬等返回，真腊王遣使臣贡象牙五十九斤、香六万斤。不久，太祖遣使臣赐其王镀金银印，国王和王妃都有赏赐。真腊国王参烈宝毗邪甘菩者派使者进贡大象和土产。第二年，又进贡大象二十八匹，象奴三十四人，番奴四十五人，以谢赐印之恩。二十二年进贡三次，第二年又来进贡。

永乐元年（1403），成祖派行人蒋宾兴、王枢携带诏书向他们宣告皇帝即位。第二年，真腊国王遣使来朝，进贡土产。永乐三年，真腊又遣使来朝，告诉旧王丧讯。成祖命令鸿序班王孜前去祭祀，给事中毕进、宦官王琮携带诏书封其嗣子参烈昭平牙为王。毕进等返回，新王遣使同来谢恩。六年、十二年真腊两次朝贡，使臣因真腊国多次被占城侵扰，长期滞留不能返回。成祖派遣宦官护送他回国，并下诏书给占城王要他与真腊罢兵修好。十五年、十七年真腊都来朝贡。宣宗宣德、代宗景泰年间，也曾遣使入贡，此后就不常来了。

480. 明朝与暹罗关系如何?

暹（xiān）罗（今泰国），位于占城西南面，顺风十昼夜可到达。暹罗国周围一千里，风俗强劲剽悍，习于水战，当时称暹罗斛国。

太祖洪武三年（1370），命使臣吕宗俊等人带诏书谕告暹罗国。四年，暹罗国王参烈昭毗牙遣使奉表，与吕宗俊等人前来进贡驯象、六足龟及土产，太祖下令给暹罗国王赏赐锦绮及给使臣赏赐缯帛。事后，暹罗又遣使庆贺第二年正月初一，太祖下诏赐予《大统历》及财帛。五年，又进贡黑熊、白猿及土产。五年至八年，进贡使臣频繁。十年，太子朝禄群膺承父命来朝。太祖大喜，命令礼部员外郎王恒等带诏书和印章赐予暹罗国王，印文是“暹罗国王之印”，并赐给暹罗太子衣服、钱币及路费。自此以后，便遵明朝廷旨意开始称暹罗，一年一贡或一年两贡。十六年，赐予验对符契、公文簿、文绮、瓷器。二十年，暹罗进贡胡椒一万斤，苏木一万斤。太祖遣使厚谢之。二十八年，太子派使者前来朝贡，且报告父亲的去世。太祖命令宦官赵达等人前往祭奠，并下诏书让太子继承王位，赏赐有加。

成祖即位后，诏谕其国。永乐元年（1403），明朝赏赐暹罗国王昭禄群膺哆啰谛剌驼纽镀金银印，暹罗国王即遣使谢恩。这一期间成祖对暹罗多有赏赐，暹罗使者也前来贡土产答谢。七年，暹罗使臣前来祭奠仁孝皇后，成祖派宦官告诉祭奠的席位。十四年，暹罗王子派使臣告诉明朝父亲去世。成祖派宦官郭文前去祭奠，另派官员带诏书册封暹罗王子为新王，赐给白锦、白罗。新王接着派使臣来谢恩。到英宗正统以后，暹罗有时几年一贡。代宗景泰四年（1453），代宗派给事中刘洙、行人刘泰祭奠暹罗先王，册封暹罗嗣子把罗米孙剌为新王。英宗天顺元年（1457），英宗赏赐暹罗使臣刻着花纹的金带。六年，暹罗王遣使朝贡。宪宗成化九年（1473），贡使说天顺元年所颁发的符契被虫啃蚀，请求再赏，应允。十八年，暹罗王子遣使朝贡，并告诉父王去世。宪宗命给事中林霄、行人姚隆前去册封暹罗王子为新王。孝宗弘治十年（1497）入贡。穆宗庆隆年间，暹罗的邻国向暹罗求婚不成，恼羞成怒，发兵攻破暹罗国。国王自杀，暹罗太子及明朝所赐印章被其邻国所掳掠。暹罗国王的第二个儿子即位，奉表请求封，明朝赐予。神宗万历间，暹罗王大破敌国，由此称雄海上，年年用兵，遂称霸诸国。六年（1578），遣使进贡。二十年，日本打败朝鲜，暹罗向明朝请求潜师直捣日本，牵制它的后方。中枢石星议从之，两广督臣萧彦认为不可行，神宗于是放弃。从那以后，进贡不停。思宗崇祯十六年（1643），暹罗还来上贡。

481. 明朝与占城的关系如何？

占城（今越南南部），居南海中。无霜雪，四季如夏，草木常青，百姓以捕鱼为业，从琼州（今海南）航海顺风一昼夜可到达，从福州西南行十昼夜可到达。

太祖洪武二年（1369），曾派遣官员携带即位诏书告谕占城。占城国王先已遣使奉表前来朝贺，进贡大象、老虎等特产。太祖很高兴，立即派遣官员带着玺书、《大统历》、文绮、纱罗，携同其使者前去赏赐。占城国王又遣使臣来进贡。此后，有时一年一贡或两贡，有时隔年进贡。不久，太祖派中书省官员及会同馆副使携带诏书，册封占城王为占城国王，赏赐彩帛四十匹，《大统历》三千册。洪武三年，太祖派使臣前去占城祭祀山川，在其国颁布科举诏书。洪武四年，占城国王拿着金箔制的表文前来朝见，在表中称赞大明皇帝，请求太祖赐予兵器、乐器和乐人，使安南（今越南）不再侵扰他们。洪武六年，进贡的使臣说愿将他们缴获海盗张汝厚、林福等人的船只及苏木献给明朝皇帝，太祖大加称赞，命令加倍赏赐。冬天，占城国王派遣使臣献上俘获安南的战利品。在这期间，占城、安南二国经常互相侵犯，太祖多次为他们调解，命令罢兵修好。洪武十六年，占城国王派人进贡象牙二百枚和一些土产，太祖派官员赐予验对的符契、公文簿和织金文绮三十二匹，瓷器一万九千件。洪武十九年，占城国王派儿子前来朝见，庆贺皇帝生日，进献大象五十四头，给皇太子也有进献的物品。太祖嘉奖他的诚意，赏赐丰厚，并派宦官护送回国。第二年，占城又进贡大象五十一头及沉香、犀角等物品。太祖又命宦官设宴招待，赐予路费。此后，占城一直朝贡。

明成祖即位后，下诏告诉占城。永乐元年（1403），占城国王带着金箔制的表文前来朝贡，并诉说安南侵略，请求成祖降敕告诫他们。成祖答应了，并遣使前去赏赐许多绒、锦、织金文绮、纱罗。永乐四年，占城又进贡白象和土产，再次诉说安南的侵略。成祖派遣明朝军队前去征讨安南，敕令占城国要在边境严兵把守，防止他们逃脱，俘获了安南逃兵立即送来京城。永乐五年，攻取了被安南侵占的土地，俘获敌人后就进献到京城，并献上土产谢恩。永乐十年，占城的进贡使臣请求明朝赐予帽子和衣带，于是赏赐。成祖又派郑和出使占城。直到孝宗弘治二年（1489），占城国被安南攻破之后，百姓物产萧条，进贡使臣才渐渐稀少。世宗嘉靖二十二年（1544），占城国王派王叔前来朝贡，诉说多次被安南侵略骚扰，道路被封闭而难以回归，并请求明朝派官员护送他们回国。

482. 明朝与苏禄的关系如何？

苏禄（今菲律宾苏禄群岛），地近渤泥（今加里曼丹岛北部文莱一带）。太祖洪武初年（1368），苏禄发兵侵略渤泥，俘获很多，因邻国援兵赶到，才退去。

成祖永乐十五年（1418），苏禄国的东王、西王、及峒王的妻子一起率领家属头目共三百四十多人，渡海入朝进贡，献上金镂表文，又献珍珠、宝石、玳瑁等物，成祖款待他们和满剌加一样。不久苏禄三王一起被成祖册封为国王，赐予官印册封诏书、袭衣、冠带及鞍马、仪仗器物，随从也赐予冠带等。苏禄三王居留二十七天后告辞返回，成祖赏赐他们每人玉带一条，黄金一百两，白银二千两，罗锦文绮二百匹，帛三百匹，钞一万锭，钱二千缗，金绣蟒龙、麒麟衣各一套。苏禄东王临时住宿德州（今山东德州）时，死在客舍中。成祖派官员祭奠，命令主管部门安葬，在墓道上立碑，并留下苏禄东王的妻妾仆从十人守墓，等三年守丧期满后送回本国。于是成祖派使臣携带诏书告谕他的长子都马含说："你的父亲知道尊奉中原之国，亲自率领家属陪臣，远渡海道，万里朝见。朕爱重他的真心诚意，已赐国王封号，从优赏赐钱财，派官员护送返还。船到德州，得病去世。朕对此深表哀悼，已按礼制埋葬祭奠。你作为嫡亲长子，为国人所依托，应立即继位，以安抚远方的封国。现在册封你为苏禄国国王。你应该更加笃诚忠贞，敬奉天道，以符合朕眷顾之意，以继尔父之志。"

永乐十八年，西王派使臣进贡。永乐十九年，东王的母亲派王叔叭都加苏里来朝见，进贡大珠一颗，重七两多。永乐二十一年，东王妃回国，成祖丰厚赏赐后送回。第二年入朝进贡，以后不再来。

483. 明朝与苏门答腊的关系如何？

苏门答腊（今印度尼西亚苏门答腊），在满剌加（今马六甲）的西面，乘船顺风九昼夜可以到达。成祖初年（1403），曾派遣使臣把成祖即位的诏书传达给苏门答腊。永乐二年，派副使闻良辅、行人宁善赏赐苏门答腊酋长许多织锦文绮、绒锦、纱罗，用来招抚他们。宦官尹庆出使爪哇时也顺路出使苏门答腊。永乐三年，郑和下西洋，又有赏赐。郑和还没到，苏门答腊的酋长宰奴里阿必丁已派使臣随尹庆入朝，进贡土产。成祖颁下诏书，册封他为苏门答腊国王，赐予官印及册封诏书、彩币、袭衣。于是在永乐年间，入朝进贡不断。

此前，苏门答腊国王的父亲与邻国花面王交战时，中箭死去。王子年幼，王后向众人宣布说："谁能为我报仇，我就以他为丈夫，共同治理国事。"有位渔翁听说后，率领国人前往攻打，杀死了花面王，割下他的耳朵返回。王后就与他结合，称为老王。后来王子长大，与部下秘密谋划，杀死老王承袭王位。老王的弟弟逃到山中，连年率领部下侵扰。永乐十三年，郑和下西洋到此，老王的弟弟埋怨明朝没有给他颁发赏赐，便统领数万人进行拦击。郑和率领部下及当地人抵抗，打败了他，追到南渤利国，俘获老王的弟弟后返回，苏门答腊的国王派使臣入朝谢恩。

宣宗宣德元年（1426），苏门答腊派使臣入朝庆贺。宣德五年，宣宗因外番不大派遣使臣进贡，于是派郑和和王景弘等人再下西洋，颁布诏书，告谕各国，一共游历二十多国，苏门答腊就在其中。第二年，苏门答腊国即派遣使臣入贡两次。宣德八年，苏门答腊进贡麒麟。宣德九年，国王之弟哈里之汉来朝见，死在京城，宣宗很怜惜，追赠为鸿胪少卿，赐给封官诏书，令主管部门办理丧葬，派人守护坟墓。当时，王景弘再次出使苏门答腊，国王派弟弟哈尼者罕跟随入朝，第二年，上言说国王年老不能理事，请求传王位于儿子，明朝便册封其子为国王。此后，派遣使臣进贡就渐渐稀少了。

宪宗成化二十二年（1486），苏门答腊派遣使臣到广东，主管部门验查使臣没有印信勘验符契，就把他们的上表收藏于库中，遣返了使臣，另派番人把进贡的物品送到京城，朝廷给予了一点赏赐。从此以后，贡使不再来了。

484.《明史》是如何记载佛郎机的？

佛郎机（今葡萄牙），靠近满剌加。武宗正德年间，佛郎机占据满剌加（今马六甲）领地，驱逐其王。至十三年（1518），派使臣进贡土产，请求册封，明朝才开始知其名。朝廷下令只给予土产的价钱，遣还。佛郎机使者久留明朝不走，劫掠行路之人，甚至掠取小儿为食。不久，攀附镇守宦官，于是允许入京。武宗南巡，使者亚三借助江彬得以在皇上身边侍候。武宗开始学习佛郎机语作为游戏。佛郎机留在驿馆的使者，更是劫掠收买良民，筑室立寨，作长久居住的打算。

十五年，御史丘道隆说：满剌加乃敕封之国，而佛郎机竟敢吞并它，且诱我以利，邀受封贡，决不可许。宜斥其使臣，明示顺逆，令归还满剌加疆土，方许朝贡。倘若执迷不悟，一定发檄文告诉众番声讨罪行。御史何鳌说："佛郎机最为凶狠狡诈，兵器与众番相比最精良。前年驾大船进入广东省，炮声震地。留驿馆者违反制度串通他人，入城都凶悍倔强争作首领。如今听任其往来贸易，势必争斗杀伤，南方之祸将不止。请求全部驱逐，禁私通，严守备，安宁一方。"武宗批准。

亚三侍奉武宗很是骄横，随从武宗入都，居住在会同馆。拜见提督主事梁焯，不屈膝。梁焯发怒，用鞭子抽打亚三。江彬大骂说："他曾与皇上嬉戏，岂肯跪你这小官?"第二年，武宗去世，亚三被交付有关司法部门治罪。自言本来是华人，为番人所驱使，于是伏法。从此断绝了佛郎机朝贡。同年七月，佛郎机又以接济朝廷的使臣为由，携带土产要求出卖，守臣请求按旧例征税，朝廷下令不许。佛郎机将领别都庐已用巨炮利器劫掠满剌加诸国，横行海上，又率属下驾五舟，击破巴西国。世宗嘉靖二年（1523），佛郎机侵犯新会（今广东江门新会区）的西草湾，明朝指挥柯荣、百户王应恩抵抗，转战到稍州，归服人潘丁苟先登城，众人齐进，活捉敌人将士四十二人，斩首三十五，缴获船二艘。残余敌人又率三艘船接着作战，王应恩阵亡，敌人也败逃了。明朝官军得其炮，就命名为佛郎机，进献朝廷。九年秋，右都御史汪铉建议朝廷在边塞上城堡配备进献的佛郎机炮以打击来犯的敌人，世宗准许。但将士不善使用，始终不能制服敌人。

后来，有人建议允许与佛郎机通商，给事中王希文极力反对，巡抚林富很赞同，世宗就准许了。由此佛郎机可以进入香山澳贸易，而他们又越境到福建经商，往来不绝。二十六年（1547），巡抚朱纨严禁与番人交往，佛郎机无利可获，就整众进犯漳洲之月港（今福建龙海）、浯屿（今福建金门），副使柯乔打退。二十八年，又进犯诏安（今福建诏安），官军在走马溪活捉他们的首领，朱纨自行斩杀他们，因此获罪自杀。从此，明朝海禁又松弛，佛郎机便横行海上无所顾忌，筑室建城于香山澳、壕镜（今澳门）。四十二年，总督张鸣冈进言说只要申明约束，内不许一奸擅自出境外，不许一倭擅入，不开启祸端，不放松防备，彼此相安无患为好。四十三年，佛郎机又在隔水的青州建教堂，知县张大猷请毁之，未成功。第二年，禺禹（今广东广州）举人庐廷龙请求尽逐澳中诸番，归我旧地。四十四年，佛郎机假称是满剌加入贡。后又改称蒲都丽家。守臣呈报朝廷，交礼部商议，认为一定是佛郎机假冒，便拒绝了。后来明朝在中路雍陌营设置参将，调一千人戍守，防御日严。神宗万历中，佛郎机攻克消灭吕宋，独揽闽粤海上之利，气焰嚣张。熹宗天启元年（1621），守臣考虑终为祸患，派遣监司冯从龙等毁掉佛郎机所建青州城，佛郎机亦不敢抵抗。